U1005226

◆ 2015年孟浩然研究国际学术研讨会 ◆
◆ 湖北省重点学科建设经费资助 ◆

MENG HAO RAN YAN JIU LUN CONG

孟浩然研究论丛

（第二辑）

中国孟浩然研究会
湖北文理学院文学院 主办

●王辉斌　主编

全国百佳图书出版单位
时代出版传媒股份有限公司
黄山书社

编辑委员会

顾　问:傅璇琮　王启兴

主　编:王辉斌

副主编:高新伟　秦军荣

编　委:张安祖　沈文凡　杜晓勤　张震英
卢燕新　吴振华　高人雄　陈才智

目 录

孟浩然诗中的鹿门山寺与山僧

高人雄

“吾爱孟夫子，风流天下闻。红颜弃轩冕，白首卧松云。醉月频中圣，迷花不事君。高山安可仰，徒此揖清芬。”这是李白赠给孟浩然的一首诗。在诗中，李白盛赞孟浩然不事功利，卓然特立的人生姿态。的确，与诸多同期文人相比，孟浩然隐居的心态是相对平和的，这与他受佛教文化的习染不无关系。细读诗作不难发现，孟浩然以布衣终其一身，与鹿门山、鹿门寺和寺庙僧人均结下了不解之缘，不论在其游处静赏还是微语沉吟，这场缘分几乎伴其一生，并在他的笔下屡屡展露出来。

一、鹿门山中的幽隐诗唱

鹿门山自汉末著名隐士庞德公携家隐居以来，一直被目为隐逸圣地，而孟浩然家居襄阳城南郊外岘山附近，与鹿门山隔汉江相望，距离很近，“山寺钟鸣昼已昏”（《鹿门山歌》），诗人每天听着山寺的钟声进入黄昏。据刘文刚先生的《孟浩然年谱》载，他最早于景云二年（711 年）23 岁时与张子容同隐鹿门山，以后又暂隐鹿门山或游赏于鹿门山。可以说鹿门山在他的生命中留下了独特而又不容磨灭的印记。

李景白先生校注的《孟浩然诗集》共收录孟浩然诗歌 218 首，其中与鹿门山相关的诗歌有 3 首，尽管数量不多，却分别创作于其人生的不同阶段，写出了其不同时期的内心感受与人生态度。

《夜归鹿门歌》：“山寺钟鸣昼已昏，渔梁渡头争渡喧。人随沙岸向江村，余亦乘舟归鹿门。鹿门月照开烟树，忽到庞公栖隐处。岩扉松径长寂寥，惟有幽人自来去。”写薄暮临近时渡口人们争渡的喧嚣，而鹿门山及其周围的景色却寂静而空幽，诗人未受争渡喧嚣的感染，却在宁静的鹿门山月辉下，在清幽的庞公栖隐地徘徊，与隐士庞公默默交流。《登鹿门山怀古》：“清晓因兴来，乘流越江岘。沙禽近方识，浦树遥莫辨。渐至鹿门山，山明翠微浅。岩潭多屈曲，舟楫屡回转。昔闻庞德公，采药遂不返。金涧饵芝术，石床卧苔藓。纷吾感耆旧，结揽事攀践。隐迹今尚存，高风邈已远。白云何时去，丹桂空偃蹇。探讨意未穷，回艇夕阳晚。”诗人趁兴而往鹿门山，穿流而进，一路景物变幻、曲折难行，然而其志不渝。乘舟而至鹿门山，不由追慕先贤隐士庞德公，羡赏鹿门隐逸之风。无奈现实凄惶，鹿门的高风已渺然远去，诗人于满怀怅然中与清幽的白云丹桂交流。《和张明府登鹿门山》："忽示登高作，能宽旅寓情。弦歌既多暇，山水思微清。草得风光动，虹因雨气成。谬承巴里和，非敢应同声。"虽为酬唱应和之作，而其对鹿门山景的描绘简练概括，通篇流露的是诗人类比夸赞鹿门山景的语句。

鹿门山是诗人心系隐逸的第一站，在这里诗人对隐逸似乎还停留在感性阶段，但不论如何，诗人的诗笔带着鹿门山的烙印，时时散发着隐逸的味道。

二、寺舍下的题答吟赏

孟浩然的诗歌中描写或提及为数不少的寺庙僧舍及寺庙景观。粗略统计，其中大致涉及寺庙10处以上，景空寺出现的频率最多，大禹寺和云门寺次之；大致涉及僧舍12处左右，融公兰若出现的频率最多，龙泉精舍和义公禅房次之。

这些寺庙景观在孟浩然的诗笔下，有的看似作为一个陪衬，一笔带过，如《夜泊庐江闻故人在东寺以诗寄之》、《游凤林寺西岭》、《宿业师山房待丁公不至》等。诗歌主要描写日、壑、松、月、风、泉等自然景观，叙写欢赏山水、畅游自然之事，实者寺庙景观充当全诗的主题导线，抒发诗人现实感受，阐释诗人人生哲理。

有的因为谈话与相聚的场合在诗作中占有一定的篇幅，在点出寺宇僧舍之后，以周围的环境为烘托，或抒发朋友相会后的心情，或描写谈话的场面，或明言相谈之后的感受，或表露仕途进取之心，或对友朋进行夸赞，或对当权进行称颂等等，不一而足。如《云门兰若与友人同游》、《云门寺西六七里闻符公兰若最幽与薛八同往》、《陪张丞相祠紫盖山途经玉泉寺》、《与张折冲游耆阇寺》、《同王九题就师山房》、《陪姚使君题惠上人房》、《陪柏台友共访聪上人禅居》、《疾愈过龙泉精舍呈易业二公》等。在这里寺庙景观成为诗笔推进的背景。

有的则完全将寺庙景观作为主要的描写对象，进行精工细笔的描绘。这类数量最多，如《过景空寺故融公兰若》、《过融上人兰若》、《题融公兰若》、《游景空寺兰若》、《题长安翠微寺空上人房》、《腊八日于剡县石城寺礼拜》、《题大禹义公房》、《大禹寺义公禅》、《题终南翠微寺空上人房》、《登总持寺浮图》、《宿立公房》、《题明禅师西山兰若》等。这些诗描写山寺兰若的形貌特征和周围环境，攫取、刻画充满生机的美好景物，营构出空寂清幽的山寺氛围。除了展现出诗人悠然自适、醉心自然的隐逸情怀之外，又有不少诗篇隐隐流露出物是人非，生命易逝的感受，情感真挚，极为动人。寺庙景观由幕后走到台前，与诗歌精神融为一体。

总之，寺庙景观的主动选择和大面积书写，展露出诗人的隐逸心理。尽管创作的时间先后不一，但只就创作选取的对象来看，诗人内心隐逸的愿望已然变得较为强烈，不仅仅只限于感性阶段。

三、访寻僧友，亲近山林

寺庙在孟诗中大量呈现，和孟浩然平时与僧人或密切或频繁交往有关。从现存的孟浩然诗歌来看，与他相交往的僧人为数不少。经统计大致有 17 位，相关诗作 22 首，其中襄阳一带的僧人约达 14 位，相关诗作约有 19 首，无论在人数上还是诗作上均占绝大多数。

具体情况见下表。

表 1　孟浩然与僧人交游情况和诗歌创作一览表

姓名	所居地	孟浩然相关诗作
融上人	襄阳景空寺	存诗 4 首：《过景空寺故融公兰若》、《过融上人兰若》、《题融公兰若》、《游景空寺兰若》
湛上人	襄阳香山	存诗 2 首：《还山贻湛法师》、《寻香山湛上人》
永上人	襄阳	存诗 1 首：《晚春题永上人南亭》
惠上人	襄阳	存诗 1 首：《陪姚使君题惠上人房》
远上人	襄阳	存诗 1 首：《秦中感秋寄远上人》
皎上人	襄阳	存诗 1 首：《涧南园即事贻皎上人》
立公	襄阳	存诗 1 首：《宿立公房》
易公	襄阳龙泉精舍	存诗 1 首：《疾愈过龙泉精舍呈易业二公》

续表

姓名	所居地	孟浩然相关诗作
业师	襄阳龙泉精舍	存诗2首:《疾愈过龙泉精舍呈易业二公》、《宿业师山房待丁公不至》
就师	襄阳	存诗1首:《同王九题就师山房》
明禅师	襄阳西山	存诗1首:《题明禅师西山兰若》
辨玉法师	当居襄阳	存诗1首:《夏日辨玉法师茅斋》
岳上人	当居襄阳	存诗1首:《韩大使东斋会岳上人诸学士》
聪上人	当居襄阳	存诗1首:《陪柏台友共访聪上人禅居》
空上人	长安终南山翠微寺	存诗1首:《题长安翠微寺空上人房》
符公	越州云门寺	存诗1首:《云门寺西六七里闻符公兰若最幽与薛八同往》
义公	越州大禹寺	存诗1首:《题大禹义公房》(《大禹寺义公禅》)

从与孟浩然相交的数量不少的僧人和孟浩然创作的数量亦不算少的相关诗作来看,孟浩然的隐逸心理已经不只是表现在对先隐的缅怀和圣迹的参拜上,而且已经跨过浅的层面,通过亲近隐居山林的方外人士,向更深的层面逐渐递进。

四、游谒大德的玄心禅意

孟浩然一生经常游览寺庙僧舍、拜谒名僧大德，在他高频率的礼佛行为之后，是那一颗越来越虔诚的归隐之心，及其日益洞晓精进的佛禅修养。在他不断参习的过程中，其不时地将玄心禅意诗歌化，这种由味禅而作诗、借作诗而参禅的行为，深刻地影响了他的诗歌创作。

他在诗中明言禅事，谈佛理，将环境描写与参禅味佛联系起来，前者往往成为后者生发的基础。如其《夜泊庐江闻故人在东寺以诗寄之》："闻君寻寂乐，清夜宿招提。石镜山精怯，禅枝怖鸽栖。一灯如悟道，为照客心迷。"普通的寄意问安之作通篇却充满浓重的佛禅之味，一事一物皆沾染佛理，唱和劝慰皆寓满禅意。《陪姚使君题惠上人房》开篇以写景起兴，承以"来窥童子偈，得听法王经。会理知无我，观空厌有形。迷心应觉悟，客思不遑宁"。深言佛心佛觉。《登总持寺浮图》先写登寺所见，描述周围环境，后发佛感佛想，明言："累劫从初地，为童忆聚沙。一窥功德见，弥益道心加。坐觉诸天近，空香逐落花。"《大禹寺义公禅》先述周围环境，以一句"看取莲花净，应知不染心"点出佛心禅意。《题明禅师西山兰若》诗言西山环境秀丽："吾师往其下，禅坐证无生。"又谈参禅悟道、证求佛理之事。《云门寺西六七里闻符公兰若最幽与薛八同往》："结交指松柏，问法寻兰若。"写出环境清幽，暗喻僧人德行高洁。"尘念俱已舍。四禅合真如，一切是虚假"，则要堪破俗世纷争、名利荣华，而追求真如之境。

他除了在诗中直接生发禅理之外，亦描写、抒发与僧人相交相谈的情景和感受。如其《腊八日于剡县石城寺礼拜》“讲席邀谈柄，泉堂施浴衣”，写僧人讲席、施衣的事情；《题融公兰若》描写精舍、讲席、法雨和谈玄的情形；《题终南翠微寺空上人房》有“遂造幽人室，始知静者妙”，“两心相喜得，毕景共谈笑”之语，写出造访僧舍的感受和两相谈欢的情形；《陪柏台友共访聪上人禅居》诗写好友欣逢，却共谒禅室，足见浩然意识中已将佛禅之士看作尊高之人，已将佛禅之地视为接待宾客的最高规格的地方；《还山贻湛法师》甚至写“晚涂归旧壑，偶与支公邻。导以微妙法，结为清净因。烦恼业顿舍，山林情转殷。朝来问疑义，夕话归清真”、“欲知明灭意，朝夕海鸥驯”，明言因湛法师授以妙法，而证得因果，舍弃烦恼业障，内心顿悟，萌发“山林情转殷”的心理；《寻香山湛上人》诗中的“平生慕真隐，累日探灵异”、“愿言投此山，身世两相弃”则更进一步，直接写出因相寻相交湛上人而欲归隐的心理。

此外，他又在诗中借山寺环境抒写山林逸趣。如其《夏日辨玉法师茅斋》诗表露出“物华皆可玩”的谐心谐趣和“花蕊四时芳”的美好感受；《宿立公房》诗写山房环境清幽，山林之景动人，一派生机勃发之象直惹诗人心神愉悦、流连忘返；《晚春题永上人南亭》诗中“给园支遁隐，虚寂养身和”所言的寄身自然山寺，颐养余生的心理和对“居士竹”清雅高洁品格的赞赏，进一步揭示了诗人内心对和谐环境和人与自然互赏共存状态的追求；《涧南园即事贻皎上人》诗中“书取幽栖事，将寻静者论”，将清幽静寂环境的描绘和山林逸趣的抒写与追寻“静者”结合起来，味禅与归隐的心理最终又显露出来。

到这里，可以说孟浩然的隐逸心理得到了完全而充分地表露，彻底完成了由遐想到实践，由感性到理性的过渡。

综上所述，孟浩然与鹿门山、鹿门寺及诸多寺庙、僧人均结下了不解之缘，对隐逸生活的选择，直接影响到他对佛理禅意的理解和认同，这种认同感的强化促使他对寺庙僧舍产生了浓厚的兴趣，与方外僧人建立起良好的关系，当其与现实交杂互叠后进一步影响到他的诗歌创作，而这一切又反过来促进了他对隐逸生活的真正选择，并呈现出一个明显的发展过程。

参考文献：

① 詹安泰. 孟浩然评传［M］. 广州：广东人民出版社，1984.
② 李景白. 孟浩然诗集校注［M］. 成都：巴蜀书社，1988.
③ 刘文刚. 孟浩然年谱［M］. 北京：人民文学出版社，1995.
④ 佟培基. 孟浩然诗集笺注［M］. 上海：上海古籍出版社，2000.
⑤ 王辉斌. 孟浩然研究［M］. 兰州：甘肃人民出版社，2002.

（作者为西北民族大学教授）

解读孟浩然的隐居

张安祖

盛唐时期国力空前强盛，极大地鼓舞着当时士人。他们大都以饱满的政治热情通过各种途径投身仕途，以期实现建功立业的抱负。而孟浩然虽然主要活动于盛唐的开元时期，但他却几乎在田园、山林与漫游中度过一生，终身不曾正式出仕，这在盛唐的著名文人中可说是绝无仅有。因此历代论者在评价孟浩然时都要首先论及这个问题，从不同角度分析他隐居的原因，对他的推崇或批评也往往由此而生。

有人把孟浩然视为受襄阳先贤影响而不合时宜的隐士，如闻一多先生就说：

> 在一个乱世，例如庞德公的时代，对于某种特别性格的人，入山采药，一去不返，本是唯一的出路，但生在

> “开元全盛日”的孟浩然，有那必要吗？……孟浩然原来是为隐居而隐居，为着一个浪漫的理想，为着对古人的一个神圣的默契而隐居[1](p32-33)

对照孟浩然的人生轨迹和作品，这种观点显然十分缺乏说服力。孟浩然虽曾几次隐逸田园，但也曾积极求仕，49岁时还曾应张九龄之辟入其幕府[2]；他的诗作中也曾多次表白自己济时用世的“鸿鹄志”、“济川心”，大声疾呼“谁能为扬雄，一荐《甘泉赋》”（《田园作》），渴望得到汲引，甚至临死前不久还在慨叹“壮图哀未立，斑白恨吾衰”（《家园卧疾毕太祝曜见寻》）。近年来的文学史家有鉴于此，大多认为孟浩然一生生活在仕与隐的矛盾中，退隐不过是他无可奈何的选择。徐鹏先生的《孟浩然集校注》前言论述颇具代表性：

> 孟浩然的隐居却在一定程度上带有某种不自觉的无可奈何的成分，他虽然寄情于山水田园，但始终没有忘掉对政治的追求，在仕与隐、理想与现实之间挣扎，因此，即使在描写恬静的田园生活和寻幽探胜的山水、行旅诗中，也经常透露出这种思想上的痛苦和矛盾。

高等教育出版社出版袁行霈先生主编的《中国文学史》在第四编第二章中也写道：

> 当他（孟浩然）求仕无门，而且应举落第后，就高吟“不才明主弃，多病故人疏”，放弃仕宦而走向山水，以示

不同流俗的清高。

这种观点可以弥补前说的不足，似乎更合情理，因而广泛为人们所采用。然而，它过分执着于仕与隐的矛盾，把仕与隐的矛盾绝对化了。全面对照孟浩然的事迹和作品，不难发现也有不尽周严之处。首先，孟浩然有时并非“求仕无门”，并非“无可奈何”，而是主动放弃了仕宦的机会，坚持走隐居的道路。王士源《孟浩然集序》记载：

> 山南采访使本郡守昌黎韩朝宗，谓浩然闲深诗律，置诸周行，必咏穆如之颂，因入奏，与偕行，先扬于朝。与朝约日引谒，及期，浩然会寮友文酒讲好甚适。或曰：“子与韩公预约而怠之，无乃不可乎？”浩然叱曰：“仆已饮矣，身行乐耳，遑恤其他！”遂毕席不赴，由是间罢，既而浩然亦不之悔也，其好乐忘名如此。

如果孟浩然是“求仕无门”才去隐居的话，那么送上门的仕宦机会为什么却如此轻忽？这个事实虽然也被徐鹏先生等注意到，却未能做出合理的说明。其次，也是更值得注意的一点，孟浩然的作品中尽管有少量带有牢骚的篇章，但就总体来看，给人的印象是平和安详的，无论如何不像出自一个时时挣扎在矛盾痛苦之中的人之手。

李景白先生注意到孟浩然对待“隐”与“仕”的态度并不矛盾，因而对上述两种“偏向”都有所批评，并试图以儒家“天下有道则见，无道则隐”、“用之则行，舍之则藏”等立身行事的原则解释孟浩然对待“仕”与“隐”的态度[3](p11)。然而，从孟浩然的全部作品来看，他虽然有时会有牢骚愤懑，但从来没有、也不可能把他身处的开元盛世视为“天下无道”。既然如此，“用之则行，舍之则藏”的儒家原则同样无法说明孟浩然对待韩朝宗的主动举荐何以那么漫不经心的问题，我们还必须探求决定孟浩然对待仕隐态度的深层原因。

王士源《孟浩然集序》中的一段话对我们很有启发：

> 浩然文不为仕，伫兴而作，故或迟；行不为饰，动以求真，故似诞；游不为利，期以放性，故常贫。名不系于选部，聚不盈于担石，虽屡空不给而自若也。

这段话指出孟浩然的创作、言行、交游都不是小于功利或矫饰的目的（“文不为仕”、“行不为饰”、“游不为利”），统摄他这一切行为的基本原则在于“求真”、“放性”。王士源与孟浩然约略同时，也是一位隐逸之士，此序写于孟浩然身后不过数年，应该比较准确地反映了孟浩然留给当时士人的真实印象。

所谓“求真”，即探求真实的自我，“真”即指本性而言；所谓“放性”，即任性，指放任个性的张扬。两句互文见义，皆是说要保持身心的自由，不受功利等外在因素的影响。这既是孟浩然统摄立身行事的基本原则，自然也是他或求仕或归隐表象后面一以贯之的决定因素。孟浩然渴望济时用世，但前提是不妨碍自己身心的自由。在理想的状况下这二者之间并不矛盾，如他早年的隐居读书正是为仕进作准备一样。而经过洛阳三年的耳闻目睹，孟浩然亲身体验到官场的黑暗，意识到自己的个性不见容于官场，“物情趋势利，吾道贵闲寂”（《山中逢道士云公》），勉强求仕，也未必能达到济时用世的目的。为了保持真实的自我，他主动选择了归隐，他的《京还赠张淮》一诗真实地表现了他此时的心态：

拂衣何处去，高枕南山南。欲徇五斗禄，其如七不堪。早朝非晚起，束带异抽簪。因向智者说，游鱼思旧潭。

孟浩然的朋友张子容（一说王维）的临别赠诗虽说是劝慰之词，但应该说也体现出友人对他的深刻理解：

杜门不复出，久与世情疏。以此为良策，劝君归旧庐。醉歌田舍酒，笑读古人书。好是一生事，无劳献《子虚》。（《送孟六归襄阳》）

既然归隐是自己对名利场有了清楚认识后的主动选择，诗人虽然也有失意的牢骚与不平，但这种牢骚与不平自然并不十分强烈，而且时而还会流露出寻回自我的喜悦：

扇枕北窗下，采芝南涧滨。因声谢朝列，吾慕颍阳真。（《仲夏归汉南园寄京邑旧游》）

明白了孟浩然由求仕而转向归隐的思想活动过程，自然也不难理解他对待韩朝宗的举荐的态度。他最初同意与韩一同赴京，“约日引谒”，后来喝酒喝得高兴，却又“毕席不赴”，表面上前后行为矛盾，其实都是出于“求真”、“放性”的考虑。为了“求真”、“放性”的需要，诗人只考虑一时的兴之所至，全然不理会世俗的人情世故，也不顾是否符合世俗的行为逻辑。

那么，孟浩然何以又会在49岁的“高龄”接受张九龄之辟入幕为宾呢？其实也不难理解，张九龄“与浩然为忘形之交”，深深了解孟浩然的为人。孟浩然认为在他的幕中不至束缚自己的个性，妨碍自己的身心自由，同时又有施展济时用世之志的可能，自可欣然接受。总之，孟浩然在意的不是仕或隐，而是能否“求真”、“放性”。认识到这一点，就不难理解孟浩然的人生轨迹，我们所认识的孟浩然就不是矛盾的、分裂的孟浩然，而是和谐统一的孟浩然。

孟浩然的“求真”、“放性”，不仅直接继承了陶渊明努力回归真我的精神，而且也是“盛唐气象”在当时士人精神面貌的强烈体现。通常论者以李白为“盛唐气象”的代表人物，而李白对孟浩然无比崇敬，他曾在诗中写道：

> 吾爱孟夫子，风流天下闻。红颜弃轩冕，白首卧松云。醉月频中圣，迷花不事君。高山安可仰，徒此揖清芬。（《赠孟浩然》）

笔者曾经认为李白所描绘的“实际上是他理想化了的孟浩然，表现的是他心目中的道家理想人格，而非真实的生活中的孟浩然”[4]。现在看来，这一观点是肤浅的，必须加以修正，李白其实是深刻地理解孟浩然的，“醉月频中圣，迷花不事君”两句不正是孟浩然“求真”、“放性”的形象写照吗？由于李白曾经以隐居作为仕进的“终南捷经”，他更深知孟浩然这样彻底摆脱功利动机，只求身心自由的难能可贵，不能不自叹弗如。

孟浩然作为盛唐前期诗人，他的年纪长王昌龄9岁，长王维、李白12岁，长储光羲17岁[5]，他的人格力量对这些盛唐著名诗人都具有极其深刻的影响。王维对隐逸的向往、对自然的迷恋，李白的狂放以及对世俗的高度蔑视，王昌龄的“不护细行”，储光羲的“真率”，都与孟浩然的“求真”、“放性”相通。我们在书写文学史时，必须充分考虑到这一点，才能对孟浩然做出准确的评价。

注释：

［1］ 闻一多. 唐诗杂论［M］. 北京：北京古籍出版社，1956.

［2］ 徐 鹏. 孟浩然集校注［M］. 北京：人民文学出版社，1989.

［3］ 李景白. 孟浩然诗集校注. 前言［M］. 成都：巴蜀书社，1988.

［4］ 张安祖. 论孟浩然诗歌“清”的审美意蕴（J）. 黑龙江社会科学，2003（1）.

［5］ 乔象锤，陈铁民. 唐代文学史［M］. 北京：人民文学出版社，1995.

论孟浩然隐逸思想的成因

宁松夫

隐逸思想是孟浩然思想中除仕进思想外最为重要的组成部分。因此，对孟浩然隐逸思想的形成原因进行深入具体的分析对于我们知其人、读其诗都有着重要的意义。但值得遗憾的是，这方面的研究实在太少。古人是否有研究，因没有相关资料传世，不得而知。现当代学者在研究孟浩然的思想时也只有少数学者对他的隐逸思想的成因偶有触及。如闻一多先生认为隐逸思想的形成“在他这里，无疑的那成立默契的对象便是庞德公”[1](p30)，陈贻先生认为“盛唐时期隐逸思想之风特盛”对孟浩然有所影响[2]，朱起予先生认为孟浩然隐逸思想的形成与他天生具有“甘于淡泊”的心性有关[3]，等等。至于较为详尽地探讨孟浩然隐逸思想成因的专文，至今尚未见到，基于这种情况，本人不揣疏浅，尝试着来发表自己的陋见。

孟浩然隐逸思想的成因，极为复杂，有历史的和现实的、家庭的和社会的、人文的和地理的等多方面原因，但我以为，促成他隐逸思想形成的主要原因有以下三个方面：

一、儒、佛、道三家思想的影响

孟浩然“维先自邹鲁，家世重儒风。诗礼袭遗训，趋庭雨沾末躬”（《书怀贻京邑同好》），他从小就接受了儒家的思想教育和熏陶。我们知道，在政治上，儒家是主张积极入世的，孔子在述说心志时所说的“我待贾者也”[4](p150)（《论语·子罕》）、“吾岂匏瓜也哉？焉能系而不食”[4](P·272)（《论语·阳货》），子路在评论隐士时所说的“不士无义”[4](p285)（《论语·微子》），都是这种主张的表现。但儒家的入世也是有原则的，原则就是“有道则见，无道则隐”[4](p138)（《论语·泰伯》）。对于这条原则，孔子在不同的场合用不尽相同的语言反复进行过倡导，如“邦有道，谷；邦无道，谷，耻”[4](p220)（《论语·宪问》）、“邦有道则仕，邦无道则可卷而怀之”[4](p243)（《论语·卫灵公》）、“道不行，乘桴浮于海”[4](p83)（《论语·公冶长》）等等，从孟浩然一生的实际行为看，他主要接受了儒家积极仕世的思想，他的“魏阙心恒在，金门诏不忘”（《自寻阳泛舟经明海》）、“谁能为扬雄，一荐《甘泉赋》”（《田园作》）、“壮志哀未立，斑白恨吾衰”（《家园卧疾毕太祝曜见寻》）等等言志诗句就是明证。但同时他也接受了儒家“无道则隐”的深刻影响。他在《岁暮海上作》诗中抒怀云：“仲尼既云殁，余亦浮于海。……为问乘槎人，沧州复谁在?”诗中所表现出来的心态、情绪和人生态度与孔子的“道不行，乘桴浮于海”一脉相承。由此可见，他是自觉地接受了孔子倡导并身体力行的“无道则隐”的影响。正是这种影响，从政治理论或思想基础方面深刻地影响了他的人生观和人生价值取向，从而促成了他隐逸思想的形成。

孟浩然隐逸思想的形成也有来自佛教的影响。佛教的基本教义之一是把现实人生断定为“苦”，并认为“苦”的原因是由每个人自身的欲望所致，因此要摆脱痛苦，唯有超脱自身的世俗欲望。中国古代的文士，历来都以能求取到令人羡慕的功名为光宗之荣，以潦倒不仕为辱先之耻，但在客观上，历代封建王朝却往往是压抑人才的，因此文士们在求仕苦海中沉游而不能达到理想彼岸时，往往要退而向佛以求解脱，而通常的解脱方式就是隐逸。孟浩然终生求仕却终生未仕，心情之痛苦和精神之烦闷是可想而知的，这就迫使他不得不从佛教中去寻求解脱，而向往避开人世纷争的隐逸生活。他的不少诗句也反映了他的这种心理追求。“一灯如悟道，为照客心迷”（《夜泊庐江闻故人在东寺以诗寄之》），写出了佛理之“灯”消除了自己内心世俗的迷惘的感受。“愿言投此山，身世两相弃”（《寻香山湛上人》），表达了自己意欲幽居寺山，乐享“身世”两忘、远离尘世烦苦的隐逸生活。“依止托山门，谁能效丘也”（《云门寺西六七里闻符公兰若最幽与薛八同往》），表达了羡慕寺僧静心幽居山林，不愿效法孔丘汲汲于仕进的心态。“拂衣从此去，高步蹑华嵩”（《东京留别诸公》），则更是以激昂愤世之语表明了自己抛弃仕途，静心隐居的决心。由此可见，孟浩然向往隐居深山以超脱人生之苦的追求显然是受了佛教的影响。就孟浩然一生生活的实际来看，他在佛教影响下的超脱主要是通过下面两个方面的力量来实现的。一是佛理的吸引力。“看取莲花净，应知不染心”（《题大禹寺义公禅房》）、“愿承功德水，从此濯尘机”（《腊月八日于剡县石城寺礼拜》）。有此佛理的吸引力，诗人纷乱的凡俗之心当然也就会变得虚静起来。二是佛法的感召力。“戏鱼闻法骤，闲鸟诵经来”（《来阇黎新亭作》）、“法雨晴飞去，天花昼下来”（《题融公兰若》）。佛理有如此的感召力，诗人置身其中，其心灵自然会进入佛家的净境、化境。凡俗之心虚静了，佛家的净境、化境得以进入了，诗人的隐逸思想也就随之自然形成了。

任何宗教都有他理想的境界与追求，道教的最高理想境界与追求是得道成仙，飞升仙境，并认为唯有如此才可以外生死，极虚静，超脱自在，不为物累。道教的这套理论正合乎人生不得志的士子因政治进取失意不得不退而求其避世静处的心理取向，因此历代士子中的不得志者，多因钦慕道教的这种理论而自觉接受其影响，从而在不知不觉中使自己具有了超脱功名利禄、避世逍遥的隐逸思想，孟浩然就是其中的一个。“海上求仙客，三山望几时”（《寄天台道士》）、“何时还清溪，从尔炼丹液”（《山中逢道士云公》）、“愿言解缨绂，从此去烦恼。高步凌四明，玄踪得二老”（《宿天台桐柏观》），等等。这些诗中所表现出来的心性情趣，都是对超脱尘世、隐逸林泉的神仙般生活的向往。由此可见，孟浩然的隐逸思想的形成明显地受到了以信仰神仙、追求成仙逍遥为核心内容的道教的影响。此外，孟浩然隐逸思想的形成还有来自庄子哲学思想的影响。庄子是道教人物中最有影响的人物之一。他消极厌世，追求个人精神上的绝对自由，主张采取“坐忘”[5](p167)（《大宗师》）的办法，使自己摆脱人世的束缚。在庄子的哲学里还有个词叫做“机”[5](p32)（《齐物论》），“机”即身为形役，亦即为名为利而奋斗乃至牺牲，或人的本性被包裹到永无休止的忙碌之中。庄子并且认为“坐忘”可以忘“机”。上述庄子的人生哲学对孟浩然不无影响。他的《都下送辛大之鄂》诗云：“予亦忘机者，田园在汉阴。”《游精思题观主山房》诗云：“渐通玄理妙，深得坐忘心。”由此可见，孟浩然的“忘机”尘埃，隐居“汉阴”的隐逸思想与行为，也有来自庄子摆脱形役、逍遥人生的深刻影响。

从上述的分析中可以看出儒、佛、道对孟浩然隐逸思想形成的影响是一个客观事实。但就三家思想对孟浩然隐逸思想形成的影响力的大小或主次而言，可以说是儒家思想主其志，佛、道思想助其成。“君子谋道不谋食”、“君子忧道不忧贫”、（《论语·卫灵公》）“达则兼济天下，穷则独善其身”是儒家处世哲学的重要信条，这些信条历来为文士奉为修身之大要，立身之大本，行事之主心骨。因此，历代文士在政治进取的过程中受挫时，往往以这些信条为行事的准则：退隐乡园、幽居独处以保全自己高尚的心性与人格。孟浩然也是如此。如前所述，他本是个“魏阙心恒在，金门诏不忘”的士子，但在求仕屡屡受挫的事实使他深深认识到所谓的开元盛世在举用人才问题上的“无道”以后，他的思想便发生了逆转：愤然抛弃入仕之想，毅然坚定退隐之心。“跃马非吾事，狎鸥宜我心。寄言当路者，去矣北山岭。”（《秦中苦雨思归赠袁左丞贺侍郎》）这些诗句就是他上述心理路程的明证。因此，从这个意义上说，儒家“忧道不忧贫”、“兼济”不成即“独善”的处世哲学是孟浩然隐逸思想形成的最深微、也是最主要的思想渊源。正是由于这种思想渊源为孟浩然定下了“安贫乐道”和“独善其身”的思想基调，因此佛家超脱功名利禄之苦求的教条，道家“至人无己，神人无功，圣人无名”的人生追求[5](p14)才得以为孟浩然所接受，而这恰恰是助成孟浩然隐逸思想形成的两股重要的推动力量。

二、历史上消极遁世者的影响

历史上的消极遁世者，也就是隐士。中国从远古时代起就出现了隐士，据皇甫谧的《高士传》所述，巢父、许由是唐虞时朝的高隐之士[6](p5)（《高氏传》）。此后，历代高隐层出不穷。春秋、战国时期有老莱子、原宪等[6](p8,p9)（《高氏传》），汉代有梁鸿、徐禾犀[6](p19,p21)（《高氏传》）等。这些隐士，“或隐居以求其心，或回避以全其道，或静已以镇其躁，或去危以图其安”[7](p2755)（《逸民传序》）。他们的思想代相沿袭，共同构成了贯穿中国古代特有的隐逸思想。这种思想对历代文士，特别是对历代仕进无门或仕途不得志的文士有着深刻的、乃至决定其人生走向的影响。孟浩然是个终生求仕却未能入仕的文士，因此他在思想上很容易与隐士的思想发生共鸣，从而在自觉不自觉中接受其熏陶，使自己的思想朝着隐士思想的方向发生潜移默化的变化。这一点从他吟咏隐逸人物的诗作里看得很清楚。孟浩然诗集中吟咏的主要隐逸人物，按出现频率的低高排列依次是赤松子、许由、尚子、庞德公和陶渊明。

赤松子是传说中的仙人，后因以借指隐遁出世的人。“予亦归来松子家”（《高阳池送朱二》）、“倘因松子去，长与世人辞”（《寄天台道士》），表达了对松子无拘无束的生活的向往。

许由是我国远古时代的“真隐”，尧让天下与他，他遁耕于中岳颍水之阳，尧又请他为九州之长，他便跑到颍水去洗耳，生怕尧的话玷污了他的耳朵。孟浩然诗中写道：“因声谢同列，吾慕颍阳真”（《仲夏归汉南园寄京邑耆旧》）、“闻道鹤书征，临流还洗耳”（《白云先生迥见访》）。这些诗句，表达了对许由的敬慕和仿效之心。

尚子，即尚子平，又称向子，东汉隐士。他隐居不仕，最后不知所终。孟浩然诗中有“久欲追尚子”（《彭蠡湖中望庐山》）、“五岳追向子”（《经七里滩》）、“归山羡子平”（《李氏园林卧疾》）之句，表达了对这个隐士强烈的追随之心。

闻一多先生在谈到孟浩然的隐居时说：“孟浩然原来是为隐居而隐居，为着一个浪漫的理想，为着对古人的一种神圣的默契而隐居。……无疑的那成立默契的对象便是庞德公。孟浩然当然不能为韩朝宗而背弃庞德公。”[1](p30) 这也就是说，庞德公对孟浩然隐居的影响是深刻的，此话不无道理。庞德公，东汉襄阳人。“荆州刺史刘表数延请，不能屈……后遂偕妻子登鹿门山，因采药不返。”[7](p2776)（《逸民列传》）孟浩然在他的诗里有4处吟咏到庞德公：“昔闻庞德公，采药遂不返”（《登鹿门山》）、“鹿门夜照开烟树，忽到庞公栖隐处”（《夜归鹿门歌》）、“闻就庞公隐，移居近洞庭”（《寻张五回夜园作》）、“何处先贤传，唯称庞德公”（《题张野人园庐》）。这些诗句，表达了对庞德公的景仰之情，其中不乏追随之意。

东晋诗人陶渊明，因不愿为五斗米折腰而弃官归隐，以诗酒为乐。孟浩然对他十分敬仰，他在诗里曾八咏陶氏：“尝读《高士传》，最嘉陶征君。日耽田园趣，自谓羲皇人”（《仲夏归汉南园寄京邑耆旧》）、“我爱陶家趣，园林无俗情”（《李氏园林卧疾》），这三联表达了对陶氏人品志趣的爱慕之情。“欲徇五斗米，其如七不堪”（《京还赠张维》），表达了对陶氏人格的赞美。“彭泽先生柳，山阴道士鹅”（《寻梅道士张逸人》），写爱柳的陶氏有适性自得之乐。“归人须早去，稚子望陶潜”（《赠王九》），暗寓陶氏摆脱了“以心为形役”后，所享受到的天伦之乐。“歌逢彭泽令，归赏故园间”（《秋登张明府海亭》）、“酒邀陶彭泽，琴辍武城弹”（《卢明府九日岘山宴袁使君张郎中崔员外》）、“醉坐自倾彭泽酒，思归长望白云天”（《和卢明府送郑十三还京兼寄之什》），这三联暗寓陶氏有“归赏故园”和以酒为乐的人生追求。这些诗句，尽管咏陶的角度各个有别，但在超脱尘俗的人生志趣上慕陶学陶的宗旨却是一致的。

“言为心声”，孟浩然的上述诗句就足以说明他在内心深处受到过历史上隐士们隐逸思想的感化。从他一生的实际生活表现来看，他隐居鹿门、逸居涧南、纵情山水、游乐田园也证明了他的确是接受了这些人隐逸思想的影响。

三、地理环境的影响

地理环境对孟浩然隐逸思想的形成也具有重要的影响力。这里所说的地理环境主要是指孟浩然家乡襄阳的地理环境，也包括孟浩然游历过的其他地方的地理环境。地理环境对孟浩然隐逸思想形成的影响力主要是通过两种力量来实现的：一是对他形神的吸引力量，二是对他思想的陶冶力量，这两种力量相依相存，相辅相成。

孟浩然的家乡襄阳的山水环境清幽静美，是修身养性的天然的好去处，也正因为如此，这里曾孕育出了一个有名的隐士庞德公。孟浩然的诗作里，有不少盛赞和深爱襄阳山水的诗，如“山水观形胜，襄阳美会稽”（《登望楚山最高顶》）、“遍观云梦野，自爱江城楼”（《陪独孤使君同与萧员外证登万山亭》）、“岘山不可见，风景令人愁”（《九日怀襄阳》），等等。在孟浩然看来，襄阳的山水是最令他醉心的，因此也是他最离不开的。那么襄阳究竟有怎样的名山胜水令孟浩然如此钟情呢？

这里有鹿门山，鹿门山不仅山高谷深，林木葱茂，而且有神奇的传说。“鹿门山，旧名苏岭山。建武中，习郁为侍中，时从光武幸黎丘，与帝通梦，见苏岭山神，光武嘉之，拜大鸿胪。录其前后功，封襄阳侯，使立苏岭祠。刻二石鹿，夹神道口，百姓谓之鹿门庙，或呼苏岭山为鹿门山。”[8](p54)东汉时的庞德公就隐居在此山。

这里还有岘山、万山、万山潭、望楚山、冠盖山、石梁山、习家池等名胜之地，还有清清悠悠的汉江水。孟浩然一生都是醉情这些山水的。请看他的诗句：“雪罢冰复开，春潭千丈绿。轻舟恣来往，探玩无厌足。波影摇妓钗，沙光逐人目。倾杯鱼鸟醉，联句莺花续”（《初春汉中漾舟》），漾舟汉水，有如神仙般逍遥怡悦；“垂钓坐磐石，水清心亦闲。鱼行潭树下，猿挂岛藤间”（《万山潭作》），静观潭景，不是仙景，胜似仙景；“竹露闲夜滴，松风清昼吹”（《齿坐呈山南诸隐》），恬穆之人处此清幽之境，何等惬意！

透过上述孟浩然的诗句，不难看出，襄阳的山水不仅吸引着孟浩然的心神，同时也陶冶着他的隐逸思想和情操。恰如闻一多先生在论及孟浩然隐逸思想形成时所言：“地理的鹿门山给了他方便……隐居的事实便容易完成得多了。”[1](p30)

孟浩然曾先后游历过吴越、湖湘和巴蜀。他在游历这些地方时所写的山水诗中，都有对美景的描绘和醉心赏景的情感表达。如“叠嶂数百里，沿洄非一趣”、“猿饮石下潭，鸟还日边树”、“观奇恨来晚，倚棹惜将暮”（《经七里滩》），又如“武陵川路狭，前棹入花林。莫测幽源里，仙家信几深。水回青嶂合，云渡绿溪阴。坐听闲猿啸，弥清尘外心”（《武陵泛舟》）。显而易见，这些地方的山水美，对于孟浩然，也同样具有观赏的吸引力和隐逸思想情操的陶冶力。

此外，孟浩然还游访过不少名山的寺院、道观，这些游访活动对孟浩然隐逸思想的形成较之于游赏别的山水名胜之地的活动更具有不可忽视的影响。寺院、道观多在名山深境之中，庙宇、道观静幽古寂，周边奇特峻美的山光水色犹如远隔红尘的圣地仙境。僧人、道士栖身其中，远离尘俗，生活悠然自得，精神怡然自乐。总之，这些地方的山水之美容易对人产生清心净欲的陶冶力，而静心幽居于此的僧、道离俗脱凡的生活情趣则往往更容易引发人们的出世隐居之想。文士们多具有思想敏感、鄙夷现实、心性清高的特点，因此，在接受上述影响方面，具有特别的自觉性。孟浩然也是如此，他的诗作可以证明这一点。他共写过38首游访寺院（僧人）、道观（道士）的诗，其中游访寺、僧的25首，道、观的13首。这些游访诗中，大都不同程度地反映了他自觉地接受了上述的“陶冶力”和“引发之想”。“龙象经行处，山腰度石关。屡迷青嶂合，时爱绿萝闲。宴息花林下，高谈竹屿间。寥寥隔尘事，疑是入鸡山。”（《游景空寺兰若》）山寺境界虚寂，景致幽静，诗人置身其中，犹如进入了佛教圣地，思想因之受到陶冶，精神因之得到净化，脱尘向佛之心也因之得到了强化。“仙穴逢羽人，停舻向前拜。……上逼青天高，俯临沧海大。鸡鸣见日出，常觌仙人旆。往来赤城中，逍遥白云外。莓苔异人间，瀑布当空界。……永怀从之游，何当济所届。”（《越中逢天台太乙子》）诗中，景物雄奇而静幽，道人逍遥于云天外，在情景交融和钦慕道人的生活之中，诗人禁不住仙界的诱惑而情不自禁地抒发出了急切隐居此山的愿望。总之，从上述两首诗的内容分析中即可看出，孟浩然游访寺观、僧道的活动对于他隐逸思想的形成起到了重要的促进作用。

任何事物发展变化的规律都是：外因是条件，内因是关键。孟浩然隐逸思想的形成也主要是他的内因在起作用。他天生就有一种“好静喜闲”、“好静慕隐”[3]的性情，加之深受儒佛道三家处世哲学的影响。因此释、道、儒中静隐、超脱的人生取向，隐逸人物弃名遁世的人生追求，山水风光的静美，以及僧人道士超绝尘俗的生活，自然就不仅适应着他的性情和心志，而且推动着他的性情和心志的发展，从而加速了他隐逸思想的形成。

注释：

[1] 闻一多《唐诗杂论》，上海古籍出版社 1998 年版。

[2] 陈　贻《孟浩然诗选后记》，《文艺论丛》1980 年 4 期。

[3] 朱起予《孟浩然隐逸趣尚论》，《苏州大学学报》1993 年 2 期。

[4] 钱　逊《论语浅解》，中华书局 1983 年版。

[5] 陈鼓应《庄子今注今译》，中华书局 1975 年版。

[6] 《四部备要·史部》第 46 册，中华书局 1989 年版。

[7] 范　晔《后汉书》卷八十三，中华书局 1965 年版。

[8] 习凿齿《补校襄阳耆旧记》，中州古籍出版 1987 年版。

（作者为湖北文理学院教授）

论孟浩然的隐逸与陶式人生观

渠红岩

《旧唐书·文苑下》中说："孟浩然，隐鹿门山，以诗自适。年四十来游京师，应进士不第，还襄阳。张九龄镇荆州，署为从事，与之唱和，不达而卒。"由此可知，孟浩然是于开元十六年（公元728年）赴京应举的。据陈贻焮先生考证，孟浩然在长安约一年时间，然后于岁暮还乡，从吴越还乡在开元二十一年（公元733年）五月，又于开元二十一年至开元二十五年之间入蜀。开元二十五年到开元二十六年在张九龄荆州幕中，不久即思乡回襄阳，于开元二十八年（公元740年）卒。

一个人的性格，不仅表现在他做什么，而且还表现在他怎么做。由孟浩然一生的行迹可以看出，他一生绝大部分时间是过着隐居的生活，然而正如他自己在《久滞越中赠谢南池会稽贺少府》中所自问的"圣主贤为宝，君何隐遁栖"那样，隐士本是现实与社会发展不平衡的产物，盛世中的孟浩然，似乎并未面临这样一个事实。然而当我们寻本探源地去研究孟浩然隐逸趣尚的生成时，我们发现，除了性格原因之外，荆楚隐逸文化乃是孟一生的心理指归。

一、孟浩然与襄阳本土的隐逸文化传统

让我们探讨一下襄阳本土的隐逸文化传统及孟浩然对它的心仪和膜拜。

说到襄阳本土的隐逸文化，鹿门山应是一个主要载体，因为它曾经目睹过庞德公的高风，留下了庞蕴、王迥、张子容、孟浩然和皮日休的足迹。在那岩扉松径的深处，我们似乎还能想象得出当年那些“幽人”的兴来独往、兴尽而归的身影，似乎能听到深山古刹中传来的天国的佛声禅唱。“昔闻庞德公，采药遂不返。金涧养芝术，石床卧苔藓。纷吾感耆旧，结缆事攀践。隐迹今尚存，高风邈已远。”是庞德公的高风感动了他，才使他“清晓因兴来”，以致“探讨意未穷，回艇夕阳晚”，他将这种未探的遗“兴”形之成诗，也算是对庞德公的一种告慰吧！对于孟浩然，当年庞德公与刘表的一番精彩的对话所表现出的庞隐士追求个性自由和“任自然”的精神风度，也许正应合了作为知识分子的他的清高和孤介，这种性格上的相似也是孟浩然追攀庞隐士的一个原因。“倘若住在同一个地方，血统大致纯粹的话，那么在最初的祖先身上暴露的心情与精神本质，在最后的子孙身上照样出现。”这种说法类似于遗传学说和心理学理论，它肯定了文化（这里指地域文化）的传承作

用。正如李白、杜甫献赋于朝，司马相如、杨雄所形成的献赋传统的影响是一个很重要的因素。

另外，从孟浩然的一些有关僧道的诗中，我们可以看出襄阳附近隐逸文化氛围的浓厚。《西山寻辛谔》云："漾舟寻水便，因访故人居，竹屿见垂钓，茅斋闻读书。"这是一个乐道闲居的所在，悠闲的钓者，缥缈的禅唱，这是一派静寂的自然，这就是西山，乃孟浩然南园之西的小山。"北山白云里，隐者自怡悦。"这"北山"即指万山。《元和郡县图志》卷二十一"山南道"二"襄阳县"：万山，一又汉皋山，在县西十一里。虚无缥缈的白云，是隐者的所爱，因为它好像在世俗与方外之间隔上了一个壁帐。它纯洁素朴，轻灵飘逸，有山水之精神，有林泉之高致。那是隐者栖居的乐园。"我来从所好，停策汉阴多。崔徐迹未朽，千载揖清波。"斯人崔、徐已去，而梅、张二公可作为后来之人。浩然先生常涉足于此，是为了感受君子高风。"芰荷薰讲席，松柏映香台"的融公兰若，在襄阳的景空寺，它沐浴着"法雨""天花"和阵阵的荷香，使孟浩然每次的来访都有"谈玄殊未已，归骑夕阳催"的遗憾。孟浩然常常造访的鹿门山上，曾是王迥的隐居之处。"云卧昼不起"、"手持白羽扇"的生活是孟浩然和王白云的理想生活方式。"家在鹿门山，常游涧泽水"的孟浩然经常"朝游访名山"，这"名山"即指"香山"。《京山县志》载：香山在县北八十里。其地处襄阳东南，这也是松泉、钟声相闻的隐者居处，"白鹤青岩半，幽人有隐居"，白鹤岩在襄阳白马山，《舆地纪胜》卷八二"襄阳府"：白马山，在襄阳县东南十里。又李士彬纂《襄阳县志》：白马山，在县南十里，一名白鹤山。

此外，还有精思观、业师山房等一些僧道之人的居处，都是孟浩然诗中所描写的具有隐者之心的人所向往的。这些建筑也是襄阳文化的组成部分，它们之所以与隐逸文化有关，是因为无论是隐士还是僧道，他们都有一致的追求，即精神生活的丰富、生活环境的静谧。从这些道观、寺庙所处的环境看，它或依山傍水，或山环水绕，总之，是有山有水，且远离尘世。“山水的基本性格，是由庄学而来的隐士性格。”这就把隐士和僧道之人、隐逸文化和宗教联系起来了。无论是隐士还是僧道，庄学都是他们的人生哲学。

孟浩然对隐士或僧道之人的生活境界是向往的。他有许多描写向往隐逸的诗以及与儒道之人交往的诗。他的《忆张野人》可以说是直接道出了他的这种志趣：“与君园庐并，微尚颇亦同。耕钓方自逸，壶觞趣不空。”这里“耕钓”对于孟来讲，恐怕多数指“钓”，与张隐士一起垂钓、饮酒的日子是有“上皇风”的日子，可见孟“择邻而居”的用心所在。“因声谢朝列，吾慕颍阳真”，更可视为孟浩然中年以后向上层社会发布的人生宣言。

与他交往较多的方外之人是王迥。诗篇中写到王迥的如《游精思观回王白云在后》《同王九题就师山房》《赠王九》《登江中孤屿话白云先生》等。此外还有张子容。《唐才子传》卷一：“子容，襄阳人，开元元年无名榜进士，仕为乐城令，初与孟浩然同隐鹿门山，为死生交，诗篇唱答颇多。”从“岁月青松老，风霜苦竹疏”中的诗句，我们可以看出他们之间友谊的坚贞。再从孟浩然“游不为利”的交友原则看，他与王迥过从甚密的友谊是孟浩然崇尚隐逸的见证。

“羊公碑尚在，读罢泪沾襟”、“闲垂太公钓，兴发子猷船”，使我们看到善于回忆的孟浩然在感受家乡附近的名胜文化时，总是不自觉地想到魏晋名士，这或许是出于一种性格上的相似和心灵上的默契吧。生活中的孟浩然也念念不忘那些“越名教而任自然”的魏晋人物。因此，正如葛晓音先生所说：“阮籍的放达、支遁的虚寂、陶潜的高节和右军的风雅被他和谐地统一在隐居生活中。对魏晋风流的倾慕使他从外表到行为都自然而然地形成了名士风度。”这就使“风神散朗”的他在盛唐时代的精神感召下体现出魏晋精神。也正是因此，他的隐居才具有着与隐逸文化系列中的其他诗人不同的隐逸文化内涵。

白居易的《读谢灵运诗》曾经这样写道：“吾闻达士道，穷通顺冥数。通乃朝迁来，穷即江湖去。”谢灵运没有白居易的潇洒坦荡，他凭着世族的一贯的傲气对自己的挫折遭遇表示反抗。山水成为他抒发忧愤心情的媒介，他企图借山水精神淡物虑己，但只是一种徒然的努力。谢灵运并未把自己的身心安放于自然山水，他的性格和他生活的时代、环境都使他未能完成仕途失意后的成功换位。而我们的这位文学上深受大、小谢影响的孟浩然在失意后又是如何找寻着诗意的栖居地的呢？

他在《岁暮归南山》中这样说：“北阙休上书，南山归弊庐。”这是他的明智宣言，也是对自己的正确定位。可惜的是，他并未马上让自己处于那一更适合他的人生境界。他徘徊过，在京城至乡野的途中；他抱怨过，为理想的失落。他的徘徊和抱怨我们都能理解。孟浩然是单纯的，他的趣味也是单纯的。他的这种心态是入仕的冲击波余力在心灵世界的反映。它好似即将没入沙滩的波浪，多少还是能带起一些沙粒的。然而这首诗的结尾两句“永怀愁不寐，松月夜窗虚”告诉我们，孟浩然并未使心情马上恢复到平静状态。清徐增《说唐诗》中评此诗说：“夫仕有仕之累，隐有隐之苦。住山无赀，归亦不愿，此作字字真性情，当是浩然极得手之诗。”这段评说可以说是深中肯綮的。对于孟浩然这样秉性天然的士人而言，仕宦是一种身心的摧残，是勉为其难。我们设想，如果孟浩然果真处于某一职位，他也会如在张九龄的荆州幕中一样，而做出相同的辞归的决定。其实，历史上大凡属于孟浩然这一系列的诗人中，有几个于仕宦是适合的呢?正如我们如果大谈特谈李白的政治才能的话，那将是可笑的。所谓“苦”，是说由仕而隐，社会人生价值的失落与舍弃，孟浩然心中毕竟有难言的苦衷，故有“羊公碑尚在，读罢泪沾襟”之叹。更何况真正意义上的隐逸确实是一种苦行僧式的生活，尤其是在孟浩然目睹了京城人士的多彩生活之后，更能感受到反差，“住山无赀，归亦不愿”可以说是一语中的，可谓是得孟心之真，简直如出孟浩然之口。

如果说徐增之评还算是相隔千年的后人之论的话，那么他的好友王维的诗《送孟六归襄阳》可以说是诚心的规劝之言：“杜门不复出，久与世情疏。以此为长策，劝君归旧庐。醉歌田舍酒，笑读古人书。好是一生事，无劳献子虚。”从这首诗的口气和情形、题目看，我觉得还是王维之作，应是对浩然《留别王维》之作的回赠。孟此诗云：“寂寂竟何待，朝朝空自归。欲寻芳草去，知音世所稀。只应守索寞，还掩故园扉。”王确实是深知孟者，对与世情疏远的孟浩然而言，在自己旧庐中饮酒、读书是他最佳归宿，其他的如献赋等举动只能是无劳。如果他的“北阙休上书，南山归敝庐”算是一种回应的话，那也只能是一时的兴到之悟，或者口头上的许诺。然而他的心情是矛盾的、有着淡淡忧伤的。正是怀着这样的心情他回到了家乡，但并未安于命运为他安排好的乡居生活，而是开始了长达三年的漫游生涯。他是怀着散愁的主要目的去吴越的。他在《广陵别薛八》中说：“士有不得志，凄凄吴楚间。”他的这种失志凄楚不仅诉诸广陵山水，而且充溢在桐庐江、建德江上。然而，从他凄清的诗歌创作中我们发现，他的心一刻也未平静过，也许潜意识的心理作用使他倍加怀念襄阳而毅然地告别友人，告别南国山水而回到了他曾经朝夕相处，曾经给他身心愉悦的乡野。

二、孟浩然的陶式人生观

蒋星煜在《中国隐士与中国文化》中说：“隐士往往是内心充满矛盾的。他（陶）亦未能例外，不合理的典章制度，卑污的权贵，喧嚣的市廛，构成了他对世俗的离心力，爱国爱民的天性则是他对世俗的向心力。如果把陶渊明的仕与隐看成一种文化现象的话，孟浩然则是属于这一文化现象的诗人。虽然陶的归隐是由社会文化路标指定的人生方向，而他天性中对隐逸的爱好也是一个很重要的因素。”孟浩然虽无陶渊明“田园将芜胡不归”的无牵无挂的真诚，然而自小养成的泉石膏肓之疾与隐逸天性也使他从心底作出“归来理舟楫，江海正无波”的决定。

在现实生活中，社会的规定性会影响或决定人们选择自己行为的方式，而每个人又都是自身形象的设计师。况且对于古代知识分子而言，仕与隐之间本来也不存在不可逾越的鸿沟。孟浩然面对盛唐这个“隐逸之士”“遂成了社会上的高尚阶级，聪明的人便不去应科第，却去隐居山林，做个隐士”的时代，乡居生活又对他产生了一种向心力，于是陶式人生观被孟浩然大加赞赏。他还是在归途中即已把自己回乡以后的生活作了一个描述：“谁采篱下菊，应闲池上楼。”俨然一个盛世中的渊明先生。而对魏晋风度的向往、对魏晋名士的崇拜又使他拉近了与他们之间的距离。他在《途中九日怀襄阳》一诗末尾就说道：“宜城多美酒，归与葛强游。”另外，他还常提及王羲之、支道林等人，这就使孟浩然的隐逸不同于传统文人的隐逸。就心态来讲，陶的隐逸也并非绝对心甘情愿，他也有一些牢骚、喋喋不休的抱怨和不平。然而他的洒脱、伟大之处在于他在与农人交谈饮酒或是在躬耕田园的生活实践中化解或淡化了这种心理。但不管怎样，陶的归隐是性情所致，他为自己的心找到了最合适的宿处，他在那种环境中所说、所做皆是无加掩饰的真心话、真实事。也正是由此，他的采菊东篱、悠然望山才成为最为人赏识的隐逸诗人形象的剪影。同他相比，谢灵运的赏玩山水则是一种被动的忘忧的举动，心理羁绊太多以致伤害了山水之美，这也成为他山水诗作的一大瑕疵。作为学陶嗣响的初唐王绩，他衣食无忧的生活条件、时代的享乐风气使他再不愿过陶的有着农人之苦的生活，隋唐之际的风云变幻使他常处于仕与隐的矛盾状态。然而他的仕也只是想时常能有饮酒所需的资本。他的生活形式大似陶潜，遗憾的是他的隐却无陶的生活实质，他笔下的田园则是悠闲自得者眼中的田园生活，相对于陶，他的牢骚更多。

从审美讯息定向上讲，孟浩然接受陶渊明的归田后的生活环境、生活形式是容易的。也是很自然的。他的《仲夏归汉南园寄京邑旧游》诗这样写道：“尝读高士传，最嘉陶征君。日耽田无趣，自谓羲皇人。因声谢朝列，吾慕颍阳真。”这是诗人表示隐居决心的诗，约作于开元二十一年五月自吴越归乡后不久。“栖栖徒问津”的他把陶潜、许由等历史上的高士当成知音。这种引古人作为朋友的行为背后隐含一种清高的心理，这种做法也是传统知识分子的共同点。然而，孟浩然是生长于乡野的诗人，家乡一带又盛行牛头禅，这些事实又使他的性格中有了狷介成分，这也是使他的隐逸不同于其他隐逸系列诗人的主要原因。盛唐人的一切举动都是外向型的，而孟浩然的性格是内向型的，因此他的狷介于他似乎有些不协调，这正是他的个性。《论语·子路》曰：“不得中行而与之，必也狂狷乎？狂者进取，狷者有所不为也。”孟的仰慕陶潜、许由等人也是仰慕他们的“真”，他们为自己的个性舒展保留了一个很大的空间。从这一意义上讲，孟的隐逸也是充分尊重个性的表现。

然而，正如法国批评家丹纳所说：“个人的特色是由社会生活决定的。”[1]孟的隐逸相比于大谢，具有更为松弛的心态。盛唐社会给了士人恢宏、自信、欢快的风神，孟浩然没有谢灵运沉重的思想包袱，也没有他那种明显的野心，他的身心相对来讲是宽舒的。他在《题终南翠微寺空上人房》中说“儒道虽异门，云林颇同调”，这应当不是他一个人的醒悟。因此，孟浩然的隐逸是充满了生活情趣的。他在《韩大使东斋会岳上人诸学生》中又说：“沧州趣不远，何必问蓬莱。”他是想在日常生活中而不是如道士僧人于仙界中偏安身心。这是盛唐人乐观、积极的心态，是热爱生活的表现。同时，“出处虽云异，同欢在法筵”的审美心理又透露着南禅宗的玄妙，他非常认同地说道：“风泉有清音，何必苏门啸。”基于这种心理机制，孟浩然才能“睹兹怀旧业，回策返吾庐”，然而遗憾的是，他没有王维那高深的对佛学的造诣，他还是处于唐人接受禅学的初始阶段，因此他的隐逸心态并未达到王维那样的随缘自足的广泛适应性，如“日落伴将稀，山风拂罗衣”的怅然若失的感叹时有流露。这也透露出孟浩然隐逸中的一丝不安定心绪。

（作者为南京信息工程大学副教授）

孟浩然的悲喜情怀

党天正　王锋锋

孟浩然身处盛唐有为之时代，却以布衣终老。他的诗歌，或悲怨怅伤，忧思无极，展现了诗人心系国家、志在天下，而时运不济、坎坷失意的一面；或怡情悦性，放达自适，呈现出诗人所特有的洒脱和超越。忧乐人生，悲喜情怀，最真切地投射出封建士子的生命状态、情感纠结、心灵挣扎和在失意命途中的不甘与追寻，消释和无奈，从中展示了唐代文人欲有所为而终不能为、无可为的复杂丰富的心路历程。

一、命途不遇之悲

在我国漫长的封建社会中，大凡读书的士子都渴盼得到当朝天子的赏识和重用，以实现自己济世安民的政治理想，并获得个体人生的成就感，诚如南宋词家辛弃疾所言："了却君王天下事，赢得生前身后名。"（《破阵子》）在众多士人之中，虽也不乏成功者，但世事繁复，一个人要想在封建社会的政治体系中谋得立足之地，必须具备多方面的条件，并非只有卓越的才华就能实现的，能够跻身国家管理者的毕竟只是少数。在统治阶级的内部，权力角逐，何其激烈，欲舒襟抱，又何其难也！成功者实在为数寥寥，更多的则是面临"不遇"厄运的失败者。而一旦不能被君主赏识任用，对那些以"学而优则仕"为主要人生道路的封建文人来说，无疑是人生的重大挫折，难免会使他们产生诸多悲怨情绪；士不遇的感喟，每每见于古代士人的笔下。西汉大儒董仲舒尝有"努力触藩，徒摧角矣"的低唱（《士不遇赋》）；史学巨擘司马迁更有"悲夫！士生之不辰，愧顾影而独存"的悲吟（《悲士不遇赋》）；东晋大诗人陶渊明亦有"感哲人之无偶，泪淋浪以洒袂"的伤叹（《感士不遇赋》）。唐代诗人孟浩然也是一位心系魏阙、期盼君臣遇合，但却仕进无门、命途偃蹇的失意士子，因而，抒发终身"不遇"的悲伤情怀，便成为其诗歌创作的重要主题。如诗人早年隐居襄阳涧南园时所写的《书怀贻京邑同好》：

> 维先自邹鲁，家世重儒风。诗礼袭遗训，趋庭沾末躬。昼夜常自强，词翰颇亦工。三十既成立，嗟吁命不通。慈亲向羸老，喜惧在深衷。甘脆朝不足，箪瓢夕屡空。执鞭慕夫子，捧檄怀毛公。感激遂弹冠，安能守固穷。

对隐逸守穷的生活，诗人显然是不甘的，他一边怡情山水，恣意游乐，“轻舟恣来往，探玩无厌足”（《初春汉中漾舟》），一边却在刻苦读书，勤勉自奋，“昼夜常自强，词翰颇亦工”。身居田园，心中却仍抱着儒家的政治理想，“俱怀鸿鹄志，昔有鹡鸰心”（《洗然弟竹亭》）。然而，年岁既长，命途不通，有志之士“未逢调鼎用，徒有济川心”（《都中送辛大》）。以隐求仕未果，风云际会、济世治国的理想成空，诗人自己的生活也陷入了“甘脆朝不足，箪瓢夕屡空”的困厄窘迫之境。用世之意流注笔底，悲怨之情溢出纸面。

以科举入仕，这是唐代士子为官做宰的主要途径。开元十五年（公元727年）的冬天，孟浩然离家北上，奔赴长安准备参加第二年的科举考试。“何当桂枝擢，归及柳条新”（《长安早春》），可见诗人对此次科考胸怀期待，信心满满，结果却未能如愿，科举不第，历史似乎又跟诗人开了个玩笑。在落第后忧患相仍的年月中，孟浩然吟出了一曲曲充满悲伤意绪的哀唱。其《题长安主人壁》曰：

> 久废南山田，叨陪东阁贤。欲随平子去，犹未献甘泉。枕籍琴书满，褰帷远岫连。我来如昨日，庭树忽鸣蝉。促织惊寒女，秋风感长年。授衣当九月，无褐竟谁怜。

春科未第，诗人犹欲献赋求用，故去意迟迟，至秋未归。功成名就，富贵利达的士子自可衣锦还乡，荣耀无比。而潦倒场屋、仕进受挫、无人授衣的诗人，却该如何面对故园的父老乡亲，又将怎样应对寒凉沓至的秋冬呢？没有了“春风得意马蹄疾，一日看尽长安花”（孟郊《登科后》）的希冀与欣然，这一年的冬天，孟浩然恐会感到分外的寒冷。“我来如昨日，庭树忽鸣蝉。促织惊寒女，秋风感长年。”蝉作为自然界中的弱小生命体，夏生秋亡，古人常借以表达个体的渺小，生命的短暂。秋风萧瑟，寒蝉哀鸣，诗人此时心绪之悲切怅伤，憾恨之刻骨凄怆，则已不言自明。而深秋寒女的制衣，又骤然触动了异乡游子的客中情怀，激惹起一缕浓浓的乡关之思。穿越绵远寥廓的时空，诗人仿佛听到了寒风冷月下缠绵深永的砧杵之声，这是我们民族心河上流淌的一首古老的无字歌，是漂泊流转、无所归止的失意文人心灵深处的历史回响。客居游子和落第士子双重身份的累加，科场失意与时光易逝的惆怅以及思乡怀亲的心灵归依等多重感情的叠印，大大地强化了作品传达悲情哀感的力度。

命途之不遇虽是孟浩然悲伤怨情生成的主要原因，但绝非唯一的因素；在更多的时候，诗家之不遇和无人汲引、衰老多病、流落他乡等诸多要素融通杂糅，共同影响着诗人的情绪。在不遇之悲和无人赏识、汲引之间，不遇是果，无人赏识是因，当古代士人在品尝不遇之苦果时，便往往会抱怨无人赏识之苦因。韩愈《马说》有言：“千里马常有，而伯乐不常有。”伯乐之不常有，千里马也就难得有出头之日、用武之地，这无疑是对良才的一种扼杀。寒窗苦读、满腹经纶、志在功业的士子，进取无门，请缨无路，空有才华而无人赏识，这更是一种历史的悲哀，有志之士怎能不悲不怨！

开元二十二年（公元 734 年），不甘沦落的孟浩然复入帝京求仕，但上书无着，悲伤之余，诗人赋《岁晚归南山》以书愤：

北阙休上书，南山归敝庐。不才明主弃，多病故人疏。白发催年老，青阳逼岁除。永怀愁不寐，松月夜窗虚。

自“北阙休上书”以来，经过“十上耻还家”（《南归阻雪》）的煎熬，诗人对朝廷已失望至极，叹年光过尽，嗟功名未立，才士屡屡失路，白发催人老去，作者心中的冲天悲怨自可想见。《汉书·王褒传》有云：“夫贤者，国家之器用也。……故圣主必待贤臣而弘功业，俊士亦俟明主以显其德。”[1]孟浩然也尝有“圣主贤为宝”（《久滞越中贻谢甫池会稽贺少府》）的咏唱，圣君明主以贤为宝，为何又偏偏把自己这个贤才弃置不顾呢？“不才明主弃，多病故人疏。”诗人抱怨并怪罪当朝天子未能赏识和任用自己，在发泄生不逢时、怀才不遇的牢骚与不平的同时，也对当时趋炎附势、故交疏离的世道人心表现了极大的愤慨。

在孟浩然看来，贤良被弃，英才遁世，除了君主不够圣明之外，原因还在于“朝端乏亲故”（《田园作》）。诗人希望能像扬雄那样，以自己的辞赋见赏于当朝皇帝，“谁能为扬雄，一荐《甘泉赋》”（《田园作》）[2]。令他感慨不已的是，“惜无金张援，十上空归来”（《送丁大凤进士赴举呈张九龄》）。自己既乏亲故在朝为官，也无朝廷要员提携援引，诗人对此充满了遗憾和怨气。“当路谁相假，知音世所稀。”（《留别王侍卿》）这种憾恨，在孟浩然所作的闺怨诗中也有所流露。其《春意》有句：“照水空自爱，折花将遗谁。”自屈原开创了香草美人的传统之后，历代士人便每每用美女的无人宠幸来隐喻己身之不遇，借以抒发幽怨凄切的情怀，孟浩然也不例外。

屈原《离骚》有云：“惟草木之零落兮，恐美人之迟暮。”生命易逝，时不我待的焦虑，有生之物荣枯生死的悲慨，时时搅动着文人痛彻千古的心怀。孟浩然的不遇之悲，也常常熔铸着衰老多病、美人迟暮的人生感触，二者相互渗透，相辅相成，共同摧残着诗人多思善感的心灵。孟浩然的诗作中，发白老病的咏叹屡见不鲜，就在他卧疾家中，沉疴难起，即将辞世的前一年，好友毕曜前来探视致问，诗人因作《家园卧疾毕太祝曜见寻》以记其事：

> 伏枕旧游旷，笙簧劳梦思。平生重交结，迨此令人疑。冰室无暖气，炎云空赫曦。隙驹不暂驻，日听凉蝉悲。壮图哀未立，斑白恨吾衰。夫子自南楚，缅怀嵩汝期。顾予衡茅下，兼致禀物资。脱分趋庭礼，殷勤伐木诗。脱君车前鞅，设我园中葵。斗酒须寒兴，明朝难重持。

“隙驹不暂驻，日听凉蝉悲”，人生如白驹过隙，倏忽而已，转眼之间，韶华不再，青丝成霜，来日恐已无多，思之念之，诗人不胜悲哀。“斑白恨吾衰”，叹无情岁月太匆匆，恨年老力衰无可为，此时只能在病榻上听秋蝉悲唱，述朋友之谊。“壮图哀未立”，盘点此生，壮怀未伸，宏图不展，自己的鸿鹄之志何时才能实现呢？在盛壮有为之年尚且无为，何况这多病迟暮之岁，想必更难有为。赍志含恨，这是人生莫大的缺憾，孟浩然亦为之难以释怀，悲伤不已。

对古代士人来说，游宦生涯是漂泊不定的，离别自然也就成为一种生命常态。加之当时交通不便，通讯困难，一朝分别，天各一方，后会无期。残酷的社会现实，使古人的离别之情益发显得凄恻哀切，正如江淹《别赋》所言：“黯然销魂者，唯别而已矣。”流落异乡的游子，每有所闻所见，常常又会引起难以遏止的乡思乡愁。李白《春夜洛城闻笛》有句：“此夜曲中闻折柳，何人不起故园情！”马致远《越调·天净沙》唱道：“夕阳西下，断肠人在天涯。”孟浩然求仕失败之后，曾自河洛赴吴越游历，并写下了许多抒发思乡怀人之情的诗篇。政治生态的严酷，使诗人激切酸楚的乡情乡音中，时时交织着怀才不遇、英雄失路的感伤与悲慨。《早寒江上有怀》云：

> 木落雁南渡，北风江上寒。我家襄水曲，遥隔楚云端。乡泪客中尽，孤帆天际看。迷津欲有问，平海夕漫漫。

北雁南飞，寒秋又至，在疾风无情的摧折中，即将走完生命历程的树叶不得不告别已经倚附了整个春夏的枝干，跳着蹒跚的舞步缓缓落下。此时此刻，伫立于滔滔江水之上的一叶孤舟，俯仰凄清萧瑟的秋景，遥望故园所在的楚天，诗人思绪纷杂，乡泪潸然。不第的怅伤，前程的渺茫，亲朋的厚望一时毕集，数十载的闭门苦学，终究无果。“泪忆岘山堕，愁怀襄水深”（《秦中苦雨思归赠袁左丞贺侍郎》），可见游子当下的内心之苦，归思之切。“犹怜不才子，白首未登科。”（《陪卢明府泛舟回作》）诗人从希望自信，到失望自伤，其间的心路轨迹与情感历程昭然若见。命途不遇之悲，一直是诗人心头挥之不去、难以消弭的阴影和心结。

二、游栖欢会之喜

因什么而喜，便会因什么而悲，反之亦然。对孟浩然来说，其最在意的莫过于政治理想的实现。“冲天羡鸿鹄，争食嗟鸡鹜。”（《田园作》）“念我平生好，江乡远从政。”（《晚春卧病寄张八》）虽然他始终处在不遇的状态，人生的诸多痛苦也由此而来，但却不曾放弃对理想的追求。这份持守，既使其心怀希望，更是一种精神的支撑。而山水之趣，游栖之乐，聚合之欢，又使诗人怡然欣然，喜情难已。且看其隐居时所作的《洗然弟竹亭》：

> 吾与二三子，平生结交深。俱怀鸿鹄志，昔有鹡鸰心。逸气假毫翰，清风在竹林。远是酒中趣，琴上偶然音。

栖居故园，与志同道合的亲朋一起交游读书，闲暇之时又一起漫步于清风竹林，饮酒弹琴，啸咏终日，何等潇洒，又何等惬意！高怀远志造就了诗人的豪迈之情，壮逸之气，超然之态。孟浩然赴京师应举时所作的《长安早春》亦云：

> 关戍惟东井，西城起北辰。咸歌太平日，共乐建寅春。雪尽青山树，冰开黑水滨。草迎金埒马，花伴玉楼人。鸿渐看无数，莺歌听欲频。何当桂枝擢，归及柳条新。

冬去春来，冰雪融化，万物醒觉，芳草萋萋，杨柳依依，莺歌燕舞。在这旖旎的春色中，长安古城自是繁华似锦，热闹非凡，骏马飞驰，玉人倚楼，一派太平盛世、其乐融融的景象。透过这些彰显着青春活力和生命激情的事物，分明可以感知到诗人内心荡漾的盎然春意。期望与自信，使诗人欣然走进了帝都的春天，一身欢快，满心喜悦。在这里，长安的春色因诗人而显得更为美好，诗人的心绪也因长安的春色变得更加愉悦。

孟浩然虽有强烈的济时之想，用世之望，但一生大都是在隐居和漫游中度过的，襄阳南郭外的涧南园即为其栖居之所。涧南园的北面是岘山，此山历来是襄阳登临送往的重要所在，县治附近还有楚山、万山、解佩渚、高阳池等山水。诗人从涧南园乘船，经北涧入汉江，越岘山顺流而下，又可到达东汉著名隐士庞德公当年的隐居之地鹿门山[3]。故乡的好山好水，在历史的、文学的脚步早已涉足之后，又引来了诗人的殷殷顾盼，纵情游赏。“钓竿垂北涧，樵唱入南轩”（《涧南园即事贻皎上人》），山涧垂钓，江流清澈，欢快的鱼儿在水中嬉戏，动人的樵歌萦绕耳畔，远离尘世的喧嚣，尽享这栖居的清净和垂钓的乐趣。“北涧流常满，浮舟触处通。沿洄自有趣，何必五湖中”（《北涧浮舟》），在春风骀荡、百花盛开的时节，为何还要待在家中读书呢？还是乘着小船去赏看那漫山遍野的春色吧。临流泛舟，随水漂荡，处处皆春，直是令人心旷神怡，美不胜收。“北山白云里，隐者自怡悦”（《秋登万山寄张五》），登高四望，万山白云缠身，烟雾缭绕，仿佛披上了一层神秘的面纱，山中的林木泉石，奇花异草，此时都笼罩隐没在茫茫白云、蒙蒙雾霭之中，置身其间，犹如进入了仙境，使人恍惚迷离，飘然欲举，怡情悦性，喜不自禁。在孟浩然的笔下，有时白云也会歌唱，棹声亦能成歌，这自然是诗人喜悦的内心在欢唱。山水娱人，胜友为伴，诗人逸兴遄飞，喜情洋溢，其颖悟之天性，纯真之童趣亦于此尽见。需要指出的是，在孟浩然的山水之趣，游栖之乐中，既有对理想功业的热切期许，又有仕进挫败之后的心灵慰藉和对功名的暂时忘却，否则，再好的山水风物，触引的恐怕只能是诗人的满怀哀愁了。“江风白浪起，愁杀渡头人”（《扬子津望京口》），同样是面对清风碧流，对沉浸在不遇之悲中的诗人而言，他感受到的却是凄紧逼人的江风，看到的唯有杀气腾腾的白浪。

作为唐代少有的以布衣终老的诗人，孟浩然的隐遁生涯并不孤寂。他不仅和当时的文人学士过从甚密，酬唱不断，还常常跟一些达官显宦交游往还，又每每与和尚、道士以及隐者、农人相会甚欢。聚合之乐，宴饮之喜，纵酒畅谈之快意，一定程度地消解了诗人仕途失意的焦虑，点燃了人生的希望。开元十七年（公元 729 年）的盛夏，因科举落败而闲居河洛的孟浩然与交谊甚厚，时任大理司直的延陵人包融相携竹林，对饮成欢：“开襟成欢趣，对酌不能罢。”（《宴包二融宅》）至秋，诗人去洛南游，泊船亳州临涣（在今安徽境内），又和县令裴氏有诗酒之会：“文叨才子会，官喜故人连。笑语同今夕，轻肥异往年。”（《临涣裴明府席遇张十一房六》）故人相见，惊喜连连，笑语不断，几多欢乐，几多快慰！开元十九年（公元 731 年）五月，孟浩然又与山阴县（今浙江绍兴）尉崔二十一同宴卫明府第，“喜逢金马客，同饮玉人杯”（《夏日与崔二十一同集卫明府席》）。和仕途通达者相逢，跟风神俊秀者共饮，堪为人生之一大幸事、快事，前路似乎也显得明敞起来。

聚合宴饮之所以会给诗人带来喜悦欢快，主要缘于其间汇聚了朋友和酒这两个要素。孔子曰："有朋自远方来，不亦乐乎？"（《论语·学而》）尤其是志趣相通、心心相印的知己。在漫漫人生路上，朋友之间的相互提携、扶持、慰勉是不可或缺的，失意时自可一诉衷肠，消释忧思，找到感情的共鸣与归依。酒实在是个神奇的东西，三杯两盏下去，便会让人血流加速，情绪亢奋，一醉泯宠辱。

唐朝是一个思想开放、文化多元的封建王朝，由此铸就了孟浩然以儒道为主，兼及佛家的文化人格。诗人之故乡襄阳是当时著名的佛教圣地，境内佛寺颇多，僧人甚众。从孟浩然的诗作来看，他早年就曾研习佛理，喜好与和尚交游，经常出入于佛寺禅居，还参加过一些佛事活动。和僧人的友好交往以及参禅悟道，使诗人颇感愉悦快慰，欢趣无极。其《陪柏台友共访聪上人禅居》有道：

> 欣逢柏台友，共谒聪公禅。石室无人到，绳床见虎眠。阴风常抱雪，松涧为生泉。出处虽云异，同欢在法筵。

诗人欣逢曾任侍御史的故友，陪其同访高僧法聪坐禅修行的居处，自为乐事。禅室之所在，冷风吹雪，清泉淙淙，山林空寂，人迹罕至，从中可见聪上人的清高志趣和绝俗襟怀。人生的进退行藏虽各有不同，但是听大师讲经说法，阐释佛理、参禅悟道、升华思想所生发的欢悦却是同在的、共通的。禅给人所带来的欢趣是一种比较高级的、为人所独有的精神的洗礼。在其他一些诗篇中，孟浩然也抒写了参佛悟道的喜情乐趣，如“儒道（此处的道亦泛指佛教）虽异门，云林颇同调。两心相喜得，毕景共谈笑”（《题终南翠微寺空上人房》）、“宴息花林下，高谈竹屿间。寥寥隔尘事，疑是入鸡山”（《游景空寺兰若》）、“四禅合真如，一切是虚假。愿承甘露润，憙得惠风洒”（《云门兰若与友人同游》）等等是也。

应该说，人之所悲所喜的往往是同一类事物，苦相追求，历尽磨折，得之则喜，失之则悲，于是人生也就变得有悲有喜。就孟浩然而言，在其一生的大部分时间中，仕进是他人生的第一追求，但始终未能如愿。作为政治上的失败者，诗人悲怨满怀，痛苦难当。而退居其次的隐逸生活，倒给诗人带来了些许的欣慰，使其苦闷彷徨的心灵得以安顿。咏物言志，陶写情怀的诗歌，更成就了诗人的文学人生和千古不朽的诗名，这恐怕是孟浩然始料未及的吧。

三、悲喜情怀之心灵透视

孟浩然的心灵世界是异常丰富的，诗作中的悲喜忧乐，皆是其内在感情的自然流露，表现了诗人特有的气质和复杂的内心情感。从某种意义上说，文学的特质就是一种生命的历程体验，是作家对现实生活乃至未来世界的一种感知和把握。孟浩然写于其人生不同时期的作品，每每铭刻着一段岁月，传达了一种感情，呈现了诗人独特的个性情怀和非凡的心路历程。诗人正是以个体的人生经历和人格素养，铸造了自己别具一格的诗风。他的诗歌，既是一部交织着人生悲喜情怀、叠加着历史沉郁本质的生命图谱，也是一汪荡漾着入世进取、积极有为的人格精神和放达潇洒、恬淡自适的超脱情怀，展示诗人丰富多彩、澄净淡泊的心灵世界的精神明湖。

透过孟浩然的悲喜情怀，我们首先感受到的是诗人激切沉实的担当意识。以儒学为主流的传统文化所确立的修齐治平的人生理想，决定了古代士人的人生是一种社会化、政治化的人生，注重济世安民，建立事功，以天下国家为己任。和当时的一般士子一样，孟浩然早岁就曾热衷功名，渴盼出仕，颇具用世之心，立业之望。但科举落第，欲济不能。进既无望，便退而欲“只应守寂寞，还掩故园扉”（《留别王维》）。他身在江湖，却心怀魏阙，参与政治的热情不曾冷却，暂栖山水田园未尝不是养望待时，以退为进的一种选择。孟浩然一再表示“忠欲事明主”（《仲夏归汉南园，寄京邑耆旧》），“魏阙心常在，金门诏不忘”（《自浔阳泛舟经明海》）。只是苦于无人荐引，“欲济无舟楫，端居耻圣明”（《临洞庭湖赠张丞相》），诗人多么渴望有舟一叶，使他划向宦海，步入仕途，实现平生之志。可以说，这种激切沉实的担当意识和历史使命感像一条主线贯穿于孟浩然的诗歌创作之中，使他的作品于自然平淡之外，又荡漾着一股厚重亢奋的声情，传达出一种深沉的历史主题意识。正是出于这种激切沉实的担当情怀，在仕进受挫，人生失意之时，孟浩然才能写出悲怨怅伤，忧思无极的诗篇。而当好友从政，诗人也胸怀理想，自信满满的时候，他又会唱出“俱怀鸿鹄志，昔有鹡鸰心。逸气假毫翰，清风在竹林”（《洗然弟竹亭》）这样充满豪逸之气、欣然之情的华章，这可说是对他历史使命感的一种无上慰藉和莫大满足。显然，在孟浩然或悲或喜的感情中，常常熔铸着古代士人所特有的担当意识和家国情怀。

从孟浩然的悲与喜中，我们还领略到了诗人畅游自然的人生情怀。人类从他的诞生之日起，就一直处在广袤无垠且充满神秘色彩的大自然的怀抱之中。生生不息的自然万物既为人类提供了赖以生存的物质条件，又时时陶冶着人类的心灵，给远古先民建构了回归栖息的精神家园。孟浩然的一生，走川历原，越山过壑，览阅山水无数。早在青少年时代，他就和故园的山山水水相依相亲，为侣作伴，鹿门山、万山、鱼梁洲、高阳池等名胜风物刻录着诗人盘桓流连的足印。此后又曾北上长安河洛，东游江淮之地，南下吴、越、湘、闽，临洞庭、游苏杭、观钱塘、奔天台、宿桐柏、走剡溪、赏镜湖、赴永嘉，遍览祖国的秀丽山川，巡游名胜，凭吊古迹。正是在畅游湖海的过程中，诗人获得了浑灏充沛的诗情和灵感，游访者的逸兴与诗家的慧心契合无间。负笈行路，孟浩然也是在不断地观察和认知世界，探赏并发现自然风物，在徜徉山水中感悟人生，洗刷劳顿，挥洒诗情，借物态天趣澄息静虑，荡涤尘埃，净化心灵。这种走进自然，亲和自然，畅游自然的人生情怀，既是孟浩然失意命途的一种折射，也是诗人性格的显著特征，更是其诗歌创作的一大亮点。在对自然风物的吟咏中，富含着多少山川形貌方面的地理内容以及深沉绵远的历史意识，带出了多少诗歌的气势和文学的想象力，游息之乐和诗家现实人生的悲怆感叠加闪现。应该说，畅游自然的人生情怀，使孟浩然的“悲”与“喜”往往超越了一己之情而上升为整个人类的心灵感悟，进入到一种“俯仰终宇宙”（陶渊明《读山海经》）的境界。悲，天地与之共悲；喜，万物和其同喜。

在孟浩然的悲喜之情中，我们亦可见出诗人自强自尊的人格精神。儒家标举一种刚毅行健的君子人格，道家则注重人的素朴本性的养持，主张返璞归真，任性自然，阴柔内美。在中国传统文化中，人格尊严常常凝结为坚强的意志，刚正的气节，独立的品行，淡泊的心态，驱动人的思维，支配人的行为。孟浩然的家世，儒学之风甚为浓厚，“维先自邹鲁，家世重儒风”（《书怀贻京邑同好》）。诗人追慕前贤，尝以孟子的后人自居，自感孜孜以求，力行不已，“昼夜常自强，词翰颇亦工”（《书怀贻京邑同好》）。自强不息，学有所成，内心强大，定可一展襟抱。尽管命途不通，诗人也决不气馁，依然积极进取，渴望及时奋发有为，展翅高翔，“常恐填沟壑，无由振羽仪”（《晚春卧病寄张八》）。即便是纵游山川，孟浩然也意在增长阅历见识，结交社会名流，获取广泛声誉，为步入仕途蓄势铺垫。在当时的时代条件下，文人们的人生理想大都游弋于政治之外，所以他们注定只能是政治的旁观者，更无由进入政治格局的中心。在科举落第之后，孟浩然又不得不以干谒求仕，希望得到当权者的提携奖引。在他的性格中，颇有重义好施、追求自由、不屈权贵、率情任性的一面，《新唐书》本传称其“少好节义，喜拯人患难”。并记载：“采访使韩朝宗约浩然偕至京师，欲荐诸朝。会故人至，剧饮欢甚。或曰：‘君与韩公有期。’浩然叱曰：‘业已饮，遑恤他！’卒不赴。朝宗怒，辞行，浩然不悔也。”一方面率情任性，不计后果，失去了一次得到奖掖的绝好机会；另一方面又干谒当权者，表达渴望出仕的迫切心情，但又不愿折腰屈从，迎俗媚世，卖身求荣，仰人鼻息。“坐观垂钓者，徒有羡鱼情。”（《临洞庭湖赠张丞相》）徒然坐观，空自羡鱼，入仕之心，求荐之意俱现无遗。措辞委婉得体，态度不卑不亢，绝不摇尾乞怜，保持了文人的那份骨气，那份自尊。有些诗虽然写得悲凉低沉，却表现了诗人对自身命运的关切以及如何走出困厄、找到出路的一种忧思。孟浩然的悲喜之情，自然也与其自强自尊的人格精神相关涉。悲怨之余，虽则怅惘，却并未感到绝望，依然执着于自己的人生理想；喜悦之际，虽有一时的快意和满足，却始终难掩其心灵苍凉的底色，功业无成的隐痛，时时流注笔端。唯有自强进取，济时用世，求取功名，且不失文人的傲骨和体面，才能一慰平生。这种自强自尊的人格精神，既是孟浩然一生的真实写照，也是其诗作中常出常新的动人旋律。

诗歌创作要受到诸多因素的约束和限制，美国著名的文学批评家佩里称其为“戴着脚镣跳舞”。其实，人生又何尝不是有苦有乐呢！悲怨也好，喜悦也罢，总是诗人内在情感和苦乐人生的真切展现。悉心考量孟浩然的悲喜情怀，深入探察其复杂丰富的心灵世界，这对民族文化和民族精神的传承与建构，对现实人生的安身立命之道，无疑都有一定的启示意义。

注释：

［1］ 佟培基《孟浩然诗集笺注》增订本，上海古籍出版社2013年版，第286页。

［2］ 吕慧娟等编《中国历代著名文学家评传》，山东教育出版社1983年版，第102页。

［3］ 吕慧娟等编《中国历代著名文学家评传》，山东教育出版社1983年版，第92～93页。

（作者为宝鸡文理学院文学与新闻传播学院教授）

情意山水：试论孟浩然山水诗的特色之一

（中国台湾）张双英

一、前　言

自“文学类型”（literary genre）的角度而言，“山水诗”系指以“山水”为作品题材的诗歌类别。对中国山水诗甚有研究的王国瓔教授即以此为基础，从文学美学的层次将“山水诗”一词中的“山水”解释为：“必定都是未曾经过诗人知性介入或情绪干扰的山水，也就是山水必须保持其原来面目。”[1]问题是当我们综览历代诗人所写的“山水诗”时，却深深觉得这类诗歌不仅内涵丰富，而且性质也颇为复杂。譬如从“山水诗”中“山水”的类别来看，有的是属于远离尘嚣的偏僻山水，有的则是万众游览的名山胜水。又如以这类诗歌中“山水”的外形而言，有的系诗人自远处所描摹出的全景，而有的则只突显了山水的一部分。再如依写作目的来区分的话，有些诗中的山水是诗人以客观呈现为目标所描绘出来的，但也有些诗中的山水是诗人想透过对它们的描写，来婉转地抒发个人的怀抱、表达自己的志向或咏叹其情感受的。其中的最后一种，不仅清楚地显示了有为数不少的“山水诗”含有诗人心中的情或意，同时也证明了王国璎“未曾经过诗人知性介入或情绪干扰的山水”的说法其实并不具有普遍性。换言之，“山水诗”显然不宜用王氏所说的：其所描写的“山水必须保持其原来面目”来定义。

王国璎自己明确地表示，她这一诗歌美学观系以朱光潜的“美感经验”论为据[2]。事实上，朱光潜的美学论述乃源自法国美学家克罗齐（Benedetto Croce，1866—1952）的“直觉”（intuition）说，而因克罗齐这一美学观点在强调：只有摆脱现实世界的功利或实用观的影响，真正的“美学”（aesthetics）才能出现，所以他的说法曾对后来的艺术欣赏观与文学欣赏观产生甚大的影响。不过，当我们以“人”的内心本质，以及人与“实际世界”的互动情形为依据来思考这一观点，将会发现这两者之间实在还有颇大的空间可供讨论。

事实上，如果“山水诗”只是客观地将现实世界中的山水之原貌呈现出来，那么这种“诗歌”与一般“摄影”又有何不同？更何况即使是摄影，尤其是讲究艺术性的摄影，也都是在“摄影家”融入了他自己独特的观点、情感和技巧之后才创造出来的！“文学作品”既是“作家”用来探讨人生的，而作为“文学”的一种“次文类”的“诗歌”，其创作者——“诗人”在进行创作时又岂能免除他个人的“知性介入或情绪干扰”，而拘谨地以“保持山水的原来面目”为创作的唯一目标界限？何况即使是真的守住了这样的要求，其结果岂不将因袪除了其创作者“诗人”的特色，因而失去“诗歌”之所以能够感动人的最重要因素？

在创作过程上，“山水诗”系以诗人的眼睛为起点，而以他心中已有的理解（即“现象学”中所称的“前理解”）为基础，将自己当下的感受、思考与想象投射到呈现于眼前的山水中。此时，他眼前的山水已被他敷染上一层象征的含义（即所谓“言外之意”），然后，他再以技巧的文字将眼前的山水依照诗歌的形式创造出来。而与这一情况相似，读者在读到这样的“山水诗”后，也会被引发出他们自己的联想、理解和感受；有人甚至还将这些内心的回响写成评论或解释文字。据此，我们应该可以同意“山水诗”能感动读者的原因，主要是诗中寓含了诗人的内在情意与高明的创作技巧；或者更具体地说，是因为诗人内心世界的难以捉摸，以及诗歌所隐含的高明的表现技巧，使他的山水诗充满能够让读者去自行理解、感受和解读的吸引力。

因此，本文将选取若干孟浩然的“山水诗”为讨论对象，借着刘勰《文心雕龙·神思》：“登山则情满于山，观海则意溢于海”两句为出发点，再引述西方“现象学文学批评”中的若干观点为理论基础，一方面说明孟浩然与山水的关系，同时也勾勒出孟浩然“山水诗”的主要特色之一：充满他个人内心情意的山水。

二、山水诗

在中国诗歌历史上，“山水诗”可以说是一种源远流长的诗歌种类。从文化史的角度来看，这一种诗歌类型会出现，主要是因为古代诗人感受到人与自然界有紧密的关系，进而对其中的山水产生了敬畏或喜欢的心理与态度。譬如先秦时代的儒家有“知者乐水，仁者乐山，知者动，仁者静”（论语·雍也篇）的见解；而道家也有“藐姑射之山，有神人居焉”（庄子·逍遥游）的说法等。

到了汉朝（尤其是武帝），不但君臣之间常有游宴，王公贵族也常召集才子文人赴其宴会而一起游赏，因而造成了王公贵族与文人在宴游时赋诗酬酢与诵诗唱和大为流行的风气。这情形呈现在诗歌上的特色之一，便是出现了不少描写宫苑山水的诗篇。

六朝时，与这一风气相关的诗歌类别，如侍宴、应令、奉和等诗歌作品，数量可说有增无减[3]。

但因受到将佛经翻译成汉文的影响，有关汉字声音的知识大为提升。而当这一知识被运用到创作上时，不仅出现了崭新的文章体裁——以骈四俪六的句式为规范的“骈文”，也形成了如何运用文字的声音来创作诗歌的“声律说”。只不过因为这一时期的诗歌在描写对象上多以外在景物为主，所以形成了“绮丽与轻靡”的诗歌风尚，也就是侧重对外物细腻、逼真的刻画，而较少表现出诗人的生命情思。

由于这一时期的政治斗争非常激烈，朝代更迭快速频繁，致使许多诗人在朝不保夕的忧虑下，为了躲避政治而走向山林，希望能借着远离现实的行动来避开灾祸，或求得心安。当这一情况表现在诗歌上时，就出现了田园诗、山水诗、游仙诗与玄言诗等新的诗歌类型，以及陶潜、谢灵运、谢朓、葛洪、支遁等杰出诗人。这些诗歌类型的题材虽有不同，但却具有两项共同特色：一是这些诗人并不随波逐流，也就是在创作诗歌时舍弃了当时占有诗坛主流地位的“绮丽”文字和“轻靡”风格。二是将诗歌的题材从诗坛主流的侍宴、应令、奉和等，转到实际的大自然山水和抽象的无拘想象上。换言之，这些为数并不多的诗人所采用的是清新自然的文词，而描写的对象则是大自然的山水与田园。但更重要的是他们在这些诗歌作品中所表达的内涵，即希望能借着与“自然山水”的亲近，来求得自己心灵的安顿。也就是说，这些诗歌的文字层面虽然是在描写大自然的山水，但其内涵却充满了诗人的生命情怀。

梁、陈、隋等三朝不仅诗风仍以“绮丽与轻靡”为主，诗歌内容更只集中在宫廷宴游、君臣应令与朋友唱和上。到了初唐时期，这一主流诗风虽仍有上官仪的“上官体”在继承，但已有王勃、杨炯和陈子昂等人发出强烈的批判声音。同时，沈佺期、宋之问等人也透过他们的影响力，尝试将诗歌创作的重心由绮丽的文辞转到文字的声韵格律和对仗的讲究上。不过，此一时期在诗史上最受瞩目的应该是出现了一批杰出诗人，他们在诗歌题材上成功地把以宫廷为中心的状况扭转到自然山水上，而且是以“自己和山水的关系”为描写的重心。由于这类诗歌不但水平高，也受到许多诗人的青睐，因而促使了当时的“绮丽与轻靡”的诗风转向“清新自然”；而创作这类诗歌最早，也可算是最重要的诗人，就是孟浩然。

三、孟浩然的“山水诗”

（一）孟浩然创作的诗类及其“山水诗”

1．孟浩然诗歌的分类

孟浩然是湖北襄阳人，生于武后永昌元年（公元689年），卒于开元二十八年（公元740年），享年五十二岁。有关他的生平，正史上的记载非常简略。不过，据现代学者的研究，他早年时，于家乡的鹿门山隐居读书，并颇有诗名。年龄渐长后，曾到许多地方游历，也结交了不少知名之士。三十多岁后，大臣张说曾引荐他给朝廷，他也曾两度赴京城长安应考，但都没有结果，而在外地漫游一段时间，后来便还乡隐居。四十九岁时，曾应荆州长史张九龄之邀担任从事一职，两年后因背疽病发而辞职返乡。来年，因背疽病复发而辞世。从孟浩然游历过西蜀、湘桂、荆楚、吴越等地[4]，并写下大量的应酬与送别诗来看[5]，“漫游”和“隐居”在孟浩然的一生中实占有同等重要的地位，而这两者也正是他创作山水诗的基础。

孟浩然留存至今的诗大约有二百六十多首。在孟诗的分类上，自从稍后于孟浩然的王士源在他收集、编订成的《孟浩然集》中，以题材为主而将它们区分为游览、赠答、旅行、送别、宴乐、怀思、田园等七类后，南宋的刘辰翁也在他的《王孟诗评》中将孟浩然的诗区分为游览、赠答、旅行、送别、宴乐、怀思、田园、美人、时节、拾遗等十类[6]。令人感到意外的是，在这两部具有代表性的孟浩然诗集的分类中，竟然没有“山水诗”类！一直等到现代，才先有王辉斌在其《孟浩然研究》中将孟浩然的“山水诗”与“田园诗”合成一类，而把孟诗归纳为山水田园、交往赠答、怀思兴叹等三类[7]；然后再有王英霞在《孟浩然诗歌分类问题研究》中将孟浩然的诗归纳为山水、田园、酬别、兴叹等四类[8]。换言之，孟浩然的“山水诗”至此才算被独立为一种诗类。由于对孟浩然的全部诗歌进行题材的分类可以将孟浩然的诗歌及其生平的关系显现出来，所以后两种分类不但重要，且对本论文也甚有帮助。

虽然“山水”与“田园”都是属于大自然的景物，而且孟浩然的诗中同时兼写“山水”与“田园”的作品也不少，不过，为了使包含了静观与游览两种性质的“山水诗”与以静态为主的“田园诗”能有些区别，也为了使研究范围不致过大，论述焦点也可较为集中，再加上孟浩然是唐朝最早的“山水诗人”之一，以孟浩然的“山水诗”作为研究范畴应该具有一定的意义。

大自然的“山水”既然不会无故即骤改其外貌，但为何对同一个山、河、湖、海等对象的描写，不同的诗人常会有不同的结果呢？这种情况的出现，原因实颇为复杂，本文也将于下一节借用西方的“现象学”来说明。而宋代大文豪苏东坡虽曾以“横看成岭侧成峰，远近高低各不同”来说明：因看山的角度和距离有异，所以看到的山势形貌当然会有差别，但这两句话所触及的范围其实只是山的外在形貌而已。由于学界一般都认为，“山水诗”所以能获得历代诗评家的肯定与推崇，主要是因为这类诗歌的内涵寓含了诗人心中足以感动读者的情思与怀抱，所以孟浩然的“山水诗”与他心中的情意之间有何关系，实值得深入研究。

2. 孟浩然“山水诗”内涵上的特色

在中国古代的文学理论上，有关作家如何面对外在世界的心态，早在南朝·梁的刘勰（公元467—522年）便已提出如下的见解：

> 夫神思方运，万涂竞萌。……登山则情满于山，观海则意溢于海。[9]

文中的“登山则情满于山，观海则意溢于海。”两句乃是互文，意指启动神思的“人”不论是“登山或观海”，他内心之中的“情与意”都会“满溢”于山中或海上。值得注意的是，刘勰这一备受后代诗评家称道的观点有两项特点，一是针对写作的“文人”而言，二是指文人在“构思如何创作”时的情形。换言之，这两句话乃是指文人从动念想创作，一直到创作的过程中，他心中的情意是充满于他所面临的山与海之上的。

由于刘勰这一观点在适用范围上既未能扩大到“所有的人”，也非“随时随地”可发生，所以并不属于“普遍性”的文学理论。不过，我们似可在西方文学批评论述中找到有关“人”如何“认识”“外在的事物”的普遍性学说，例如“现象学”（phenomenology），来支持并扩大刘勰的观点。

“现象学”所论述的对象是“每一个人”，而不只“文人”。根据“现象学”的创始者胡塞尔（Edmund Gustav Albrecht Husserl，1859—1938，也有译为“胡赛尔”）的说法，“人”的内心之中必都含有“意识”（consciousness，即“知觉”），而当“人”想了解某“对象”（或称为“意识对象”noeme/noema，也就是“外在世界”或“外在的事物”）时，也必有他“当时的特定目的”，譬如是想了解该对象的外貌、内涵？或是想因此和该对象接近或远离等。于是在这一特定目的（intention，即“意向性”）的引导下，人的“意识”与“对象”先接触，再产生初步理解，接着“意识”与“对象”间不停地产生互动，因而使初步理解不停改变，最后才产生结果——也就是“人”在那一次对该“对象”所产生的认识与感受。这一认识过程，后来被扼要地勾勒为“意识的意向性流动”，并由此导出两种结果：同一个“人”每一次对同一个“对象”的“认识”必会有所差异，以及不同的“人”对同一个“对象”的“认识”也绝不可能相同。

从“意识”的发射者“人”来说，这一论述指出：只要“人一看（接触）到”外在世界，就会把他内心的想法与情意覆盖到外在世界上。也就是说，“每个人”所看到的（或“理解的”、“意识的”）外在世界，其实是一个“已经完全被他个人的意识所敷染过的主观世界”，而不再是那个外在世界的原来面貌了。这样的说法当然可推出如此的结果：虽然是同一个外在世界，但在每个人的眼中，这个世界的外貌和内涵是不可能完全相同的。

这一论述也对“意识”的接受者“外在世界及事物”（或称作“意识对象”）提出解释：这个“对象”并非一个静态的人或物，而是一个“范围”或“界域”（horizon），因此并不单纯。根据“现象学”理论，这个“界域”从内到外含有三个部分：一是位于最里面的“意识”所投射的“对象”（object，或可称为“核心”或“主轴”)。二是包围此“对象”的一团变动不停的“意识的对象群”（noemata）；它们使此“对象”不易被认识清楚，但因此“对象”拥有不变的“自我认同”（self-identical）性，所以可保持它原来意涵的稳定性。三是包围着“意识的对象群”的“界域”。

至于这个“界域”的内涵，这一论述将它细分为三个层面：其一是“时间界域”（temporal horizon），也就是人们的“意识”所接触的“对象”会随着“时间”不停的流走而不断变动，因而形成“意识对象”的“时间界域”。其二是“空间界域”（spatial horizon），因人们所“意识的对象”只是“意识范围”的中心部分，在它的四周仍有许多“其他事物”围绕着。而且每个“其他事物”外也都有围绕着“它们”的“其他事物”，因而形成了意识对象的“空间界域”。其三是“意义界域”（context of meaning），即人们对“意识对象”的了解，都是将“它”放到某个自己所熟悉的“意义系统”（或称为“意识网罗”）中去进行的。这个意义系统就是“意义界域”[10]。

根据此一论述，身为“意识”发射者的“人”，其心中既有各种不同的目的与随时累积的知识内涵，而他所要了解的“意识对象”又是如此复杂多变，那么当这两者在某一特定的时间与地点，经过接触、互动、到融合，它们最后所形成的结果当然不可能与另外一次的结果相同。因此，若把孟浩然视为“意识”的发射者，而他所见到的山水为“意识对象”，则他所创作出来的每一首“山水诗”，因必以他的主观体认为基础，所以当然也会拥有独一无二的特性。而根据现代学者的研究，孟浩然“山水诗”的主要特色，乃是以平实而清新的用词，流畅的叙述文句，依照逐渐形成中的唐诗新格式，来描写他所目见、耳闻的山水景物。如此的过程与结果，所造成的当然是蕴含了他个人的经验和感受而成的孟浩然式的“山水诗”[11]。

有关文学作品中的“世界”，宋朝陈应行的《吟窗杂录》曾引用到唐朝王昌龄《诗格》里的一段话：

> 诗有三境。一曰物境：欲为山水，则张泉石云峰之境，极丽绝秀者，神之于心，处身于境，视境于心，莹然掌中，然后用思，了然境象，故得形似。二曰情境，娱乐愁怨，皆张于意而处于身，然后驰思，深得其情。三曰意境，亦张于意而思之于心，则其真矣。[12]

这段引文中的“物境”是指：诗人在创作山水诗的时候，把当前的山水风景尽收眼底，并特别注意其中最秀丽的景致，而在心中形成了一个与这一山水风景的外貌相符的境地。然后以此为基，诗人将自己心里的愉悦、愁怨等情绪“敷染”到山水风景上，使被诗人收入眼中的这一“物境”变成与自己的情绪紧密相关的“情境”。同样的，若诗人把眼前的“物境”和自己心中的所思相结合，则其结果就形成“意境”了。也就是说，“物境”、“情境”与“意境”等三个境界应该可以理解为：以“物境”为出发点，而因有两种不同途径可供选择，所以乃形成了“情境”与“意境”两种结果。

不过，这里有两个要点值得一提。首先是后两种“境界”的差别，乃是因“情境”的基本元素系属于比较感性和主观的

“情”，而“意境”则是以比较理性和客观的“意”为基本元素所致，因此，这两种“境界”只是性质和达成途径的不同，而未涉及评价的高低。其次是“情”与“意”既然都是组成内心世界的元素，则“情境”与“意境”两者其实并不容易判然划分。而若以孟浩然的“山水诗”为观察对象，我们应该可以发现孟浩然这类诗歌同时兼括了“情”与“意”两种内涵，是“情意兼具”的“山水诗”。

（二）孟浩然的诗人性情：敏感而喜好山水

1．性情敏感

诗歌中既然含有诗人心中的情意，那么我们可否就孟浩然的诗歌作品来了解他的性情呢？请看底下这首《晚春绝句》：

> 春眠不觉晓，处处闻啼鸟。夜来风雨声，花落知多少。[13]

这是孟浩然描写自己心里感觉的一首诗，内容为：在某个春天的早晨，自己仍在睡觉而不知天已破晓时，竟被四处传来的鸟啼声所吵醒。于是，心中突然忆起：昨夜充斥四周的，是风雨交加的声音；而那阵风雨，不知打落了多少好花！

这首明白易懂的诗值得注意之处不少。首先，它只是对事实的直接叙述，并未含有太多尚待挖掘的深意。其次，它的文字白描浅显，与六朝迄初唐的“绮丽”文风大异其趣。其三，它所叙述的内容很平常，是人人都可遇到的情形，而非孟氏的特殊遭遇。其四，从当下的鸟啼声立即回想到昨夜的风雨之声，再从风雨之声联想到不知有多少花已被那阵风雨打落，既表现出孟浩然拥有丰富的“联想力”，使他的“内在心情”很容易与“现实情况”结合，也透露出他的“性情是敏感而倾向消极”，所以才会写出“夜来风雨声，花落知多少”的诗句，而让这首诗平添了一股凄清的氛围。

2. 喜好山水

只是听到某一种“并无形象可见的声音”，就可以引发如此丰富联想的孟浩然，令人更好奇的是当他用眼睛看到有“具体形貌的山水景物”时，又会有什么反应呢？

孟浩然在自己的若干诗歌中曾透露他具有重视“儒风”的家世，天生也带有侠义精神，但最引人注意的是他从年轻时期便非常仰慕高风亮节的隐士。例如：东汉末年婉拒荆州牧刘表的延请，而携带自己的妻子隐居于襄阳鹿门山的庞德公便是他欣羡的人物之一。他在《题鹿门山》诗中即清楚地将这样的心理表现出来。这首诗的全文如下：

> 清晓因兴来，乘流越江岘。沙禽近初识，浦树遥莫辨。渐到鹿门山，山明翠微浅。岩潭多屈曲，舟楫屡回转。昔闻庞德公，采药遂不返。金涧饵芝木，石床卧苔藓。纷吾感耆旧，结缆事攀践。隐迹今尚存，高风邈已远。白云何时去，丹桂空偃蹇。探讨意未穷，回艇夕阳晚。[14]

对于自己家乡的鹿门山中竟然远在东汉时便曾有如此高尚节操的人隐居其间，孟浩然心中显然充满着庆幸与仰慕，所以才会使他年轻时也想学习庞德公的高风亮节而隐居于此山中，并因此有机会与同样隐居于此山中的张子容结为至交好友。但更重要的是孟浩然此一行为，也表现出他喜欢与山水亲近的情性。而这样的情性，可以从他的《题鹿门山》一首诗中清楚地表现出来。

到了唐朝，东汉时代的庞德公当然已经远去，但他留在鹿门山中的足迹与各种传说，却仍深深地吸引着孟浩然。因此，在本诗的起头，孟浩然所叙写的是自己因仰慕庞德公的风范，所以在某日一大早，便兴致勃勃地乘坐小舟，越过江岘，想去鹿门山寻访庞德公留在山中的足迹。在寻访的途中，他的心情不停地随着出现在眼前的各种景象而起伏，如：鸟禽因离他很近，使他感受到初识牠们的愉悦；而在远处的水边，也浮现着让他无法看清的朦胧树形；快到鹿门山时，浮现眼前的是青翠明媚的山，以及淡抹于其间的缥缈烟岚；而曲曲折折的岩潭，也逼使他乘坐的小舟必须时常回转。这些景象引起他产生如此的想象：东汉的庞德公为了不再和刘表见面，故而借着采药为名而隐遁于山中之后，他在这座山里的生活应该是以“芝木”为食、以“苔藓之石”为床吧？于是，为了能真正踏上庞德公所留下的足迹，孟浩然还亲自结绳，以助攀爬。当到了目的地后，孟浩然乃陷入沉思，“思索”这些“隐遁的足迹”所寓含的“高风”意义，包括：山中的白云灵动飘逸，它们为何能来去无踪呢？生长于其间的红艳桂树如此伟岸挺拔，但似乎没有要突出自己的意思！

这首诗当然还蕴含许多深意，不过，它至少可让我们做如此的推论：孟浩然因仰慕古往今来隐居于山中的高人雅士，所以常常亲自去山中寻访古代隐士留下的遗迹，或拜访当代隐居其间的隐士，甚至于连他自己也到山中隐居了。这些行动在使他拥有丰富的与山水为伍的经验之时，应该很容易在他心中培养出喜欢山水的性情。以这首《题鹿门山》为例来看，孟浩然因景仰庞德公的高风，所以到鹿门山去寻访他的遗迹。途中，出现于他眼前的沙禽、浦树、小溪及岩壁等景物，无不牵引着他的想象与情绪。因此，这首诗至少透露了孟浩然“山水诗”的两项特色：一是出现于孟浩然寻访途中的山水景物，常满载着他的情感与想象；二是诗歌前半所展现的艰辛寻访过程，乃是为了强调诗歌后半的美好结果着实得来不易所做的安排。

（三）孟浩然“山水诗”中的情意

1．祈求与期待

以孟浩然的“山水诗”为观察范围，则“仰慕高风亮节的隐士”确实是他这类诗歌的主要内容。但若从他所留下的二百多首诗中即有五十首清楚地表达出他的“求仕”愿望来看，则“仕进思想”更是他最主要的思想[15]。孟浩然的这类诗歌的特色，我们可用《望洞庭湖赠张丞相》为例来说明。此诗的全文如下：

> 八月湖水平，含虚混太清；气蒸云梦泽，波动岳阳城。欲济无舟楫，端居耻圣明；坐观垂钓者，徒有羡鱼情。[16]

唐玄宗先天元年，与孟浩然同时隐居于鹿门山的张子容在离开襄阳，赴京考进士，而于先天二年（此年十二月改元，而为开元元年，即公元712年）题名进士榜[17]。孟浩然也大约在开元四年（公元715年）或五年离开家乡，出游洞庭湖，并作这首《望洞庭湖赠张丞相》干谒岳州刺史张说。

这首《望洞庭湖赠张丞相》在内容题材上虽属于“山水诗”，但若以它的主题来论，则应可归纳为“求仕”类的作品。这一情况说明了即使孟浩然的真正目的在“求仕”，但为了达成这一目的，他所采取的手段却是对山水的描写。因此，孟浩然如何经由对山水的描写来表达他的“仕进思想”，实值得深入探究！

在写作方式上，这首诗的前四句属“描写”式写法。它们描写了洞庭湖水、云梦泽上、岳阳城等三项景观对象。由于描写的重心在夸大与渲染，因而呈现出的景象便是湖面的无穷辽阔与水浪的极度汹涌，前者以天空的一切景象都被收入湖面来呈现，而后者则用撼动[18]了整个岳阳城来形容。虽然它们只占了诗歌篇幅的一半，但这已足以使这首诗被称为描写式的山水诗了。

因孟浩然的真正目的是为了表达求仕的心意，所以到了诗的后四句，写法便从“描写式”改为“表达式”，也就是从“对外物的描写”转成“表达内心的愿望”；这一情况可由第五句的“欲”字和第八句的“羡”字呈现出来。至于他表达心愿的手法，则采用了两个间接的比喻，前后夹着它们中间的一个自己的感受：中间的感受表达的是自己在这般承平的盛世时代，却无官职可施展抱负，因而心中甚感羞愧；而在此感受之前的比喻，则是以能够帮自己渡过辽阔且波浪汹涌的洞庭湖的“船和桨”，来隐喻“张丞相”；感受后面的比喻，则分别以“对被钓到的鱼感到羡慕的人”和“被钓到的鱼”，以及

“垂钓者”来隐喻“自己”和“张丞相”。总的来说，就是把自己和可帮助自己达成心愿的对象分别比喻为“想要渡湖的人”与“船和桨”、“鱼”与“垂钓者”，而借由他们之间的关系来凸显自己对张丞相的殷切期待。

若把前后各四句的“描写”和“表达”结合起来，这首诗顿时成为“景”与“意”交融的作品。至于它的前四句会把洞庭湖描写得如此辽阔，并且波涛汹涌，其原因应该正如前面所述，就是想用来呈现孟浩然所期待的张说之巨大影响力。因此，如果我们以“情景交融”的角度来分析这首诗，则应该可以将这首诗中的洞庭湖所呈现的景况，视为孟浩然此时心情的反映。

2．失落与迷惘

前曾述及，孟浩然有“与山水为伍”的丰富经验；而他以此为基础所创作的“山水诗”，则以“隐逸和脱俗”为主调。会出现这一情况，应该与他未能达成出仕的愿望有关。譬如说：唐玄宗开元十四年（公元725年）时，储光羲、崔国辅、綦毋潜等都进士及第；开元十五年，王昌龄也考上进士。因他们都是孟浩然的好友，所以这些消息可能激励了孟浩然的出仕之心，而使他于开元十五年冬天赴京，准备应来年的进士科考。然而在那次考试中，孟浩然因未被录取，所以在开元十七年自洛赴吴越之地漫游，并在途中写下许多山水诗，吐露不少心声。《云门寺六七里闻符公兰若最幽与薛八同往》即是他在此时所写的作品。此诗全文如下：

谓余独迷方，逢子亦在野。结交指松柏，问法寻兰若。小溪劣容舟，怪石屡惊马。所居最幽绝，所住皆静者。密篠夹路旁，清泉流舍下。上人亦何闲，尘念俱已舍。四禅合真如，一切是虚假。愿承甘露润，喜得惠风洒。依止此山门，谁能效丘也。[19]

在此诗中，孟浩然会把自内心中的迷惑感摆在诗的头一句，一方面显现出他对应考落第的大失所望，同时也凸显了孟浩然“求仕”之心的强烈。这两种心理也可由诗的最后两句得到证明：从此之后，他的人生将转向依托佛家的因能舍而得闲的生活情境，不再继续效法一生奔波，期望说服诸侯以实现治世理想的孔子。

从内容所表达的意思来看，这首诗应可分为四部分。前四句采用直述法，直接说明孟浩然此时的心中是迷惘的，因而和同样是在野的朋友薛八相约，一起去探访位于浙江绍兴的名寺——云门寺，希望能向寺中的高僧请益佛法。

紧接其后的六句则以描写法为主，描写沿路的溪水不宽，只能容许小舟划行；而从四处突然出现的各种怪石，屡屡使两人乘坐的马儿惊嘶。当接近目的地时，四周的环境所呈现出的雅致静谧，果然非常适合智者或高人居住。到了目的地，映入眼里的不仅是屋舍之下有清澈的泉水流过，舍前小路的两旁也种满了较矮的筱竹。

第三部分包括四句，孟浩然仍采用描写方式来呈现自己的推想：云门寺的主持高僧应与四周环境一般悠闲自在吧？而他能有此境界，应是已排除一切尘世杂念所致！他的内心世界既已达四层禅修入定的最高层，使一切事物都回归到它们永恒而真实的本性，那么对他而言，尘世间的万事万物应只是虚假的存在吧！

第四部分是最后四句，孟浩然选择了以抒发的方式来表达自己的心声：亲自到这一环境来体验后，我也盼望能获得长生的仙药甘露的滋润，并让自南而来的和煦惠风洒满全身。而凡是能在此一寺院的外门居住的人，又有谁会愿意去效法那为了实现匡世济民的理想而不停在俗世奔走的孔子呢？

此诗中所描写的山水景物虽各有不同形貌，但它们却含有一项共同特性：或造成诗人前进不易，或引起他的坐骑惊讶。孟浩然会选择这些景物，并特别凸显出它们影响前进的情景，虽然可能只是纯属写实，但更可能的应该是如前所述，即为了凸显后面的美好成果实在是非常不容易得到的。换言之，在整首诗的结构设计上，本诗实含有以“山水”来配合“情意”的高明技巧。

3．融情意于山水

笔者前面曾引来说明“人”与“外在世界”关系的西方“现象学”，其实包含两大观点，即以前面所引述的具有普世性特色的“意识及其界域”之说为讨论问题的基础，然后再提出一个笔者并不完全赞同的“还原”（reduction）之说，来提升人们的内心境界。这种“还原”说是一种理论，也是一种方法；它所强调的是要“回到事物本身”（即“纯粹现象”），也就是使“人”所“想要认识的对象”能“还原”到它们原来的本质与面貌。更具体来说，“还原”实包含以下三个阶段：首先是将“人们”已加到想要“认识对象”（或“外在世界或事物”）上面的文化习俗、社会潮流、政治影响、甚至自己的背景等“人为因素”都完全舍弃，使“外在世界”能“还原”到“人们”的内心可直接去“意识”（即“认识”）的内容（即“纯粹现象”）。第二阶段是“人们”必须把自己的知识从“事实”层次提升到“理念”层次，使心中的“意识”（即“认知力”）能穿透“事物”之外那变动不拘的种种外貌，来掌握“事物”的“本质”，达成“本质还原”（eidetic reduction）。最后阶段是“人们”应该把在各种因素影响下而生活于现象界中的“自我”，设法“还原”（或称为“提升”）到具有“超越性主体”的层次，再以具有“超越性主体”的“我”去“意识”（即“认识”）世界[20]。

因为“现象学”是探讨“存在”的哲学，它的主要目的为希望打破（西方）过去把“人”封闭于他自己内心里的哲学观，譬如柏拉图认为：只有“真理”（或“理念”）才是“真实”的说法，以解放捆绑了西方“人”两千多年的“意识”活动。但是，除了智慧超人一等的哲学家之外，几乎是所有的“人”——尤其是敏感的“诗人”，当“他”在“接触、认识现实世界”时，不但无法做到把已经加到“事物”（外在世界）上面的文化习俗、社会潮流、政治影响、甚至自己的背景等等都完全舍弃，甚至比一般人更会将自己的情意与想象融入到外在世界里。中国历来的山水诗人及其诗作便是这一现象的明证。

细读孟浩然的“山水诗”，不仅可轻易地感受到诗中的山水往往充盈他个人的内在情意，同时更可发现他的“山水诗”内实蕴藏着他个人的背景、社会潮流、政治影响，甚至是文化传统的因素；也就是前面所提的“现象学”“还原”论中第一阶段想祛除的种种“人为”因素。我们可用他的《晚泊浔阳望庐山》一诗为例来说明。诗的全文如下：

挂席几千里，名山都未逢。泊舟浔阳郭，始见香炉峰。尝读远公传，永怀尘外踪。东林精舍近，日暮但闻钟。[21]

这首诗是孟浩然在漫游吴越数年后，于开元二十一、二十二年间自越返归家乡襄阳的途中所写的，而且在历代诗评家中曾获得“朴素高远”、“最为高格”、“于不经意中达到空灵高远之境”等佳评。不过，更值得注意的是它在“使用典故”上的意义，因为这一特色不但证明了文化传统与诗歌的关系非常密切，它对诗歌意涵的影响也非常巨大。

这首诗的前四句指出，孟浩然在外地漫游的数年中，走过了几千里路。他这趟南游的主要目的虽然是去拜访一些好友，但在往返途中，把握机会或自己一人，或与朋友一起去寻幽访胜与拜望各地高人雅士，也是他的活动重心之一。不过，探访这些名胜所累积的经验，却在他返回家乡的路上，当船停泊在浔阳（今江西九江）的外城时，因偶然看见庐山的香炉峰而受的重大的冲击：以前所探访过的诸多好山，在这座香炉峰前再也不能称之为名山了。

庐山会让孟浩然的心中产生这一感觉，当然可能是因它的外貌形势远比诗人过去所历览过的名山胜水都要秀奇雄伟所致；但更可能的原因似应该从文化涵义来找。晋朝时，曾有得道高僧慧远（公元 334—416 年）在庐山待过三十年之久。本文在分析前引的《云门寺六七里闻符公兰若最幽与薛八同往》诗时曾指出，孟浩然在写那首诗时的心情是：想将他的人生方向从入世的儒家转到出世的佛家。而这首《晚泊浔阳望庐山》的后四句，表达的正是相同的想法。

第五句中的“远公”，即东晋朝时的高僧“慧远”。据史料所载，慧远拥有神情健朗的气质与气度恢弘的风范，年轻时不仅博通儒家诸经，并兼通道家老庄之学。后因聆听当代高僧道安传讲佛教《般若经》而得大彻悟，乃落发出家，并南往荆州广传佛教。有一次，在他到罗浮山的途中，因发现庐山有着清新宁静的气氛，非常适合修习身心，乃决定止居于山中西林的“龙泉精舍”，并吸引了沙门慧永也来卜居于此。后来，刺史桓伊有见于此，乃在山的东边为慧远建立房殿，即“东林精舍”。

慧远的事迹，在释慧皎的《高僧传》（卷六）有颇详的记载。稍后于他的大诗人谢灵运（公元385—433年）也因他而写下《庐山慧远法师诔》一文，既表彰慧远法师的成就，也寄寓自己的仰慕之情。孟浩然因读过慧远大师传，所以非常景仰大师于庐山讲经三十年的超脱俗世的作为；因此，在浔阳外城的日暮时分看见庐山的香炉峰时，不但被眼前的飘逸烟云与俊伟山势所吸引，素来对山中隐士的欣羡之心也同时被激发出来。尤其当逐渐接近“东林精舍”，而突然听到自山中的佛殿传来的钟声时，内心对慧远大师的孺慕与景仰顿时与惆怅混同为一。而这一借由典故的运用，将历史事迹纳入诗中的做法，不仅使本诗在涵盖面上拉长了作品的时间长度，也丰富了本诗的内容，深化了本诗的意义。因此，本诗不仅是描写山水景物，同时也兼抒发作者内心的情意和想象；而后者正是本诗能够吸引、感动人的主要原因。

四、结　语

以上论述想指出的是：孟浩然于创作“山水诗”时，不但不可能做到把他个人的“知性”和“情绪”与“山水”完全隔离，而且也未曾以“使山水保持其原来面目”为创作“山水诗”的目标。相反的，他创作“山水诗”的基础是心中的“情意”与外在的“山水”已混同为一的心灵状态。但也正因为如此，他写下了许多令人感动和激赏的“山水诗”。事实上，我国诗歌传统中的主要观念，不论是“言志”、“缘情”，还是“咏怀”等，无不在强调“诗人的内在情意”不但和“诗歌”具有不可分离的关系，甚至可说是“诗歌”的意义和价值所在。因此，“诗歌”与诗人的“情意”乃是无法分离的密切关系。孟浩然的“山水诗”大都是诗人借助诗中的“山水”来婉转表达心中“情意”的作品。

注释：

[1] 王国瓔《中国山水诗研究》，页1。台北：联经出版社，1986。

[2] 王国瓔曾明白指出，其美学论述系依据朱光潜的《文艺心理学中的“美感经验的分析”》。（收于《朱光潜美学文学论文选集》。湖南：人民文学出版社，1980，页43—121。）请参前注，第392页。

[3] 譬如收集六朝诗歌的《全宋诗》（此指南朝时期的宋代）、《全齐诗》等诗集中即大量充斥这类诗歌作品。

[4] 请参杨冬梅《孟浩然浙江山水诗综论》，载于《齐鲁学刊》，2006年4

期，总 193 期。第 69 页。

[5] 据王英霞在《孟浩然诗歌分类问题研究》一文中的统计，孟浩然的酬别诗计有 109 首，几乎占有孟诗全数的一半。王文是她于 2008 年 11 月在东北师范大学所提的硕士学位论文。

[6] 顾道洪、毛晋、朱警、傅增湘等辑校或刊刻的本子，都依照刘辰翁的分类。

[7] 王辉斌教授另有《孟浩然诗分类叙论》一文，详述其如此分类的论据。该文载于《襄樊学院学报》，23 卷 6 期。2002 年 11 月。第 86—92 页。

[8] 此文为王英霞于 2008 年 11 月在东北师范大学所提的硕士学位论文。

[9] 刘勰著．王更生注释《文心雕龙读本》，下册。台北：文史哲出版社。1988 年第 3 版。第 4 页。

[10] 这些论点系摘自蔡美丽教授的《现象学》，台北：东大图书公司，1990。另外也请参考 K. M. Newton, *Twentieth - Century Literary Theory*, New York: St. Martin s Press, 1997, Pp. 210—232.

[11] 张梅《孟浩然、王维山水诗的比较》，载于《徐州教育学院学报》，第 18 卷第 4 期，2003 年 12 月。页 71。

[12] 请见明朝嘉靖年崇文书堂刊本，卷 4，第 23—24 页。一般以为，王昌龄著作中并没有《诗格》，此应是另有作者的伪书。

[13] 此一诗题系依佟培基的《孟浩然诗集笺注》。上海：上海古籍出版社，2000. 5。第 84 页。不过，有许多不同的版本都将此诗题为《春晓》。

[14] 请见佟培基的《孟浩然诗集笺注》。上海：上海古籍出版社，2000. 5。第 52 页。

[15] 请参宁松夫《孟浩然仕进思想新论》一文，载于《武汉大学学报．人文科学版》，56 卷 5 期，2003 年 9 月。第 603—605 页。

[16] 此诗文字引自佟培基《孟浩然诗集笺注》（上海：上海古籍出版社，2000. 5。第 105—106 页），但其诗题却作《岳阳楼》。本文则根据王辉斌教授的考订，以《望洞庭湖赠张丞相》（也有版本题作《临洞庭湖赠张丞相》）为诗题，而此处之张丞相则认为是张说（有些注释将张丞相解释为张九龄），因他于景云二年为相，开元三年贬岳州。请参王辉斌教授《孟浩然三游湖湘始末》一文，载于《襄樊学院学报》，21 卷 1

期。2000 年 1 月。第 84—85 页。

[17] 依王辉斌教授所考订。见氏著《孟浩然生平事迹考辨》一文，载于《山西大学学报·哲学社会科学版》，25 卷 1 期，2002 年 2 月，第 41 页。

[18] 第四句“波动岳阳城”中的“动”字，有些版本作“撼”。

[19] 本诗文字依杨冬梅《孟浩然浙江山水诗综论》，载于《齐鲁学刊》，2006 年 4 期，总 193 期。第 71 页。但佟培基的《孟浩然诗集笺注》将此诗题为《云门兰若与友人同游》。上海：上海古籍出版社，2000. 5，第 8 页。

[20] 请参考蔡美丽教授《现象学》，台北：东大图书公司，1990；以及 K. M. Newton, *Twentieth - Century Literary Theory*, New York: St. Martin s Press, 1997, Pp. 210—232。

[21] 佟培基《孟浩然诗集笺注》。上海：上海古籍出版社，2000. 5，第 6 页。

（作者为台湾淡江大学中文系教授）

论孟浩然诗歌“清”的艺术境界

吴振华

虽然不能说一个作家生活的地域环境会决定他创作的最终趋向，但是，长期浸润于某种生活环境，尤其是一种山清水秀的美丽风景之中，其诗歌、散文很难不受这些自然景物的影响。谢灵运诗歌与永嘉山水的原生态风貌，陶渊明诗文与庐山、浔阳地区的山水田园风光，谢朓诗歌与宣城地区的秀丽景物，其间充满某种必然的联系已是不争的事实。山清水秀、林壑幽深、文物殷盛、隐逸成风的汉水流域的历史文化名城襄阳，既是盛唐诗人孟浩然生活隐居的地方，又是他心灵栖居的理想归所。此地深厚的历史文化积淀、清新秀美的自然风物及恬淡真纯的田园氛围，正是孕育孟浩然诗歌从容平淡、清醇雅洁风格的三重酵母。中年以后，孟浩然又沿江东下并长期漫游吴越地区，像长江流域的庐山、新安江流域的建德、钱塘江流域的杭州以及天台山、绍兴、永嘉等地也都是满眼清江绿树、岚烟翠峰、红花玉人、藻荇稻香的充满诗意的洁净无尘的环境，这无疑对孟浩然诗歌的总体格调会产生深远的影响。本文探讨孟浩然诗歌“清”的艺术境界，并揭示其形成的主观及客观原因，以就教于通家。

一、孟浩然其人其诗皆具有“清”品之美

文学史上“诗如其人”的佳例很多，孟浩然就是一个典型。他清纯磊落的个性与他那清新雅洁的诗歌意境非常相合，一直是人们谈论的话题。孟浩然与王维并称“王孟”，不仅因为他们的山水田园诗在继承陶渊明、谢灵运及谢朓之后，有新的艺术创辟，成为盛唐山水田园诗派的杰出代表，而且因为他们都崇尚隐逸，两人还有深厚的友谊。孟浩然年长于王维，所以为王维、李白等年轻诗人所景仰。据宋人葛立方《韵语阳秋》卷十四记载，王维当年曾在绢丝上画孟浩然像，此画为毗陵孙润夫所收藏，上有王维题记，还有太子文学陆羽在唐贞元某年正月二十一日的序，此幅名画题为《襄阳孟公马上吟诗图》，后来南宋张洎再题识，其中有云：

> 虽缣轴尘古，尚可窥览。观右丞笔迹，穷极神妙。襄阳之状，颀而长，峭而瘦，衣白袍，靴帽重戴，乘款段马，一童总角，提书籍负琴而从，风仪落落，凛然如生。[1]

此画是王维真迹还是宋人摹本并不重要，重要的是上面引用的一段话所描写的画中孟浩然肖像和精神面貌与我们想象的孟浩然形象非常合拍，简直就是大写真。可以用“清凛”“清峭”“清简”等词来概括孟浩然的形象与品格特点，一句话，他就是一个品性高“清”的人。再看孟浩然的诗歌，其风格继承了陶渊明的冲淡浑朴，并增添了清秀幽静的新特色，形成具有盛唐意蕴的浑融完整的意境。不仅孟诗意境清远高妙，而且语言也逸韵隽永，成为清代王士祯推崇的神韵诗派的宗师代表。王士源《孟浩然集序》曾说：

> 孟浩然……骨貌淑清，风神散朗。救患释纷以立义表，灌蔬艺竹以全高尚。交游之中，通脱倾盖，机警无匿。学不为儒，务掇菁藻；文不按古，匠心独妙。五言诗天下称其尽美矣。间游密省，秋月新霁，诸英华赋诗作会，浩然句曰：‘微云淡河汉，疏雨滴梧桐。’举座叹其清绝，咸搁笔不复为继。[2]

在王士源眼中，孟浩然不仅是“骨貌淑清”的高尚之人，而且他的诗更臻“清绝”的艺术境界。用“清”来评价孟浩然其人其诗已经成为唐人的通识，比如李白的《赠孟浩然》：“吾爱孟夫子，风流天下闻。红颜弃轩冕，白首卧松云。醉月频中圣，迷花不事君。高山安可仰，徒此揖清芬。”[3]其中“清芬”一词可以说是对孟浩然人品与诗歌的双重赞美。杜甫在《解闷十二首·六》中也赞美孟诗是“清诗句句尽堪传”[4]。清新秀雅的佳句传布人口，自然也使人对孟浩然那清简洒脱的襟怀产生无限的神往。孟浩然的高标节操、淡泊襟怀与他诗歌的真纯淡雅是紧紧结合在一起的，甚至人与诗已融合成一个难以分割的整体，所以闻一多称赞说：“淡到看不见诗了，才是孟浩然的诗，不，说是孟浩然的诗，倒不如说是诗的孟浩然，更为准确。”[5]这种浑融一体的“淡”与“真”是相结合的，不妨说都是建立在人品、诗品双清基础上的。

既然孟浩然人清诗亦清，那么，其诗的“清”境有哪些具体内涵呢？

二、孟浩然诗歌“清”境的八种类型

“清”，据清人王筠《说文句读》，是“朖（朗）”的意思，即《释言》所说的“明朗”义：“水清必明，故以朖释清也。”《文子》说：“清之言明，杯水见眸子；浊之言暗，河水不见泰山。”所以王筠认为“清”是指“瀓（澄净）水之皃（貌）”，即“清”是形容水的澄净、清澈、透明、宁静[6]。后转义形容人的品格高洁、清廉、公正等。再后，“清”被引入文学批评的审美领域，遂大放异彩，成为组合能力极强的单音词，据蒋寅《清——古典诗美学的核心范畴》一文统计有“清淡、清秀、清润、清寂、清峭……”等86种之多[7]。孟浩然诗歌当然不可能囊括这所有的“清”境，今根据阅读感受，简要概括为八种类型，可能几类相互之间亦有交叉，只是大致区分而已。

1．清雄：清空雄伟

“清雄”一境，强调在“清”的基础上呈现出一种恢宏磅礴的气象。孟浩然是唐诗的大家，描写景物既可以是气势雄伟的大境界，也可以是宁静细微的小世界，多副笔墨使他能够悠游自如地状物抒情。堪称“清雄”的如著名的《临洞庭》：

八月湖水平，涵虚混太清。气蒸云梦泽，波撼岳阳城。欲济无舟楫，端居耻圣明。坐观垂钓者，徒有羡鱼情。

这首诗的诗题一作《望洞庭湖赠张丞相》，张丞相又有指“张九龄”或“张说”两说。今不将此诗作为写景抒怀的酬赠干谒之作，而当作单纯的写景抒怀诗，故此，全诗结构显得特别浑融完整。前四句描写洞庭湖气象万千的雄浑景象，磅礴万钧，力透纸背；后四句抒发自己求仕不得的隐衷，感慨深沉。情景交融，浑融一体。人们总是将“气蒸”一联与杜甫《登岳阳楼》的“吴楚东南坼，乾坤日夜浮”一联进行比较。可以看到：杜甫的诗句虽然写得气象宏大，境界壮阔，但显得动荡不安，暗喻干戈不息、乾坤颠簸的深沉忧虑，带有杜甫乱世漂泊的印记；而孟诗的境界雄浑壮阔，气象雄放，“蒸”、“撼”二字写出洞庭湖的巨大力量，表现大唐盛世蒸蒸日上的气象，激发诗人建功立业的雄心壮志，为后面的抒发感慨做铺垫。面对清空雄伟、烟波浩渺的洞庭湖，诗人自然产生意欲“垂钓”，即建功立业的强烈愿望，但缺乏舟楫又使他产生一些“徒有羡鱼”的惶惑与苦闷，不过含蓄委婉的比喻中并没有一丝奴颜婢膝的姿态，相反却表现出对自己的高度自信，这正是盛唐人特有的精神风貌，即使有苦闷也是强者的苦闷。这首诗大气磅礴，境界雄奇阔大，但显然建立在“涵虚混太清”的洞庭湖清波澄澈与万里蓝天清空明净的背景上，或者说正是这样的“清”境，才产生出盛世特有的豪迈情怀。

又如《彭蠡湖中望庐山》写清晨在彭蠡湖中流眺望庐山的景象：“太虚生月晕，舟子知天风。挂席候明发，渺漫平湖中。中流见匡阜，势压九江雄。黯黮凝黛色，峥嵘当曙空。香炉初上日，瀑布喷成虹。”也是在清旷“太虚”与“渺漫平湖”的背景下，写出庐山耸立中流、势压九江的宏伟气势，以及瀑布在旭日东升霞光万道的背景下，飞珠溅沫地形成云蒸霞蔚的壮丽彩虹。这可以说是孟浩然心中诗化的庐山与瀑布，清晨清流与高山大瀑统一于清空的背景下，显得气象无比峥嵘。此外，像被王士祯誉为“羚羊挂角，无迹可求”的《晚泊浔阳望香炉峰》，虽无一个“清”字，但是“常读远公传，永怀尘外踪”一联，却暗示了一种超尘脱俗的清澈明净的人格，与日暮时分从香炉峰东林精舍传来的清脆钟声，依然形成一种清空雄浑的境界；与洞庭湖的清雄相比，只是此诗显得空灵虚阔一些罢了。

2. 清旷：清新旷远

“清旷”一境，重心落在一个“旷”字上，它展现的是在清的背景上，呈现出一种清新旷远的境界。如小诗《宿建德江》：

移舟泊烟渚，日暮客愁新。野旷天低树，江清月近人。

写傍晚泊舟建德江，异乡漂泊思念家乡的淡淡忧愁。首二句写将小船渐渐靠近傍晚炊烟袅袅的江中沙洲，那里茂林修树掩藏着温馨的农家村庄，牛羊归圈，鸡鸭回笼，渔人收桨，孩子们围绕灯下游戏，这是孟浩然多么熟悉和神往的田园情景啊！而此刻，漂泊异乡的诗人，却不得不夜宿江边，品味游子的孤寂，于是一缕乡思愁绪油然而生。后二句颇能显示孟浩然的胸襟和气度，他以小视点看大世界，小中见大，野旷天低虽显出个人的渺小，而江月近人则表现出大自然对诗人的温存。人与自然和谐相处，情景交融，完全没有崔颢在黄鹤楼上低吟"日暮乡关何处是，烟波江上使人愁"的浓重悲苦情怀。"野旷天低树"，一个"旷"字，既写出原野的空旷辽阔，也写出了诗人心境的旷达通脱，而这种超旷正是建筑在"江清月近人"的清新温暖的背景上，因此，一个无限空阔的陌生世界，收拢聚集在这江边的一叶小舟和一轮明月的倒影之上，也将一个万象缤纷的世界浓缩进孟浩然那淡泊从容的心中。从某种意义上说，正是因为建德江清秀宁静的环境与故乡汉水流域襄阳城附近的涧南园有高度的相似性，加上大唐社会整体上和平宁静的时代氛围，才使孟浩然消解了远离故乡的愁情，让他感到，河山处处蕴清和，随遇温馨即故乡。建德江的清江明月与旷野绿树，渔火灯影与炊烟暮岚，建构了慰藉孟浩然孤寂心灵的精神家园。

如果说这首小诗是从视觉来写清旷境界的话，那么他的另一首小诗《春晓》则是从听觉来感知窗外的那个百花缤纷的奇妙世界。全诗虽然没有一个"清"字，但是无论构思还是意境，你都会感觉是一首构思清简、意境清新的好诗。首二句写一觉酣眠醒来，窗外竟然是百鸟喧鸣的世界，令人想起春雨初霁的清晨，那清新湿润的空气，那青翠娟洁的竹林，那潺湲欢快的溪流，那花红柳绿的芳野，那清脆甜美的歌声……总之是一个五彩缤纷的清新明媚的世界！后二句忽然想起昨夜的风狂雨骤，该有多少美丽的花朵遭到摧折啊，于是一种浓重的护花惜春之情油然而起。虽然诗人并没有离开温暖的被窝，但他却分明运用听觉描写和心理推测，从虚处展现出一个清新旷远的春天的世界。与上首诗将大自然收拢进心灵的模式相反，这首诗却是将心灵放飞到无边的窗外世界，通过曲折的心路历程，将一个清旷明丽、无限阔远的意境呈现在自由的想象之中，而这一切也都建筑在“清”的背景上。

3. 清淡：清丽淡雅

“清淡”一境，着力点是在清的基础上，呈现出一种明丽淡雅的韵味，但又不是那种平淡无味的“淡”，而是蕴含味外之味的那种“淡”，产生令人回味的意蕴。如《万山潭作》：

> 垂钓坐磐石，水清心益闲。鱼行潭树下，猿挂岛萝间。游女昔解佩，传闻于此山。求之不可得，沿月棹歌还。

万山，即汉皋山，在襄阳西。万山潭，在万山脚下，潭水清澈见底。这里有郑交甫遇神女的传说，据《韩诗外传》：“郑交甫将适南楚，遵彼汉皋台，遇二女，佩两珠，交甫目而挑之，二女解佩赠之。二女与交甫，交甫受而怀之，超然而去，十步循探之，即亡矣。回顾二女，亦即亡矣。”[8]由此可见，万山潭是个山清水秀且充满神话色彩的地方，孟浩然常常来此处荡舟垂钓，既欣赏秀美的自然风物，更驰骋想象，神味此处神奇的文化意蕴。首二句写坐在巨大磐石上垂钓，潭水清澈见底，四周的绿树翠竹、芳草藤萝倒映水中，形成丝绸那样柔软的绿色翡翠，诗人的心境也变得格外的闲逸；次二句写所见，锦鳞穿梭于空明澄澈的水中，在潭中树影里从容游乐，猿猴们呼朋引伴在藤萝之间嬉戏追逐打闹，好不欢快，这哪里是钓鱼，简直是来欣赏山水风景；三联却神往此地流传甚广的郑交甫在汉皋遇神女的故事，从虚处写出万山潭朦胧迷幻的文化氛围，而这正是诗人心态闲逸、没有机心、不刻意追求在现实世界有所得的超然心境的产物；最后两句说虽然神女难以再遇，不免一丝遗憾，但是诗人依然那样超脱，摇着小桨，披着月光，唱着心灵的歌，返回温馨的家园。显然，诗人因钓鱼而前往，但意不在鱼，而在乎山水之间也，更在乎精神上的满足。诗人遨游其间，山水、动物清丽可爱，神女神话，真幻交织，清新淡雅，心旷神怡，俨然孟浩然的一帧生活小照。这首诗正是闻一多极赞“真孟浩然不是将诗紧紧的筑在一联或一句里，而是将它冲淡了，平均分散在全篇中”的佳例。闻一多还说孟浩然不是在写诗，而是“在说话而已，甚至要紧的还不是那些话，而是谈话人的那副‘风神散朗’的姿态。……得到了‘诗的孟浩然’便可以忘掉‘孟浩然的诗’了”[9]。这样的诗在孟集中较多，如《初春汉中漾舟》：“羊公岘山下，神女汉皋曲。雪罢冰复开，春潭千丈绿。轻舟恣往来，探玩无厌足。波影摇妓钗，沙光逐人目。倾杯鱼鸟醉，联句莺花续。良会难再逢，日入须秉烛。”首二句引用羊祜登岘山堕泪树碑、交甫汉皋遇神女解佩的典故，营造一个神秘虚幻、遥远幽邃的文化氛围；然后继二句描写冰雪融化、溪水初涨、春潭清澈碧绿的现实真境；接着写他带着歌妓，荡舟往来于山光水色的画境里，恣意欢乐，饮酒赋诗，陶醉于波影沙光、游鱼飞鸟、莺歌花香的美妙春景之中；最后说良辰美景欢会难再，要秉烛夜游。可以看出，孟浩然纵情山水“风仪落落”的真性狂态，虽然此诗涂抹了一些丽色，但是底色还是“真孟浩然”的那种清淡雅洁的襟怀。还有《登江中孤屿赠白云先生王迥》中“悠悠清江水，水落沙屿出。回潭石下深，绿篠岸傍密。鲛人潜不见，渔父歌自逸”，《途中遇晴》中“天开斜景遍，山山晚云低。余湿犹沾草，残流尚入溪。今宵有明月，乡思远凄凄”，等等，无不充满清丽淡雅的隽永韵味。

4. 清凛：清迥凛冽

“清凛”一境，比较独特，主要着力点在整体环境清空迥远的背景下，表现一种清寒凛冽的氛围或对环境独特的感受，这种境界多呈现秋天的景象。如名作《与颜钱塘登障楼望潮作》：

> 百里闻雷震，鸣弦暂辍弹。府中连骑出，江上待潮观。照日秋云迥，浮天渤澥宽。惊涛来似雪，一坐凛生寒。

颜钱塘，即钱塘县令颜某，名不详。钱塘障楼，即浙江杭州的樟亭驿楼，在县南五里，是唐代浙江观潮胜地。据《元和郡县图志》记载：“江涛每日昼夜再上，常以月十日、二十五日最小，月三日、十八日极大，小则水渐涨不过数尺，大则涛涌高至数丈。每年八月十八日数百里士女共观，舟人渔子溯涛触浪，谓之弄潮。”又《浙江通志》也说：“潮水昼夜再上，奔腾冲激，声撼地轴。郡人以八月十五日倾城观潮为乐。”鸣琴，喻县政治理，《说苑》：“宓子贱治单父，弹琴身不下堂，单父治。”此诗写于开元十八年（730）八月，记录了作者与颜县令等人在樟亭驿楼上观潮情景。首联叙写钱塘江大潮将要到来时，如滚滚轰雷威震百里的巨大声势，于是激起了县令观潮雅兴，急忙停下公务带领部属与浩然一起前往观潮，未见潮来却先惊观众，取得了先声夺人的艺术效果；次联写县衙内众吏连骑并出，来到江上等待观潮，浩大的阵势与静静地等待，既写出人们屏息期待潮来的情态，又轻荡一笔铺垫蓄势；三联转而描写秋景，阳光照耀下，蓝天高远，白云飘浮，大海仿佛颠簸摇晃，显得那么宽阔渺远，如此阔大的清空渺远境界，为大潮的到来作背景烘托；末联才正面描写惊涛，它奔腾轰鸣，排山倒海如银堆崩雪，一股凛冽的寒气迎面扑来，仿佛天地之间都被这股清凛的寒气包裹起来了，那天下奇观的浙江潮声势何其威猛，境界何其清迥凛冽啊！孟浩然写出了观潮的独特而奇妙的感受，令人回味无穷。可以说在所有描写观潮的诗中，孟浩然对大潮扑来时清凛氛围的表现是最成功的。又如《早寒江上有怀》：“水落雁南渡，北风江上寒。我家襄水曲，遥隔楚云端。乡泪客中尽，孤帆天际看。迷津欲有问，平海夕漫漫。”这首诗写在江水枯退、北雁南飞、北风呼啸、江面清寒凛冽的背景下，诗人与好友张子容分别回乡时的愁苦情怀。乡路远隔万水千山，孤帆漂泊天际，而眼前“平海夕漫漫”的苍茫迷离景象，更让人产生怅然若失的情感，而含蕴这种浓重愁绪的正是无限清凛的秋境，秋气之凛冽与心境的苦寒是异质同构的对应关系。还有像《渡扬子江》中“海尽边阴静，江寒朔吹生。更闻枫叶下，淅沥度秋声”，也是刻画清迥凛冽的秋境，并通过听觉写出了大海尽头的江岸宁静萧瑟，寒冷的北风掠过江面，呼啸奔腾，那红透了的枫叶，随风飞转，发出淅淅沥沥的悲鸣，有力地烘托了诗人漂泊江海的凄楚情怀。

5. 清幽：清境幽静

“清幽”一境，偏重幽静的环境氛围，孟浩然与盛唐其他诗人一样，也好游寺庙兰若，这些庙宇往往藏在深山幽谷之中，幽静的清境是其典型特色。像常建《题破山寺后禅院》所描写的“曲径通幽处，禅房花木深”，王籍《入若耶溪》所描写的“蝉噪林逾静，鸟鸣山更幽”等就是最好的注脚。孟浩然更擅长描写清幽之境，如《题大禹寺义公禅房》：

义公习禅处，结宇依空林。户外一峰秀，阶前群壑深。夕阳连雨足，空翠落庭阴。看取莲花净，应知不染心。

大禹寺，在今浙江绍兴市东南十四里会稽山上，其自唐以来为名刹。义公，即大禹寺高僧。禅，是梵语“禅那”的省称，意译“思维修”，即静思之意。习禅，即参禅打坐，静思灭虑，进入万象皆空的“禅境”。此诗写于开元十九年（731）游会稽时，以环境的清幽烘托主人公高洁的品格，传达出诗人对佛法的礼赞。首联交代义公参禅的处所，结构于幽静清空的高山深林之中，这个“空”字，并不是空无一物，而是洁净空灵、人迹罕至的一片净土；次联写小小庙宇的优美环境，敞开门户远眺，碧蓝如洗的天空中，一座苍翠秀丽的山峰扑入眼帘，仿佛送来阵阵曼妙清雅的灵气，再俯视台阶之下，则见众峰连绵低伏，群壑幽深，仿佛掩藏着无限的神秘；三联最见精彩，夕阳的余晖浑红灿烂，那沿着山峰轮廓线斜射的金色光柱与骤雨停歇后“雨脚”的丝丝余点交融在一起，闪烁的雨丝形成串串缤纷的彩圈，而浓密高耸的暴雨洗涤后的翠树，则将绿荫覆盖在空明洁净的庭院，这哪里是人间，分明就是九天高处的仙境！最后说，看那小池中莲花的清雅纯净、清芬袭人，应该知道义公的心灵没有受到人间微尘似的欲念的污染。可见孟浩然漫游山寺佛境，也深受佛法的影响，对佛家清静空寂境界充满了精神上的皈依。

如果说此诗表现的是佛门清幽洁净境界的话，那么《夜归鹿门歌》则体现了充满道家清静幽居的氛围。“山寺钟鸣昼已昏，渔梁渡头争渡喧。人随沙岸向江村，余亦乘舟归鹿门。”这开头四句清空超旷，散朗飘逸，黄昏时分，夕阳西下，山寺钟鸣仿佛是一种讯号，正当人们劳作收工在鱼梁争渡、沿着沙堤回归温馨家中的时候，孟浩然则踏着紫红的余晖，要前往隐居的鹿门山，在他的视野中那人间的情景，虽然拥有“故人具鸡黍”那种温馨甜蜜的氛围，却是一个嘈杂喧嚣的地方，远远没有鹿门隐居的宁静清幽，显然可见孟浩然淡眼看人间的潇洒超脱襟怀。接下来的四句“鹿门月照开烟树，忽到庞公栖隐处。岩扉松径长寂寥，惟有幽人自来去”，描写月亮升上了天宇，清亮的月光，照透了鹿门山朦胧神秘的树林，洞开了一片神奇的新天地，忽然之间就来到了庞德公当年隐居的地方，仿佛从遥远的历史深处飘来一缕庞公高情厚德的芬芳，尽管此处的山岩和松树长久以来是寂寞寥落的，但是他的灵魂却独自来往于天地之间，而今我也步着庞公的足迹，在这与尘世隔绝的清幽寂静的山林，要与庞公的神灵高会，表明孟浩然彻底领悟了“遁世无闷”的妙趣和真谛，躬身实践了庞公“采药不返”的道路和归宿，心里充满一种悠然自得的满足感。从整首诗的意境来看，孟浩然通过营造清幽的自然环境，来表现他隐逸超脱的旷世高情，达到了很高的艺术造诣。

6. 清净：清静洁净

“清净”一境，与上面的“清幽”有难以分开的一致性，只是后者着重在“幽静”，而前者着眼于“洁净”，清幽偏重客观环境，清净偏重主观感受。如名作《宿业师山房待丁公不至》：

> 夕阳度西岭，群壑倏已暝。松月生夜凉，风泉满清听。樵人归欲尽，烟鸟栖初定。之子期宿来，孤琴候萝径。

题中的业师为襄阳龙泉寺僧，丁公即丁凤，开元间乡贡进士，孟浩然的同乡诗友。此诗因待友不至而作，情景交融，富有层次感。首联描写夕阳西下的景象，群山万壑忽然变得昏暗，一个“倏”字表达真切独特的感受，且暗示等待时间很久。次联是孟诗名句，令人想起左思《招隐诗》中“非必丝与竹，山水有清音”的佳句。明月照松间，清风习习，带来夜晚的凉意；松涛阵阵，泉声潺湲，风声泉声充满了悦耳的清音，这是何等清极净极的境界，让人充满审美的愉悦。三联写樵人下山回家，鸟儿也在暮霭中归巢了，正是陶渊明《饮酒》中

“山气日夕佳，归鸟相与还”的时刻，又是何等静极的境界，并充满温馨愉悦之感。尾联写诗人携琴独坐松萝烟霏的小径，等候知音丁大的践约前来夜宿，充满深情雅意的期待。这首诗展现环境清静雅洁，山水清音悦耳，深情等待知音，情感纯净雅致。

又如那首著名的《夏日南亭怀辛大》：

> 山光忽西落，池月渐东上。散发乘夜凉，开轩卧闲敞。荷风送香气，竹露滴清响。欲取鸣琴弹，恨无知音赏。感此怀故人，中宵劳梦想。

辛大，指辛谔，是诗人同乡好友。志趣十分投合，辛谔又妙解音律，故孟浩然视之为真正的知音，每有感兴，都愿向他倾诉。此诗写夏夜水亭纳凉，因景物触发，心有所感，立即想到他。高雅纯净，境界清远，又追求知音的心灵共鸣，故清绝高洁。尤其“荷风送香气，竹露滴清响”一联最为典型，夏天的夜晚，水池旁高轩闲敞，沐浴之后高卧凉榻，清风徐来，水波澹荡，映着月色的荷塘传来阵阵清香，四周是苍翠的凤尾竹，竹叶上的露珠滴落石板上，发出清脆的响声。月光、凉风、荷香、翠竹、清露、脆响，构成一个凉爽洁净、清纯高雅的境界。如果说陶渊明所写的“羲皇上人”是闲适高古的隐士的话，那么孟浩然的自画像则是盛唐时代“开窗高卧”的山林隐士。李白诗句“红颜弃轩冕，白首卧松云”颇能表现孟浩然超然物外的精神境界。另外，这首诗用响亮、清脆、下坠收声的仄韵，高而闭，响而促，虽然高朗，但往往缺乏悠长远神的余韵，而孟诗却给人高朗明净、真挚清纯的韵味。因为孟浩然诗歌的内核，有一股浩然充沛的气脉，淌出一股沁人心脾的情感之流，滋润着人们的心田。诗中洋溢着一股特有的和平宁静、甜蜜温馨的氛围，正是健康明朗的盛唐时代标记。

7. 清逸：清新逸兴

“清逸”一境，在清的背景下，主要体现主人公的逸兴雅怀，或闲适情态，如《耶溪泛舟》：

> 落景余清辉，轻棹弄溪渚。澄明爱水物，临泛何容与。白首垂钓翁，新妆浣纱女。看看未相识，脉脉不得语。

若耶溪，在今浙江绍兴市南二十里，出若耶山下，向北注入镜湖。相传西施曾浣纱于此，故又名浣纱溪。这里水至清，映照众山倒影，五彩缤纷如画，是越中风景名区，尤其落日天净，余晖辐照，溪水更为清明透亮。此诗写于开元十九年（731）孟浩然游吴越期间，以轻淡简洁的笔触，描绘出一幅水乡风情画，读来如南朝乐府民歌。首联写太阳落山了，清亮的余晖铺在清澈见底的若耶溪上，诗人荡舟水面欣赏傍晚美景；次联写喜爱水中千姿百态的水草和游鱼，在水面徘徊不忍离去；三联写水乡人物的悠闲情态，白头老翁正在聚精会神垂钓，刚刚沐浴更换新装的少女正在溪边浣纱洗衣；尾联抒发想与他们相识而没有机缘的遗憾，表现诗人对耶溪人家宁静安详生活的向往。诗中一派清新闲适的逸兴，也体现开元盛世宁静水乡恬静安闲、富于诗意的氛围。

又如《游风林寺西岭》："共喜年华好，来游水石间。烟容开远树，春色满幽山。壶酒朋情洽，琴歌野兴闲。莫愁归路暝，招月伴人还。"因为珍惜风华正茂的青春岁月，故与情感欢洽的好友来山水之间遨游，享受大自然的天籁清音。真可谓日出烟开香风满，远树芳姿入眼帘，春山冶艳妆若画，琴歌野趣兴空前。更妙的是，浩然与友人饮酒弹琴、自在从容，不知夜晚之将至，竟然要"招月伴人还"，好一个"招"字，气势豪迈，居然要对明月颐指气使，真给人逸兴遄飞的飘逸感。明人许学夷《诗源辨体》曰："浩然造思极精，必待自得。故其五言律皆忽然而来，浑然而就，而圆转超绝矣。"[10]"自得"正是孟浩然豪情逸兴的底色与内蕴。孟浩然喜欢在明月之下，沐浴清辉，放纵情怀，放松心态。施闰章《蠖斋诗话》说："浩然'沿月棹歌还'、'招月伴人还'、'沿月下湘流'、'江清月近人'，并妙于言月。"[11]孟浩然喜爱月下泛舟，这与盛唐诗人王昌龄喜欢在月中送别、李白喜欢邀月对饮，同一机杼，因为盛唐是一个充满展望的时代，诗人们的心胸是向外面世界敞开的，加上明月的洁净清纯，可以象征一种光明皎洁的人格，而孟浩然等人都有心地坦荡、真率自然、绝无矫饰的个性，所以才在明月的身上寄托了高洁的人生理想。

再如一首有争议的《微雨》[12]："片雨拂檐楹，烦襟四座清。霏微过麦陇，萧瑟傍莎城。静爱含花落，幽闻入竹声。朝观兴无尽，高咏寄闲情。"对微雨观察细致入微，雨丝飘拂于屋檐楹柱之间，轻烟一般笼罩着麦田、莎城，淅淅沥沥地发出萧瑟的微吟，诗人喜爱微雨细润花朵、飞入竹林的情态，更喜爱微雨霏霏的时候襟怀淡泊、四座清逸的闲适生活，故此兴味空前，要“高咏寄闲情”。虽与孟浩然诗歌主体格调有差异，但恰到好处地表现了孟浩然追求清逸的境界，也是难得的佳作。

8. **清兴：清秋兴发**

“清兴”一境，主要揭示孟浩然创作清诗的动力源泉，与前面诸境或有交叉，或有包含。如《秋登万山寄张五》：

> 北山白云里，隐者自怡悦。相望试登高，心随雁飞灭。愁因薄暮起，兴是清境发。时见归村人，沙行渡头歇。天边树若荠，江畔洲如月。何当载酒来，共醉重阳节。

张五即张諲，早年隐居于襄阳，后隐居长安及洛阳，与王维过从甚密，是孟浩然的好友。首联引用梁代陶弘景诗“山中和所有？岭上多白云。只可自怡悦，不堪持赠君”，来表明自己悠游白云、以全高尚的人生旨趣，一个“自”字，写出了孟浩然的“自得其乐”的精神状态；次联写秋空万里净无云的时刻，登高相望好友隐居的山峰，思念之情油然而生，只好托大雁带去自己的情意，但是雁鸣声声消失在遥远的天际；三联“愁因薄暮起，兴是清境发（一作兴是清秋发）”抒发薄暮思友但知音不来的淡淡愁怀，而眼前的空阔清境却引发了自己的诗兴；接下两联写山顶所见清旷景象，尤其是“天边树若荠，江畔洲如月”两句，虽然模拟隋代薛道衡诗句“遥原树若荠，远水舟如叶”，但青出于蓝，正如王达津先生所言“颇入画境，风神清美”[13]。不仅比喻形象贴切，境界比薛道衡诗更为开阔，而且诗中有画，符合透视原理。[14]最后两句期待友人载酒前来，共醉重阳佳节。这是一首情清、境清、兴清、思清的好诗，虽有淡淡愁情，但情感真挚动人，更重要的是揭示了孟浩然创作的心理动力是“清境兴诗”，孟浩然的创作心路历程：薄暮景色引起愁思；清秋境界兴发诗情。这是情起于物感、物融于情境的典型表现。正如刘勰《文心雕龙·物色》所言：“春秋代序，阴阳惨舒，物色之动，心亦摇焉。……若夫珪璋挺其惠心，英华秀其清气，物色相召，人谁获安？是以献岁发春，愉悦之情畅；滔滔孟夏，郁陶之心凝；天高气清，阴沉之志远；霰雪无垠，矜肃之虑深。岁有其物，物有其容，情以物迁，辞以情发。一叶且或迎意，虫声有足引心。况清风与明月同夜，白日与春林共朝哉！”[15]春夏秋冬四季物候交替，引发人们的情绪跟着变化，这具有普遍性，但是，对孟浩然来说，春天的舒畅与秋天的清愁，正是激发他诗兴的触媒，特别是阳春泛舟、清秋登高的时候，孟浩然的豪情逸兴最为酣畅淋漓。

三、孟浩然诗歌崇尚“清”境的原因探析

孟浩然非常喜爱这种清净澄澈的境界，除了上文分类列举的代表性作品之外，尚有大量描写“清”境界的诗句，如“迟尔长江暮，澄清一洗心”（《和张判官登万山亭因赠洪府都督韩公》）、“试览镜湖物，中流见底清”（《与崔二十一游镜湖寄包贺》）、“悠悠清江水，水落沙屿出”（《和张明府登鹿门山》）、“欲知清与洁，明月在澄湾”（《赠萧少府》）、“湖经洞庭阔，江入新安清”（《经七里滩》）、“勿剪棠犹在，波澄水更清”

（《送韩使君除洪州都督》）等，长江、镜湖、清江、新安江、澄湾、清池，境界不分大小，都一律清净澄明，可见他对清水境界的神往，清澈的江水、湖水既可以使思虑与心境变得澄净透明，其中摇曳的藻荇、游鱼等水物还可以陶染性情，而明月映照澂静的水湾，还可以象征心地的纯洁明净，即在清澄的境界里找到了心灵皈依的处所。

孟浩然又是一个心底朗洁、性情天真的诗人，恬然宁静、高雅单纯的生活使他随时随处都充满豪情逸兴。他的逸兴既可以是欣赏山水清音，如“松泉多清响，苔壁饶古意”（《寻香山湛上人》）、“风泉有清音，何必苏门啸”（《题终南翠微寺空上人房》）、“阮籍推名饮，清风满竹林”（《听郑五愔弹琴》）、“百里行春返，清流逸兴多”（《陪卢明府泛舟回作》）、“周旋清阴遍，吟卧夕阳曛”（《同王九题就师山房》）、“落日池上酌，清风松下来”（《裴司士员司户见寻》）；也可以是弹琴或欣赏音乐，如“弦歌既多暇，山水思微清”（《和张明府登鹿门山》）、“华烛罢燃蜡，清弦方奏鹍”（《夜登孔伯昭南楼时沈太清朱升在座》）、“香炭金炉暖，娇弦玉指清”（《寒夜张明府宅宴》），松泉清响、风泉清音、竹林清风、松下清风、百里清流与山水思清、华烛清弦、玉指弦清等等，凡是孟浩然生活游历的环境或者他生活中钟爱的高卧白云、吟诗饮酒、弹琴听乐，都喜欢这种“清”的境界或“清”的声音、“清”的曲调。总之，清的山水胜境或清的音乐境界，都能激发他的逸兴豪情。

我们知道，作家的创作，无不受其观念的制约，他选择什么来表达或忽略什么不加以表达，都是他心灵情感状态的外露，表面上看是一种内在自由的自然表现，但实际上是由他的生活环境和艺术追求来决定的，当然作家对前代文化艺术积淀的选择与继承也是一个不可忽视的因素。从孟浩然的情况来说，他生活的环境在汉水流域的襄阳，这里山清水秀、风物清美，其田园景物与风土人情肯定是决定性的因素，而他追慕的精神偶像又是崇尚并实践了隐逸山林、以全高尚的东汉名流庞德公，庞公隐逸多少带着躲避战乱、不愿与混乱时世和光同尘、不愿与尔虞我诈的黑暗官场同流合污的双重无奈，但他追求心灵境界的自由与超越却是具有范式意义的，其行为模式和高尚品德已经成为历史的积淀植根于当地人的心灵深处。尽管孟浩然生活的武周到开元盛世时期，社会上并无动乱纷扰，加上家境殷实富足，环境也安详宁静，先辈留下的基业使他无须辛苦劳作就能过上体面而有尊严的生活，但他在盛世却向往隐逸并付诸行动，虽然是当时的一种普遍的社会风气，但是如果不是心底真的爱好，即闻一多所说的“为隐居而隐居，为着一个浪漫的理想，为着对古人的一个神圣的默契而隐居”[16]，是很难解释的。另外，孟浩然的诗歌创作追慕的对象是东晋的陶渊明、晋宋之交的谢灵运和宋齐诗人谢朓，他们都以擅长田园或山水著称，这是孟浩然精神境界的又一重追慕，如果说对庞公的追慕仅仅体现在人格铸造和行为方式方面的话，那么，对陶、谢的追慕则体现在诗歌艺术理想方面。不妨说，孟浩然中年之后沿江东下漫游吴越，既是追寻三位诗人的历史足迹，也是以诗歌来实践其创作上的理想。加上，吴越地区的自然地理环境也是青山绿水，而且河网纵横，民风淳朴，这就更加强化了孟浩然对“清”的艺术理想的追寻。最后，还有一点，孟浩然喜欢游历佛寺道观，有很多佛道朋友。整体上看孟浩然还是渴望入世的，但他也说了很多关于学无生之类的表现对佛教皈依的话，这也会影响他诗歌的意境，从具体创作来看，孟浩然仿佛主要是借佛门的清静境界来满足他心灵休息的需求，他的诗歌仍然是充满活泼的人间情趣的，像他抱琴等待朋友来同宿佛寺就充满温馨的情调。当然佛门的空寂清净与道家追求的“三清”境界还是对他的诗歌产生了重要影响。道家认为人天两界之外，别有三清“玉清、太清、上清”，都是神仙居住的仙境，孟浩然长期隐居肯定具有道教信仰，这种清洁如玉的“清”境，正是孟诗的境界。

综上所述，我们认为孟浩然诗歌“清”的艺术意蕴如下：首先，是一种“清”的人生境界，表现的是超然独立、清纯雅洁、清心寡欲、佛道双修的人生范式；其次，是一种“清”的最高物境，表现的是空气清新、清新明媚、清洁无尘的清虚灵境；第三，是一种“清”的诗歌境界，表现的是意境空灵、情思清澈、构思清简、语言清丽的诗歌新风格。

注释：

[1] 【清】何文焕辑《历代诗话》（下册），第 593—594 页，中华书局，2004 年 9 月版。

[2] 【唐】孟浩然著，徐鹏校注《孟浩然集校注》第 1 页，人民文学出版社，1998 年版。

[3] 【唐】李白著，瞿蜕园、朱金城校注《李白集校注》（上）第 593 页，上海古籍出版社，1980 年 12 月版。

[4] 【清】杨伦《杜诗镜铨》第 815 页，上海古籍出版社，1998 年 2 月版。

[5] 闻一多《唐诗杂论·孟浩然》，第 31 页，上海古籍出版社，1998 年 12 月版。

[6] 【清】王筠《说文句读》卷二十“水”部（第三册），北京市中国书店，1983年11月版。

[7] 蒋寅著《古典诗学的现代诠释（增订本）》第81－82页，中华书局，2009年4月版。

[8] 转引自王达津《王维孟浩然诗选集》第157页注释【三】，上海古籍出版社，2012年12月版。

[9] 闻一多《唐诗杂论·孟浩然》，第30—31页，上海古籍出版社，1998年12月版。

[10]【明】许学夷著，杜维沫校点《诗源辨体》第215页，人民文学出版社，1987年10月版。

[11] 转引自王达津《王维孟浩然选集》第165页，上海古籍出版社，2012年12月版。

[12] 这首诗精致工整，气态神闲，“萧瑟”一词不合孟浩然习惯，可能不是孟诗，应该是中唐诗僧皎然的作品。但《全唐诗》归于孟浩然名下。

[13] 王达津《王维孟浩然选集》第162页，上海古籍出版社，2012年12月版。

[14] 王维《山水诀》：“凡画山水，意在笔先。丈山尺树，寸马分人。远人无目，远树无枝，远山无石，隐隐如眉，远水无波，高与云齐。此是诀也。”参赵殿成《王右丞集笺注》卷二十八，第490页，上海古籍出版社，1998年8月版。

[15]【梁】刘勰著，范文澜注《文心雕龙注》第693页，人民文学出版社，1958年9月版。

[16] 闻一多《唐诗杂论·孟浩然》，第28页，上海古籍出版社，1998年12月版。

（作者为安徽师范大学中国诗学研究中心教授、文学博士）

孟浩然两首诗辨说

王辉斌

一、关于《春晓》的思考

春眠不觉晓，处处闻啼鸟。夜来风雨声，花落知多少。(一)

——宋蜀刻本《孟浩然诗集》卷上

春眠不觉晓，处处闻啼鸟。欲知昨夜风，花落知多少。(二)

——《文苑英华》卷一五七

春眠不觉晓，处处闻啼鸟。夜来风雨声，花落无多少。(三)

——周必大“校语”本（即孟洗然编次本孟集）

当我们在阅读唐人诗歌时，往往会出现这样的一种阅读情况，许多看似无需注释或笺解的小诗，其实是相当复杂的，并会因此而引出一篇篇专门考索与探究的论文来，如王之涣《凉州词》、李白《静夜思》二诗之于我来说[1]，即属如此。而孟浩然诗集中的这首小诗，也是这样，即其也是存在着许多较为复杂的问题的。这首小诗，在近、当代的中国几乎家喻户晓，无人不知，但其诗题究竟应以何为是，其文本又究竟当以何为正，其作年又究竟在哪一时间段或者哪一年等，却是一个相当复杂而又历来无人涉笔的"孟诗问题"。正因此，本文欲就这些问题作一具体思考与讨论。

（一）关于此诗的版本

据现有资料可知，最早著录《春晓》如上举第（一）文本的孟集刊本，为宋蜀刻本《孟浩然诗集》卷上。宋蜀刻本《孟浩然诗集》为该刻本唐人集中的一种，关于唐人集的刻印时间，郑振铎《七松堂诗集跋》认为在"南宋中期"，即宋孝宗淳熙五年（公元 1178 年）至宋理宗宝庆三年（公元 1227 年）的 50 年之间，则蜀刻本孟集亦刻印于是时，也就甚为清楚。其后，元刘须溪评点本、明铜活字本、凌濛初套印本、"十二家"本、清《四库全书》本、《全唐诗》本、《四部丛刊》本等孟集，所著录之《春晓》文本，即皆与宋蜀刻本孟集同。宋蜀刻本《孟浩然诗集》，今藏国家图书馆，上中下三卷，收诗 211 首，不分类，为孟洗然编次本[2]，1982 年，上海古籍出版社曾据此本影印。

除宋蜀刻本《孟浩然诗集》外，《春晓》还有另外的一种文本存在，此即上举文本之第（二），且最早录载此种文本者，乃为编纂于北宋初、中期之际的《文苑英华》卷一五七“绝句四”。这种文本与第（一）文本、也即宋蜀刻本孟集之文本相比，其不同之处，主要表现在第三句上，即前者作“夜来风雨声”，此则为“欲知昨夜风”，且除“风”字外，其余四字全不相类。此则表明，第（二）文本乃是颇值重视的。而还应注意的是，《文苑英华》所著录的《春晓》一诗，其中第三句有周必大校语云“集作夜来风雨声”；第四句于“知”下亦有其校语云“一作无”。根据周必大的这两条校语，可知《春晓》又有了上举文本之第（三）。这样，《春晓》这首小诗就有了三种文本。对于此种文本，即第（三）文本（亦即周必大“校语”文本），与第（一）文本、也即宋蜀刻孟集文本相比，其差异主要表现在第四句第三字的一为“落”，一为“无”，即二者实际上只有一字之差。而将第（一）文本与第（三）文本相比，除了第四句第三字之“落”与“无”这一差异外，其重点是第三句乃完全不同。由是而观，可知这两种文本是颇具区别的，虽然如此，但其却与第（一）文本非常相近。

周必大校语既云“集作”，以孟浩然诗集版本的流传史况而言，此“集”之所指，若非孟洗然编次本孟集，就必为王士源编次本孟集[3]。对于这两种唐人所编之孟集，欧阳修等《新唐书·艺文志》于《孟浩然诗集》四卷下的一条注释中，乃有明确记载：“弟洗然、宜城王士源所次，皆三卷也。士源别为七类。”[4]而据拙著《孟浩然研究》第三章第二节《版本源流》之所考，现所存见的宋蜀刻本孟集，实则为孟洗然编次本孟集，周必大校语所言“集作”之“集”，极有可能指的就是此种孟集。这是因为，据宋蜀刻本孟集卷首所附韦滔《重序》可知，王士源编次本孟集，曾为韦滔重新“缮写”与“增其条目”，并于天宝九载“送上秘府”收藏。正因为王士源编次本孟集为“秘府”所收藏，故晁公武《郡斋读书志》卷十七、陈振孙《直斋书录解题》卷十九，即皆对其予以著录[5]。这样看来，可知经过王士源收集整理、韦滔“缮写”并“增其条目”、“秘府”收藏的王士源编次本孟集，在文本方面是具有极高的权威性与文献学价值的，如此，则李昉、宋白等人在北宋编纂《文苑英华》时，选用王士源编次本孟集为底本，也就势所必然。而此，即是导致《文苑英华》与宋蜀刻本孟集在《春晓》文本上存在着较大差异的根本性原因。

孟洗然编次本孟集，虽然是孟浩然之弟所编，其实则为一种家藏本，因为迄今为止，没有任何研究者发现有材料可证其曾为“秘府”收藏。这一实况表明，周必大用以校订《文苑英华》之“集”，为孟洗然编次本孟集即可肯定。而据《宋史·周必大传》所载，周必大“告老辞官”[6]，事在宋宁宗庆元元年（公元1195年），其参与《文苑英华》最后一次的校订，即始于是年。而是时，不仅为郑振铎《七松堂诗集跋》所言之“南宋中期”，并且还属于“南宋中期”的初始之际（这一时间，与黄丕烈所言宋蜀刻本刻印于“南宋初期”更相符合，黄说亦见《七松堂诗集跋》），则孟洗然编次本孟集在斯时已被板梓为蜀刻本孟集，即可论断。所以，从总的方面讲，周必大“校语”所言之《春晓》文本，所指为孟洗然编次本孟集之文本，也就不言而喻。由是而观，我们即可据以作出如是之结论：孟浩然《春晓》一诗的文本，特别是第三句，应以《文苑英华》之第三句“欲知昨夜风”为正。而正因为是“昨夜风”，才使得“花落”而不“知多少”；若为“夜来风雨声”，如果其“声”不急也不大，则就有可能是“花”没有被吹“落”或者淋“落”，如此，也就难以“知”其“多少”了。可见，从诗意的理解层面言，“欲知昨夜风”五字，也是较“夜来风雨声”要更胜一筹的。

但《春晓》“校语”文本、也即第（三）文本，与孟洗然编次本孟集《春晓》之文本、也即第（一）文本相比，乃是存在着区别的，其即第四句一作“花落知多少”，一作“花落无多少”。从唐诗语言的质朴与自然而言，“知多少”显然是要比“无多少”好得多的，也是更具口语之韵味的。而且，通过对《全唐诗》所收录之全部唐诗的检索还可知，《全唐诗》中之“知多少”，乃比比皆是，如李白一人就用了六次之多，而“无多少”则为零例[7]。这一实况表明，唐人是极善于以“知多少”入诗的，而孟浩然亦属如此（《全唐诗》孟集中以“知多少”入诗者，亦有多例，读者自可参看，此不具举）。虽然，“校语”之《春晓》文本为“无多少”，且为周必大亲眼所见，并将其写入了《文苑英华》的校订，但“无”极有可能是因版刻而致讹。所以，从总的方面讲，孟洗然编次本孟集《春晓》文本的第四句“花落知多少”，是远较“花落无多少”为胜的。如此，则为人们所熟悉的宋蜀刻本孟集之《春晓》本文为误，也就自不待言。或有认为第（一）文本（即宋蜀刻本孟集文本）较第（二）文本（即《文苑英华》文本）为优的说法，现在看来，是颇值重新考虑的。而此，即是《春晓》表现在文本上的一种历史真实。

（二）关于此诗的诗题

以上的爬梳与辨析，虽然弄清楚了《春晓》一诗的文本问题，但与之密切相关的诗题，却还有待探索与讨论。就目前所获知的材料言，关于孟浩然这首小诗的诗题，主要有三种，即《春晓》、《春晚绝句》、《春晚》。此三者孰是？作《春晓》者，除《文苑英华》外，另有刘须溪评点本、铜活字本、凌濛初套印本、“十二家”本、《四库全书》本、《全唐诗》本、《四部丛刊》本等孟集。仅由这些孟集版本而言，可知在由元而清而民国（指《四部丛刊》本）的一些重要版本的孟浩然诗集中，诗题作《春晓》者，乃全部系据《文苑英华》以为。而作《春晚绝句》者，则为最具权威性的宋蜀刻本孟集。作《春晚》者，则只有明嘉靖十九年朱警刻《唐百家诗》本孟集。

由上述可知，在《春晓》、《春晚绝句》、《春晚》三种诗题之中，只有《春晓》流传最广，影响最大，以至于今天的许多读者与研究者，都认为这首小诗之题即《春晓》。那么，《春晓》是否可以确定为此诗之题呢，其又是否符合此诗之题的历史真实呢？其实，《春晓》并非为孟浩然这首小诗之题。其原因在于：

（一）是诗首句“春眠不觉晓”中的第一字“春”，第五字“晓”，乃与诗题之“春晓”二字犯重，虽然，白居易《新乐府五十首》类此制题者乃甚多，但《春晓》毕竟不是“首句嵌其题”的新乐府。更何况，全诗所述写的重点，并非为

“春晓”（详下）。

（二）将“春晓”作为诗题，其所要表达的意蕴，与“欲知昨夜风”迥不相及，因为是诗之所写，乃为“昨夜”，也就是“夜来”之谓，故有“花落知多少”云云。而且，全诗所描述的，纯为晚春季节，而与“春”之“晓”并无关联。

综此二者，可知这首小诗之题，是应以朱警《唐百家诗》本孟集作《春晚》为正的。宋蜀刻本孟集，其诗题虽然作《春晚绝句》，但“绝句”二字之于此诗题来说，显系画蛇添足，即“绝句”二字应删。若删除此二字，则蜀刻本孟集所著录的这首小诗之题，即显示出了其本真之所在。而此，对于数百年后的朱警来说，自应是极具启示性的。所谓“春晚”，即“晚春”之意，而正因为是晚春，故而才有“啼鸟”的鸣叫，“昨夜风”的吹拂与“花”的被吹落。由是而观，可知朱警《唐百家诗》本诗题在宋蜀刻本的基础上作《春晚》者，乃是颇具眼光的，因而也是值得首肯的。

（三）关于此诗的作年

这首小诗作于何年？这应该说也是一道颇为棘手的难题，正因此，已出版的几种孟诗笺注、校注本，即都不曾对其系年。这种情况的存在，对于研究孟浩然思想的发展，把握孟浩然诗歌创作的心路历程等，显然是会有所不便甚或不利的。30年前，我在编撰《孟浩然年谱》时，曾于《谱》末专门“附录”了一份《孟诗编目系年》，对近200首孟诗首次进行了编年，虽然如此，《春晚》（即《春晓》，下同）一诗却无以编人，故只好作罢。近 30 年来，特别是近 10 年来，我虽然不以孟浩然年谱（生平）为研究对象了，但于孟诗的编年，却从不曾放弃过，且时时都在思考着，而《春晚》即属于我所思考的具体对象之一。

公允地讲，要凭借文献资料对《春晚》一诗进行准确系年，以我的研孟经历与研孟之所及而言，这显然是不可能的，因为此诗不是一首与史、与人、与现实相关的记述篇什，而是重在抒写诗人情感的“惜春”之作，因之，要弄清楚此诗写作的时间，就只能从“惜春”二字入手。古人“惜春”，大都与自身的命运和身世关系密切，典型者如苏轼《蝶恋花》即为其例。据《冷斋夜话》等之所载，苏轼被贬惠州后，每年春天都向北眺望，希望有使者从京师到惠州来赦免他，但直到夏之将至，仍不见有使者来，他便在这首《蝶恋花》中，用“天涯何处无芳草”以喻春之将尽，希望全无。综孟浩然一生，虽然没有苏轼的这种贬谪遭际，但他在《春晚》中的“惜春”，却是充满了强烈的忧郁意识的。由此又可知，宋蜀刻本孟集将诗题作《春晚》者，乃是颇符合孟浩然创作此诗之初衷的。

联系到孟浩然 52 年的人生之旅，令他一生最感忧郁而又难以释怀的，即为“功名”二字，故其于诗中乃多所言之，如《陪卢明府泛舟回作》中的“犹怜不才子，白首未登科”即为其例。诗题中的“卢明府”，为诗人卢僎[8]，《新唐书・韩思复传》云：“卒，年七十四，谥曰文。……故吏卢僎、邑人孟浩然立石岘山。”据拙著《唐人生卒年录》所考，韩思复卒于开元十三年（公元 725 年）[9]，《新唐书・韩思复传》既称“故吏卢僎”，则卢僎为襄阳令在开元十三年以前，乃可肯定。《新唐书·韩思复传》又有云:“复为襄州刺史,治行名天下。”表明韩思复曾两任襄州刺史。据《新唐书》本传,韩思复第一次任襄州刺史,乃在“坐王同皎所荐”的唐中宗景龙初年(公元707年),而岑仲勉《唐集质疑》之《王冷然上张说书》条则认为,开元十一年的襄州刺史为靳恒[10],合勘之,韩思复“复为襄州刺史”在开元十二年至开元十三年之间,也就甚为清楚。如此,孟浩然与卢僎泛舟襄阳,即可肯定在开元十二年前后。即以开元十二年计,是年孟浩然35岁。35岁的孟浩然在诗中自称“犹怜不才子,白首未登科”,表明了其于“功名”确属是相当看重的。由是,从此诗之“犹怜不才子,白首未登科”,关联到《春晚》之“欲知昨夜风,花落知多少”,即可清晰地看到孟浩然对于“春晚”所产生的忧郁之脉络。这样看来,则《春晚》就极有可能为孟浩然作于他30岁以前了。

而据拙著《孟浩然研究》第一章第二节《三入长安》之所考,孟浩然首次离开襄阳,是在他29岁的开元五年[11],其前,足迹不曾出襄阳。以此度之,孟浩然作《春晚》一诗,就当在开元元年至开元五年间,也即其25岁至29岁之际,地点则为襄阳。所以,我对这首小诗所下的最后结论是:《春晚》为孟浩然青年时之所作,其表面上之所写虽为“惜春”,实则抒发的是诗人对“功名”的一种向往之情。而青年时期孟浩然的入仕思想,亦可从这首小诗中窥其一斑。

注释:

[1] 对于此二诗之研讨,具体参见拙作《王之涣〈凉州词〉讨论》、《李白〈静夜思〉四种文本比较说》二文,前者载《唐代诗人探赜》(第244—251页),贵州人民出版社2005年出版;后者载《李白求是录》(第

139—144 页），江西人民出版社 2000 年出版。

［2］关于国家图书馆所藏之宋蜀刻本《孟浩然诗集》为孟洗然编次本者，具体参见拙作《再论孟浩然诗集的版本问题》一文，载《吉林师范大学学报》2015 年第 1 期。

［3］关于孟洗然编次本之史况，具体参见拙著《孟浩然研究》第三章第二节（第 101—111 页），该书由甘肃人民出版社 2002 年出版。

［4］欧阳修等《新唐书》卷六十《艺文志四》，中华书局 1979 年版。第 1609 页。

［5］晁公武《郡斋读书志》卷十七、陈振孙《直斋书录解题》卷十九所著录之孟集，皆为王士源编次本者，二书已曾注明，故此不具述。

［6］参见中华书局 1966 年影印本《文苑英华》附于卷首的《出版说明》。

［7］这一结论，为笔者对电子版《全唐诗》检索之所获。《全唐诗·李白诗集》共有六首诗用了“知多少”，如《忆旧游寄谯郡元参军》、《答高山人兼呈权顾二侯》、《宣城见杜鹃花》、《献从叔当涂宰阳冰》、《菩萨蛮》等，即皆为其例。

［8］王辉斌《孟浩然集中之卢明府探考》，载《湖北师范学院学报》1986 年 3 期。第 44—46 页。

［9］王辉斌《唐人生卒年录》，贵州人民出版社 1989 年版。第 187 页。

［10］岑仲勉《唐集质疑》，载《唐人行第录》，上海古籍出版社 1982 年版。第 361 页。

［11］王辉斌《孟浩然研究》第一章第二节，甘肃人民出版社 2002 年版。第 5—14 页。

二、关于《望洞庭湖上张丞相》诗中的“张丞相”

——兼评《孟浩然〈望洞庭湖上张丞相〉之“张丞相”新考》一文

（一）

据《四部丛刊》本《孟浩然诗集》所载，孟浩然一生与“张丞相”交往的诗作，共有八首之多，其依序为：《从张丞相游纪南城猎戏赠裴迪张参军》、《陪张丞相自松滋江东泊渚宫》、《陪张丞相祠紫盖山途经玉泉寺》、《陪张丞相登荆州城楼因寄蓟州张使君及浪泊戍主刘家》、《荆门上张丞相》、《望洞庭湖上张丞相》（此据《文苑英华》，下同，不另注）、《陪张丞相登嵩阳楼》、《和张丞相春朝对雪》。其中，《从张丞相游纪南城猎戏赠裴迪张参军》中的“裴迪”非为裴迥之误[1]，《陪张丞相登嵩阳楼》中的“嵩阳楼”为当阳楼之误[2]，即此二诗题正确者应分别为：《从张丞相游纪南城猎戏赠裴迥张参军》、《陪张丞相登当阳楼》。

以上八首诗之题中的张丞相，《四库全书总目》于《孟浩然集》所撰之“提要”认为：“《临洞庭》诗，旧本题下有‘献张相公’四字，见方回《瀛奎律髓》。此本亦无之，显然为明代重刻，有所移改。至序中‘丞相范阳张九龄等与浩然为忘形之交’语，考《唐书》，张说尝谪岳州司马，集中称‘张相公’、‘张丞相’者凡五首，皆为说作。若九龄则籍隶岭南，以‘曲江’著号，安得署曰‘范阳’？亦明人以意妄改也。”[3]这就是四库馆臣对孟集中“张丞相”的认识。其实，四库馆臣认为“凡五首，皆为说作”的这一认识，既有正确者，也有不正确者。说其正确，是指《临洞庭》等有关“张丞相”的诗，确乃“为说作”（而不是“皆为说作”）；说其不正确，是指孟集中与“张丞相”（“张相公”）的相关之作，并非为五首，而是如本文所引录之八首。

对于《四库全书总目》认为《临洞庭》为张说作的这一认识，我在 30 年前撰写《孟浩然入京新考》一文时，从之并略有所补，该文后来在《长沙水电师院学报》1988 年第 1 期发表后，不仅为中国人民大学书报资料中心《中国古代、近代文学研究》1988 年 5 期全文转载，而且还为葛晓音教授所首肯[4]。2002 年，我又在拙著《孟浩然研究》的有关章节（如第一章第二节、第四节、第三章第四节、第五节）中[5]，对“张说”说进行了再补考，以证《望洞庭湖上张丞相》（即《临洞庭》）确属为张说所作。正因为有此一文一书对《望洞庭湖上张丞相》的研究为基础，所以，当我在 2008 年主编《孟浩然大辞典》时，即于“附录”之《孟浩然年表·开元五年》中，乃如是写道：

> 是年前，中书令张说被贬岳州刺史，常与才学之士在岳阳楼诗酒相娱。孟浩然闻之，自襄阳南下湖湘，于岳州写《望洞庭湖上张丞相》一诗以干谒张说。此诗宋蜀刻本《孟浩然诗集》作《岳阳楼》，《文苑英华》、《全唐诗》均作此题，是。张说读孟浩然此诗后，曾大加称道，于是，孟浩然始有名于“江楚间”[6]。

这段文字共包含着三个方面的内容，且极具时间次序，其具体为：一为张说贬岳州后，始“常与才学之士在岳阳楼诗酒相娱”；二即孟浩然“写《望洞庭湖上张丞相》一诗以干谒张说”，乃在其后；三是“孟浩然始有名于‘江楚间’”，与干谒张说有关，其时间则在写《望洞庭湖上张丞相》一诗之后。这三者互为关联，使孟浩然与张说的交游之况，因《望洞庭湖上张丞相》中的“张丞相”，而首次得以较为清晰之展现。

（二）

以上所述，即为我数十年来对孟浩然《望洞庭湖上张丞相》一诗的研究简况。对于我的上述认识，近有温志拔《孟浩然〈望洞庭湖上张丞相〉之“张丞相”新考》一文（为便于行文，以下简称《“张丞相”新考》），不仅不予认可，而且还以上引《孟浩然年表·开元五年》中的那段文字为据，对其肆意讥讽，认为“更是无法证实的臆想”。为便于认识，兹将《“张丞相”新考》所涉《孟浩然年表·开元五年》的有关文字，抄录如下：

> 至如王辉斌所言“张说读孟浩然此诗后，曾大加称道，于是，孟浩然始有名于‘江楚间’”，更是无法证实的臆想。且年方二十八岁的诗人若有交游，甚至入幕，其诗中怎会不载？孟浩然《题长安主人壁》有所谓“东阁”，即丞相阁，诗既是题于寓所墙壁之上，至多只能表明是渴望当世拔举之司能荐举人才，并不能证明其与张说有交往；孟《同张将蓟门观灯》，《四库总目》卷一四九《别集类·孟浩然集提要》即疑为明人窜入，今人除谭优学、王辉斌等少数学者外，多不以其为与张说交游之作[7]。

事实上，《“张丞相”新考》中的这段文字，乃是大有问题的，如其中以指责与讥讽之语所作结论的“更是无法证实的臆想”云云，即为其例。《“张丞相”新考》作者之所以认为“更是无法证实的臆想”，主要是因“王辉斌所言”之“张说读孟浩然此诗后，曾大加称道，于是，孟浩然始有名于‘江楚间’”所致。需加指出的是，《孟浩然年表》这一认识所表明的，是“张说读孟浩然此诗”在前，“孟浩然始有名于‘江楚间’”在其后。其实际的情况是，孟浩然始有名于“江楚间”者，并非为《孟浩然年表》“更是无法证实的臆想”，而是出自陶翰《送孟大入蜀序》一文。陶翰《关孟大入蜀序》中的“孟大”，岑仲勉《唐人行第录》认为即“孟六”之讹，良是。陶《序》有云：

> 襄阳孟浩然，精郎奇素，幼高为文，天宝年始游西秦，京师词人皆叹其旷绝也。观其匠思幽妙，振言孤杰，信诗伯矣，不然者何以有声于江楚间[8]。

其中的“天宝”，乃为“开元”之误[9]。据拙著《孟浩然研究》第一章第二节、第三节、第四节、第二章第六节等之所考，孟浩然“始游西秦”，乃在开元十一年，翌年秋，其自秦入蜀，陶翰在长安即以是《序》相送。孟浩然“始游西秦”既在开元十一年，则“不然者何以有声于江楚间”者，乃发生于开元十一年前，即可遂断。而孟浩然在开元十一年前“有声于江楚间”者，所指即为其在岳州以《望洞庭湖上张丞相》干谒张说之事，对此，拙著《孟浩然研究》已在多章节中进行了具体考察（详上），故此不再具述。由是而观，《“张丞相”新考》一文所谓的“更是无法证实的臆想”云云，完全为该文作者对《孟浩然年表》结论的一种污称，也就十分清楚。作者小小年纪，不认真读书，而是以信口开河为能事，其浮澡的写作心态，仅此即可窥其一斑。

据拙著《孟浩然研究》第一章第四节、第二章第六节等章节的考察，可知为孟浩然自秦入蜀以《序》相送的陶翰，是孟浩然在开元年间与之过从最笃的友人之一。二人在开元六年前后于湖湘相识，其后，即多次相逢于长安、山阴等地，且与崔国辅等人皆相交往，而形成了一个具有“群体特性”的“诗人交游圈”，因之，陶翰说孟浩然“不然者何以有声于江楚间”者，乃是最为可信的。《“张丞相”新考》一文的作者，由于既不曾读过陶翰《送孟大入蜀序》一文，更不曾对孟浩然与陶翰的交游作任何考察，而认为《孟浩然年表》所言“孟浩然始有名于‘江楚间’”，乃为“更是无法证实的臆想”云云，纯为作者之信口开河与自说自话所致。两年前，我曾在《自说自话的杜诗题旨“解读”》一文中，曾经这样说过：“时下一些研究生不读书的恶劣风气浮躁草率的写作心态，皆在该文中得以充分体现。”[10]而《“张丞相”新考》作者作为一位刚毕业的研究生，仅以《“张丞相”新考》而言，便知其与我所说的那位研究生大致类似，即也是不喜读书而好发“高见”的。

至于《“张丞相”新考》认为“且年方二十八岁的诗人若有交游，甚至入幕，其诗中怎会不载”云云，则更是成为了作者不读书之证，因为其之此言，纯属信口开河的产物。这具体表现在三个方面。首先，《孟浩然年表》将上引文字与孟浩然

“于岳州写《望洞庭湖上张丞相》一诗以干谒张说”一事，乃是极为明白地系于开元五年的，是年，孟浩然为29岁，而非“年方二十八岁”，二者之说虽然只隔一岁，但反映的却是作者的草率与粗疏。其次，“年方二十八岁（其实为二十九岁，下同）的诗人”，不仅在当年及其前有“交游”，而且其诗对这些交游也有所“载”，如张子容、辛之谔等人，即皆为其例。仅以张子容言，孟浩然集中的《送张子容进士赴举》、《登岘山亭寄晋陵张少府》、《晚春卧疾寄张八子容》等诗，即皆记载了孟、张交往之情谊。此则表明，《“张丞相”新考》一文的作者，在写《“张丞相”新考》一文时，对孟浩然诗集是并不曾通读的。其三，所谓“且年方二十八岁的诗人若有交游，甚至入幕，其诗中怎会不载”云云，实际上并非为《孟浩然年表》所言，而是出于《“张丞相”新考》作者的自说自话，因为《孟浩然年表》压根儿就没有这方面之片言只语。综合此三者，可知《“张丞相”新考》于《孟浩然年表》的指责与讥讽，所反映的实际上是作者对孟浩然研究的一种一知半解与“不求甚解”。

（三）

这里，主要就《“张丞相”新考》一文认为《望洞庭湖赠张丞相》之“张丞相”为张九龄，以及其认为“本诗与其余六题‘张丞相’同作于开元二十五年，也未必不可能”的认识（这些均为作者所称之“新考”），略作材料上的检验。综观《“张丞相”新考》全文，在对“二张”与孟浩然关系的认识上，首先是认为“孟浩然未及与张说交游”，其后则认为“本诗与其余六题‘张丞相’同作于开元二十五年，也未必不可能”。而事实上，《“张丞相”新考》一文表现在这两方面的认识，乃全为错误，而导致其错误产生的最直接原因，即是因作者不读书所致。

我们先看“孟浩然未及与张说交游”说。《“张丞相”新考》一文认为，“孟浩然未及与张说交游”者，主要有三条理由：一是在与张说唱和的诗人中，有尹懋、赵冬曦、阴行先、张均、王琚、王熊六人，而“唯独未见孟浩然此时岳州与张说交游的其他痕迹”；二是王士源《孟浩然诗集序》没有记载孟、张交游；三是“孟浩然科考京城时，与姚崇后人相交，且于（姚）崇多有赞词。以常情考虑，我们至少可以理解，为何张说不像称赞举荐其他诗友那样举荐浩然”。

其实，《“张丞相”新考》的这三条理由，都是不能成立的。首先，据两《唐书》、《全唐诗》（主要为《全唐诗》作者小传）等材料可知，为《“张丞相”新考》所列举与张说在岳州有唱和关系的尹懋等六人，其开元五年前都已入仕，即皆与张说有着“仕宦”关系，如尹懋为张说岳州幕府之从事，王琚是荐举张说的一位“伯乐”等。而孟浩然则不然。其当时不仅是一位地道的青年布衣，而且与张说从无交往，正因此，他才写了《望洞庭湖上张丞相》一诗以事干谒。此则表明，《“张丞相”新考》作者对尹懋等人，是只知其一（有唱和之作），而不知其二（尹懋等人的宦历）的。其次，王士源的《孟浩然诗集序》，固然记载了孟浩然与张九龄等人率为“忘形之交”的事况，但纵观孟浩然与这些人的结交，都有一个值得注意的前提，即其大都任职于襄阳（此主要指生平事迹可考者）。虽然张九龄不在此列，但孟浩然与张九龄之相识，以及孟浩然能在张九龄荆州幕府任从事者，乃皆为襄州刺史宋鼎推介的结果，即其亦与襄州有所关联[11]。所以，王士源《孟浩然诗集序》没有记载孟浩然与张说交游者，是并不能证实孟浩然没有以诗干谒张说的。至于《“张丞相”新考》所举的第三条理由，一则逻辑混乱（因为孟浩然“于崇多有赞词”，与其在岳州以诗干谒张说并无必然关系），二则对《姚开府山池》一诗理解错误（这是作者缺乏古代文学研究基本功的一种具体反映），故而不具备作证的资格。所以，仅就前两条理由言，《“张丞相”新考》之于“孟浩然未及与张说交游”的认识，其实是完全不符合孟浩然与张说交游的历史真实的。

再看“本诗与其余六题‘张丞相’同作于开元二十五年，也未必不可能”说。《“张丞相”新考》的这一认识，其实是意在表明，“本诗与其余六题”之“张丞相”，乃皆为张九龄（原因是张说卒于开元十八年）。而据本文开首之所举，《四部丛刊》本《孟浩然诗集》中与“张丞相”相关之诗凡八首，但《“张丞相”新考》所言“本诗”（指《望洞庭湖赠张丞相》）与“其余六题‘张丞相’”只有七首者，未知其所据为何？为便于认识，下面依次对其中几首与张说相关的“张丞相”诗略作考察，以证《“张丞相”新考》之说并非正确。

（一）《从张丞相游纪南城猎戏赠裴迪张参军》。考察此诗题之“张丞相”为谁，诗题之末的“张参军”乃为关键。关于这位“张参军”，拙著《孟浩然研究》第二章第六节已有专考。其结论大致为：《唐代墓志汇编》著录张愿《唐故著作郎张公（漪）墓志》，载张漪第三子张緫为荆府仓曹参军，与其弟张轸（张漪第四子）皆“早世”，而张漪夫人卒于“开元二十年十月二十五日”（张漪卒于其夫人之前），作为张漪第三子张緫的卒年，是必在开元二十年十月以前的。对此，《唐文拾遗》卷二十一著录丁凤《唐故河南府参军墓志并序》载（张漪第四子）张轸卒于“开元二十年六月五日”之实况，又可为之佐证[12]。所以，据拙著对“张参军”的考察，可知《从张丞相游纪南城猎戏赠裴迪张参军》一诗的作年，是可肯定在张漪夫人、张轸之卒的开元二十年前的。而据两《唐书·张九龄传》、《新唐书·宰相表》、《资治通鉴·唐纪》等材料又可知，张九龄为丞相在开元二十一年十一月，则此诗之“张丞相”非为张九龄，已不言而喻。另据两《唐书·玄宗纪》、《新唐书·宰相表》，在唐玄宗执政的开元年间，任丞相之职而又姓张者，只有张说与张九龄，如此，是诗题之“张丞相”为张说，即可肯定。

（二）《荆门上张丞相》。此诗与《望洞庭湖上张丞相》所“上”之“张丞相”，完全相同，只是所“上”之地，一在“荆门”（荆州）、一在“洞庭湖”（岳州）而已。对于《荆门上张丞相》诗题中的“张丞相”，徐鹏《孟浩然集校注》、李景白《孟浩然诗集校注》、佟培基《孟浩然诗集笺注》，均作张九龄。若依三家之注，即表明孟浩然在为张九龄的荆府从事时，曾经“上”书（诗）张九龄两次。张九龄贬荆州长史，《资治通鉴·唐纪》载为开元二十五年四月，原因则是以荐周子谅非人（《旧唐书·张九龄传》），二十七年秋请告归里，二十八年五月卒于曲江私第（徐浩《张九龄神道碑》）。借此可知，孟浩然在张九龄荆州幕府的时间，大致在开元二十五年夏秋至开元二十七年春夏之际，即前后三个年头，实际不足两年。孟浩然是时既然在张九龄荆州幕府，且又为从事，其上书（诗）张九龄的动机与目的又为何呢？对此，徐、李、佟三家之注均无只字相及。而二诗之所写，在内容上甚为一致，即皆为孟浩然希望得到“张丞相”的垂青，也即二诗皆属对“张丞相”的干谒之作。这样看来，则诗题中的“张丞相”非为张九龄，也就甚明。否则，身在荆府任从事的孟浩然，连续两次“上”书（诗）张九龄之举措，就根本无从理解了。所以，这两首诗题中的“张丞相”，不是张九龄而是张说，其作年则一在开元五年，一在开元六年（或七年）。即是说，孟浩然在岳州以《望洞庭湖上张丞相》干谒张说后，张说于翌年四月由岳迁荆，孟浩然则又在“荆门”对张说进行了干谒，因而也就有了《荆门上张丞相》一诗[13]。此为其一。其二，在上举孟集中八首与“张丞相”相关的诗题中，孟浩然在制题上表现出了一个极明显的特点，即凡属张九龄者，皆以“陪”、“和”冠于诗题之首，以表示对张九龄知遇之恩的感激；而凡属张说者，则以“上”、“从”为之，意在表明“上”者与被“上”者、“从”者与被“从”者之间各自的身份。这一实况表明，既“拙”而又自称“楚狂客”的孟浩然，在诗题的制作上，是非常之清醒与清楚的。而此，也是判定《岳阳楼》之题应以《文苑英华》作《望洞庭湖上张丞相》为是的最关键性的原因。

综合以上考察，可知《“张丞相”新考》一文所持“本诗与其余六题‘张丞相’同作于开元二十五年，也未必不可能”

的认识，乃确属错误，而其于文章的“摘要”中，将《望洞庭湖上张丞相》之“张丞相”“初步确定”为张九龄的认识亦为错误，也就不言而喻。虽然如此，但《“张丞相”新考》一文也还存在着许多方面的错误，如方法错误、材料错误、结论错误等。为便于认识，兹举两例如下，以供参考。其具体为：

一是将“新考”与“分析”混为一谈，而不知考证为何物。《“张丞相”新考》一文的题目，是明确冠有“新考”二字的，以表明其是以新的材料对孟浩然《望洞庭湖上张丞相》诗题之“张丞相”进行考证的，但综观其全文，不仅与“考”无关，更与“新考”沾不上边。这是因为，《“张丞相”新考》一文压根儿就没有所谓的“考”与“新考”。正是因此，故作者于文章开首的“摘要”中，也就不得不以“分析”自我相称了：“利用孟浩然诗作本身，分析各种论据的可能性，并初步确定张丞相当为张九龄。”这一实况表明，作者连研究古代文学的方法都是存在着问题的，既如是，又遑论对孟浩然《望洞庭湖上张丞相》之“张丞相”进行“新考”呢。而此，即成为了导致作者在《“张丞相”新考》中以自说自话而立论的一个关键性原因。

二是否定前人之所言，不需要用任何材料作支撑，完全藉信口开河以为。如《“张丞相”新考》一文的第二部分曾这样写道：“但就目前所见，除了《唐诗纪事》所载的传说，再无其他可信的材料证明。”计有功《唐诗纪事》卷二十二有云：“明皇以张说之荐，召浩然，令诵所作。”这是张说曾荐举孟浩然最为直接的材料依据，且其文意与王士源《孟浩然诗集序》又极相接：“闲游秘省，秋月新霁，诸英联诗……举座嗟其清绝。”很明显，如果不是张说推荐，唐玄宗召见，作为布衣且僻居襄阳一隅的孟浩然，即使诗写得再好，也是不可能在秘省与“诸英联诗”的。但《“张丞相”新考》的作者为了使其所持“孟浩然未及与张说交游”说能够成立，竟然在无任何材料作依据的情况下，认为《唐诗纪事》所载乃系“传说”，仅此，即可见出作者信口开河乃是如同家常便饭一般的。而还值得注意的是，作者一方面信口开河将《唐诗纪事》定性为“传说”，一方面却又说：“如果孟浩然也于岳州与张说有交游唱和，甚至受到张的‘大加称道’，张说也会大力引荐甚至提拔吧?”企图制造“传说”以否定“张说也会大力引荐甚至提拔”孟浩然的这种“新考”，表明了文章作者的主观性与随意性之强，已到了无以复加的地步。

年轻学子研习古代文学，一是要认真读书与多读书，二是要练好研习古代文学的基本功，因为只有这样，才可凭借材料就某一方面的认识，提出属于自己的看法与见解。而从《“张丞相”新考》一文看来，可知作者在这方面之所为，乃是相当欠缺、相当薄弱的，因之，其需要静下心来认认真真地读书，也就甚有必要。

注释：

［1］ 具体参见拙作《再论孟浩然诗集的版本问题》一文，载《吉林师范大学学报》2015 年 1 期。

［2］ 具体参见拙著《孟浩然研究》第三章四节（第 129 页），该书由甘肃人民出版社 2002 年出版。

［3］ 永瑢《四库全书总目》卷一四九，中华书局 1965 年影印。第 1282 页。

［4］ 葛晓音文见《唐代文学研究年鉴》1988、1989 年合辑本，第 56—57 页。

［5］ 王辉斌《孟浩然研究》第一章第二节、第四节、第三章第五节，甘肃人

民出版社 2002 年版。第 5—15 页、第 23—32 页、第 119—128 页、第 129—141 页。

[6] 王辉斌《孟浩然年表》,《孟浩然大辞典》,黄山书社 2008 年版。第 469 页。

[7] 温志拔《孟浩然望洞庭湖上张丞相之“张丞相”新考》,载《湖北第二师范学院学报》2012 年 11 期。第 1—4 页。

[8] 陶翰《送孟大入蜀序》,《文苑英华》卷七二〇,中华书局 1966 年影印。第 3725 页。

[9] 王辉斌《孟浩然研究》第一章第三节,甘肃人民出版社 2002 年版。第 15—23 页。

[10] 王辉斌《自说自话的杜诗题旨“解读”——略评杜诗〈奉酬薛十二丈判官见赠辨析〉一文》,载《南阳师范学院学报》2012 年 2 期。第 58—62 页。

[11] 以上所言,具体参见拙著《孟浩然研究》第二章第五节,第 78—88 页。

[12] 王辉斌《孟浩然研究》第二章第六节,甘肃人民出版社 2002 年版。第 91—92 页。

[13] 关于《荆门上张丞相》一诗的作年,另参见拙著《孟浩然研究》第一章第三节,第 23—32 页。

李白《黄鹤楼送孟浩然之广陵》系年新考

吕华明

李白《黄鹤楼送孟浩然之广陵》是研究李白与孟浩然交游的非常重要的诗歌。关于李白《黄鹤楼送孟浩然之广陵》系年历来众说纷纭，但是归结起来主要有三种说法：开元十六年之前说；开元二十五年说；开元十六年暮春说。开元十六年之前说，见于詹锳先生《李白诗文系年》，詹锳先生认为此诗作于开元十六年之前。开元二十五年说，见于黄锡珪《李太白年谱》，黄锡珪将此诗系于开元二十五年之下。开元十六年暮春说，见于郁贤皓先生《李白与孟浩然交游考》，郁贤皓先生认为此诗作于开元十六年暮春。要搞清楚李白此诗的系年，就必须搞清楚两个问题：搞清楚李白和孟浩然的各自行踪，从他们的行踪找出他们相遇交游的时间和地点。深掘诗歌本体内容，从诗歌本体内容里发掘他们交游时间的提示。我们依据唐人李白生于神龙元年的观点和这首诗歌的具体内容，从新的角度对李白孟浩然的行踪交游进行了新的考探，认为此诗当作于开元十五年暮春。

对于清人黄锡珪开元二十五年说，郁贤皓先生在《李白与孟浩然交游考》中进行了详实的考探。郁先生据陈贻掀《孟浩然事迹考辨》云：孟浩然“于开元十六年冬冒雪人京”，“其后另一年冬又冒雪返里，在长安起码有整整一年。”又云：孟浩然在开元十八年夏秋之际“自洛之越”，在开元二十一年五月“自吴越还乡”。郁贤皓先生据此论曰：“自从开元十六年冬入京应试以后，一直到开元二十一年五月自吴越还乡，除了出京后入越曾在家乡小住一个很短时期外，这几年中孟浩然一直浪迹他乡，不在襄阳。按孟浩然自洛之越时曾经过扬州，但那时是沿运河南下，没有经过江夏。而李白送孟浩然之广陵的分手地是在江夏黄鹤楼，所以只能认为这是另一次下扬州。换句话说，自开元十六年冬至开元二十一年五月之前，李白不可能在江夏送孟浩然之广陵。”郁先生认为李白于开元十五年秋“远客汝海”，途中结识孟浩然于襄阳，开元十六年暮春于江夏，送孟浩然之广陵。

郁先生的论述非常有力，只是所据陈贻焮先生所考孟浩然“于开元十六年冬冒雪入京”似乎可以商榷。刘文刚先生《孟浩然年谱》开元十五年丁卯三十九岁：“附考：世人多以两唐书孟浩然本传‘年四十，来（乃）游京师’，推定浩然开元十六年入京。如此推算，似误。两唐书言四十岁游京师，即四十岁在长安之意，并非说四十岁才动身往长安。如浩然开元十六年冬进京，其四十岁便未在长安，与本传之意不合。以孟浩然生平核之，浩然亦应在开元十五年而非十六年入京。孟浩然有《赴京途中遇雪》诗，初春在长安作《长安早春》诗（此诗《文苑英华》作张子容诗）看来孟浩然是冬天赴京，春天已经在长安了。”我认为刘文刚先生孟浩然开元十五年冬赴京，开元十六年春已经在长安的附考，是正确的。徐松《登科记考序》云：“李唐承隋，法制大备。冬集之例，旁课律，书；春关以来，兼试宏拔。”《登科记考凡例》云：“唐主司自改制后，以礼部侍郎任者曰知贡举，他官任者曰权知贡举，皆于上年之秋冬简任，次年正月入闱。”开元十六年孟浩然四十岁，开元十六年的科考没有什么特殊变动。科考时间为：正月科考，二月放榜。也就是说，孟浩然开元十五年冬赴京应开元十六年初之科考，开元十六年春。孟浩然 在长安。因此，李白《送孟浩然之广陵》作于开元十六年之前。

关于李白出蜀的时间，历来有很多种说法：黄锡珪《李太白年谱》认为李白出蜀在开元十四年秋，王琦《李太白年谱》认为在开元十三年秋，黄瑞云先生《李白开元六年到开元十八年行踪考略》（见《华中师院学报》1980 第一期）认为在开元十三年春，陈钧先生《李白出蜀年代新考》（见《人文杂志》1990 年第二期）则认为李白出蜀时间在开元十年春。詹锳先生《李白诗文系年》认为李白出蜀在开元十三年，郁贤皓先生《李白出蜀年代考》（见《李白丛考》）认为李白出蜀在开元十二年秋天。

对李白出蜀的时间，为什么会产生如此之多的歧义呢？我认为其主要原因在李白生年问题上。自从王琦考论李白生于长安元年以来，学术界的研究基本上束缚其中，大家都以李白生于长安元年为起点来进行研究。李白出蜀前的行踪和诗文，以长安元年为起点，虽说有很多歧义，但是从各个不同角度去理解考辨，勉强还可以立足。到了李白出蜀后就不行了，以李白生于长安元年为起点，到了这个阶段，他的许多行踪和诗文根本就无法排比。所谓无法排比，就是说在时间上可排比的时间太短，在内容上他的一些诗文无法与他的行踪联系统一起来。

李白《上安州裴长史书》云："白本家金陵，世为右姓，遭沮渠蒙逊难，奔流咸秦，因官寓家。少长江汉，五岁诵六甲，十岁观百家，轩辕以来，颇得闻矣。常横经藉书，制作不倦，迄于今三十春矣。……乃仗剑去国，辞亲远游，南穷苍梧，东涉溟海。见乡人相如大夸云梦之事，云楚有七泽，遂来观焉。而许相公家见招，妻以孙女。便憩迹于此，至移三霜焉。"李白写《上安州裴长史书》的时候已经三十岁。"至移三霜"则于安陆婚娶许氏时，他二十七岁。以李白生于长安元年推算，开元十五年他二十七岁。因此，无论李白出蜀在开元十二年秋还是在开元十三年，到他于安陆婚娶许氏的时间，都只有两年多不到三年。在这样短的时间里，他要"南穷苍梧，东涉溟海"，要见司马承祯于江陵，要到汝州见从兄从弟，要《送孟浩然之广陵》于江夏，要葬吴指南于洞庭，要便之金陵，到扬州散金三十万，要游镜湖，"复弄耶川之白云"。我们不能用现代的交通去计算古代的交通时间，唐代交通工具主要为车船，典章规定行程一天三十里，李白在这么短的时间里要走那么远的路，要做这么多事，似乎是根本不可能的。惟其如此，陈钧先生才在其《李白出蜀年代新考》中将李白出蜀时间提至开元十年春。然而，把李白出蜀的时间提到开元十年春，解决了李白出蜀后的行踪时间上的矛盾，但是，李白出蜀前的行踪安排又出现了时间上的新的矛盾。

我认为根本问题在于李白生于神龙元年，不生于长安元年。李白生于长安元年是清人王琦推论出来的，而在唐人关于李白的材料中，都记载其生于神龙元年。李白生于神龙元年，开元十八年他二十七岁。也就是说李白于安陆婚娶许氏在开元十八年。李白出蜀为开元十二年秋，至开元十八年有六年的时间，在这六年的时间中来排比李白这一时期的行踪和诗文，不仅解决了时间冲突的矛盾，而且让李白的许多诗文和行踪获得了新的统一。

开元十四年，传统的看法认为李白在这一时期已经到了金陵，作金陵游。这种看法的依据是王琦的“李白生于长安元年”说。开元十二年秋李白出蜀，开元十四年他已经二十六岁，按照王琦的说法李白二十七岁即开元十五年必须于安陆婚娶许氏。他在《上安州裴长史书》载曰：“曩昔东游维扬，不逾一年，散金三十余万，有落魄公子，悉皆济之。”从李白出蜀到他安陆婚娶许氏的时间段来看，他游金陵的时间只能是在开元十四年。然而，我们心里都清楚，如果按照这种时间去安排的话，李白这一时期的许多诗文根本无法排比。有的在时间上无法排在婚前，有的排在婚后时间与内容又不吻合。

我们以李白生于神龙元年来算，他于安陆婚娶许氏的时间则为开元十八九年。开元十二年秋到开元十八九年其间有六年多时间，这样一来李白这一时期的行踪与诗文就安排下来了。我们认为开元十四年初春李白还在江陵，并准备首次安陆、汝州行。

开元十三年到开元十四年之间，在李白的行踪中有一件很重要的事，那就是与司马承祯相见于江陵。李白《大鹏赋序》云：

> 余昔于江陵见天台司马子微，谓余有仙风遗骨，可与神游八极之表，因著《大鹏遇希有鸟赋》以自广。此赋已传于世，往往人间见之。悔其少作，未穷宏达之旨，中年弃之。及读《晋书》睹阮宣子《大鹏赞》，鄙心陋之。遂更记忆，多将旧本不同。今复存手集，岂敢传诸作者，庶可示之于弟而已。

薛仲邕《李太白年谱》系此赋于开元十年下。王琦谓“此赋未详作于何年”。黄锡珪《李太白年谱》云：“《大鹏赋》开元十四年，太白初出蜀游江陵作。”詹先生《李白诗文系年》，安旗先生《李白全集编年注释》皆系此诗于开元十三年。《李白研究论丛》第二辑上发表了谭优学先生“太白未必遇司马承祯”之新见，认为李白可能是籍司马承祯之名以自高其赋。此说略嫌材料不太充分，我认为还是当以李白《大鹏赋》云其见司马承祯于江陵为准。郁贤皓先生《李白选集》谓：“今存此赋力改订本。赋开头即‘南华老仙’，据《旧唐书·玄宗纪》，天宝元年，诏封庄子为南华真人。则此赋改写的时间，当在此之后，或即天宝二年供奉翰林时欤?”我认为开元年间，李白确实于江陵见过司马承祯。《新唐书·隐逸传》：

> 司马承祯，字子微，洛州温人。事潘师正，传辟穀道

引术，无不通。师正异之，曰："我得陶隐居正一大法逮四世矣。"因辞去，遍游名山，庐天台不出，武后尝召之，未几，去。睿宗复命其兄承祎就起之，既至，引入申掖廷问其术。……开元中，再被召之都，玄宗诏于王屋山置坛室以居。善篆棣，帝命以三体写《老子》，刊正文句。又命玉真公主及光禄卿韦滔 至其所居，按金策设祠，厚赐焉。卒年八十九，赠银青光禄大夫，谥贞一先生，亲文其碑。

据《新唐书》所载，我们知道，司马承祯历武后、睿宗、玄宗数朝，且皆受青睐。他喜漫游，尝"遍游名山"。他与玉真公主有往来，玉真公主曾师事于他。他与玉真公主的关系，很可能对后来李白一入长安居住于玉真公主别馆，二入长安由玉真公主推荐，都有关联。

司马承祯活到八十九岁，其卒年为开元二十三年。卫凭《唐王屋山岩台正一先生庙碣》（见《全唐文》）谓司马尊师尝"游句曲，步华阳之天。……登衡山窥华阳之秘。"又云："岁乙亥（开元二十三年）夏六月十八日乘空而去。"《旧唐书·司马承祯传》：

开元九年遣使迎入京，亲受道箓。十年驾还西都，承祯又请还天台山，玄宗赋诗以遣之。十五年又召至都。玄宗令承祯于王屋山自选形胜置坛室以居焉。

颜真卿《茅山玄靖先生广陵李君碑》：

开元十七年从司马炼师于王屋山传授大法。

詹锳先生据上述材料认为：盖开元十五年后承祯居王屋，以迄于终号，则其游衡山当在开元十五年以前。《唐大诏令集》卷七十四《令卢从愿等祭岳渎诏》“令太常少卿张九龄祭南岳”下注开元十四年正月。《张曲江集·登南岳事毕谒司马道士诗》云：“将命祭灵岳，回策诣真士。”此司马道士即承祯也。白之遇承祯于江陵，当在开元十三四年间司马道士游衡山之前后。

薛仲邕据《旧唐书》所言“十年驾还西都，承祯又请还天台山，玄宗赋诗以遣之”，认为李白此赋作于开元十年。但是，开元十年李白还未出蜀，不可能与司马承祯相遇于江陵。故而，薛说是不成立的。詹锳先生的论说，有理有据。不过，在系年时，他和安旗先生 皆将此赋系于开元十三年下，而我则认为：此赋当系于开元十四年春。我以为，要探讨李白与司马承祯相遇于江陵，必须从李白与司马承祯两方面的行踪来进行考察。只有都在同一时间在江陵的情况下，他们才可能相遇。开元十二年秋，李白出蜀，作有《峨眉山月歌》、《初下荆门》，然后到达江陵，寓居于此。不久，他前往巴东，开元十三年春，返还江陵寓所作有《早发白帝城》。而后，又再往巴东，开元十三年岁末，因三峡不通航，滞留巫山一带，作有《自巴东舟行经瞿塘峡登巫山最高峰晚还题壁》。开元十四年春离开巫山，返回江陵，作有《宿巫山下》、《荆门浮舟望蜀江》。而后作《渡荆门送别》离开江陵，前往安陆。

从司马承祯的行踪来看：《张曲江集·登南岳事毕谒司马

道士诗》，明言“事毕”。《唐大诏令集》卷七十四《令卢从愿等祭岳渎诏》“令太常少卿张九龄祭南岳”下注开元十四年正月，则可知，事毕当在开元十四正月。开元十五年，司马承祯又奉召入京，那么从他的行踪来看，其与李白相遇于江陵，当在开元十四春。开元十四年春李白由巴东回到江陵，司马承祯亦还，在再次奉召入京途中。我认为：李白由巴东回到江陵，结束了他在江陵第一个庄口的生意。正准备迁往第二个庄口安陆时，碰到司马承祯来到江陵，二人交谈，言之甚欢。司马承祯由衡山来，大概与李白谈及衡山，由此更激发了李白“南穷苍梧”的情绪。与司马承祯道别不久，他便匆匆前往安陆，准备“南穷苍梧”。在离开江陵时，写下了《渡荆门送别》。其《黄鹤楼送孟浩然之广陵》：

故人西辞黄鹤楼，烟花三月下扬州。
孤帆远影碧山尽，唯见长江天际流。

诗中称孟浩然为故人，那么在作此诗之前李白与孟浩然已有交往。在李白集中，诗文题中出现从弟多人。如李之遥、李昭、李延年、李幼成、李令问等。但是在开元十四年左右与之交往的当是李幼成和李令问。《新唐书·宗室世系表上郇王袆》：

郇王李讳生二子：武陵郡王李伯良，长平肃王李叔良。李叔良生七子，李思慎、李思言、李思泰、李思本、李思庄、夔州司功参军李思正，婺州刺史袭邻国公李思忠。李思正生兰陵丞李令望，李思忠生宣州士曹参军李建成。

詹锳先生主编的《李白全集校注汇释集评》卷二七《冬日于龙门送从弟京兆参军令问之淮南觐省序》备考：“疑李幼成和李令问分别是李建成和李令望之兄弟。”从《汇释集评》之说，我们可以看到，李白于夔州滞留，其父把夔州作为一个经商点，还是有其一定的社会关系和因由的。因为李思正曾任夔州参军，所以李白父子商贾于夔州，也就有所照应。由于李白父子与李思正的关系，李白去汝海访亲，也就很自然了。开元十四年春，李白离开江陵，寓居安陆北寿山，然后便匆匆离去，前往汝州亦商，亦访亲，亦游。开元十四年暮春，李白前往汝海，途经襄阳，作《春日归山寄孟浩然》结识了孟浩然。到汝州李白作有《春夜宴从弟桃花园序》与《奉饯十七翁二十四翁寻桃花源序》。

李白在汝州度过了暮春和夏日，然后前往洛阳，在洛阳度过了深秋和冬天。开元十五年他回到安陆，不久又匆匆离去，于三月到达江夏。在江夏，他送蔡十归云梦，送孟浩然之广陵，尔后，自己南游苍梧。南游苍梧，于洞庭草葬吴指南之后，他又匆匆赶往金陵。从李白这一时期的行踪排比来看：李白与孟浩然初识当在开元十四年，李白《送孟浩然之广陵》当作于开元十五年三月。

（作者为湖南吉首大学文学与新闻传播学院教授）

读《孟浩然诗集》札记

王辉斌

宋蜀刻本《孟浩然诗集》，是现存最早、也是最重要的一部孟浩然诗集。此刻本《孟浩然诗集》现藏国家图书馆，1982年，上海古籍出版社影印出版“宋蜀刻本唐人集”时，即据以影印。据拙著《孟浩然研究》第三章第二节之所考，此种孟集为孟洗然编次本[1]。宋蜀刻本《孟浩然诗集》虽然极具版本学价值，但也存在着不少讹误，甚至还很严重，因之，亟需对其整理与辨订，也就势所必然。本文就读此刻本《孟浩然诗集》之所及，对其中有关诗篇的人名、职官、诗句，以及今人的注释、笺解、编年等，或考辨，或纠缪，或订正，并借材料提出了一些新认识与看法。如认为《从张丞相游纪南城猎戏赠裴迪张参军》中的“张丞相”为张说；《秋登张明府海亭》中的

“张明府”为张愿等，有利于参考。

一、《从》诗题之“张丞相”、裴迥、“张参军”三人

宋蜀刻本《孟浩然诗集》（以下简称“宋本孟集”）卷上有《从张丞相游纪南城猎戏赠裴迥张参军》（以下简称“《从》”）一诗，是考察孟浩然与“张丞相”交游的重要篇什。诗题中的“张丞相”，陈贻焮《孟浩然事迹考辨》（以下简称“陈考”）认为即“张九龄”。其后，徐鹏《孟浩然集校注》（以下简称“徐《注》”）、李景白《孟浩然诗集校注》（以下简称“李《注》”）、佟培基《孟浩然诗集笺注》（以下简称“佟《注》”）等，亦均认为此诗题中的“张丞相”为张九龄。若依“陈考”与三家之注，即表明孟浩然在张九龄荆府为从事期间，曾与张九龄“猎戏”于纪南城一次。然遍检《四库全书》本、《四部丛刊》本《曲江集》与荆州相关之诗之文，其中并无“纪南城猎戏”之载，因之，将《从》诗题中的“张丞相”目为张九龄者，是颇值怀疑的。而且，就一部《曲江集》而言，可知张九龄平生对“猎戏”之类的游乐并无爱好，则其被贬荆州后到纪南城去“猎戏”，也就自然是不可能的。

而事实上，《从》诗之题中的这位“张丞相”，不是张九龄而为张说。对此，《从》诗题中的“张参军”其人，即可为之确证。按，此“张参军”为张䚮，襄阳人，著作郎张漪之子、汉阳郡王张柬之之孙，孟浩然因与张䚮为同乡，故乃以诗赠之。张䚮在开元年间为荆府参军，《唐代墓志汇编》著录张

愿《唐故著作郎张公（漪）墓志》一文乃有载："夫人成纪郡君李氏……以开元二十年十一月二十五日寝疾，怛化于靖安里之私馆，春秋六十二。……子孚、岦、繦、轸；繦历荆府仓曹，轸参河府军事，不幸早世，先夫人云亡；孚鄎城县尉，岦郊王府掾。"[2]"繦历荆府仓曹"，所指即张繦在"不幸早世"前，也就是"先夫人云亡"的开元二十年十一月前，乃任职荆府仓曹参军[3]。又，《唐代墓志汇编》著录丁凤《唐故河南府参军张君（轸）墓志铭并序》有云："以开元二十年六月五日遘疾，不禄于洛阳陶化里私第，春秋三十六。"[4]张轸与张繦既"不幸早世"，而据此《墓志》又知张轸卒年为"开元二十年六月五日"，则张繦之卒在开元二十年六月五日之前，即可邃断。而此，与张繦、张轸皆"早世"于"夫人"之卒的"开元二十年十一月"前，又正相扣合。而据两《唐书·张九龄传》、《新唐书·宰相表》、《资治通鉴·唐纪》等材料，可知张九龄为丞相在开元二十一年十一月，则此诗之"张丞相"非为张九龄，已不言而喻。又，据两《唐书·玄宗纪》、《新唐书·宰相表》所载，在唐玄宗执政的开元年间，任丞相之职而又姓张者，只有张说与张九龄，如此，是诗题中的"张丞相"为张说，即可肯定。而据两《唐书·张说传》所载，张说由岳州改任荆州（实际上为升迁，因在岳州为刺史，至荆州后为大都督府长史），乃在开元六年四月，则是诗的作年为开元六年"岁暮"，即邃断之。

孟浩然在此诗中所赠的另一位友人裴迴，《四部丛刊》本《孟浩然诗集》作裴迪，故"陈考"、徐《注》、李《注》，均认为其即《唐诗纪事》卷十六所载与王维、李颀等人相交往的那位裴迪，而佟《注》因所用底本为宋本孟集，而题作裴迴，并注云：“裴迴，唐玄宗时人，曾官司封员外郎。《新唐书》卷七一上《宰相世系表》一上《东眷裴氏》：‘迴，司封员外郎。’《唐尚书省郎官石柱题名考》卷六：‘裴迴，《新表·东眷裴氏》，道护后，检校右仆射、晋昭公识（见户外），子迴，司封员外郎。石刻游芳《任城县桥亭记》，称尉河东裴迴。开元二十六年七月，山东济宁州学畔池。《新唐书·地理志》：河南府河南县有伊水石堰，天宝十载，尹裴迴置。’”[5]经比对，可知佟《注》之于裴迴的这条注释，乃全部抄引自劳格、赵钺《唐尚书省郎官石柱题名考》（以下简称“劳《考》”）卷六，但却为错误。对于劳《考》之此误，岑仲逸《郎官石柱题名新订考》已曾指出，认为：“既据《新唐书》表裴度孙迴司封员外而补入，则引此一事足矣。若开元二十六年任城尉裴迴与天宝十载河南尹裴迴，止姓名相同，与封外何关，未免画蛇添足矣。”[6]其中的“止姓名相同，与封外何关，未免画蛇添足”云云，是指劳《考》将中唐裴度之孙裴迴与开元二十六年尉任城之裴迴混为一谈（一为唐穆宗时人，一为唐玄宗时人），已为错误，而佟《注》不察，乃将劳《考》原文抄引，使之误而更误。

二、《秋》诗题之“张明府”与“张郎中”、张子容的关系

宋本孟集卷上有《秋登张明府海亭》一诗，其中的“张明府”，“陈考”、徐《注》、李《注》，均认为即张子容，佟

《注》卷上则认为是张愿，二者异。佟《注》并云：“孟浩然尚有《和张明府登鹿门山作》、《同张明府碧溪答》、《奉先张明府休沐还乡海亭宴集探得阶字》、《卢明府早秋宴张郎中海园即事得秋字》、《寒食张明府宅宴》、《同卢明府饯张郎中除义王府司马就张海园作》、《同张明府清溪叹》，其张明府、张郎中皆为张愿。”[7]按，佟《注》此说虽是，但其却不知这7首诗中的“张明府”与“张郎中”，乃皆为张子容，即孟浩然诗中的张子容、“张明府”、“张郎中”实为一人。说孟诗中的“张明府”、“张郎中”为张子容，其依据主要来自三个方面。其具体为：

（一）张子容与张愿年岁甚接、互为吻合。据徐松《登科记考》卷五，张子容先天二年（公元713年）登常无榜进士，常无名是年24岁，若张子容（张愿）是年亦如是，则其生年即在武则天天授元年（公元690年）。如以20岁进士及第计，则张子容的生年就当在武则天延载元年（公元694年），即小孟浩然（公元689年）5岁。又，《唐代墓志汇编》著录崔归美《大唐谷城县令故张府君（嚏）墓志》有云：“公讳嚏，字继明……考讳愿，皇驾部郎中，曹、婺等十一州刺史，吴郡太守，兼江南东道二十四州采访黜陟使。公即采访之第八子也。……以元和八年六月十九日殁于私第。……享年六十七。”[8]以“享年六十七”上推至“元和八年”，知张嚏之生乃在天宝三年（公元744年），是年，其父张愿（张子容）51岁。由此又可获知，张子容（张愿）开元十七年（公元729年）为奉先令（《唐会要》卷七〇）时36岁，开元二十一年（公元731年）擢升为驾部郎中（《唐代墓志汇编》第1419页）时，则为40岁。

（二）张愿字子容，与其弟张点字子敬甚为一致。《新唐书·宰相世系表》于“襄阳张氏”虽列张愿之名，但却无字，且将其作张漪之子者，乃为错误。《唐代墓志汇编》开元三八〇著录张愿《唐故秀士张君（点）墓志并序》：“君讳点，字子敬，其先范阳方城人也。……祖汉阳郡王柬之，佐命元勋，建封立庙，服器有具，子孙其昌；父峄，则王之第二子，君则王之第七孙。……成童未冠，遘疾而终……先天二年八月十六日瘗于私第，时年十七。开元二十一年十月十六日改殡于安养县西。”[9]据此，知张柬之第二子张峄生张愿、张点[10]，二人均为单名，而以张点字子敬言，则张愿字子容即可邃断。唐人以字行者特多，如孟浩然即为其例（见《新唐书·孟浩然传》）。又，以《墓志》所载张点的卒年（“先天二年”）与享年（“时年十七”）相推，知张点乃生于武则天神功元年（公元697年），而此生年，与上所推之张愿（子容）生年甚为扣合。即无论张愿（子容）的生年是天授元年抑或延载元年，其与乃弟张点生于神功元年的实况，都是较为一致的。

（三）张子容与张愿“身世”之不同，完全因张柬之“流泷州”所致。宋本孟集共著录了孟浩然与张子容交往之诗6首，即：《寻白鹤岩张子容颜处士》、《晚春卧病寄张八》、《永嘉上浦馆送张子容》、《送张子容进士举》、《永嘉别张子容》、《登岘亭寄晋陵张少府》。若算上《越中送张少府归秦中》一诗，则共有7首[11]。综观此7诗可知，张子容未“进士举”之前，主要是隐居于襄阳白马山白鹤岩，过着“幽人”般的生活；“进士举”之后，虽然任职晋陵少府，未久却又“江乡远从政”，以至于到“南陌”的永嘉为一尉，心情甚为不快。而张愿则不然。据上引佟《注》之所引，宋本孟集共著录了孟浩然与张愿交往之诗亦为7首，但据此7诗可知，张愿首先是以“畿甸明府”之身份出现的，其次则是出入襄阳家宅（所居有“海园”、“海亭”等），并由义王府司马而擢任为驾部郎中。二者相比，迥然有别。之所以如此，主要是因张柬之“失权”所导致。上引崔归美《大唐谷城县令故张府君（曛）墓志》有云：“公讳曛，字继明……曾祖柬之……祖名峄，高道不仕；考讳愿，皇驾部郎中，曹、婺等十一州刺史。”张愿之父张峄回襄阳后，之所以“高道不仕”，即与张柬之“身殁之后，名谥蔑然”关系密切。张峄既因乃父而“高道不仕”，作为张峄长子的张愿（张子容），也就自然会随张峄在“高道”中讨生活了。虽然，张愿（张子容）后来曾任职晋陵、永嘉，情况也并没有发生多大变化。但在开元十七年十一月张子容（张愿）升任奉先令后，情况就完全不同了。因为是年的十一月，唐玄宗在“亲飨九庙”后，曾下了一道诏令，大赦天下，此即《全唐文》卷三十九《谒陵大赦文》一文。其中有云：“自开元十七年十一月二十二日昧爽已前，大辟罪已下，罪恶无轻重，已发觉未发觉，已结正未结正，系囚见徒常赦所不免者，咸赦除之。……四品已下各赐一阶。”[12]这道赦令，不仅让张子容获得了一次“赐一阶”的擢升机会，更重要的是使其由“南陌”的永嘉尉，一下子成为了“畿甸”奉先的县令，这为其后由义王府司马升任为驾部郎中，显然是提供了一个较为坚实的基础的。

综合以上三方面的考察，可知孟浩然诗中的张子容、“张明府”、“张郎中”均为一人，其即随张柬之由长安还襄阳后

“高道不仕”的第二子张峄之长子张愿，子容则为其字。

三、《陪张丞相》诗题之“同寄荆州张史君”等

宋本孟集卷上有《陪张丞相登荆州城楼同寄荆州张史君》一诗，其中的“同寄荆州张史君”七字殊不可解，可知其必然存在着某方面之讹误。校之《四库全书》本、《全唐诗》本、《四部丛刊》本孟集，此诗之题却作《陪张丞相登荆州城楼因寄苏台张使君及浪泊戍主刘家》（《全唐诗》本小有差异，详下），即宋本孟集诗题中的“同寄”乃“因寄”之误，“荆州张史君”乃“苏台张使君”之误，而“及浪泊戍主刘家”七字，则当是《四库全书》本孟集的编者据明“十二家”本孟集所增，因为“十二家”本孟集所著录的这首诗之题，即为《陪张丞相登荆州城楼因寄苏台张使君及浪泊戍主刘家》。按，综勘孟浩然一生之交游，以及其现存之全部诗作可知，孟浩然从不曾与“浪泊戍主刘家”有任何关系，如此，则明“十二家”本孟集载此诗之题有“及浪泊戍主刘家”七字者，当为编刻是刊本孟集者所擅加。此为其一。其二，与宋本孟集相同者，另有刘辰翁评点本孟集、毛晋汲古阁本孟集，表明在宋、元、明期间，孟浩然此诗之题是确属无“及浪泊戍主刘家”七字的。其三，或有认为诗中“投荒法未宽”所指为“浪泊戍主刘家”者，实误，盖因“投荒”句所表示的，是谓孟浩然“因寄”的这位友人“张使君”乃由“蓟门”而南贬，其与“戍”于浪泊的哪位“刘家”毫不相干。所谓“浪泊戍主刘家”，是指一位刘姓者在浪泊戍守，即其在浪泊者，乃属正常

之职守所使然，而非贬谪所致。其四，据“江上使君滩”五字，可知孟浩然在写是诗时，其友人“张使君”尚在南贬途中，因之，“投荒法未宽”所指非“浪泊戍主刘家”者，也就不言而喻。综此四者，是知宋本孟集此诗题无“及浪泊戍主刘家”七字者，乃为正确。

又，《全唐诗》本孟集所著录之此诗题，虽与明“十二家”本、《四库全书》本孟集同，但其中的“苏台”却作“蓟州”，按作“蓟州”者是，盖因“苏台”（今江苏苏州）与孟浩然此诗之所言，乃了不相涉。是诗有云：“蓟门天北畔，铜柱日南端。”前句中的“蓟门”，即为诗题中的“蓟州”。此二句之所写，是指“张使君”乃由“天北畔”的蓟州南贬至立有“铜柱”的“日南端”。接下来，“投荒法未宽”、“白璧无瑕玷”诸句，所表明的则是这位“张使君”之被贬乃属于一桩冤案，但孟浩然既无能为力，又爱莫能助，所以只得以“方知兹路难”作为是诗之结束。由是而观，可知孟浩然是诗之题正确者，为《陪张丞相登荆州城楼因寄蓟州张使君》。即宋本孟集此诗题中的“同寄荆州张史君”，乃为“因寄蓟州张使君”之误，而《四库全书》、《四部丛刊》本孟集此诗之有“及浪泊戍主刘家”七字者，则应删。

四、《夜泊牛渚趁钱八不及》诗题与“钱八”及其它

宋本孟集卷中有《夜泊牛渚趁钱八不及》一诗，明“十二家本”、铜活字本、《四库全书》本、《全唐诗》本、《四部丛

刊》本孟集，俱作《夜泊牛渚趁薛八船不及》，二者异。对于《夜泊牛渚趁钱八不及》中的“钱八”，岑仲勉《唐人行第录》虽然无考，但于《夜泊牛渚趁薛八船不及》中的“薛八”却认为，其与孟集《云门寺西六七里闻符公兰若最幽与薛八同往》、《广陵别薛八》二诗之“薛八”为同一人，即此三诗题中之“薛八”，可以互为印证。徐《注》与李《注》，由于所用孟集底本为《四部丛刊》本，故其所持者乃皆同于岑著。此则表明，宋本孟集所著录是诗之题为误，即可肯定。正因此，明“十二家”本孟集即率先将其改为《夜泊牛渚趁薛八船不及》，其所改者是。

《唐人行第录》于“薛八”又有云：“唯《毗陵集》卷一《三月三日自京到华阴水亭独酌寄裴六薛八》，疑与孟之薛八为同人。”[13]徐《注》在《云门寺西六七里闻符公兰若最幽与薛八同往》之“薛八”的注释中，不仅注引了独孤及是诗之题，而且还据《毗陵集》之《送薛处士业游庐山序》，以及《唐诗纪事》著录薛业诗二首之实况，认为孟浩然《夜泊牛渚趁薛八船不及》诗中的“薛八”，即处士薛业。复次《全唐诗》卷二四六独孤及《三月三日自京到华阴水亭独酌寄裴六薛八》一诗，其中有云：“裴子尘表物，薛侯席上珍。寄书二傲吏，何日同车茵。”[14]则裴、薛二人均曾作“吏”。既为“傲吏”，即表明其后来乃辞之而去。而据《全唐诗》卷一一七薛业小传，知薛业终生未仕，因之，作为“傲吏”的薛业是否为“薛八”，则尚需作进一步之考察。

又，明“十二家”本《孟浩然诗集》（通行的《四部丛刊》本《孟浩然诗集》即据此刻本影印）所著录之《云门寺西六七里闻符公兰若最幽与薛八同往》一诗，宋本孟集作《云门兰若与友人同游》，而编峻于北宋初、中期之际的《文苑英华》著录是诗之题亦作《云门寺西六七里闻符公兰若最幽与薛八同往》，此则表明，宋本孟集作《云门兰若与友人同游》者为误，已甚为清楚。如上所言，佟《注》所用底本为宋本孟集，其虽然对《夜泊牛渚趁钱八不及》、《云门兰若与友人同游》二诗进行了“校”与“注”，却不曾引《夜泊牛渚趁薛八船不及》、《云门寺西六七里闻符公兰若最幽与薛八同往》诸诗以订正其诗题与“钱八”之误，而是任宋本之讹流传后世，实属遗憾。

五、《送丁大凤进士举》之“丁大凤”与诗中之“故人”

宋本孟集卷中有《送丁大凤进士举》一诗，明活字本、“十二家”本、凌濛初套印本、《四库全书》本、《全唐诗》本、《四部丛刊》本孟集，于此诗之题均作《送丁大凤进士赴举呈张九龄》，而注家亦据之将诗中“故人今在位”之“故人”，注之为张九龄，如徐《注》、李《注》即皆如是。按，据拙著《孟浩然研究》第二章第五节《忘形之交》所考，孟浩然与张九龄相识于开元二十五年，且与时任襄州刺史的宋鼎密切相关，若是诗之题有“呈张九龄”四字，以及诗中“故人”所指为张九龄，则其作年就必在开元二十五年五月张、孟相识之后。而是时，孟浩然虽与张九龄相识，但其却在张九龄的荆州幕府任从事，因而不得有在襄阳“送丁大凤进士举”之事的发生，且斯时张九龄也并非“今在位”者。固然，《曲江集》卷二《登襄阳岘山》有“昔年亟攀践，征马复来过”之句，表明张九龄在开元二十五年五月赴任荆州前曾到过一次襄阳，但二人此次是否有所交往，这是迄今为止无任何材料可以证实的，因之，二人是次之不可能相识于襄阳，也就可以肯定[15]。所以，此诗之题应以宋本孟集作《送丁大凤进士举》为是，即“呈张九龄”四字乃为后人所妄加，而诗中的“故人”之所指，非为张九龄，也就不言而喻。

又，是诗之题中的“丁大凤”，岑仲勉《唐人行第录》认为即孟诗《宿业师山房期丁大不至》中的“丁大”，也即其姓丁，名凤，行大。但《唐人行第录》所举之“宿业师山房”诗，宋本孟集卷上却作《宿业师山房待丁公不至》，“丁大”与“丁公”，就字面而言，显然是颇有区别的，然勘之诗中“之子期宿来”句之“之子”，则知宋本孟集作“丁公”者当误，因为“子”与“公”并非人物称谓的同义词。而《文苑英华》卷二三四、明“十二家”本、凌濛初套印本、《四库全书》本、《全唐诗》本、《四部丛刊》本孟集著录是诗，皆作“丁大”的实况，又可为之佐证。

又，关于丁凤其人，《唐代墓志汇编》天宝一一一著录《唐故河南府参军张君（轸）墓志》一文，署为“乡贡士丁凤撰”，其作年则为天宝十一载，合勘之，知天宝十一载丁凤仍不曾进士及第。如此，则孟浩然在《送丁大凤进士举》称丁凤为“王佐才”者，实乃过誉之词，其不可据信，也就自不待言。

六、《越中》诗题之“张少府”与首句之“秦岭”

宋本孟集卷中有《越中送张少府归秦中》一诗，诗题中的“张少府”，佟《注》注为“名未详”。“陈考”认为当即张子容，并说：“这张少府像是张子容。……张子容‘北征’当是入京。孟浩然返里途中曾去扬州。如果这一次孟往扬州，张入京都走陆路，那么他们主可能自永嘉海行至越州登陆，改走旱路，而又得以重逢。正月张在永嘉送孟，二月孟在越州送张，时间似亦相符。”[16]徐《注》、李《注》亦均认为是张子容，并对“陈考”的“这张少府像是张子容”进行了肯定。李《注》除了认为“此诗约作于开元二十年”外，还从两个方面对这位“张少府”为张子容进行了考察。按，“陈考”、徐《注》、李《注》均认为此诗题之“张少府”为张子容，良是。这是因为，此诗之所写，与张子容当时的行迹、职官、心情等，均相扣合，而孟浩然在此前之诗中称张子容者，又正为“张少府”，则其此次于越中所送之“张少府”，是非张子容莫属的。佟《注》作“名未详”者，实属失考。

又，此诗第一句为“试登秦岭望秦川”，对于其中的“秦岭”，佟《注》引《元和郡县图志》之《河南道》二“虢州阌乡县”之所载，认为其即阌乡县之“秦山”，原因是其“一名秦岭”。按，佟《注》乃误，盖因此诗句之“秦岭”，所指为越州秦望山，故有将此诗句作“试登秦望望秦川”者，如《唐人万首绝句》即为其例。但如此，则两“望”字即有犯重之嫌。检《新定九域志》卷五《越州》有云：“秦望山，秦始皇刻石，前有方石广数丈，云是始皇座；两厢亦有方石八所，云是丞相以下座。"[17]又，孟浩然《久滞越中贻谢甫池会稽贺少府》有云："未能忘魏阙，空此滞秦稽。"其中"秦稽"，即秦望山。《文选》卷二十六颜延年《和谢监灵运》诗有云："跂予间衡峤，曷月瞻秦稽。"李善注引孔晔《会稽记》云："秦望山在州城正南。《史记》曰：始皇登之望南海。"[18]站在越中的秦望山而望"秦川"，所反映的是"张少府"急欲归京的一种心情，若为虢州阌乡县之"一名秦岭"的秦山，则此句诗就无法理喻了。可见，佟《注》之注乃确误无疑。

七、《宴张记室宅》之"张记室"及与张愿、张漪之关系

宋本孟集卷下有《宴张记室宅》一诗，诗题中的"张记室"，徐《注》认为或是张柬之之孙"荆府仓曹参军"张勰，李《注》则注为"名不详"。按，徐《注》之注乃误，原因是"记室"一职只置王府，而不置于都督府，此为其一。其二，张柬之之孙张勰所官为"荆府仓曹参军"而非"记室"。对于徐《注》之误，拙著《孟浩然研究》第二章第六节已曾进行了考辨，认为孟诗中的这位"张记室"，乃为张漪的第二子张毖。又据上引《唐故著作郎张公（漪）墓志》一文可知，张漪一生凡四子，即孚、毖、勰、轸，其中，张勰、张轸"不幸早世"，其时则在开元二十年前。佟《注》所注"张记室"之结论，虽然与拙著同，但其据《新唐书》七十二下《宰相世系表》二下之所载，而认为："张漪为著作郎。子张愿。吴郡太守、兼江东采访使。子毖，左补阙。则张毖为张愿弟，其宅亦

当在襄阳。”[19]佟《注》的这一认识，其实是非常错误的，之所以如此，是因为佟《注》在材料的运用方面犯了“拿来主义”错误。所谓“拿来主义”，是指对所引用材料不进行任何检验而随意用之，如佟《注》据《新唐书·宰相世系表》认为“张愿为张漪子”、“张崈为张愿弟”者，即皆为其例。其实，张愿既非张崈之兄，也不是著作郎张漪之子，而是张柬之第二子张峄的长子、著作郎张漪的侄子，而张崈则为张愿之侄，对此，上引《唐代墓志汇编》开元三八〇《唐故秀士张君（点）墓志并序》、开元三八一《唐故著作郎张公（漪）墓志》二文，已说得非常清楚，而且，这两篇《墓志》的作者，乃皆为张愿，则其可信度是无须怀疑的。而综佟《注》一书，其虽然多次引用《唐代墓志汇编》，但却因轻信《新唐书·宰相世系表》（其实，《新唐书·张柬之传》对张柬之之子的记载，也是错误的，具体参见本文之注释［3］、注释［10］）的记载，而成此误，实无不遗憾。

八、《唐城馆中》诗题之“唐城”与“杨使君”

宋本孟集《集外诗》有《唐城馆中早发寄杨使君》一诗，诗题中的“唐城”，“陈考”认为“即今河南唐河县。孟归途（指由长安还襄阳—引者注）经此作”，徐《注》则认为其“故城在今湖北省随县西北”。二者之说，一在河南，一为湖北，地理差距颇大。李《注》从河南说，因而认为：“指上马县，因属唐州，故作者称唐城，即今河南唐河县。《清一统志·河南·南阳府》：‘（唐县）本汉棘阳县地，后魏分置襄阳郡上马县，隋郡废，开元十六年复置上马县，天宝元年改曰泌阳，属唐州。……后废州为唐县，属南阳府。’其地当南阳去襄阳大路。……本诗盖作于赴举失败归家途中行抵唐城时，约在开元十七年。”[20] 佟《注》则从湖北说，故认为：“唐城，唐代属隋州。《元和郡县图志》卷二一《山南道·随州》：‘管县四：随、光化、枣阳、唐城。’”并认为“此杨使君应为任随州刺史者”，因为郁贤皓《唐刺史考·随州》内“约开元中”的刺史为杨濯（为开元中朔方节度使杨执一之子），而《唐刺史考》的依据，则是“《新表》一下杨氏观王房”与孟浩然的这首《唐城馆中早发寄杨使君》诗。同时，佟《注》还引了《唐代墓志汇编》开元一六三《河东忠公杨府君（执一）墓志铭并序》一文，以证杨执一卒于开元十四年。

实际上，佟《注》之所注与郁贤皓《唐刺史考·随州》之所考，乃皆为错误。这是因为，据李吉甫《元和郡县图志》卷二十一《山南道·随州》可知，唐代的唐城县乃始置于开元二十四年。其云：“唐城县，上。本汉随县地，梁于此置下溠戍。后没魏，改为下溠镇。隋开皇三年，改县为唐城县，大业二年废。开元二十四年，采访使宋鼎奏置。”[21] 所以，孟浩然此诗题中的“杨使君”，不是“约开元中”任随州刺史的扬濯，其“唐城”所指也不是为随州所辖的唐城县。即是说，李《注》以《清一统志·河南·南阳府》之所载为据，认为孟浩然此诗题中的“唐城”为“今河南唐河县”的认识，乃为正确。但其认为是诗为孟浩然作于开元十七年的说法，则不的，原因是孟浩然“年四十来游京师”后自京还襄阳的时间，并非为开元十七年，对此，拙著《孟浩然研究》第一章第二节已考之甚详，此不具述。

至于诗题中的“杨使君”究竟为谁，其开元中所任究竟是邓州刺史抑或襄阳刺史，则还有待作进一步之考察。总之，这位“杨使君”绝不可能是随州刺史，因为孟浩然此行乃是自北而南还襄阳，当时身在“今河南唐河县”旅馆中的孟浩然，是绝不可写一首“唐城馆中早发”的诗寄给与其毫无关系的随州刺史的。

注释：

［1］ 对孟洗然编次本《孟浩然诗集》的考察，除拙著《孟浩然研究》第三章第二节《版本源流》有专论外，另可参见拙作《现谈孟浩然诗集的版本问题》一文，载《吉林师范大学学报》2015 年 1 期。

［2］ 张愿《唐故著作郎张公（漪）墓志》，《唐代墓志汇编》开元三八一，中华书局 1992 年。第 1420 页。

［3］《新唐书》卷七十二下《宰相世系二下》“襄阳张氏”载张漪凡六子：“愿，吴郡太守，兼江东采访使。毖，左补阙。諰，荆府仓曹参军。轸，河南参军。某，户部郎中。异，大理评事。”所载与张愿《唐故著作郎张公（漪）墓志》（《唐代墓志汇编》开元三八一）云张漪有四子（孚、毖、諰、轸）大异，且据此《墓志》开首之载可知，张愿乃张漪之侄子而非张漪长子（原文为：“侄子愿述”），故《宰相世系二下》“襄阳张氏”所载必误无疑。

［4］ 丁凤《唐故河南府参军张君（轸）墓志铭并序》，《唐代墓志汇编》天宝一一一，中华书局 1992 年版。第 1609 页。

［5］ 佟培基《孟浩然诗集笺注》卷上，上海古籍出版社 2000 年版。第 64 页。

［6］ 岑仲勉《郎官石柱题名新考订》，上海古籍出版社 1984 年版。第 43 页。

［7］ 佟培基《孟浩然诗集笺注》卷上，上海古籍出版社 2000 年版。第 96—97 页。

［8］ 崔归美《大唐谷城县令故张府君（曛）墓志》，《唐代墓志汇编》元和

〇六七，中华书局 1992 年版。第 1995 页。

[9] 张愿《唐故秀士张君（点）墓志并序》,《唐代墓志汇编》开元三八〇，中华书局 1992 年版。第 1419 页。

[10]《新唐书》卷一二〇《张柬之传》载“子愿、漪。愿仕至襄州刺史。漪以著作佐郎侍父襄阳”者，乃误，因为张愿《唐故秀士张君（点）墓志并序》已明言，张愿与张点乃皆为张柬之第二子张峄之子。而张漪则为张柬之冢子（具体参见张愿《唐故著作郎张公（漪）墓志》)，也即张柬之的长子。

[11] 徐鹏《孟浩然集校注》卷四、李景白《孟浩然诗集校注》卷四，皆认为此诗题中之“张少府”为张子容，故此处从之。

[12] 唐玄宗《谒陵大赦文》,《全唐文》卷三十九，中华书局 1983 年影印。第 427 页。

[13] 岑仲勉《唐人行第录》，上海古籍出版社 1983 年版。第 177 页。

[14] 独孤及《三月三日自京到华阴水亭独酌寄裴六薛八》,《全唐诗》卷二四六，中华书局 1960 年版。第 2760 页。

[15] 或有认为张九龄是次到襄阳为开元六年，如何格恩《张九龄诗文事迹系年》即属如此，但据拙著《孟浩然研究》第一章第二节、第二章第五节所考，是年孟浩然乃随张说在荆州，所以，开元六年二人是不可在襄阳相识的。

[16] 陈贻焮《孟浩然事迹考辨》，《唐诗论丛》，岳麓书社 1980 年版。第 36—37 页。

[17] 王存《新定九域志》卷五《越州》，中华书局 1984 年版。第 617 页。

[18] 萧统《文选》卷二十六，中华书局 1977 年影印。第 368 页。

[19] 佟培基《孟浩然诗集笺注》卷下，上海古籍出版社 2000 年版。第 301 页。

[20] 李景白《孟浩然诗集校注》卷三，巴蜀书社 1988 年版。第 406 页。

[21] 李吉甫《元和郡县图志》卷二十一，中华书局 1983 年版。第 543 页。

读《孟浩然诗集笺注》札记

吕来好

佟培基先生著有《孟浩然诗集笺注》[1]一书，并且在后来又出了增订本。笔者在阅读的过程中发现了一些小问题，仅以札记的形式论述如下。

一、“百城”含义

孟浩然诗歌中“百城”一词至少出现过两次，依次为“堤缘九里郭，山面百城楼”（《与黄侍御北津泛舟》）、“百城今刺史，华省旧郎官”（《卢明府九日宴袁使君张郎中崔员外》）。这里边的两个“百城”的含义明显是不同的。“百城”的字面意思是多座城池，引申为地域广大。在《魏书·李谧传》中有这样的记载：“每曰：‘丈夫拥书万卷，何假南面百城？’”[2]材料中的“南面”是指地位崇高，而“百城”则指土地的广大。显然“堤缘九里郭，山面百城楼”中的“百城”用的就是这个地域广大的意思。这一联对仗很工整，“百城”与“九里”相对，数量对数量。

“百城”有另外一个含义是刺史、太守一类地方大员的代名词，这是用东汉贾琮的典故。据《后汉书·贾琮传》记载：

> 灵帝特敕三府精选能吏，有司举琮为交阯刺史。琮到部，讯其反状……岁间荡定，百姓以安。巷路为之歌曰：“贾父来晚，使我先反；今见清平，吏不敢饭。”在事三年，为十三州最，征拜议郎。时黄巾新破，兵凶之后，郡县重敛，因缘生奸。诏书沙汰刺史、两千石，更选清能吏，乃以琮为冀州刺史。旧典，传车骖驾，垂赤帷裳，迎于州界。及琮之都，升车言曰：“刺史当远视听，纠察美恶，何有反垂帷裳以自掩塞乎?”乃命御者褰之。百城闻风，自然竦震。[3]

交阯（现在的广东省）由于地方官吏贪腐，最后官逼民反。灵帝选派贾琮任交阯刺史，贾琮颇有政绩。平定黄巾起义后，贾琮又出任冀州刺史，他不挂帷帐的举动，令当地的贪官污吏闻风丧胆。所以“百城”就成了刺史、太守一类高官廉吏的代名词。笔者认为“百城今刺史，华省旧郎官”中的“百城”即是在这个意义上使用的。这两句是正对，是对两位朋友的赞美，这一点从这首诗的题目中也可以看出来，所赞美的两位朋友为袁使君和张郎中。

这两种用法在唐诗中并不罕见，现在各举一个例子来加以证明。高适的《同李太守北池泛舟宴高平郑太守》诗中“云从四岳起，水向百城流”[4]用的就是“百城”地域广大的意思。这首诗说的北池为大明湖，在现在的山西省晋城县附近，其中的“四岳”泛指晋地的太行山脉的山峰，而“百城”则是指黄河中游的平原地带。王维在《送缙云苗太守》一诗中说：“露冕见三吴，方知百城贵。”[5]这是王维送苗太守赴任的诗歌，前面说明了地点，后边是对朋友的赞美，显然“百城”不是指地方，而是代称朋友，因为在汉代太守刺史都是两千石的高官，而这里诗人王维送姓苗的朋友正好是太守，与典故中贾琮身份正好相合。这两句诗是对朋友赴任之后的一些玄想和勉励，希望苗太守也能像汉代的贾琮一样建功立业，威震一方。

二、张愿世系

孟浩然与襄阳张氏家族多有交往，比如他与张子容、张愿的交往就很多，关系十分密切。张愿曾任襄阳县令，故孟浩然称他为张明府。除了《秋登张明府海亭》一诗外，孟浩然还在《和张明府登鹿门作》《同张明府碧溪答》《奉先张明府休沐还乡海亭宴集探得阶字》《卢明府早秋宴张郎中海园即事得秋字》《寒食张明府宅宴》《同卢明府饯张郎中除义王府司马就张海园作》《同张明府清镜叹》等诗中提到张明府，所指均为张愿。由以上的诸多诗篇可以看出孟浩然与张愿的关系非同一般。

孟浩然《秋登张明府海亭》一诗中张明府是指张愿，属于襄阳张氏家族。襄阳张氏家族作为一个世家大族，张愿的名字在墓志中多次出现，不过相互之间存在抵牾。在今人编著的《唐代墓志汇编》[6]一书中，张愿至少出现了三次，依次如下：

> （1）君讳点，字子敬，其先范阳方城人也。……六代祖策，去西魏自南齐，迁宦弈叶，因家樊沔。祖汉阳郡王中书令柬之……君之兄驾部郎中愿。（开元三八〇《唐故秀士张〈点〉君墓志并序》）

> （2）侄子愿述：君讳漪，字若水，范阳方城人。四代祖策从后梁宣帝去西魏，子孙遂家襄阳焉。（开元三八一《唐故朝散大夫著作郎张府君墓志铭并序》）

> （3）公讳曛，字继明。范阳方城人也。五代祖策，梁岳阳王咨议参军。……曾祖柬之……考讳愿，皇驾部郎中，曹、婺等十一州刺史，吴郡太守，兼江南东道廿四州采访黜陟使。公即采访之第八子也。（元和〇六七《大唐谷城县令故张府君墓志》）

上述三条记载都提到了他们的先人张策，依据他们称张策为“六代祖”、“四代祖”、“五代祖”来看，这三位墓主之间的辈分关系应该为三代人。而实际情况是，张点和张愿是同辈，张漪是张愿的叔叔，张曛是张愿的儿子。依据这个事实，上述的“张策”应该依次是这三人的“五代祖”、“四代祖”、“六代祖”。这很明显是与上述的记载相矛盾的。虽然有矛盾，但是中间的“四世祖”是没有问题的。按照张策是张漪的四世祖这样的事实来推断，张策应该是张点的五世祖，是张曛的六世祖。

要说明的是墓志的记载与《新唐书·宰相世系表》[7]中的记载也有出入。按照《新唐书·宰相世系表》的记载，张策名字为张弘策，张弘策是张愿的六世祖，与上述墓志记载的为张愿的五世祖不符合。同时，《新唐书·宰相世系表》中又将张愿当成了张漪的儿子。由此观之，《新唐书·宰相世系表》也很有可能存在舛讹。姑且存疑，以俟他日。

三、“迟”字读音

“迟”字读音为 chí，这是众所周知的，然而在孟浩然诗歌中“迟尔”中的“迟”不读 chí，而是读 zhì。

“迟尔”一词在孟浩然的诗歌中至少出现过三次，依次为“迟尔同携手，何时方挂冠”（《游云门寺寄越府包户曹徐起居》）、“迟尔长江暮，澄清一洗心”（《和张判官登万山亭因赠洪府都曹韩》）、“迟尔回舟楫，相将济巨川”（《洞庭湖寄阎九》）。这几处的“迟尔”含义是完全相同的，就是“待尔”，“迟”是等待的意思，“尔”实际上可以看作一个语气助词，没有实际意义，有点类似于词曲中的衬字。

按照《汉语大字典》[8]的解释，“迟”字有两个读音，即 chí 和 zhì。当“迟”字读 chí 时，有八个意思，都没有等待的含义。当“迟”字读 zhì 时，有三个意思，依次为：①等待，希望；②比及，等到；③犹“乃”。诗歌中用的正是第一个意思。清代的段玉裁也是这样认为的，他在《说文解字注》中如是解释："迟，徐行也。今人谓稽延为迟，平声；谓待之为迟，去声。从辵，犀声。直尼切，十五部。"[9]据此可知，段玉裁也认为"迟"当等待的意思讲时要读 zhì。

另外从诗歌的平仄上说，"迟"字当等待的意思时也是读去声为是。比如《洞庭湖寄阎九》一诗是五言律诗，而五言律诗是要讲求平仄的。尾联为"迟尔回舟楫，相将济巨川"，其平仄的安排为"仄仄平平仄，平平仄仄平"，只有"迟"字读去声时，才符合平仄的诗歌格律规律。值得指出的是，"楫"字按现在的普通话读音是 jí，是阳平第二声，属于平声，而在中古时期"楫"字是个入声字，也就是仄声。

总而言之，"迟"字当等待的含义讲时应该读 zhì，而不是读 chí。虽然这个义项在今天已经不再使用了，但是对于研究古典诗词以及阅读古代文献还是有意义的。

四、"阶"字用韵

孟浩然有一首诗的题目为《奉先张明府休沐还乡海亭宴集探得阶字》，其中的"探得阶字"就是和朋友一起分韵赋诗时，他摸到了"阶"字作为韵脚。这首诗歌的内容如下：

> 自君理畿甸，余亦经江淮。万里书信断，数年云雨乖。归来休浣日，始得赏心谐。朱绂恩虽重，沧洲趣每怀。树低新舞阁，山对旧书斋。何以发秋兴，阴虫鸣夜阶。

这首诗的韵脚依次为"淮、乖、谐、怀、斋、阶"。如果按照现在的普通话读音，其中的“淮、怀、斋”三字与“谐、阶”二字的读音想去甚远。这到底是为什么呢?

查询《古今字音对照手册》后发现，谐是“古皆切，蟹开二平皆匣”[10]，这里介绍了“谐”字的反切和它的中古音韵地位。据此可知谐字的声母是 g，属于蟹韵开口二等。再来查一下阶字，发现它是古谐切，也就是说，阶字和谐字的韵母是完全相同的，而且他们的声母也一样，都是 g。

一一检索之后，发现“淮”“怀”“斋”三字也是蟹韵字。按照《平水韵》中的排列，“淮”“乖”“谐”“怀”“斋”“阶”都是上平声九佳中的字。至此，我们明白了，在中古时期，这些韵脚是完全一致的，只是由于语音的演变，才变得不再押韵了。所以要研究古诗词的用韵还得按照中古的音韵规律来进行。笔者的家乡属于襄邓方言区，目前还保留着“阶”字的中古音。和“阶”字相同声音的“街”，如今家乡人都还读为 gāi。

五、“碌碌”本意

“碌碌”是个常用字，现在用得最多的就是“碌碌无为”这个成语。然而“碌碌”的本意并不是没有作为，而是指玉有华丽的光泽。

孟浩然有一首《送陈七赴西军》的诗歌，全诗为：“吾观非常者，碌碌在目前。君负鸿鹄志，蹉跎书剑年。一闻边烽动，万里忽争先。余亦赴京国，何当献凯还。”这首诗中的“碌碌”，佟培基先生在他早期的版本中没有加以注释，在

2013 年的修订本中，他加了注释，遗憾的是注释错了。

佟先生注释碌碌为：平庸无为。他还引用了《史记》卷一百二十二《酷吏列传》论："九卿碌碌奉其官，救过不赡，何暇论绳墨之外乎！"[11]很明显，诗人孟浩然送朋友陈七从军，开口说他是不同寻常的优秀人才，接下来不可能说他又碌碌无为。实际上，这里的碌碌用的是碌字的本意。较早地见于《老子》一书，《老子》第三十九章有这样的说法："故贵以贱为本，高以下为基。是以侯王自称孤、寡、不谷。此非以贱为本邪？非乎？故至誉无誉。是故不欲琭琭如玉，珞珞如石。"[12]这里用玉和石说的是两个极端，而"琭琭"正是用来形容玉的华丽。再由这个意思引申出形容人的形象伟岸潇洒的意思。《世说新语》中山公赞美嵇康的仪容时说："嵇叔夜之为人也，岩岩若孤松之独立；其醉也，傀俄若玉山之将崩。"就是到了宋代，依然有用玉人来形容男子外形之美的，《西厢记》中就称张生为玉人："隔墙花影动，疑是玉人来。"

按照这样的思路，再来理解《送陈七赴西军》这首诗，就豁然贯通了。诗人孟浩然首先赞美朋友不同寻常的外表，然后又夸奖他的志向和文韬武略，再接着切题，写送陈七赴西军，最后是对陈七在边疆建功立业的鼓励和二人将来在京师相会的期待。

古人用字，往往是音近义通。关于这个碌碌一词，宋代的洪迈在《容斋三笔·碌碌七字》中说："今人用碌碌字，出自《老子》，云不欲琭琭如玉，落落如石。孙愐《唐韵》引此句及王弼别本，以为琭琭然，又为录录、鹿鹿、陆陆、禄禄，凡七字。"由洪迈的说法可见，在宋代碌碌用来指人的意思还是比较常见的。至于碌碌指平庸无能的意思正如前边引《史记》所表明的那样，出现得也是比较早的。后者是如何取代了前者，并成为碌碌一词当今的主要用法，属于汉语史的词语发展问题，有待专门探讨。

注释：

［1］［唐］孟浩然著、佟培基笺注《孟浩然诗集笺注》，上海古籍出版社2013年第2版。以下孟浩然的诗作均出自该书，不再另外注释。

［2］［北齐］魏收撰《魏书》，中华书局1974年版，第1938页。

［3］［宋］范晔撰、［唐］李贤等注《后汉书》，中华书局1965年版，第1111—1112页。

［4］［唐］王维著、［清］赵殿成笺注《王右丞集笺注》，上海古籍出版社1984年新1版，第49—50页。

［5］［唐］高适著、刘开扬笺注《高适诗集编年笺注》，中华书局1981年版，第167页。

［6］周绍良主编《唐代墓志汇编》，上海古籍出版社1992年版，所引三篇墓志依次见于第1419、1419—1420、1995页。

［7］［宋］欧阳修、宋祁撰《新唐书》，中华书局1975年版，第2676页。

［8］［汉］许慎撰、［清］段玉裁注《说文解字注》，上海古籍出版社1981年版，第72页。

［9］汉语大字典编辑委员会编《汉语大字典》，湖北辞书出版社、四川辞书出版社、湖北新华书店出版，第3885—3886页。

［10］丁声树编录、李荣参订《古今字音对照手册》，中华书局1981年版，第32页。

［11］陈鼓应著《老子注译及评介》，中华书局2009年第2版，第212页。

［12］［汉］司马迁撰《史记》，中华书局1959年版，第3154页。

（作者为湖北文理学院教师、文学博士）

孟浩然诗补注

李振中

对于孟浩然集子的整理，今人有三家，分别是李景白《孟浩然诗集校注》、徐鹏《孟浩然集校注》、佟培基《孟浩然诗集笺注》[1]。三家注释（以下分别简称李注、徐注、佟注）各有千秋，而以佟注为优，但仍有补注之处。本文仅就三家未注或注释仍可商榷者，补注如下（诗歌卷次据佟注本）：

卷上《与颜钱塘登障楼望潮作》："百里闻雷震，鸣弦暂辍弹。"

李注、徐注、佟注均引枚乘《七发》"疾雷闻百里"为注[2]，甚确。然据诗意，此处亦有代指县令之意。颜钱塘任钱塘县令，故云。《后汉书》卷七六《仇览传》："涣（指王涣）谢遣曰：'枳棘非鸾凤所栖，百里岂大贤之路。'"李贤注："时涣为县令，故自称百里也。"[3]

卷上《过景空寺故融公兰若》："既礼新松塔，还寻旧石筵。"

石筵：用以安放灵座的石制几筵。

卷上《入峡寄舍弟》："未尝冒湍险，岂顾垂堂言。"

佟注：《史记》卷一一七《司马相如传》："常从上至长杨猎，相如上书谏之。……故鄙谚曰：'家累千金，坐不垂堂。'此言虽小，可以喻大。"司马贞索隐："张揖云：'畏檐瓦堕中人。'"[4]李注于《经七里滩》"余奉垂堂诫"注引同佟注[5]。徐注于《经七里滩》引《汉书·司马相如传》，引文同佟注[6]。按：以上三注未引初典。《史记》卷一〇一《袁盎传》："千金之子坐不垂堂，百金之子不骑衡。"司马贞索隐："案：张揖云：'恐檐瓦堕中人。'或云临堂垂边，恐堕坠也。"[7]

卷中《和张二自穰县还途中遇雪》："风吹沙海雪，来作柳园春。宛转随香骑，轻盈伴玉人。歌疑郢中客，态比洛川神。今日南归楚，双飞侣入秦。"

"宛转随香骑"句，佟注："宛转句：《沈佺期集》卷二《幸梨园亭观打球应制》：'宛转萦香骑，飘飖拂画球。'"[8]李注同[9]。徐注："宛转：'婉曲随顺。'"⑩按：关于"香骑"，三注均未注。详诗意，张二归还时一路有美女相伴。香骑指美女的坐骑。

卷中《岁暮海上作》："为问乘查久，沧洲复何在。"

沧洲：滨水之地。常用以称隐士的居处。《文选》卷四〇阮籍《为郑冲劝晋王笺》："临沧洲而谢支伯，登箕山以揖许由。"⑪《文选》卷二七谢朓《之宣城郡出新林浦向板桥》："既欢怀禄情，复协沧洲趣。"李善注：杨雄《檄灵赋》："世有黄公者，起于苍州，精神养性，与道浮游。”[12]吕延济注：“沧洲，洲名，隐者所居。”

卷中《行出竹东山望汉川》：“异县非吾土，连山尽绿篁。平田出郭少，盘阪入云长。万壑归于汉。千峰划彼苍。猿声乱楚峡，人语带巴乡。石上攒椒树，藤间养蜜房。雪余春未暖，岚解昼初阳。征马疲登顿，归帆爱渺茫。坐欣沿溜下，信宿见维桑。”

信宿：三注均解作“再宿曰信。”佟注引《诗经·豳风·九罭》：“公归不复，于女信宿。”毛传：“再宿曰信。”[13]李注引《左传·庄公三年》：“凡师一宿为舍，再宿为信，过信为次。”⑭徐注引孙绰《游天台山赋》：“陟降信宿，迄于仙都。”李善注：“《左氏传》曰：‘凡师一宿为舍，再宿为信。’[15]按：三注似未确。详诗意，当解作“两三日”。《后汉书》卷六〇下《蔡邕传论》：“董卓一旦入朝，辟书先下，分明枉结，信宿三迁。”李贤注：“谓三日之间，位历三台也。”[16]

卷中《自浔阳泛舟经明海》：“大江分九派，淼漫成水乡。舟子乘利涉，往来逗浔阳。……遥怜上林雁，冰泮已回翔。”

冰泮：李注、徐注均引《诗经·邶风·匏有苦叶》：“士如归妻，迨冰未泮。”毛传：“泮，散也。”[17]佟注及徐注引左思《蜀都赋》：“晨凫旦至，候雁衔芦。木落南翔，冰泮北徂。”刘良注：“冰泮，春时也。”[18]按：三注虽无误，但仍可补注如下：《荀子》卷一九《大略》：“霜降逆女，冰泮杀内。”《孔子家语》卷六《本命解》：“冰泮而农桑起，婚礼而杀于此。”

卷中《送友人之京》：“君登青云去，余望青山归。云山欲此别，泪湿薜萝衣。”

青山，佟注指谢朓卜居之地，即安徽当涂之青山[19]。按：青山比喻隐居之地，实指似嫌拘泥。

卷中《游江西上留别富阳裴刘二少府》："西上游江西，临流愠解携。"

解携：离别。宋之问《发端州初入西江》："骨肉初分爱，亲朋忽解携。"[20]

卷中《岘亭饯房琯崔宗之》："方期九日聚，还待二星回。"

二星指朝廷派遣巡视的使者，此指房、崔二人。三注均未注出原始出处。《后汉书》卷八二上《李合传》："和帝即位，分遣使者，皆微服单行，各至州县，观采风谣。使者二人当到益部，投合候舍。时夏夕露坐，合因仰观，问曰：'二君发京师时，宁知朝廷遣二使邪?'二人默然，惊相视曰：'不闻也。'问何以知之。合指星示云：'有二使星向益州分野，故知之耳。'"[21]

卷下《江上别流人》："以我越乡里，逢君谪居者。"

按，"越乡里"当从他本作"越乡客"，与"谪居者"相对。越乡客即远离家乡者。越乡：《春秋左传注·襄公十五年》："小人怀璧，不可以越乡。"[22]鲍照《上浔阳还都道中》："谁令乏古节，贻此越乡忧。"[23]王勃《他乡叙兴》："边城琴酒处，俱是越乡人。"[24]

卷下《卢明府九日宴袁使君张郎中崔员外》

题中卢明府为卢僎、张郎中为张愿、崔员外名未详，佟注已注[25]。惟袁使君未见注。按：陶敏《唐五代文学编年史(初盛唐卷)》"开元二十一年九月条"云："袁使君，疑为元使君之音误。《会稽掇英总集》卷一八《唐刺史》：'元彦冲，开元二十二年自襄州刺史授。'"[26]此可备一说。

卷下《宴包二融宅》："闲居枕清洛，左右接人野。"

人野：凌蒙初刻本、《唐诗纪事》、《全唐诗》作"大野"，李注、徐注据改。按：作"人野"亦通。人野意为懂礼义的人和愚昧无知的人。任昉《齐竟陵文宣王行状》："置之虚室，人野何辨?"[27]王勃《山亭兴序》："嵇叔夜之龙章凤姿，混同人野。"[28]孟诗此处为偏义复词，指懂礼仪之人。

卷下《宴张记室宅》："妓堂花映发，书阁柳逶迤。"

妓堂：李注："泛指游乐之所。"按：据诗题及诗意，妓堂当指宅第中女妓歌舞之处。

卷下《裴司士员司户见寻》。

该诗题《河岳英灵集》卷中作《裴司户员司士见答》，诗云："府僚能枉驾，喜酝复新开。"按《孟浩然诗集》卷下《闻裴侍御朏自襄州司户除豫州司户因以投寄》："昔予卧林巷，载酒过柴扉。"诗句与前诗吻合。裴朏与孟浩然为忘形之交，见王士源《孟浩然集序》。据此，知诗题"裴司士"当为"裴司户"，即裴朏。

卷下《过故人庄》："故人具鸡黍。"

对于"鸡黍"，三注均注引《论语·微子》："止子路宿，杀鸡为黍而食之。"[29]甚确。又"故人具鸡黍"句：《文选》卷二六范彦龙《赠张徐州稷》："恨不具鸡黍，得与故人挥。"李注引谢承《后汉书》云："山阳范式，字巨卿，与汝南张元伯为友。春别京师，以秋为期，至九月十五日，杀鸡作黍。二亲笑曰：'山阳去此几千里，何必至?'元伯曰：'巨卿信士，不失期者。'言未绝而巨卿至。"[30]按：张元伯即张劭，与范式为至交。二人“范张鸡黍”之典，详见范晔《后汉书》卷八一《范式传》[31]。

卷下《晚春》：“林花扫更合，遥草蹈还生。”

明谢榛《四溟诗话》卷四：“刘孝绰妹诗：‘落花扫更合，从兰摘复生。’”孟浩然：‘林花扫更合，径草踏还生。’此联岂出自刘欤?”明冯惟讷《古诗纪》卷一五〇引《历代吟谱》：“刘令娴，徐悱妻、孝绰妹也。……孝绰屏门不出，为诗十字以题其门曰：‘闭户罢庆吊，高卧谢公卿。’令娴续之曰：‘落花扫更合，从兰摘复生。’”明彭大翼《山堂肆考》卷九八《孝标三妹》：“梁刘孝标有三妹，一嫁琅琊王叔英，一嫁吴郡张嵊四山，一嫁东海徐悱敬业。并有文才，而徐妻文尤清拔。所谓刘三娘字令娴是也。……令娴兄孝绰罢官，不出，为诗题其门曰：‘闭门罢庆吊，高卧谢公卿。’令娴续之曰：‘落花扫仍合，从兰摘复生。’”宋之问《桂州三月三日》：“苑中落花扫还合，河畔垂杨拨不开。”

集外诗《同独孤使君东斋作》：“襄土岁频旱，随车雨再流。”

“随车雨”典，《后汉书》卷三三《郑弘传》：“郑弘字巨君，会稽山阴人也。……拜为驺令，政有仁惠，民称苏息。迁淮阳太守。”李贤注引三国吴谢承《后汉书》曰：“弘消息繇赋，政不烦苛。行春天旱，随车致雨。”佟注已引上典[32]。再补注如下：《太平御览》卷一〇引谢承《后汉书》：“百里嵩字景山，为徐州刺史。境旱，嵩出巡处，遽甘雨辄澍。东海、祝其、合乡等三县父老诉曰：‘人等是公百姓，独不迁降。’回赴，雨随车而下。”

集外诗《寻裴处士》："曾是欲轻举，谁言空隐沦。"

轻举：隐遁，避世。《楚辞》卷五《远游》："悲时俗之迫阨兮，愿轻举而远游。"[33]王逸注："高翔避世，求道真也。"《后汉书》卷五二《崔骃传》："临终作赋以自悼，名曰《慰志》。其辞曰：'悠轻举以远遁兮，托峻峗以幽处。'"[34]

注释：

[1] 李景白《孟浩然诗集校注》，成都：巴蜀书社，1988年；徐鹏《孟浩然集校注》，北京：人民文学出版社，1989年；佟培基《孟浩然诗集笺注》，上海：上海古籍出版社，2005年。

[2] 李景白《孟浩然诗集校注》卷二，298页；徐鹏《孟浩然集校注》卷二，157页；佟培基《孟浩然诗集笺注》卷上，28页。

[3] 宋范晔《后汉书》卷七六，北京：中华书局，1965年，2480页。

[4] 佟培基《孟浩然诗集笺注》卷上，137页。

[5] 李景白《孟浩然诗集校注》卷一，87页。

[6] 徐鹏《孟浩然集校注》卷一，42页。

[7] 汉司马迁《史记》卷一一七，北京：中华书局，1959年，2740页。

[8] 佟培基《孟浩然诗集笺注》卷中，178页。

[9] 李景白《孟浩然诗集校注》卷三，376页。

[10] 徐鹏《孟浩然集校注》卷二，205页。

[11] 梁萧统《文选》卷四〇，上海：上海古籍出版社，1986年，1833页。

[12] 梁萧统《文选》卷二七，1259页。

[13] 佟培基《孟浩然诗集笺注》卷中，209页。

[14] 李景白《孟浩然诗集校注》卷二，242页。

[15] 徐鹏《孟浩然集校注》卷二，131页。

[16] 宋范晔《后汉书》卷六〇下，2008页。

[17] 李景白《孟浩然诗集校注》卷一，83页。徐鹏《孟浩然集校注》卷一，40页。

[18] 佟培基《孟浩然诗集笺注》卷中，212页。徐鹏《孟浩然集校注》卷

一，40 页。

［19］见佟培基《孟浩然诗集笺注》卷中该诗注二，264 页。

［20］陶敏《宋之问集校注》卷三，北京：中华书局，2001 年，554 页。

［21］宋范晔《后汉书》卷八二上，2717—2718 页。

［22］杨伯峻《春秋左传注》，中华书局，2009 年，1024 页。徐注云出自昭公二十五年，误。见《孟浩然集校注》卷一，49 页。

［23］逯钦立《先秦汉魏晋南北朝诗》宋诗卷八，中华书局，1983 年，1291 页。

［24］清蒋清翊《王子安集注》卷三，上海：上海古籍出版社，1995 年，98 页。

［25］见佟培基《孟浩然诗集笺注》卷下该诗注一，286 页。

［26］陶敏《唐五代文学编年史·初盛唐卷》，沈阳：辽海出版社，1998 年，686 页。

［27］梁萧统《文选》卷六〇，上海：上海古籍出版社，1986 年，2581 页。

［28］清蒋清翊《王子安集注》卷九，270 页。

［29］李景白《孟浩然诗集校注》卷四，463 页。徐鹏《孟浩然集校注》，261 页。佟培基《孟浩然诗集笺注》卷下，341 页。

［30］梁萧统《文选》卷二六，1218 页。

［31］宋范晔《后汉书》卷三三，2676—2677 页。

［32］佟培基《孟浩然诗集笺注·宋本集外诗》，403 页。

［33］宋朱熹集注《楚辞》卷五，上海：上海古籍出版社，2010 年，78 页。

［34］宋范晔《后汉书》卷五二，1705 页。

（作者为商丘师范学院副教授）

杜甫咏孟浩然诗一首臆读

薛天纬

杜集中有《遣兴五首》（蛰龙三冬卧），“其五”咏孟浩然，诗曰：“吾怜孟浩然，裋褐即长夜。赋诗何必多，往往凌鲍谢。清江空旧鱼，春雨余甘蔗。每望东南云，令人几悲吒。”

前人注解此诗已详，兹略记一己重读的点滴感受如次。

臆读之一：关于此诗的编年

《遣兴五首》（蛰龙三冬卧），是一组咏怀古人之作，依次咏及的古人是嵇康与孔明、庞德公、陶潜、贺知章、孟浩然。新出《杜甫全集校注》（人民文学出版社·2014）在组诗“题解”中写道：“此篇大旨在第一首‘昔时贤俊人，未遇犹视今’二句。”极是。而关于组诗的编年，则依据南宋人黄鹤的《黄氏补千家集注杜工部诗史》，在“题解”中写道：“黄鹤曰：‘乾元二年秦州作。’”然总观这组诗，其内容并不能为黄鹤的编年提供充分依据。唯一与秦州有关联的诗句，是“其一”中“又如陇坻松”句。《杜甫全集校注》注“陇坻”一词，曰：“张华《鷦鷯赋》：‘慕陇坻之高松。’按，张衡《西京赋》：‘又有陇坻之隘，隔阂华戎。’祢衡《鹦鹉赋》：‘命虞人于陇坻。’皆作‘陇坻’，即陇山也。”且有校文曰：“‘陇坻’宋本作‘垅底’，‘垅’为坟墓或田埂，焉得有底?”然而，《杜甫全集校注》在以上校注文字中并未言及“又如陇坻松”句对于组诗编年的作用，因为这个句子事实上近乎引用张华成句以咏怀，而不是写陇地实景，所以不能作为编年的依据。因之，这组诗（当然包括咏孟浩然的一首）是否作于秦州，实可存疑而留待进一步探讨。

杜甫之诗向称“诗史”，内容多客观性，因而较易于编年。在为杜诗编年方面，黄鹤的注本最受推重，正如《杜甫全集校注》在“附录”的“重要杜集评注本简介”中所说：“其编年对后世影响极大，宋以后诸家注杜，多以黄氏编年为据。”即以这组诗而论，自黄氏为之编年以来，仇兆鳌《杜诗详注》从之，曰：“鹤注编在乾元二年秦州作。”浦起龙《读杜心解》、杨伦《杜诗镜铨》虽未明言从鹤注，但均编在秦州诗内。《杜甫全集校注》今又从之，且不作申论。黄鹤之编年果可凭依而至于是乎？窃按杜甫秦州诸诗，内容大都具有写实性，《遣兴五首》并非写实而纯为抚昔伤今的抒怀之作，“未遇”之慨亦非杜甫“罢官”当年来至秦州时的主导心情，因之，与其将之勉强编在秦州诗中，不若视为天宝间诗人未受官时作于长安，或更于情理为近。

臆读之二：关于“裋褐”

《杜甫全集校注》引《史记·秦始皇本纪》所载贾谊《过秦论》：“夫寒者利裋褐而饥者甘糟糠。”又引《史记》司马贞《索隐》：“裋，一音竖。谓褐布竖裁，为劳役之衣，短而且狭，故谓之短褐，亦曰裋褐。”从源头看，“裋褐”与“短褐”所指为同一物事，意义完全相同，“裋”与“短”字形又极相近，所以，杜甫诗中的“裋褐”、“短褐”实无法厘清。据《杜甫全集校注》，“裋褐”、“短褐”在底本《宋本杜工部集》中总共出现七次，作“短褐”者三，即：

《桥陵诗三十韵因寄县内诸官》：“诸生旧短褐，旅泛一浮萍。”校记谓有作“裋”者（校记原文不详引，下同）。

《奉寄河南韦尹丈人》：“江湖漂短褐，霜雪满飞蓬。”校记谓有作“裋”者。

《自京赴奉先县咏怀五百字》：“赐浴皆长缨，与宴非短褐。”

作“裋褐”者四，即：

《北征》：“天吴及紫凤，颠倒在裋褐。”校记谓有作“短”者。

《太子张舍人遗织成褥段》：“今我一贱老，裋褐更无营。”校记谓有作“短”者。

《冬日有怀李白》：“裋褐风霜入，还丹日月迟。”校记谓有作“短”者。

《遣兴五首》其五：“吾怜孟浩然，裋褐即长夜。”校记谓有作“短”者。

以上除《自京赴奉先县咏怀五百字》之“短褐”无校记、即无争议外，其余各诗皆难于在“裋褐”、“短褐”间作出裁断。而《自京赴奉先县咏怀五百字》之“短褐”之所以无争议，是因为“短褐”与上句之“长缨”形成了语词的对仗和意义的对比，上句既有“长”字在，下句“短”字遂不可易。若然，《遣兴五首》其五“裋褐即长夜”句之“裋”如依校记改为“短”，适与“长夜”之“长”形成句中对仗兼对比，其义似较“裋”为胜。杜甫原句或即“短褐即长夜”乎？

臆读之三：关于“长夜”

《杜甫全集校注》注曰：“《古诗十九首·驱车上东门》：‘下有陈死人，杳杳即长暮。’阮瑀《七哀诗》：‘冥冥九泉室，漫漫长夜台。’按，‘裋褐’句，见孟之不达，以布衣身份而终。”此处将“长夜”释为“九泉”的同义语，固可作一解，但“长夜”本义实为“漫长的夜晚”，如将“短褐即长夜”解作诗人孟浩然身着短褐度过漫长的夜晚，似亦可通，盖状其清苦也。如作深一步解读，则“短褐”是浩然身份的标志，“长夜”是他走过的隔绝了仕进的人生道路，诗句寄寓了浩然以布衣终老的意思。陶渊明《饮酒》诗有句：“披褐守长夜，晨鸡不肯鸣。”杜甫《遣兴五首》其三即咏陶潜，接下来咏孟浩然时，或忆及陶诗“披褐守长夜”句，化用为“短褐即长夜”，殆非不可能之事，故臆读如是。

（作者为中国人民大学国学院教授、博士生导师）

孟浩然《夏日南亭怀辛大》诗说

吴振华　邵珍珠

山光忽西落，池月渐东上。
散发乘夕凉，开轩卧闲敞。
荷风送香气，竹露滴清响。
欲取鸣琴弹，恨无知音赏。
感此怀故人，中宵劳梦想。

孟浩然是最典型的盛世诗人，武则天登基改李唐为武周的时候，他刚刚诞生，到玄宗清除宫廷内乱稳定政局的开元初年，期间近三十年的时光，孟浩然并未离开过风景秀丽而稳定安详的故乡襄阳，过着富足而安乐的田园生活。先人留下的基业使他不需要从事辛苦繁杂的劳动就能丰衣足食，而儒家耕读传统与当地东汉末年就盛行的隐逸风尚又培养了他好读书且爱隐逸的品格。据相关资料显示，孟浩然还有乐于救难解纷的侠士情怀。可以说孟浩然是那个时代较杰出的翘楚。尽管闻一多先生称赞孟浩然是“为着一个浪漫的理想，为着对古人的一共神圣的默契而隐居”的诗人，未免过于理想化，但是，孟浩然简单淳朴的诗歌风格使他成为继陶渊明之后最杰出的山水田园诗派的代表，也是不争的事实。他的诗中既有隐士情怀和隐居乐趣，又没有陶渊明那样对乱世的忧郁。如果说陶渊明的饮酒多少具有排遣郁闷的因素，那么孟浩然的乐酒则是纯粹享受生活的风流豪迈。如果说陶渊明的隐居躬耕是为了躲避污浊黑暗官场对自然人性的戕害，因而神往上古羲皇时代或者幻想世外桃源的话，那么，孟浩然的隐居则是享受大唐盛世和平宁静的现实生活。因此，他的山水田园诗里，洋溢着朋友之间真诚的友谊，充满了渴望与同道隐居的林泉高致。这首《夏日南亭怀辛大》就典型地表现了孟浩然的山水隐逸情怀，也体现了他以线性展开的简单结构表现内蕴真挚情感的个性特点。

这首诗写在一个夏日明月清风的良夜难眠的时候，诗人想念隐居万山的同道好友辛谔的情怀。不过是日常生活中最平常的经历与情感体验，但是孟浩然那看似率然挥洒、毫不经意的描写，却具有耐人咀嚼的味道，那清澈透明的心境与洁净清绝的大自然完美融合，达到了难以言说的诗歌化境。

首联描写夕阳西下明月东升的动态过程，颇能显示孟浩然闲适宁静的心境。“山光”一词很有讲究，是长期山居生活并敏锐感受昼夜变化的细致体验，因为夕阳西下之后，天空并不是马上黑暗下来，而是有一个较长的霞光漫染天空、峰峦、树林、村落的过程，此时正是牛羊回圈、农人归家、炊烟袅袅的温馨时刻，孟浩然或许正在欣赏“山气日夕佳，飞鸟相与还”，“野老念牧童，倚杖候荆扉”的黄昏景致，忽然，周围的一切暗了下来，可见他忘情欣赏的时间之长；抬头看看东面的山顶，原来灰蓝的夜空中一轮明月正在冉冉升起，清冷冷的光辉覆盖在山谷溪涧竹叶树杪之上，并倒映在波平如镜的水池中。一时间，白天太阳带来的炎热蒸腾暑气，仿佛被明月清风的凉意扫荡无遗，令人感到舒心惬意的夜晚已经来临。

次联就写沐浴之后纳凉的感受，为了迎接并享受这夜晚的凉爽，孟浩然散开头发，打开门窗，悠闲地卧在凉榻上，敞开衣襟，迎受清风的吹拂，品味明月清辉的诗意。一个“闲”字就将此时此刻诗人的闲适心态展露出来，如果说陶渊明卧在北窗之下享受夏日凉风便觉得成了“羲皇上人”还是虚幻不实的话，那么孟浩然散发乘凉“开窗高卧”则是现实生活中真实的隐居乐趣，因为生活本身就是如此安足，所以不需要神往遥远的上古，足见孟浩然的时代是一个多么宁静祥和的世界。

第三联“荷风送香气，竹露滴清响”是孟浩然的名句。夏天的夜晚，水池旁高轩闲敞，沐浴之后高卧凉榻之上，清风徐来，水波不兴，映着月色的荷塘传来阵阵清香，四周是苍翠的凤尾竹，竹叶上的露珠滴落石级上，发出清脆的响声。月光、凉风、荷香、翠竹、清露、脆响，构成一个何等凉爽洁净、清纯高雅的境界。据《唐音统笺》记载：

> 王士源曰：浩然尝闲游秘省，秋月新霁，诸英联句，次当浩然，云：“微云淡河汉，疏雨滴梧桐。”举座嗟其清绝，咸以之筮笔，不复为缀。

“清绝”一词是对孟浩然诗歌意境的佳评，已成唐人的共识，故杜甫也赞美孟诗“清诗句句尽堪传”。由此可见孟浩然营造清静高洁境界的艺术腕力，妙手偶得的表象下实际上是长期生活积淀的苦心经营，只是不落言筌、不漏痕迹而已。

清净雅洁的境界里，高人隐士当然也应该做点雅趣的事情，所以孟浩然当此凉夜清月之际，自然欲取鸣琴来弹奏一曲《高山流水》以博得知音的赞赏。然而，就像陶渊明酒醉之后狂抚无弦琴那样孤独，也像王维在竹林里弹琴长啸那般寂寞，孟浩然的心里也有知音不在近旁的遗憾。这一联写孟浩然的心理活动，从那并未付诸行动却深感遗憾的心态中，我们可见孟浩然渴望与知音同道隐居的闲逸情怀。

由此感慨，孟浩然自然想念起隐居万山的辛谔（辛大）来，以致夜半难眠还在思念故人。对辛大虽未做过多的描写，但从孟浩然长夜不眠的思念中可见其人品的清高旷远。

这首诗结构简单，情感也不复杂，为什么人们如此喜爱呢？这可以从两个方面来理解。首先，可以与张九龄《望月怀远》进行一下比较。孟诗为五古，写夏夜纳凉怀念朋友，张诗为五言律，写月夜思念远方情人，题材相似而体裁有别；张诗思念对象模糊，运用比兴，意蕴含蓄；孟诗思念对象具体，高雅纯净，境界高远；张诗温柔执着、绵邈深情，孟诗追求知音心灵共鸣，清绝高洁。其次，从结构上看，孟诗采用展开式的线性结构，运用赋体的叙述、描写和抒情，给人单纯简洁的感受；而张诗通过比兴象征，在男女之情的表象掩盖下抒发的是追求政治理想的深层意蕴，给人含蓄蕴藉之感。那么，孟浩然的诗歌靠什么来感染人呢？孟诗靠内蕴的真诚感人。像《过故人庄》就是以接到邀请、赴约途中、把酒话桑麻、最后不请自来的线性结构，来表达没有任何机心的真诚淳朴的友谊，在世态炎凉、人心浇薄的环境中，只有这种毫无遮蔽、毫不做作的真情才是温暖滋润人心的清泉，诠释了“清茶淡饭有真味，平平淡淡才是真”的至理。值得注意的是孟浩然的大部分诗歌都采用这种平铺直叙的简单的线性结构，抒写他对家人、朋友的真挚情怀。变成了一种无须装饰也绝不虚饰的高超的艺术，体现了简洁中寓含丰富的艺术造诣。

（第一作者为安徽师范大学中国诗学研究中心教授、文学博士）

孟浩然行踪辨异

陶新民

一、吴越之游的时间

谭优学先生《孟浩然行止考实》[1]（下称《考实》）说："浩然此行以开元十三年秋自洛首途，以开元十五年冬回到荆襄，历时三年，时间绝不可能更后。这是因为浩然作于开元十七年至二十二年两次滞留长安时《宿终南翠微寺》的诗中说：'翠微终南里，雨后宜返照。…… 瞑还高窗眼，时见远山烧。缅怀赤城林，更忆临海娇，风泉有清音，何必苏门啸'云云，显然是已经游过越中的口吻了，而两去长安之间以及第二次从长安回襄阳之后，浩然行踪历历可考，都没有首尾历时三年，远去吴越游览的可能。"陈铁民《关于孟浩然生平事迹的几个问题》[2]（下称《生平》）认为孟浩然吴越之游在开元十四年夏秋至十六年夏。

谭优学先生指出《宿终南翠微寺》是游过越中之后所作，是正确的，但说孟浩然在开元十三年至十五年游吴越却欠妥。孟浩然于开元十四年滞留洛阳，与储光羲、綦毋潜等交游，是有诗可证的。孟浩然有《同储十二洛阳道中作》诗。储十二即储光羲。储有《洛阳道五首献吕四郎中》，孟作即为和此诗。储诗题中“吕四郎中”即吕向（参见岑仲勉《庸人行第录》）。据《新唐书·吕向传》：“玄宗开元十年，召入翰林，兼集贤院校理，侍太子及诸王为文章……以起居舍人从帝东巡（指开元十三年东封泰山）……久之，迁主客郎中，专侍皇太子，眷责良异。”储诗其一云：“洛水春冰开，洛城春树绿。”其五云：“少年不得志，走马游新市。”当作于开元十四年二月居洛阳未登第时。因为三月放榜，储光羲登本年进士第，不会再作此失意语。孟诗云：“酒酣白日暮，走马入红尘。”当于储同游时作，故知孟浩然本年初仍在洛阳，孟浩然又有《题李十四庄兼赠綦毋校书》诗。綦母校书即綦毋潜，本年进士及第授校书郎[3]。本年进士考试在洛阳举行，故綦毋潜在洛阳。綦毋潜于开元十七年已在南昌与张九龄唱和，而孟浩然开元十五年秋至十六、十七年行踪历历可考，无与綦毋潜相遇之可能，故此诗只能作于开元十四年或十五年秋以前，由此亦可证孟此时滞留洛阳，并未进行吴越之游。

又《考实》系孟浩然《宿水嘉江寄山阴崔国辅少府》诗于开元十四年作，亦误。孟诗云：“我行穷水国，君使入京华。”崔国辅开元十四年中第，授山阴尉。不致于刚到任便作使“入京华”，所以此诗不作于开元十四年，以此诗证孟浩然开元十四年游吴越亦不确。

开元十五年秋，孟浩然已在家乡洛阳，有《同独孤使君东斋作》诗为证，独孤使君即独孤册，为浩然好友。王士源《孟浩然集序》云：“丞相范阳张九龄……河南独孤册，率与浩然为忘形之交。”诗云：“郎官旧华省，天于命分忧。襄土岁频旱，随车雨再流。廨宇宜新霁，田家贺有秋。”据《新唐书·五行志》：“开元十四年秋，诸道州十五旱。十五年，諸道州十七旱。”独孤册任襄阳守当在开元十五年，此诗亦当作于此时。

开元十六年初，孟浩然亦在襄阳，有《田家元日》诗为证. 诗云：“我年已强壮，无禄尚忧农。”孟本年四十岁，按《礼记·典礼》：“四十曰强而壮。”知此诗作于本年正月初一。

那么孟浩然游吴越的时间当在何时呢？陈贻焮《孟浩然事迹考辨》（下称《考辨》）定在开元十八年，综观孟浩然一生行踪，还是较为妥当的。

二、韩朝宗荐孟浩然问题

孟浩然于开元二十一年曾经到过长安，陈贻焮《考辨》云：“韩朝宗欲荐孟当在开元二十三年正月后不久，这时张子容正在家休假，《传》说‘会故人至，剧饮欢甚。……卒不赴’。这故人莫非就是张予容?”认为孟“终不应韩的举荐”。刘文刚《两唐书孟浩然传辨正》，亦云韩朝宗二十三年约孟浩然至京师，欲荐诸朝，孟未赴约。谭优学先生《考实》则定孟二十一年随韩朝宗入长安，这是正确的。以前诸人没有提及孟此次入京，主要是依据《新唐书》，而《新唐书》关于此事的材料来源则是王士源的《孟浩然集序》。王原文云："山南采访使本郡守昌黎韩朝宗，谓浩然间代清律，置诸周行，必咏穆如之颂，因入秦，与偕行，先扬于朝，与期，约日引谒。及期，浩然会寮友……遂毕席不赴。"（重点号为笔者所加）明白交代孟偕韩入秦，并对举荐过程说得很清楚. 而《新唐书·孟浩然传》载此事时却省简为："采访使韩朝宗约浩然偕至京师，欲荐诸朝，会故人至，剧饮欢甚，……卒不赴。"把韩至长安后"约日引谒"改成"约浩然偕至京师"，把"会寮友"改成"会故人至"，以致弄混了水。

此次入京，孟浩然没待多久，秋天，便由长安东之洛阳，岁暮南还归乡。他此时的心情，已与第一次入长安赴举时大不相同。二次碰壁，已使他对仕途彻底绝望。因此，他在《京还赠张维》中云："拂衣何处去？高枕商山南。欲徇五斗禄，其如七不堪。"在《京还别新丰诸友》中云："拂衣从此去，高步蹑华嵩。"在《岁暮归南山》中云："北阙休上书，南山归敝庐。不才明主弃，多病故人疏。白发催年老，青阳逼岁除。永怀愁不寐，松月夜窗虚。"在《南归阻雪》中云。"十上耻还家，裴回守归路。"既叹年老，又耻"十上"，与此次入京失意情怀相合。

三、关于张子容的休沐还乡

孟浩然的友人张子容于开元二十几年曾还乡休沐。期间，两人游览山乡，诗酒唱和，孟为此作了不少诗。陈贻焮《考辨》估计张子容还乡休沐是在“开元二十二年或二十三年秋”。谭优学《考实》则说孟浩然开元二十二年“秋，由长安东之洛阳，再晤张九龄、王维，寓居洛阳白社”，二十三年“仍寓居白社，并与包融、储光羲；綦毋潜等诗人往还。是年冬，首途南旋，途中阻雪，于南阳度岁”，根本没提及张子容事。陈铁民《生平》则考张还乡休沐在开元十八年。

孟浩然有《同卢明府饯张郎中除义王府司马海园作》和《送张郎中迁京》诗，弄清题中“除义王府司马”的时间，便可知道作诗时间，也便可推张还乡休沐时间。据《旧唐书·玄宗纪》载：“（开元二十三年）秋七月，丙子，皇太子鸿改名瑛，庆王巳下十四王并改名。又封皇子玼为义王……其荣王琬已下，并开府置官属。”《通鉴》：开元二十四年：“二月庚午，更皇子名；鸿曰瑛，潭曰琮，浚曰玙，洽曰琰，涓曰瑶，滉曰琬……沘曰玼。”《考异》曰：“《旧纪》、《唐历》，‘二十三年，七月，皇子，皇太子、诸王皆改名。’今从《实录》。”据此则《旧唐书》与《通鉴》相差一年，同时可知“荣王琬已下”自然也包括义王玼在内。今依《通鉴》，则义王改名，开府在开元二十四年，张子容除义王府司马亦在此年，那么他还乡时间就在开元二十三年秋，陈贻焮《考辨》对张子容还乡时间的估计依据是《两唐书》，今不从。

《考辨》认为孟浩然诗中张明府、张郎中即张子容。陈铁民《生平》认为张明府、张郎中确为一人，但“是否即张子容，似难确断”，态度比较审慎。陶敏《孟浩然交游中的几个问题》认为“张明府、张郎中并非张子容，似乎也是可以断定的。”他说道：“据《生平》所考，张明府还乡休沐在开元十八年，孟浩然吴越之游在开元十四年秋至十六年夏，诗中说张明府任奉先令时，孟游吴越，两人数年未通信，更未见面。然而孟浩然吴越之游诗中有《永嘉别张子容》、《除夜乐城逢张少府》，他与张子容是见了面的，可见，这个张明府决非张子容。”这段话依据是陈铁民《生平》所考，然据本文前面所考，孟开元十四年并未有吴越之游，而张明府还乡休沐时间亦不在开元十八年，故以此证张明府决非张予容不妥。陶敏又云：“芮挺章天宝三载编《国秀集》仅题“晋陵尉张子容’，如张子容开元中即为县令、郎官，芮挺章怎能全无所知，一字不提呢?”以此作证亦不妥，张子容作乐城尉是千真万确的事，芮挺章也没提，岂非也是假的？依笔者之见，在没有确证以前，还是陈贻焮《考辨》的说法合理些。

注释：

［1］ 谭优学《唐诗人行年考》17 页。

［2］ 《文史》第十五辑。

［3］ 顾况《监察御史储公集序》：“开元十四年，严黄门知考功，以鲁国储公进士高第，与崔国辅员外、荣母潜著作同时。”授校书郎亭详见博如一《萧毋潜生平事迹考辨》（《中国社会科》1984 年 4 期）.

（作者为安徽大学文学院教授）

孟浩然“韵高而才短”辨

窦 鑫

旧本题宋陈师道《后山诗话》引苏子瞻语云：“孟浩然之诗，韵高而才短，如造内法酒手而无材料尔。”[1]这一评论，引起后学广泛关注。至今，针对该话题的讨论仍未间断。如韩樱《孟浩然“韵高而才短”辨》[2]、周相录《没有必要为孟浩然回护——孟浩然“韵高而才短”评议》[3]、杨胜宽《关于苏轼对孟浩然诗歌的评价问题——析“韵高而才短》[4]等。纵观诸位学者研究，无外乎尊者多从孟诗气质入手，盛赞其超凡绝俗、不可凑泊，高蹈于尘世之上的清雅冲淡意趣；贬者咸自孟诗诗材出发，指斥其内容空泛、眼界狭窄，陷囿于自我陶醉的气量缺失[5]。然笔者窃欲再添一说，即孟诗韵高而不缥缈、率性而非才短以及“与心徘徊”而以“移情”，敬请同仁斧正。

一、韵高而不缥缈

苏子瞻之于孟浩然评价，褒贬兼有。褒扬部分以“韵高”二字厘定：这与王、殷的评价存在内指关联性，即孟诗富于奇特的艺术张力。清翁方纲《石洲诗话》谈到：“读孟公诗且无论怀抱，无论格调，只其清空幽冷，如月中闻磬，石上听泉，举唐初以来诸人笔虚笔实一洗而空之，真一快也。”[6]极为形象地说明了这一点。那么此处象征诗歌表现力的“韵”意指何所？所谓“韵”，《说文解字》语曰：“韵，和也。从音员声。古文均。”[7]可作“音韵”之意，《文心雕龙·声律》曰：“同声相应谓之韵”。[8]《封氏闻见记·声韵》提及：“沈约文词精拔，盛解音韵。”[9]还可作“风韵、气度”之意，《晋书·桓石秀传》：“石秀幼有令名，风韵秀彻。”[10]刘义庆《世说新语·任诞》：“阮浑长成，风气韵度似父。”[11]若依前意将孟诗风格的析释引入音韵领域，似与诸代评家相左，且其出处即苏轼评语无此指：宋人论唐诗之“韵”亦多作韵度解，范温云：“夫绮而腴、与其奇处，韵之所从生，行乎质与臞，而又若散缓不收者，韵于是乎成。”[12]张戒《岁寒堂诗话》：“韦苏州诗韵高而气清。”[13]由此，我们大致可推定“韵高”应作后一种解释，即韵度出众，唐王士源谓之：“导漾挺灵，实生楚英；浩然清发，亦其自名。”其突出表现为自然平淡和清新雅致的诗歌韵调。

自然平淡是孟浩然创作的山水田园诗作的标签式特点。关于这一特点，清沈德潜指出：“襄阳诗从静悟得之，故语淡而味终不薄，”[14]王士祯在论王孟时也说：“王、孟诗假天籁为宫商，寄至味于平淡。格调协畅，意兴自然，真有无迹可寻之妙。”如《过故人庄》[15]：

故人具鸡黍，邀我至田家。绿树村边合，青山郭外斜。开筵面场圃，把酒话桑麻。待到重阳日，还来就菊花。

全诗采用白描手法，为读者呈现出一幅秋日农家的欢乐祥和图景，笔调自然，不事雕琢，读之甚觉亲切。故元方回《瀛奎律髓》赞之：“此诗句句自然，无刻画之痕。”[16]再如《建德江宿》：

移舟泊烟渚，日暮客愁新。野旷天低树，江清月近人。

诗的前两句移目于茫茫江渚，徒生感慨。而后两句则转向情感的宣泄，描写了旷远的秋夜中景物的特点。全诗淡然恬静、言近旨远，明胡应麟《诗薮》内编卷六评之“五言律神品”[17]。

而清新雅致则奠定了孟浩然山水田园、交友酬赠之俦作品的情感蕴藉方式。明胡震亨《唐音癸签》卷九云：“孟诗澹而不幽，时杂流丽，闲而匪远，颇觉轻扬。”[18]如《宿业师山房待丁公不至》：

夕阳度西岭，群壑倏已暝。松月生夜凉，风泉满清听。樵人归欲尽，烟鸟栖初定。之子期宿来，孤琴候萝径。

诗人夤夜宿于山寺，热盼友人的来访，但友人不知为何却没能到来。前几句细致地雕琢复现黄昏入夜的种种元素：夕阳、群山、孤松、寒月、微风、清泉、樵人、归鸟，都拿捏得恰到好处，极尽清朗之能事；末尾笔锋一转，渲染出期待故人不至，诗人怀琴徘徊于山径的景象。全诗不仅传神地再现了山中由暮至夜的诸多细节，更升华为诗人苦觅知音的心绪，境界清新幽静，语言内蕴丰富。

那么孟诗的“韵高”是否已经完全超越俗尘，发展到所谓“孤独消极，甚至连他诗中所仅有的一点田家风土人情和日常生活情趣也越来越少了。这正足以说明他的所长也可以转化为所短”的极端程度了呢？笔者认为这显然言之过重了。作为文学史上继陶渊明后的又一田园诗大家，孟浩然一生创作了大量以乡居田园为题材的作品，据王辉斌先生《孟浩然研究》一书中的统计，仅主题为田园山水的孟诗就达80多篇，而如果从诗句分布去观察，几乎每一篇孟诗都夹杂有描绘山水田园图景的诗句：孟之于乡村田园、青山秀水的眷恋向往可谓溢于言表。如《田家元日》：

昨夜斗回北，今朝岁起东。我年已强仕，无禄唯尚农。桑田就耕父，荷锄随牧童。田家占气候，共说此年丰。

作者隐居乡间，躬耕陇亩。醉心于农事，边劳作边与农家人谈论收成，其乐融融。再如《游精思观回王白云在后》：

> 出谷未停午，至家日已曛。回瞻下山路，但见牛羊群。樵子暗相失，草虫寒不闻。衡门犹未掩，伫立待夫君。

与友人出游却中途走失，独自归来后等待友人。其间牛羊、樵夫、草虫交相出没，为这种等待增添了些许乐趣。而最后两句书写倚门待夫归来的女子，同作者彼时境遇相映衬，与恬淡之中寄寓对友人悠长浓郁的情志，明钟惺《诗归》评论其："一首陶诗，却入律中。妙妙。"[19]其深情可见一斑。

由此观之，孟浩然的诗作，尤其是其山水田园一类的作品，虽以"清淡"为基调，但绝没有割裂自然与生活的紧密联系，而是带着极大的关切去探寻山水田园的内在理趣，并赋予其深厚的人文关怀，使诗作呈现出"韵高而不缥缈"的境界。

二、率性而非才短

孟浩然可谓唐代诗人中率性自适而得其翘楚者《新唐书·文艺传下》载："采访使韩朝宗约浩然偕至京师，欲荐诸朝。会故人至，剧饮欢甚，或曰：'君与韩公有期。'浩然叱曰：'业已饮，遑恤佗！'卒不赴。朝宗怒，辞行，浩然不悔也。"[20]为了与故人开怀畅饮，竟然轻易舍弃高官举荐入朝的绝佳机会，而且事后完全不后悔。这份"好乐忘名"的潇洒在功名心极强，热切追求仕进的盛唐士人中是不多见的。当世和后代对孟的洒脱个性也极为推崇。一向自视甚高，圣贤都不放在眼中的李白毫不掩饰对于孟的崇拜：“吾爱孟夫子，风流天下闻。红颜弃轩冕，白首卧松云。醉月频中圣，迷花不事君。高山安可仰，徒此揖清芬。”[21]杜甫《解闷十二首》之六也说：“复忆襄阳孟浩然，清诗句句尽堪传；”[22]宋胡仔《苕溪渔隐丛话后集》卷九引山谷诗赞浩然：“赋诗真可凌鲍谢，断褐岂愧公卿尊。”[23]这种率性洒脱映射于诗中，便生发出写法上骨气与辞采并举、情感上热烈与深沉交织的独特诗歌气质。宋严羽《沧浪诗话》云：“孟浩然之诗，讽咏之久有金石宫商之声。”[24]

写法上的骨气兼有辞采虽非孟浩然首创[25]，但于斯处也别有韵味。如《晚泊浔阳望庐山》：

> 挂席几千里，名山都未逢。泊舟浔阳郭，始见香炉峰。尝读远公传，永怀尘外踪。东林精舍近，日暮空闻钟。

此诗前段以极其开阔旷远的视野投诸千里江岸，铺展出宏大的意境场面，巧妙运用古代书画艺术中的“留白”技法，为读者预设一个宽广的想象思维空间，在舟行群山之间蕴蓄情感爆发的力量。然后恰如其分地引出香炉峰，从而调动起读者的阅读兴奋，完成期待视野的最优化呈现，情景互渗，不落俗套；而后段则先从历史想象中找寻精神归宿，以遥思当年曾于此处修建东林寺参禅悟佛的高僧慧远的事迹为契机，抒发内心积郁的无限怅然感伤。境界由旷远转向深邃。全诗以日暮时分的悠悠钟声收束，不仅将无限情思融进绵延的钟声里来达到余音袅袅的效果，更是将无形的心绪加以具象化，使诗歌在壮阔之外又增添了一丝精美典雅，达到内外兼备，文质俱佳的写作维度。王士祯于此诗评价极高："诗至此，色相俱空，正如羚羊挂角，无迹可求，画家所谓逸品者也。"[26]

情感上的热烈深沉交错亦是孟诗的一个鲜明特色。明许学夷《诗源辩体》："浩然造思极深，必诗自得，故其五言律皆忽然而来，浑然而就，而圆转超绝，多入于望矣。"[27]如《西山寻辛谔》：

> 漾舟寻水便，因访故人居。落日清川里，谁言独羡鱼。石潭窥洞彻，沙岸历纡余。竹屿见垂钓，茅斋闻读书。款言忘景夕，清兴属凉初。回也一瓢饮，贤哉常宴如。

前两句交代泛舟寻访友人，接下来四句以悠然错落的笔致勾勒溪流及沿岸的景观，并不忘抒写自己慨然生出的"羡鱼"之情。后面两句写友人住所现身：竹林外溪水边有垂钓之人，茅舍传出阵阵读书之声。最后四句则生动地表现了与友人谈笑风生，指点江山的亲密畅快，以及对友人发自内心的赞赏。全诗深沉的思索和酬唱的欢愉交相辉映，情感层叠不已，令人心神骀荡。再如《岘山送萧员外之荆州》：

> 岘山江岸曲，郢水郭门前。自古登临处，非今独黯

然。亭楼明落照，井邑秀通川。涧竹生幽兴，林风入管弦。再飞鹏激水，一举鹤冲天。伫立三荆使，看君驷马旋。

全诗描写了送别友人的场景。作者登临岘山，俯瞰郢水。一种历史的沧桑感聚拢心头，不禁有所思索。稍后转向对岘山景物的描摹，心境为之开阔。结尾则倾听送别宴席上的丝竹管弦声，一变清朗而为高亢，将全诗的情绪引向高潮。

然而也正是因为这种率性自为，不喜藻饰的风格，孟诗亦被诟病为“才短”。清黄子云《野鸿诗的》说：“又襄阳得天真之趣，器识惜局于狭隘，可小知而不可大受。”[28]叶燮《原诗》卷四云：“后人胸无才思，易于冲口而出，孟开其端也。”[29]今人陈贻焮先生认为“他虽有所不满，认识终嫌肤浅，他的思想成就是不高的”[30]。近些年也有学者从体制题材和对偶用典层面来论述孟诗的“才短”[31]，对此笔者不能认同。苏轼“韵高而才短”的论调本就是建立在宋人以“学问为诗”的角度看待“兴象玲珑”的盛唐诗歌所产生的偏见之上，这不仅是唐宋诗精神内核的冲突，更是两种截然不同的审美方式所带来的思想碰撞，至今都没有也不可能有定论。若再借此偏见加以推导论说，岂非错上加错？况上文论及孟浩然拥有率性自适的个性气质，其诗作也多一时兴尽之语，故而篇幅不会很长。这种性格与体制成式从来都是枘榫不合的，强加苛求不仅无益于体味诗人的创作个性，反而会诗趣尽失。清潘德舆《养一斋诗话》也说：“钟伯敬云‘孟襄阳诗易为浅薄者藏拙’，此语令人悚然。其实浅薄者万万不能为孟襄阳诗也，为人所欺，乃观者之浅薄耳。”李白曾因诗作古体多于近体而被批为不善近体诗，但事实上“太白五七言绝，字字神境，篇篇神物”[32]。只是因为古体乐府更能体现其“‘将复古道，非我而谁’的自我意识和强烈使命感”。苏轼自己亦曾被李清照讥为“苏子瞻学际天人，作为小歌词，直如酌蠡水于大海，然皆句读不葺之诗尔，又往往不协音律者”[33]，陆游为其辩解道：“世言东坡不能歌，故所作乐府，多不协律……公非不能歌，但豪放，不喜剪裁以就声律耳。”[34]虽然孟诗于体制题材方面的确不属广阔，但这绝非“短”，恰是其真率自然的创作个性的最佳诠释。

三、“与心徘徊”而以“移情”

中国古代文学理论中对于如何处理作者内心情感和外在描绘对象已有了深刻的认知。刘勰《文心雕龙·物色》说：“是以诗人感物，联类不穷；流连万象之际，沉吟视听之区。写气图貌，既随物以宛转；属采附声，亦与心而徘徊。”在他看来，描摹气象和物貌、处理语言辞采以及声律，既要随外物的变化而变化，也要凭借自己的心境予以考量。诚然，从唯物主义角度出发，人类的一切活动都是建立在客观存在之上的，并以外物的有无好坏为心理旨归。但由于人类个体生活经历、情绪状态的差异，在面对同一事物时就会产生不同的心理分野，或者说“物理世界与心理世界之间存在着距离、错位、倾斜”。这种心理差异性虽然在日常生活中并无多大用处，但对于创作者来说却弥足珍贵，因为这是形成不同创作个性，获得别样的审美体验的基础。在孟诗中，正是这种“与心徘徊”的以内参外、由内而外的写作建构了其独特的观照世界的维度。如《秋登万山寄张五》：

北山白云里，隐者自怡悦。相望试登高，心飞逐鸟灭。愁因薄暮起，兴是清境发。时见归村人，沙行渡头歇。天边树若荠，江畔舟如月。何当载酒来，共醉重阳节。

作为一首登高怀友的诗作，诗人一上来便蕴蓄作为隐者的怡然自得之情。以此心绪为载体，纵目远眺，心思也随飞鸟直上云霄，跨越了由“清境”和“薄暮”易于生发的忧愁。在铺述尽收眼底的景物之际，又恰如其分地勾勒与友人共醉同乐的场景。全诗由心绪喷薄而出，以想象收束，无论是写景、抒情，其实都在围绕作者的心理世界而旋转延伸。再如《晚春卧病寄张八》：

南陌春将晚，北窗犹卧病。林园久不游，果木一何盛。狭径花将尽，闲庭竹扫净。翠羽戏兰苕，赪鳞动荷柄。念我平生好，江乡远从政。云山阻梦思，衾枕劳歌咏。歌咏复何为，同心恨别离。世途皆自媚，流俗寡相知。贾谊才空逸，安仁鬓欲丝。遥情每东注，奔晷复西驰。常恐填沟壑，无由振羽仪。穷通若有命，欲向论中推。

此诗开头首先交代自己的身体状况：卧病。长期的病痛折磨使得诗人无法与钟爱的自然亲近，故而处于一种低迷的精神状态笼罩之下。兼及挚友到外地做官，自己却只能蛰居乡间，内心的情绪无处疏泄，因此对于世态炎凉、流俗时弊就有了更为深刻的认识，也就丛生了更多的慨叹。诗句的字里行间任由心底波澜翻滚，述及的外物也随之蒙上一层沉重的色彩，异化成受“内在”驱使的心理化现象，呈现出“与心徘徊”的观感姿态。

当然，“与心徘徊”也离不开“移情”的广泛运用。所谓“移情”（empathy），是指人类将自我的主观情绪（感觉、情感、意志等）投射到外物之上，赋予外物以人之思维情感状态，即所谓的“物我冥一”[35]。孟诗在很多方面都渗透着“移情”的色彩，如《与诸子登岘山》：

> 人事有代谢，往来成古今。江山留胜迹，我辈复登临。水落鱼梁浅，天寒梦泽深。羊公碑字在，读罢泪沾襟。

诗人携子辈登岘山，观西晋名将羊祜碑，历史的兴衰交替同自我的人生沉浮相碰撞，引起诗人强烈的共鸣。在前两联奠定全诗怀古伤今的基调之下，第三联转入目视景物的描写：“水落”配合“天寒”，一“浅”一“深”，心绪也随之跌宕。诗人将内心的踟蹰、萧索凝注于水天一线，将整个天地都内化为一个怆然涕下的背影，臻于无我无物之化境。再如《和张二自穰县还途中遇雪》：

风吹沙海雪，渐作柳园春。宛转随香骑，轻盈伴玉人。歌疑郢中客，态比洛川神。今日南归楚，双飞似入秦。

与友同归，中途遇雪。漫天飞舞的雪花瞬间点燃了诗人的浪漫情思：雪如柳絮般随风宛转，仿佛置身春日。第二联写雪花萦绕马匹和归客，轻盈似起舞之硕人。此时，他已全身心地沉浸在想象中。接下来第三联里雪景又幻化为郢中歌手的绕梁之音和洛神曼妙倩影。诗人将内心预设的与雪相关的典故[36]投射于现实，以诗意模糊虚实的界限，勾勒出一个冰清玉洁的审美想象空间，从而完成内在观念的具象化，即所谓“移情”。

四、结语

呈上述分析可知，孟浩然的诗歌以平淡自然、清新雅致的格调书写壮丽的山水、秀美的田园，时刻洋溢着人文的关怀，故“韵高而不缥缈”；而他率真自适的性情又赋予其诗歌文质兼备、感情丰沛的特点，故“率性而非才短”；更重要的是，他把诗歌作为标举自我的表征体系的载体，延揽外物，“与心徘徊”而以“移情”，为后世留下了宝贵的精神财富。

注释：

[1]（宋）陈师道撰《后山诗话》，引自何文焕辑《历代诗话》，中华书局，1981年，第308页。

[2] 韩樱《孟浩然“韵高而才短”辨》，《荆州师范学院学报》，2002年，第5期。

[3] 周相录《没有必要为孟浩然回护——孟浩然“韵高而才短”评议》，《河南师范大学学报》，2008年，第5期。

[4] 杨胜宽《关于苏轼对孟浩然诗歌的评价问题——析“韵高而才短”的长期误读》，《西华大学学报》（哲学社会科学版），2010年，第1期。

[5] 韩樱认为孟诗才短系出于其缺乏丰富的人生经历和开阔的胸襟；杨胜宽则认为孟之才短表现于以学问道德和情感陶冶为核心的综合修养的不足；周相录之观点后文有述，此处不赘。

[6] （清）翁方纲撰《石洲诗话》，人民文学出版社，1981年，第28页。

[7] （汉）许慎撰《说文解字》，天津古籍书店影印，1991年，第58页。

[8] （南朝梁）刘勰撰《文心雕龙译注》，高亨译注，江苏教育出版社，2006年，第476页。

[9] （唐）封演撰《封氏闻见记》，赵贞信校注，中华书局，2005年，第13页。

[10] （唐）房玄龄等撰《晋书》，中华书局，1974年，第1945页。

[11] （南朝宋）刘义庆撰《世说新语》，梁刘孝标注，上海古籍出版社，1982年，第383页。

[12] （宋）范温撰《潜溪诗眼》，引自郭绍虞辑《宋诗话辑佚》，中华书局，1980年，第373页。

[13] （宋）张戒撰《岁寒堂诗话》，陈应鸾校笺，巴蜀书社，2000年，第60页。

[14] （清）沈德潜编《唐诗别裁集》，影印乾隆二十八年教忠堂重订本，中华书局，1975年，第14页。

[15] 本文所选孟诗，如无特殊说明，均引自佟培基《孟浩然诗集笺注》，上海古籍出版社，2000年。

[16] （元）方回撰《瀛奎律髓汇评》，李庆甲集评校点，上海古籍出版社，1986年，第935页。

[17] （明）胡应麟撰《诗薮》，中华书局，1958年，第112页。

[18] （明）胡震亨撰《唐音癸签》，上海古籍出版社，1981年，第86页。

[19] （明）钟惺、谭元春著《诗归》，湖北人民出版社，1985年，第199页。

[20] （宋）欧阳修、宋祁撰《新唐书》，中华书局，1975年，第5779页。

[21]（唐）李白撰《李太白全集》，清王琦注，中华书局，1977 年，第 461 页。

[22]（宋）计有功撰《唐诗纪事》，上海古籍出版社，2008 年，第 349 页。

[23]（宋）胡仔撰《苕溪渔隐丛话》，廖德明校点，人民文学出版社，1962 年，第 66 页。

[24]（宋）严羽撰《沧浪诗话校笺》，张健校笺，上海古籍出版社，2012 年，第 657 页。

[25] 钟嵘评子建诗曰:" 骨气奇高，辞采华茂，情兼雅怨，体被文质" 见于曹旭著《诗品集注》，上海古籍出版社，2011 年，第 117 页。

[26]（清）王士祯撰《带经堂诗话》，戴鸿森校点，人民文学出版社，1982 年，第 71 页。

[27]（明）许学夷撰《诗源辩体》，杜维沫校点，人民文学出版社，1987 年，第 165 页。

[28] 丛书集成续编二〇一，新文丰出版公司，1988 年，第 349 页。

[29]（清）王夫之等撰《清诗话》，上海古籍出版社，1978 年，第 604 页。

[30] 陈怡焮著《孟浩然诗选》，人民出版社，1983 年，第 93 页。

[31] 详见周相录《没有必要为孟浩然回护——孟浩然“韵高而才短”评议》，《河南师范大学学报》，2008 年第 5 期。作者认为，孟诗体制上长于五言而短于七言，并于五言之中长于短制拙于长篇，是为短；题材上基本都是山水田园之作，缺乏那个时代的“天光云影”，是为短；对偶和用典上质量不高，屡现窘态，是为短。

[32]（明）胡应麟撰《诗薮》，中华书局，1958 年，第 104 页。

[33]（宋）李清照撰《李清照集笺注》，徐培均笺注，上海古籍出版社，2002 年，267 页。

[34]（宋）陆游撰《老学庵笔记》，杨立英校注，三秦出版社，2003 年，第 183 页。

[35] 详见于童庆炳主编《文学理论教程》，高等教育出版社，1998 年，第 159 页。“移情说”的代表人物德国心理学家立普斯认为，人们在对周围的世界进行审美关照时，不是主观的被动感受，而是自我意识、自我感情以至整个人格的主动移入，使“非我”的对象成为“自我”的象

征，自我从对象中看到自己，获得自我的欣赏，从而产生美感。

［36］诗中“柳絮”典出《世说新语·言语》：“公欣然曰：‘白雪纷纷何所似?’……兄女曰：‘未若柳絮因风起。’”；“郢中客”典出宋玉《对楚王问》：“客有歌于郢中者，其始曰：《下里》、《巴人》，国中属而和者数千人。……其为《阳春》、《白雪》，国中属而和者不过数十人”；“洛神”典出《洛神赋》：“仿佛兮若轻云之蔽月，飘飖兮若流风之回雪。”三典均与“雪”有关。

参考文献：

① 佟培基. 孟浩然诗集笺注［M］. 上海：上海古籍出版社，2000：433.

② 赵桂藩. 孟浩然集注［M］. 北京：旅游教育出版社，1991：23.

③ 陈贻焮. 唐诗论丛［M］. 长沙：湖南人民出版社，1980：78.

④ 王辉斌. 孟浩然研究［M］. 兰州：甘肃人民出版社，2002：149.

⑤ 傅庚生，傅光. 百家唐宋诗新话［M］. 成都：四川文艺出版社，1989：61.

⑥ 葛晓音. 诗国高潮与盛唐文化［M］. 北京：北京大学出版社，1998：176.

⑦ 高亨. 文心雕龙译注［M］. 南京：江苏教育出版社，2006：632.

⑧ 童庆炳. 中国古代心理诗学与美学［M］. 台北：国文天地出版社，1994：4—11.

（作者为南开大学文学院研究生）

孟浩然“转喉触讳”事辨

李　园

孟浩然遇明皇事，共计有四种说法，分别是王维引荐说、李白引荐说、李相引荐说和张说引荐说。二李引荐说因事实太过荒谬，并未盛行于世；张说引荐说始见于南宋计敏夫的《唐诗纪事》，出现较晚，影响也不大；只有王维引荐说，自出现之后，便成为孟浩然人生中理所当然的一部分而流传后世。此事始载于五代末王定保的《唐摭言》：

> 襄阳诗人孟浩然，开元中颇为王右丞所知。句有“微云淡河汉，疏雨滴梧桐”者，右丞吟咏之，常击节不已。维待诏金銮殿，一旦，召之商较风、雅，忽遇上幸维所，浩然错愕伏床下，维不敢隐，因之奏闻。上欣然曰：“朕素闻其人。”因得诏见。上曰：“卿将得诗来耶?”浩然奏

曰：“臣偶不赍所业。”上即命吟。浩然奉诏，拜舞念诗曰：“北阙休上书，南山归卧庐。不才明主弃，多病故人疏。”上闻之怃然曰：“朕未曾弃人，自是卿不求进，奈何反有此作！”因命放归南山。终身不仕。[1]

自此以后，孟浩然遇明皇事就被人们视为历史事实，争相传诵。它不仅被许多诗话、笔记、方志转引传抄，甚至正史《新唐书》也将之收录于孟浩然本传中。千年来，凡论及孟浩然者，往往会提到这段故实。然而，二十世纪以来，此事的真实性被人们一再质疑，学界一片喊“假”之声，比如李光璧、刘文刚等先生都认为孟浩然“赋诗忤玄宗”之事不可信。最具代表性的质疑并否定此事的文章是李景白先生的《“孟浩然遇明皇”事质疑兼论孟浩然的功名仕进思想》[2]和宁松夫先生的《孟浩然“两事迹”真伪略论》[3]。但是，两位先生所举的证据中颇有令人生疑之处，现一一辨之如下。

第一，此事不见于《旧唐书》。李景白和宁松夫先生都认为，《旧唐书》本于唐实录、国史，甚至是原文照抄，不改旧文。“《旧唐书》前半全用实录、国史旧本”[4]，而撰写实录、国史的多是当时名臣，玄宗实录就是张说等人所撰。如果确实有孟浩然遇明皇之事，张说作为与玄宗、孟浩然关系都十分密切的人，不可能对此毫无所知。既知，便不可能不载于史册。

这个论证大有问题。《新唐书》中记载：“张说《今上实录》二十卷，说与唐颍撰，次玄宗开元初事。《开元实录》四十七卷，失撰人名。《玄宗实录》一百卷，令狐峘撰，元载监修。”[5]这里明确指出，张说所撰写的《今上实录》只记载了开元初年之事。而如果孟浩然确实曾遇明皇，那么根据诸学者对孟氏生平的考证，此事应该发生于开元中期，自然不可能见于《今上实录》。《开元实录》不知何时何人所撰，《玄宗实录》因“漏落处多，不称良史”[6]。这样的史料来源，加上“旧书当五代乱离，载籍无稽之际，掇拾补辑，其事较难”，因此遗漏并非没有可能。

再者，如果确有“转喉触讳”事而史书不记，那么除了我们上面说的“漏落”的情况，还有另一种可能就是史官的有意为之。宁松夫先生说：“如果确有此事，张说记之于‘实录’，于玄宗无伤，于浩然也无大伤，因此也不存在怕伤害君王、友人而不敢记载的可能性。”然而宋代的陈岩肖在《庚溪诗话》卷下录此事后评曰：“则明皇之褊而不容，本无人君之量，然则开元之初，亦矫情强勉而为之者也。”[7]明代瞿佑《归田诗话》卷上“因诗见罪”条云：“谬戾如此，天下安得不乱?”[8]贺裳《载酒园诗话·又编》亦云：“尝思襄阳当日诵诗诚戆，玄宗亦太褊急。”[9]这几则后人的评语，代表了大多数人的意见，可见“转喉触讳”之事，对于唐玄宗而言，绝非“无伤”，而是“大伤”。因此，史官基于“为尊者讳”而不载此事，也是极有可能的。

第二，此事不见于王士源的《孟浩然集序》。在孟浩然去世五年后，王士源为其编撰诗集并作《孟浩然集序》。李文和宁文都认为，王士源在序文中用了不少篇幅写孟浩然的生平事迹，而对于“遇明皇”事，却只字未提。如果确有此事，他不可能不知道，更不可能不记载，因为这是有关孟浩然一生穷通富贵的大事。没有记载，绝不是疏忽、遗漏或遗忘，只可能确实没有此事。

果真如此吗？事实上，细读王氏之序后，我们可以发现，这篇序文不仅没有提及“遇明皇”事，也没有提及孟浩然人生中另一件大事，即其求仕失败的经历。即使在写孟浩然长安求仕期间发生的秘省赋诗之事时，也只用“间游秘省”句一笔带过，根本没有出现“求仕”字样，更没有应试落第的内容。孟浩然长安应试，落第而归，这是见载于《旧唐书》的史实，也是有关孟浩然一生穷通的大事，可王士源同样没有记载，当然也不可能是疏忽遗漏，那么按照李、宁二位先生的逻辑推断，只有一种可能，就是孟浩然从未赴长安求仕了。这个结论显然无法令人信服。因此，我们同样不能因为王序中未记遇明皇事就认定此事必伪。

王士源的序文，记录的并不是一个完整的孟浩然，他只是选择性地写了孟浩然的一面。

“传播学者经过研究发现，受众……往往只选择那些能加强自己信念的信息，而拒绝那些与自己固有观点相抵触的东西。人们通过大众媒介一般是加强自己已有观点，而不是改变其信念……在受众的选择过程中所表现出的思维方式（即选择性心理）非常重要。”[11]

王士源在序中提到，自己好游山泽，又咨术通玄丈人，问道隐者，习隐诀，等等；韦绦也在《孟浩然集》重序中云其“藻思清远，深鉴文理，常游山水，不在人间”[12]。这是个十足的隐士。作为一个隐士，王士源对孟浩然的认同，主要是对孟浩然隐士身份的认同。他选择性地注意、理解并接受了孟浩然身上近于隐的一面，因为这一面最符合他自己的信念和价值观，符合他自己的文化倾向。隐逸文化中，终南捷径毕竟具有特殊性，真正具有普遍性的隐逸观及行为规范，是应该与仕进绝缘的。

王士源选择性地接受孟浩然，同时也选择性地传播了孟浩然。卢因在《群体生活渠道》一文中提出，信息的传播网络中布满了把关人，他们对信息进行过滤与加工。影响传播者把关的因素之一，就是传播者个人的世界观、价值观。王士源在传播孟浩然的信息时，过滤掉了与自己的观点、立场、认知不一致、不和谐的内容，也就是孟浩然的求仕之心与求仕经历。这样，与孟氏求仕密切相关的“转喉触讳”之事，自然也被从序文中抹去了。当然，“为君王讳”也可能是原因之一。

第三，此事不见于王维的佚事中。李景白先生称，既然各书所记“遇明皇”事多出自王维之介，那为何在王维的事迹、诗作中未见此事，新旧《唐书》中也都不载。这一点其实不难理解。正如宋代周必大所言：“新史既采杂说，载伴直事于浩然传，则维传自不必书矣。”[13]况且此事对于孟浩然来说是关系到一生贵贱的大事，但对于王维而言，实在只是人生的一个小插曲，与他的干谒、高中、贬谪、隐居、陷贼等诸事相比，此事无足轻重，不去记载也并无不妥。

第四，此事出现太晚。李景白先生称，撰写实录、国史的名臣和写《孟浩然集序》的王士源都不知道“遇明皇”事，却见之于二百余年以后的记载（孟浩然卒于七四〇年，《唐摭言》成书于九五四年以后，中间相隔二百一十四年），令人难以置信。据王定保在《唐摭言·卷三·散序》中说，“时蒙言及京华故事，靡不录之于心，退则编之于简策”[14]，看来“遇明皇”事乃唐代末年产生的传说，是附会之辞。宁松夫先生的观点与之完全一致，他也认为《唐摭言》中事迹都是从唐末京城传说而来，因此并不可靠。还有其他学者也认为，如果真有此事，为何中间二百余年未见任何相关记载？可见其伪。此论亦不然。我们且不提唐人避讳本朝皇帝不光彩事迹的可能性，仅就此事最早出现时间来看，也并非《唐摭言》。

晚唐贯休《经孟浩然鹿门旧居二首》其一云：“孔圣嗟大谬，玄宗争奈何。”刘文刚先生在《孟浩然年谱》中说，“最早把浩然和玄宗联系起来的是贯休”，“但与诵诗事无涉”[15]。其实，无论此诗是否隐有“诵诗”之事，贯休都不是那个“最早”的人，更早的人是李商隐。李商隐在《咏怀寄秘阁旧僚二十六韵》中有“瓮间眠太率，床下隐何卑”之句，“瓮间”句用晋毕卓夜盗邻家酒的典故，“床下”句指的就是“孟浩然入内署，俄而玄宗至，浩然匿床下”之事。这是最早明确提及此事的诗文。由于孙光宪《北梦琐言》的李白引荐说、《唐诗纪事》的张说引荐说和《诗话总龟》的李相引荐说中，都没有提到孟浩然匿床下，可见李商隐所知道并引用的，是孟浩然因王维而得以见玄宗的说法。李商隐大约生于 812 年，卒于 858 年，此诗是他晚年所作。这个时间，比贯休《经孟浩然鹿门旧居二首》的写作时间提前了约五十年，比《唐摭言》的成书时间则早了一百年左右。

我们再向前追溯，还能在不少前人的诗作中看到孟浩然遇明皇事的影子。例如中唐诗人张祜《寓怀寄苏州刘郎中》诗云：“……天子好文才自薄，诸侯力荐命犹奇。贺知章口徒劳说，孟浩然身更不疑。……”五代王定保《唐摭言》卷十一记有张祜被令狐楚荐于唐宪宗却终不获用一事[16]。“天子好文才自薄，诸侯力荐命犹奇”不只是张祜自身的写照，也与“转喉触讳”一事完全吻合，尤其“天子”一句，更与“不才明主弃”句异曲同工。张祜此诗约作于820年左右，这个时间距离“转喉触讳”一事中另两个主角王维和玄宗去世的时间，不过六十年。

因此，关于“遇明皇”的传说，并非是在孟浩然去世二百年后陡然出现的，其可靠性大大增加。

第五，事件发生的地点混乱。《唐摭言》中说“维待诏金銮殿”，《新唐书》说“维私邀入内署”[17]，《临汉隐居诗话》称“孟浩然入翰苑访王维”[18]。宁松夫先生认为，同一件事，在不同资料中发生的地点各不相同，这就从一个侧面反映出事件的真实性值得怀疑。但是，由于事件发生的年代久远而导致某些细节上的疏失漏洞，并不能作为否定整个事件的可靠依据。例如孟浩然赋诗“微云”、“疏雨”一事发生的地点在文献资料中也有不同的记载，王士源序中称是“秘省”，而《新唐书》中称是“太学”，我们显然不能据此就认为其赋诗一事为假。此外，《唐摭言》、《新唐书》和《临汉隐居诗话》中所说的地点，真的是“各不相同”吗？我们来具体辨析。

“内署”本有翰苑之意，因此我们先来看一下“翰苑”。宁先生称，“翰苑”一说不能成立，“因为王维终其一生也未入翰院供职。《旧唐书》于‘翰林院’下说‘玄宗即位，张说、陆坚、张九龄、徐安贞、张洎等，召入禁宫，谓之翰林待诏’，其主要职责是掌四方表疏批答、应和文章。王维此时还缺乏资望，不足以获此宠荣。”这个结论的得出，是由于作者混淆了唐代的翰林待诏、翰林供奉和翰林学士。

《新唐书》卷四十六《百官志一》云：“唐制，乘舆所在，必有文词、经学之士，下至卜、医、伎术之流，皆直于别院，以备宴见；而文书诏令，则中书舍人掌之。自太宗时，名儒学士时时召以草制，然犹未有名号；乾封以后，始号‘北门学士’。玄宗初，置‘翰林待诏’，以张说、陆坚、张九龄等为之，掌四方表疏批答、应和文章；既而又以中书务剧，文书多壅滞，乃选文学之士，号‘翰林供奉’，与集贤院学士分掌制诏书敕。开元二十六年，又改翰林供奉为学士，别置学士院，专掌内命。凡拜免将相、号令征伐，皆用白麻。其后，选用益重，而礼遇益亲，至号为‘内相’，又以为天子私人。凡充其职者无定员，自诸曹尚书下至校书郎，皆得与选。入院一岁，则迁知制诰，未知制诰者不作文书，班次各以其官，内宴则居宰相之下，一品之上。宪宗时，又置‘学士承旨’。唐之学士，弘文、集贤分隶中书、门下省，而翰林学士独无所属，故附列于此云。”[19] 傅璇琮先生在《李白任翰林学士辨》一文中曾经谈到，《新唐书》的这段文字，“大致是本于中唐时李肇《翰林志》、韦执谊《翰林院故事》的，但概述得不够清楚。”[20] 正是《新唐书》中这段不太清楚的记载，导致后人误判，以为翰林待诏的主要职责就是“掌四方表疏批答、应和文章”。但真实情况并非如此。

玄宗初年改北门学士为翰林待诏，后设翰林供奉，开元二十六年又改为翰林学士。《旧唐书·志第二十三·职官二》“翰林院”条下云：“天子在大明宫，其院在右银台门内。在兴庆宫，院在金明门内。若在西内，院在显福门。若在东都、华清宫，皆有待诏之所。其待诏者，有词学、经术、合炼、僧道、卜祝、术艺、书奕，各别院以禀之，日晚而退。其所重者词学。”[21]《资治通鉴》卷二一七玄宗天宝十三载正月也记：“上即位，始置翰林院，密迩禁廷，延文章之士，下至僧、道、书、画、琴、棋、数术之工皆处之，谓之‘待诏’。”[22]也就是说，翰林待诏绝非都是“掌四方表疏批答、应和文章”之人，其实还集中了卜医、僧道、书弈等各类才俊之士，翰林供奉则是特擅文词者，“由是始选朝官有词艺学识者，入居翰林供奉别旨”。因此，除了一小部分翰林待诏和翰林供奉会参与到朝政中来，他们中的大多数人，主要还是扮演陪侍皇帝游戏消遣的角色。翰林学士与之有本质的不同，这个职位“专掌内命”，有其政治地位和政治意义，尤为时人所重。王维一生确实未做过翰林学士，但他极有可能做过没有品阶的翰林待诏或翰林供奉，南宋周必大在《跋杨愿与王伯刍诗》中即称：“按唐李肇《翰林志》：明皇初改北门学士为翰林待诏，张说、徐坚、张九龄、徐安正相继为之，而不及维。后又改为翰林供奉，计一时材艺之士毕集于中。如维能诗善画有清名，固宜预选。”[23]

翰林院既然如韦执谊所说，只是“天下以艺能伎术见召者之所也”，那么，王维私邀孟浩然入翰苑内，就可以理解了：第一，这里聚集的是文词伎艺之士而非政治官员，召孟浩然来此地“商较风雅”，倒也合适；第二，既然翰林院主要是与皇帝消遣娱乐之人的所在地，那么王维私邀文士入内，即使有罪，也不会太重。而另一方面，玄宗会忽然来到此地，也就非常合情合理。

弄清了“翰苑”所指，我们回头来看《唐摭言》中的“维待诏金銮殿”，就十分明了了。首先，“待诏”二字为我们上面的推论——王维时为翰林待诏或翰林供奉，又提供了一个证据。其次，王定保说的“维待诏金銮殿”，所指不是地点，而是时间，是指此事发生于王维做翰林待诏之时。金銮殿是大明宫的内殿，而翰林院就在大明宫右银台门外，“待诏金銮殿”是比较形象化的写法。这里的金銮殿，也是代指人主，作“待诏”的对象而非地点。那么，“上幸维所”中的“维所”，显然就是翰苑。

通过辨析，已经能够明确，王维私邀孟浩然之事是完全可能发生的。

第六，关于所诵之诗。遇见明皇之后，孟浩然诵诗曰：“不才明主弃，多病故人疏。”李、宁两位先生都认为此事也不可信。因为《岁暮归南山》一诗有不平之气和“怨刺”之意，无论是以孟浩然强烈的求仕思想而言，还是从他罄折谦退的性格来看，他都不可能在君王面前念这首诗。两位先生对孟浩然思想和性格的看法是很有道理的，但是他们描述的是常态下的孟浩然。当孟浩然以一介布衣突然面对九五之尊时，私人禁中的过错和人生中最好机遇的突然到来必然使其精神高度紧张，其心理、精神都已经处于非常态，不应再以常态论之。再有，此诗虽然有愤懑之情，但仍然表达了孟浩然希求仕进的愿望，而且其讽刺也十分委婉，绝不怒张，符合儒家“怨而不怒”的标准，再加上面对的又是贤明君主，从这一点来说，吟诵此诗也并非没有理由。只是人主之意本来难测，而孟浩然毕竟不是一个政客，他只是一个长期远离京都的布衣诗人，自然更难揣摩君王之心了。

此外，李景白先生又称，从《岁暮归南山》一诗的内容来看，这首诗应该作于孟浩然对功名仕进绝望之后，那么他就不可能在被玄宗放归南山之前吟诵，由此可证其事伪。这反而是将诗中的“弃”字坐实“放归南山”之事了。其实，“明主弃”之语，完全可能是孟浩然因为应试落第、又献赋不成而发，“故人疏”则是慨叹无人援引。

通过以上辨析，我们以为，在没有新的可靠史料出现之前，孟浩然“转喉触讳”一事不宜判定为假。事实上，历代评家多对孟浩然因王维而遇明皇之说深信不疑，这本身就很能说明问题。如果事件本身有较大硬伤和漏洞、确实不存在可能性，那么著述《新唐书》的距离唐代不远、对唐代制度了如指掌的各位重臣学者，绝不至于轻易采信而录入正史，也不至于其后一千多年来绝少质疑之声。

注释：

［1］［14］［16］王定保．唐摭言［M］．上海：古典文学出版社，1957：120—121，24，122．

［2］刘阳，主编．孟浩然研究文集［M］．北京：人民日报出版社，2001：180．

［3］宁松夫．孟浩然“两事迹”真伪略论［J］．贵阳金筑大学学报，2002．

［4］赵翼．廿二史札记［M］．上海：商务印书馆，1987：312．

［5］［17］［19］欧阳修等，撰．新唐书［M］．北京：中华书局，1975：1471—1472，5779，1183—1184．

［6］［21］刘昫等，撰．旧唐书［M］．北京：中华书局，1975：4011，1853．

［7］［8］丁福保，辑．历代诗话续编［M］．北京：中华书局，1983：179，1239．

［9］郭绍虞，编选．清诗话续编［M］．上海：上海古籍出版社，1983：310．

［10］董诰等，编．全唐文［M］．北京：中华书局，1983：8964．
［11］胡正荣．传播学总论［M］．北京：北京广播学院出版社，1997：267．
［12］佟培基，笺注．孟浩然诗集笺注［M］．上海：上海古籍出版社，2000：434．
［13］［23］周必大．文忠集［M］．上海古籍出版社影印文渊阁四库全书本．
［15］刘文刚．孟浩然年谱［M］．北京：人民文学出版社，1995：40．
［18］何文焕，辑．历代诗话［M］．北京：中华书局，1981：325．
［20］傅璇琮．李白任翰林学士辨［J］．文学评论，2000．（7）．
［22］司马光．资治通鉴［M］．北京：中华书局，1956：6923．

（作者为南京师范大学副教授）

《河岳英灵集》选评孟浩然诗及其诗歌史意义*

卢燕新

殷璠选编的《河岳英灵集》长期为学界关注。相关研究成果，如李珍华、傅璇琮先生合著《〈河岳英灵集〉研究》[1]、王克让先生《〈河岳英灵集〉注》[2]、王运熙先生《〈河岳英灵集〉的编集年代和选录标准》[3]以及《释〈河岳英灵集序〉论盛唐诗歌》[4]、张海明先生《殷璠〈河岳英灵集〉诗学思想述略》[5]、卢盛江先生《殷璠"神来、气来、情来"论——唐代文术论的一个问题》[6]、拙文《〈河岳英灵集〉的选诗心态》[7]、拙文《〈河岳英灵集〉选评李白诗刍议》[8]，等等。综观诸家研究，殷璠评孟浩然诗歌体现了其怎样的选诗观，其选孟浩然诗歌具有什么样的特点，其选评孟浩然诗歌又具有什么样的意义，这些问题尚有待深入研究。

一、《河岳英灵集》评孟浩然诗及其特点

《河岳英灵集》置孟浩然于卷下第四位。孟浩然以前，依次逆数，有綦毋潜、薛据、崔颢。孟浩然以后，依次顺数为崔国辅、储光羲、王昌龄、贺兰进明、崔署、王湾等。殷璠评孟浩然云：

余尝谓祢衡不遇，赵壹无禄，其过在人也。及观襄阳孟浩然罄折谦退，才名日高，天下籍甚，竟沦落明代，终于布衣，悲夫！浩然诗，文彩丰茸，经纬绵密，半遵雅调，全削凡体。至如“众山遥对酒，孤屿共题诗”，无论兴象，兼复故实。又“气蒸云梦泽，波撼岳阳城”，亦为高唱。《宿建德江》云：“移舟泊烟渚，日暮客愁新。野旷天低树，江清月近人。”[9]

这段评论，其内容，概括起来有三点：

第一，总论孟浩然生平与诗风。

《河岳英灵集》介绍孟浩然生平，先以“祢衡”、“赵壹”比较，然后叙述孟浩然文学成就与影响是“才名日高，天下籍甚”，再介绍他的现实境遇“竟沦落明代，终于布衣”。“悲夫”语，既是对孟浩然文学成就的肯定，又是对其不合常理的遭遇的同情与愤怒。类似者，见于《河岳英灵集》，如述评常建：

高才而无贵仕，诚哉是言。曩刘桢死于文学，左思终于记室，鲍昭卒于参军，今常建亦沦于一尉。悲夫！

对比《河岳英灵集》述评孟浩然与常建，不难发现，从述评角度选择、述评内容的设定、比较论评的方式、对待述评对象的情感等方面，殷璠对待二人态度有很大程度的相似。由此不难看出，殷璠为下层文士鸣不平的心态。《河岳英灵集》品评孟浩然诗风格，计有23字。据“文彩丰茸”、“经纬绵密”、“半遵雅调”、“全削凡体”观之，其特点是以论评孟浩然文采成就为主。这和殷璠评论王维、储光羲、崔署等人有别。如殷璠评王维云：“维诗词秀调雅，意新理惬，在泉为珠，着壁成绘，一句一字，皆出常境。”评祖咏云：“咏诗剪刻省静，用思尤苦。气虽不高，调颇凌俗。”据所引两例可见，殷璠评论王维等人，兼及诗人创作内容与文辞艺术等多方面。相比之下，评论孟浩然诗风，重点探讨其文彩成就，以宋以后评论家对孟浩然的品评观之，殷璠此举乃智者高论（详论俟下文）。

第二，摘句论析。

《河岳英灵集》的一大特点是，选评之前，对遴选诗人用摘句论析发论评诗风。该集所遴选诗人，未摘句者7人，分别是：李白（只提及《蜀道难》诗题）、张谓（提及《代北州老翁答》、《湖中对酒行》诗题）、陶翰、崔国辅、贺兰进明（提及《行路难》五首诗题）崔署、李嶷（提及《少年行》三首诗题）。摘句论析者13人，诗人及摘句数量分别为：常建（4例）、王维（4例）、王季友（1例）、李颀（2例）、高适（1例）（另提及高适《燕歌行》诗题）、岑参（2例）、孟浩然（2例）（另，论评末尾录孟浩然诗一首，详论俟下文）、崔颢（2例）、綦毋潜（2例）、储光羲（2例）、王湾（2例）、祖咏

(1 例)、卢象（1 例)、阎防（2 例)。可见，摘句论析是《河岳英灵集》论评诗人较为常见的方法。然，孟浩然摘句论评孟浩然与其他诗人略有区别。如摘句论王维：

维诗词秀调雅……至如“落日山水好，漾舟信归风”，又“涧芳袭人衣，山月映石壁”，“天寒远山净，日莫长河急”，“日莫沙漠陲，战声烟尘里”。

《唐诗纪事》卷一六王维条引殷璠语，“日莫沙漠陲，战声烟尘里”两句后有“讵肯惭于古人也”[10]。细味殷璠语意，“讵肯”句与论评孟浩然“无论兴象，兼复故实”比较，无论论评方式，还是论评主旨，都是有区别的。又如摘句论崔颢：

颢年少为诗……至如“杀人辽水上，走马渔阳归。错落金锁甲，蒙茸貂鼠衣”，又“春风吹浅草，猎骑何翩翩。插羽两相顾，鸣弓新上弦”，可与鲍照、江淹并驱也。

据所引文字可见，《河岳英灵集》摘句论评崔颢诗，主要侧重于其豁达豪迈的风格特点，然而论评时，殷璠并未直接品评，而是从诗歌史角度与鲍照、江淹对比。据此可见，其论评特点论析孟浩然也有所不同。其他，如论评常建、李颀、刘昚虚等，均表现出与论评孟浩然的不同特点。这也从一个方面看出，殷璠摘句论评诗人，既注重论评对象的不同特点，也注重论评表述方法的多样性。

第三，征引整篇诗歌。

在摘句论评时，《河岳英灵集》另一特点是在论评之中附录评析对象的完整诗篇。综观《河岳英灵集》，论评之中存录诗人整篇诗歌，除孟浩然，另有三位诗人：其一是论评王昌龄。摘句9例，另有诗“奸雄乃得志，遂使群心摇。赤风荡中原，烈火无遗巢。一人计不用，万里空萧条”，《唐诗纪事》卷二四引殷璠语[11]，所录这首诗，诗句同傅璇琮先生编《唐人选唐诗新编》[12]。《全唐诗》卷一四一、黄明校编《王昌龄诗集》卷二均录为“失题”[13]。其二是刘昚虚。摘句4例，诗一首：“道由白云尽，春与青溪长。时有落花至，远随流水香。闲门向山路，深柳读书堂。幽映每白日，清辉照衣裳。”这首诗，亦见于《唐诗纪事》卷二五[14]、明人曹学佺《石仓历代诗选》卷三三、清人王士祯《唐贤三昧集》卷中、《全唐诗》卷二五六，均著录为“阙题”。其三是薛据，摘句2例，诗一首，题《古兴》：“投珠恐见疑，抱玉但垂泣。道在君不举，功成叹何及”这首诗亦见于《唐诗纪事》卷二五[15]、《全唐诗》卷二五三。

综观《河岳英灵集》品评孟浩然、王昌龄、刘昚虚与薛据四人时，在评析过程中录存诗篇各有特点。评论孟浩然时，录其《宿建德江》，置于摘句论析之后，以所录存的诗篇为结语。论评王昌龄时，录存失题诗，置于摘句论析之中。论析之中录存刘昚虚与薛据诗，诗后分别有“并方外之言也”、“怨愤颇深”评论语词。据此可知，《河岳英灵集》在论评过程中征引诗人全篇诗歌，其意义与选集之中遴选诗篇不同。论评过程中附录诗篇，其旨在论评。而选录诗篇，其旨则是在既定选诗标准之下存录诗人诗篇。因此，虽然《河岳英灵集》论评孟浩然时，征引其《宿建德江》而未加评论，从某种意义上，其功用高于对一首诗的论评，详论俟下文。

二、《河岳英灵集》选孟浩然诗及其特点

据李珍华、傅璇琮先生《〈河岳英灵集〉研究》[16]、傅璇琮先生《唐人选唐诗新编》之《河岳英灵集》统计，今存《河岳英灵集》选二十四人诗二百三十首[17]。其中，录孟浩然诗9首。以数量观之，全集选诗数目在9首以上（包括9首）的诗人有：王昌龄（16首）、常建（15首）、王维（15首）、李颀（14首）、李白（13首）、高适（13首）、储光羲（12首）、刘昚虚（11首）、陶翰（11首）、崔颢（11首）、崔国辅（11首）、薛据（10首）、孟浩然（9首）。以选诗数目观之，《河岳英灵集》选诗在9首以上者总13人，孟浩然居中等偏下，前有王昌龄等12人，后有王湾（8首）等11人。

从内容主旨上分析，殷璠选孟浩然九首诗分别是：《过景空寺故融公兰若》、《过融上人兰若》、《裴司士见寻》（诗题有异，汲古阁本、毛扆校本、四部丛刊初编本均作“裴司户员司士见答”）、《永嘉上浦馆逢张子容》、《九日怀襄阳》、《归故园作》（诗题，诸本有异。《文苑英华》卷一六〇作《岁暮归南山》）、《夜归鹿门歌》、《夜渡湘江》、《渡湘江问舟中人》。依据内容特点，这九首诗可以归为以下三类：

第一，赠答诗。如《裴司士见寻》、《永嘉上浦馆逢张子容》。

第二，登临咏怀诗与羁旅见闻诗。如《过景空寺故融公兰若》、《过融上人兰若》、《九日怀襄阳》、《夜归鹿门歌》、《夜

渡湘江》、《渡湘江问舟中人》。

第三，慨叹身世诗。如《归故园作》。

据上文分析，《河岳英灵集》选录孟浩然登临咏怀诗与羁旅见闻诗篇较多。表面上看，殷璠对孟浩然完全意义上的山水田园诗一首未选。然而《过景空寺故融公兰若》、《过融上人兰若》、《裴司士见寻》、《九日怀襄阳》等诗，虽然或为赠答，或为登临抒怀，但是，诸诗以田园风光取胜。其他诗章，歌咏田园风光诗句，如“廨宇邻蛟室，人烟接岛夷”、“松月夜窗虚”、“鹿门月照烟中树”、“岩扉松径长寂寥”、“露气闻芳杜，歌声识采莲。榜人投岸火，渔子宿潭烟”等句，或摹山水田园之形、或状山水田园之神，无不精妙别致。

从体裁上分析，《河岳英灵集》选录孟浩然诗歌特点如下：

《过景空寺故融公兰若》：五言律诗

《过融上人兰若》：七言绝句

《裴司士见寻》：五言律诗

《永嘉上浦馆逢张子容》：五言律诗

《九日怀襄阳》：五言律诗

《归故园作》：五言律诗

《夜归鹿门歌》：七言古诗

《夜渡湘江》：五言律诗

《渡湘江问舟中人》：七言绝句

据拙文《〈河岳英灵集〉的选诗心态》分析[18]，《河岳英灵集》选诗230首，其中，古体诗174首，占全集选诗总数的75.6%；近体诗56首，占全集选诗总数的24.4%。由上文可知，殷璠选孟浩然9首，约占全集选诗数的3.5%；古体诗1

首，约占全集选诗总数的 0.4%，约占全集选古体诗总数的 0.6%；近体诗 8 首%，约占全集选诗总数的 3.7%，约占全集选近体诗总数的 13.8%。以殷璠选孟浩然近体诗观之，全集选其五言律 6 首，约占全孟浩然诗总数的 67%，七言绝句 2 首，约占全集选孟浩然诗歌总数的 22%。《河岳英灵集·论》云：“璠今所集，颇异诸家，既闲新声，复晓古体……”然而，纵观殷璠选孟浩然诗歌，古体诗仅 1 首，且五言绝句、七言律诗、五言古诗等，殷璠一首未选。

盛唐另一位山水田园诗人王维，后人常常将之与孟浩然比较，合成“王孟”。《河岳英灵集》选王维诗 15 首，置于卷上第三位，其前有李白，其后有刘昚虚。这 15 首诗，题目是：《西施篇》、《偶然作》、《赠刘蓝田》、《入山寄城中故人》、《淇上别赵仙舟》、《春闺》、《寄崔郑二山人》、《息夫人怨》、《婕妤怨》、《鱼山神女琼智祠》二首、《陇头吟》、《少年行》、《初出济州别城中故人》、《送綦毋潜落第还乡》，以内容观之，殷璠选王维山水田园诗《赠刘蓝田》、《入山寄城中故人》其他，如“天寒远山静，日暮长河急”等，乃脍炙人口的山水佳句；《偶然作》（陶潜任天真）虽有咏史诗特色，但亦表现了王维田园情趣。以体裁观之，《河岳英灵集》选王维古体诗 10 首，分别是：乐府诗 2 首，五古 7 首，七古 1 首；近体诗 5 首，分别是：五绝 3 首，五律 2 首。对比《河岳英灵集》选录王、孟可知：第一，就选诗总体而言，无论选诗数目，还是置放位置，王维均不同于孟浩然。第二，就诗歌题材而言，殷璠对王维山水田园诗有一定程度的认识，相反，对孟浩然这类诗歌关注不够。第三，就诗歌体裁而言，《河岳英灵集》推崇王维古体诗，尤其是五古；相比而言，该集推崇孟浩然的是近体诗，尤其是五律。

盛唐人编撰的另一著名的诗歌选本《国秀集》亦选录孟浩然诗歌。《国秀集》，芮庭章编。该集选诗起初唐讫天宝三载左右。虽然前人对该集的编选成就褒贬不一，但就选孟浩然而言，与《河岳英灵集》相比，仍可以看出一些问题。该集选孟浩然诗七首，题目是：《夏日宴卫明府宅遇北使》（题一作“夏日与崔二十一同集卫明府宅”）、《题荣二山池》（题一作“宴荣山人池亭”）、《江上思归》（题一作“早寒江上有怀”）、《过陈大水亭》（题一作“浮舟过滕逸人别业”）、《渡浙江》（《河岳英灵集》题作“渡湘江问舟中人”）、《长乐宫》、《渡扬子江》。两集选所选相同者为绝句“潮落江平未有风”诗，然而，题目不同。对比两集所选，其相同者有两点：一、内容上，两集关注孟浩然的羁旅见闻诗，均未选录孟浩然完全意义上的山水田园诗；二、体裁上，两集选录孟浩然诗均为五律、七绝、七古，五言律诗居多。其不同点亦有两点：一、内容上，《国秀集》选录孟浩然宴饮酬唱诗，如《夏日宴卫明府宅遇北使》等，《河岳英灵集》未选录孟浩然这类题材诗。二、体裁上，《河岳英灵集》选录孟浩然七绝略多。

三、《河岳英灵集》选评孟浩然诗歌的诗歌史意义

殷璠《河岳英灵集》选评孟浩然诗歌，从诗歌史角度看，具有资料保存以及文献校勘、诗歌总集编选审美剪裁、诗歌批评等多方面意义。有关《河岳英灵集》在资料保存等方面的意

义，前人多有论述。余者，概括起来，主要有以下三点：

第一，首先应当关注的是，《河岳英灵集》品评孟浩然的内容。从诗歌批评史上看，殷璠评品孟浩然“罄折谦退，才名日高，天下籍甚，竟沦落明代，终于布衣”、“文彩丰茸，经纬绵密，半遵雅调，全削凡体”、“无论兴象，兼复故实”，无论是品评出现的时间，还是品评的内容，均有其特殊意义。

以时间观之，孟浩然交游的文士诗篇中有一些评论诗句，是可谓较早论评孟浩然的语词。如张子容《除夜乐城逢孟浩然》谓“高才得孟嘉”（《全唐诗》卷一一六），据佟培基《孟浩然诗集笺注·前言》，孟浩然开元十八年（721）除夕在乐城与张子容相会[19]，这首诗即作于此时。其他，如诗人李白、杜甫等诗人诗章中也有一些论评孟浩然的诗句，如李白《赠孟浩然》：“吾爱孟夫子，风流天下闻。红颜弃轩冕，白首卧松云。醉月频中圣，迷花不事君。高山安可仰，徒此揖清芬。”这首诗乃李白因事过襄阳访孟浩然时作。据安旗等《李白全集编年注释》考证，这首诗作于开元二十六年（738）[20]，詹锳主编《李白全集校注汇释集评》载，该诗作于开元二十七年（739）[21]。杜甫《遣兴》其五云：“吾怜孟浩然，短褐即长夜。赋诗何必多，往往凌鲍谢。”浦起龙《读杜心解·少陵编年诗目谱》系于乾元二年（759）[22]；《解闷十二首》其六云：“复忆襄阳孟浩然，清诗句句尽堪传。即今耆旧无新语，漫钓槎头缩颈鳊。”浦起龙《读杜心解·少陵编年诗目谱》系于大历元年（766）[23]。其他，又如白居易《游襄阳怀孟浩然》：“秀气结成象，孟氏之文章。今我讽遗文，思人至其乡。清风无人继，日暮空襄阳。”[24]白居易《读邓鲂诗》：“襄阳孟浩然，亦闻鬓成丝。”[25]张祜《题浩然宅》云：“高才何必贵，下位不妨贤。孟简虽持节，襄阳属浩然。”（《全唐诗》卷五一一）等等。

唐人文中，也有一些论评孟浩然的篇章。宋蜀刻本《孟浩然诗集》存王士源《孟浩然集序》，该序对孟浩然的文学成就作了较为全面的概括：“孟浩然……学不为儒；务掇菁藻，文不按古。匠心独妙，五言诗天下称其尽美矣。……文不为仕，伫兴而作。故或迟行，不为饰动以求真；故以诞游，不为利期以放性。”[26]文亦见《全唐文》卷三七八。《文苑英华》卷七二〇陶翰《送孟大入蜀序》亦论及孟浩然：“襄阳孟浩然，精朗奇素，幼高为文……观其匠思幽妙，振言孤杰，信诗伯矣……有如是才、如是志，且流落未遇。”文亦见《全唐文》卷三三四。诸人诗中所说“高才”、“风流”、“凌鲍谢”、“清诗”、“秀气”、“清风”、“鬓成丝”、“高才何必贵”、“下位”、“持节”、“匠心独妙”、“尽美”、“匠思幽妙”、“流落未遇”等，或评论孟浩然文学成就，或感叹孟浩然人生际遇，和殷璠所云“罄折谦退，才名日高”、“沦落明代”、“文彩芊茸”、“半遵雅调”等相合。虽然很难断定这些观点之间的渊源关系，但是，就共性而言，诸家评论一致的地方，让今人更有理由相信，孟浩然诗歌在艺术上的成就。就诸家异议而言，这些论评为研究孟浩然提供了更为丰富的理论借鉴。据此可见，《河岳英灵集》论评孟浩然的文化意义。

唐以后，涉及孟浩然论评的著述颇多。如《新唐书》卷二〇三《孟浩然传》载：“孟浩然……后樊泽为节度使……符载以笺叩泽曰：‘故处士孟浩然，文质杰美……’”《诗人玉屑》卷一二“评鲍谢诸诗”云：“欲清深闲淡，当看韦苏州……孟浩然……”《沧浪诗话》云：“孟浩然之诗，讽咏之久，有金石宫商之声。”《后山诗话》引苏子瞻谓：“孟浩然之诗，韵高而才短……”《唐诗纪事》卷二三将殷璠评语全文载录。《唐音癸签》卷五引《吟谱》语云：“孟浩然诗，祖建安、宗渊明，冲澹中有壮逸之气。”同书同卷又引殷璠语云：“浩然詩文彩芊茸，半遵雅调……”据此亦可见，在诗歌批评史上，殷璠论评孟浩然，有其特殊地位。

第二，《河岳英灵集》摘句论析的方式，也值得关注。该集摘录孟浩然“众山”两句，出《永嘉上浦馆逢张八子容》：“逆旅相逢处，江村日暮时。众山遥对酒，孤屿共题诗。廨宇邻蛟室，人烟接岛夷。乡园万余里，失路一相悲。”[27]“气蒸”两句，出《岳阳楼》：“八月湖水平，涵虚混太清。气蒸云梦泽，波撼岳阳城。欲济无舟楫，端居耻圣明。坐观垂钓者，徒有羡鱼情。”前诗《文苑英华》卷二五〇《望洞庭湖上张丞相》。后诗，《文苑英华》卷二九七作《逢张客卿》。

纵观诗歌总集编撰史，自觉编撰总集始于晋挚虞《文章流别集》，该集虽佚，但其序《文章流别集论》尚存。据该文，知《文章流别集》未采用摘句论析的方式编集。此后，《昭明文选》以及疑为徐陵编纂的《玉台新咏》，亦未采用这种方式论评诗人。钟嵘《诗品》虽非选诗总集，但其采用摘句方式品评所遴选的对象，这一点，值得今人很好地研究。如其卷中论品“晋弘农太守郭璞”云：“宪章潘岳，文体相辉，彪炳可玩。始变永嘉平淡之体，故称中兴第一。《翰林》以为诗首。但《游仙》之作，词多慷慨，乖远玄宗。而云：‘奈何虎豹姿。’又云：‘戢翼栖榛梗。’乃是坎壈咏怀，非列仙之趣也。”又如卷中评“宋征士陶潜”云：“其源出于应璩，又携左思风力。文体省净，殆无长语。笃意真古，辞兴婉惬。每观其文，想其人德。世叹其质直。至如‘欢言醉春酒’、‘日暮天无云’，风华清靡，岂直为田家语邪？古今隐逸诗人之宗也。”[28]对比《河岳英灵集》品评诗人，其特点极似《诗品》。然而，《诗品》旨在论品而不在选录，这和《河岳英灵集》是有明显区别的。

初、盛唐文士编撰了数部诗句选集。如褚亮等编纂《古文章巧言语》一卷，《文镜秘府论》南卷《集论》著录元兢《古今诗人秀句序》曰：“皇朝学士褚亮，贞观中，奉敕与诸学士撰《古文章巧言语》……至如王粲‘灞岸’，陆机《尸乡》，潘岳《悼亡》，徐干《室思》，并有巧句，互称奇作，咸所不录。”[29]可见，该集仅以遴选诗句为主。类似者，又如许敬宗等集撰《瑶山玉彩》五百卷、元兢等集撰《古今诗人秀句》二卷以及吴兢、僧元鉴集撰《续古今诗人秀句》二卷等，其特点在句而不在篇。而《河岳英灵集》则有所不同，其旨在选诗，论品诗人时，以摘句方式论析诗人语词表达成就，很好地继承了摘句论析诗歌的品评特点。虽然，在《河岳英灵集》中，摘句论评的诗人并非孟浩然一人，据前文分析，未摘句者7人，仅摘句论析而未征引完整诗篇者13人，既摘句又征引完整诗篇者，仅孟浩然、王昌龄、刘昚虚与薛据四人而已。这四人之中，相比之下，殷璠对待孟浩然的品评方式又不同于其他三人。虽然，这未必能够说明殷璠推崇孟浩然诗歌，但仅从评品方式而言，这一点是值得关注的。

第三，《河岳英灵集》选孟浩然诗，在诗歌接受史上，亦有其独特的价值。从选本史上分析，《国秀集》乃今所见较早选孟浩然诗的总集。然而，《国秀集》选诗，仅《渡浙江》与《河岳英灵集》同（该诗题，后者题为《渡湘江问舟中人》）。后人多认为，芮挺章选孟浩然诗无法与殷璠相比。如宋曾彦和跋《国秀集》云："然挺章选编，非璠之比，览者自得之。"[30]傅璇琮《唐人选唐诗新编·国秀集》前记亦说："开、天时诗人，如李颀、常建、孟浩然、张九龄等，所选也都非佳作。"[31]据此可见殷璠的审美裁剪水平。这一点，也可以从《河岳英灵集》与唐以后诗歌选本选录孟浩然诗歌的比较略为管窥之。《河岳英灵集》选孟浩然诗 9 首，这 9 首诗均受到其以后诗歌总集的关注（冒号以前为《河岳英灵集》选录诗篇名称、后为殷璠以后收录该诗的诗歌总集）：

《过景空寺故融公兰若》：《文苑英华》卷三〇五、康熙四十五年《御定全唐诗录》卷一一。

《过融上人兰若》：宋洪迈《万首唐人绝句》卷七、明高棅《唐诗品汇》卷四八、明曹学佺《石仓历代诗选》卷四三、康熙五十二年编《御选唐诗》卷三一。

《裴司士见寻》：（疑）宋王安石《唐百家诗选》卷一、元杨士弘《唐音》卷四、《唐诗品汇》卷六〇、《石仓历代诗选》卷三七、明陆时雍《唐诗镜》卷一一、清王士祯《唐贤三昧集》卷中、《御定全唐诗录》卷一一、沈德潜《唐诗别裁集》卷九。

《永嘉上浦馆逢张子容》：《唐百家诗选》卷一、元方回《瀛奎律髓》卷二四、《唐音》卷四、《唐诗品汇》卷六〇、《石仓历代诗选》卷三七、《唐诗镜》卷一一、《唐贤三昧集》

中、《御定全唐诗录》卷一一。

《九日怀襄阳》:《文苑英华》卷一五八、宋蒲积中《岁时杂咏》卷三四、《石仓历代诗选》卷三七、《唐贤三昧集》卷中、《御定全唐诗录》卷一一。

《归故园作》:《又玄集》、《唐百家诗选》卷一、宋赵师秀《众妙集》、《瀛奎律髓》卷二三、《唐音》卷四、《唐诗品汇》卷六〇、《石仓历代诗选》卷三七、《唐诗镜》一一、《唐贤三昧集》卷中、《御定全唐诗录》卷一一、《唐诗别裁集》卷九。

《夜归鹿门歌》:宋姚铉《唐文粹》卷一六上、《唐百家诗选》卷一、《岁时杂咏》卷三六、《瀛奎律髓》卷一六、《唐音》卷三、《唐诗品汇》卷三一、《石仓历代诗选》卷三七、《唐诗镜》卷一一、《御定佩文斋咏物诗选》卷八三、《御选唐诗》卷八、《御定全唐诗录》卷一一、《唐诗别裁集》卷九。

《夜渡湘江》:《文苑英华》卷二九一、宋赵师秀《众妙集》、《唐音》卷四、《唐诗品汇》卷六〇、《御定佩文斋咏物诗选》卷九二、《御选唐诗》卷一四、《唐诗别裁集》卷九。

《渡湘江问舟中人》:《文苑英华》卷二九一、《会稽掇英总集》卷五、宋洪迈《万首唐人绝句》卷七、《唐诗品汇》卷四八、《石仓历代诗选》卷三七、《唐诗镜》卷一一、《御选唐诗》卷三一、《御定全唐诗录》卷一一。

据上文所列，从诗歌选学史角度讲，《河岳英灵集》所选孟浩然诗歌，宋以后选本在不同程度上都有所关注。《裴司士见寻》、《归故园作》、《夜归鹿门歌》、《夜渡湘江》、《渡湘江问舟中人》等诗，受到后世较多选本的推崇。据此可见，《河岳英灵集》选诗的审美效果是不容忽视的。

殷璠所选诗歌亦受到唐以后诗论家关注。如《归故园作》，唐以后论及该诗的笔记与诗话，多有论述。以唐宋为例，如唐孙光宪《北梦琐言》卷七、五代王定保《唐摭言》卷一一、宋陈岩肖《庚溪诗话》卷下、宋计有功《唐诗纪事》卷二三、宋胡仔《渔隐丛话前集》卷一五、宋佚名《竹庄诗话》卷一五、宋蔡正孙《诗林广记》卷八、宋魏庆之《诗人玉屑》卷一五等。可见，该诗受到唐宋诗论家广泛关注。又如，《裴司士见寻》，宋计有功《唐诗纪事》卷二三引殷璠语论孟浩然，并摘引该诗。宋沈括《梦溪笔谈》卷一五论此诗云："以'鸡'对'杨'，如此之类皆为假对。"其他，如宋朱胜非《绀珠集》卷九、宋王观国《学林》卷八、元方回《瀛奎律髓》卷二三均论及该诗。其他，如《过融上人兰若》、《永嘉上浦馆逢张子容》等，亦受到唐宋以后诗论家不同程度的关注。从诗歌接受史角度，也能看出《河岳英灵集》选诗的地位与价值。

注释：

* 本文为"2011 年全国优秀博士学位论文作者专项资金资助项目"阶段成果，项目批准号：201207。

[1] 李珍华、傅璇琮合著《〈河岳英灵集〉研究》，中华书局，1992 年。

[2] 王克让著《〈河岳英灵集〉注》，巴蜀书社，2006 年。

[3] 王运熙《〈河岳英灵集〉的编集年代和选录标准》，刊载于《唐代文学论丛》，陕西人民出版社，1982 年，第 197—201 页。

[4] 王运熙《释〈河岳英灵集序〉论盛唐诗歌》，《复旦学报》，1957 年，第 2 期。

[5] 张海明《殷璠〈河岳英灵集〉诗学思想述略》，《中国文化研究》，2003 年，夏之卷。

[6] 卢盛江《殷璠"神来、气来、情来"》论——唐代文术论的一个问题》，

《东方论坛》2006 年第 5 期。
[7] 拙文《〈河岳英灵集〉的选诗心态》,《山西大学学报》(哲学社会科学版),2007 年,第 6 期。
[8] 拙文《〈河岳英灵集〉选评李白诗刍议》,《中国韵文学刊》,2008 年,第 1 期。
[9] 本文所引《河岳英灵集》材料,除特殊注明者,均参傅璇琮编《唐人选唐诗新编》,陕西人民教育出版社,1996 年。
[10] 计有功撰《唐诗纪事校笺》,王仲镛校笺,巴蜀书社,1989 年,第 425 页。
[11] 计有功撰《唐诗纪事校笺》,王仲镛校笺,巴蜀书社,1989 年,第 633 页。
[12] 傅璇琮编《唐人选唐诗新编》,陕西人民教育出版社,1996 年,第 182—183 页。
[13] 王昌龄撰《王昌龄诗集》,黄明校编,江西人民出版社,1981 年,第 42 页。
[14] 计有功撰《唐诗纪事校笺》,王仲镛校笺,巴蜀书社,1989 年,第 660 页。
[15] 计有功撰《唐诗纪事校笺》,王仲镛校笺,巴蜀书社,1989 年,第 656 页。
[16] 李珍华、傅璇琮撰《〈河岳英灵集〉研究》,中华书局,1992 年。
[17] 傅璇琮编《唐人选唐诗新编》,陕西人民教育出版社,1996 年。
[18] 拙文《〈河岳英灵集〉的选诗心态》,《山西大学学报》,2007 年,第 6 期。
[19] 孟浩然撰《孟浩然诗集笺注》,佟培基笺注,上海古籍出版社,2000 年,前言部分。
[20] 李白撰《李白全集编年注释》,安旗等注释,巴蜀书社,1990 年,第 319—320 页。
[21] 李白撰《李白全集校注汇释集评》,詹锳主编,百花文艺出版社,1996 年,第 1254 页。
[22] 杜甫撰《读杜心解》,浦起龙注解,中华书局,1977 年,第 29 页。

[23] 杜甫撰《读杜心解》，浦起龙注解，中华书局，1977 年，第 46 页。
[24] 白居易撰《白居易诗集校注》，谢思炜校注，中华书局，2006 年，第 760 页。
[25] 白居易撰《白居易诗集校注》，谢思炜校注，中华书局，2006 年，第 781 页。
[26] 参孟浩然《孟浩然诗集笺注》，佟培基笺注，上海古籍出版社，2000 年，第 432—433 页。
[27] 本文引孟浩然诗，除特殊注明者，均参佟培基笺注《孟浩然诗集笺注》，上海古籍出版社，2000 年。
[28] 钟嵘著《诗品》，陈延杰注，人民文学出版社，1961 年，第 38—39、41 页。
[29]（日）遍照金刚撰《文镜秘府论汇校汇考》，卢盛江校考，中华书局，2006 年，第 1539 页。
[30]《唐人选唐诗》（十种），上海古籍出版社，1958 年，第 188 页。
[31] 傅璇琮编《唐人选唐诗新编》，陕西人民教育出版社，1996 年，第 211 页。

（作者为南开大学教授、文学博士）

孟浩然诗歌《诗经》情结原论

李金坤

孟浩然是历来公认的盛唐著名山水田园诗派的主要作者之一，对于他的生平事迹、山水田园诗尤其是山水诗的精神世界与艺术价值及其文学史之地位、诗人之交游、作品考辨与笺注等，研究成果已颇为丰硕。至于孟浩然对前代诗歌的承传问题，尤其是对我国第一部诗歌总集《诗经》的承传问题，学界关注则甚少。本文拟就此问题作一初步探析，以窥孟浩然诗歌《诗经》情结之一斑。

明人胡震亨《唐音癸签》引《吟谱》云："孟浩然诗祖建安，宗渊明，冲淡中有壮逸之气。"[1]贺贻孙《诗筏》所指则更为明确，他认为："储、王、孟、刘、柳、韦五言古诗淡隽处皆从《十九首》中出。"[2]今人王达津亦尝指出，孟浩然对前代诗歌有继承有创造，"率性任真处有的学陶，豪放旷逸有左思之风，同时对嵇康、鲍照、大小谢、陈子昂都有所继承，并在此基础上已形成了自己的豪逸风格，可以说已启典型的盛唐诗风。他也有得力于民歌的地方，如《问舟子》……《大堤行》……《鹦鹉洲送王九之江左》，这几首诗写得敞朗活泼，都很接近于民歌情韵”[3]。以上所引数例，皆认同孟浩然诗歌中蕴含前代诗歌的精神风貌，然只字未提及对《诗经》精神的承继，这是不符合孟浩然诗歌实际的。稍有可幸者，唐人殷璠《河岳英灵集》论及孟浩然接受《诗经》方面则透露了些许信息。其云：“浩然诗文彩蕈茸，经纬绵密，半遵雅调，全削凡体。”所谓“雅调”，即指《诗经》的“风雅”格调与精神。此处之“雅调”，与李白《古风五十九首》其一“大雅久不作”之“大雅”所指是相同的。“雅”即指《诗经》中的“大雅”与“小雅”，殷璠与李白诗所说的“雅调”、“大雅”，则代指《诗经》。然而，殷璠仅仅透露了点孟浩然诗歌与《诗经》关系的一丝信息，未能具体论述。而王士源《孟浩然集序》对孟浩然诗歌与《诗经》精神与特质元素的关系，则颇有明确的认同，其云：“山南采访使本郡昌黎韩朝宗，谓浩然间代清律，置诸周行，必咏穆如之颂。”这是说孟浩然的诗具有清雅的韵致与旋律，倘若他生在周代，必定会吟颂像《诗经》中《雅》、《颂》那样的“穆如”清风的诗歌。“穆如”一词，出自《诗经·大雅·烝民》。诗云：“吉甫作诵，穆如清风。”可见，孟浩然诗歌中是颇含《诗经》“穆如清风”之韵味的。就孟浩然善于学习承继《诗经》精神之事实而言，其本人早有鲜明而积极的体认。其《书怀遗京邑故人》：“惟先自邹鲁，家世重儒风。《诗》《礼》袭遗训，趋庭绍末躬。昼夜常自强，辞赋颇亦工……执鞭慕夫子，捧檄怀毛公。”首二句表明孟子是诗人的祖先，世代重儒，家风绵远。“《诗》、《礼》袭遗训”二句，直言自己承传《诗》、《礼》精神的优良传统；所谓“趋庭”，即指《论语·季氏》中孔子教育儿子孔鲤学《诗》、《礼》的故事。一次，孔鲤在庭院中小步快走至孔子面前，孔子问他学习《诗》、《礼》的情况，并告诉他说“不学诗，无以言”，“不学诗，无以立”。后来人们称子承父教为“趋庭”（或称“鲤庭”、“鲤趋”）。“昼夜常自强”二句，表明诗人学习《诗》、《礼》等极为刻苦勤奋，因此写作辞赋就甚为工整而气象不凡。“执鞭慕夫子”二句，表达自己向往孔子编订《诗经》的崇高事业以及对《诗经》传播者大毛公毛亨与小毛公毛苌的敬仰之情。有学者将此句中之“毛公”释为“东汉庐江毛义”，并认为其“家贫，以孝行著称。官府征召他去做官，毛义捧着檄文，喜形于色。母死，便辞官守服。后来官府又征召他，他再也不出来做官了。诗人用此典故说明自己是为侍养老母而求官”[4]。就本诗所流露的诗人对《诗经》的情感及其诗人的现实处境等因素观之，“毛公”当指传播《诗经》的大小毛公无疑，以此体现出诗人深厚的《诗经》情结。在其他好多诗歌中，孟浩然常常提及《诗》、《礼》及与之相关的“六义”等概念。如：“念尔习《诗》《礼》”（《送莫氏外生兼诸昆季从马入西军》），“《诗》《书》孔氏门”（《夜登孔伯昭南楼时沈太清朱升在座》），“谈天光六义，发论明三倒”（《襄阳公宅饮》），等等，孟浩然诗歌受《诗经》影响之深是毋庸置疑的。

鉴于前人对孟浩然诗中《诗经》情结论述零散而简略之

况，本文拟就此问题进行一次全方位、多角度地探索与考论，以期窥见孟浩然诗歌与《诗经》情结之一斑。以下即从“词汇乐用”、“典故活用”、“比兴巧用”、“风格化用”四个方面论析之。权为引玉之砖，诚祈方家同仁鉴而教之。

一、词汇乐用——古色古香气象新

检阅孟浩然传世的二百多首诗歌，其中每每可见诗人喜欢引用《诗经》词汇之处，为其诗歌平添了一分古色古香的色彩与气象。如：《送张子容赴举》云：“茂林余偃息，乔木尔翻飞。无使《谷风》诮，须令友道存。”《归至郢中》：“日夕见乔木，乡关在伐柯。”“乔木”、“《谷风》”，出自《小雅·谷风》的诗题与《小雅·伐木》“出自幽谷，迁于乔木”；“伐柯”出自《豳风·伐柯》“伐柯如何？匪斧不克。娶妻如何？匪媒不得”。《荆门上张丞相》云：“共理分荆国，招贤愧楚材。召南风更阐，丞相阁还开。觏止欣眉睫，沉沦拔草莱。”《荆门上张丞相》：“觏止欣眉睫，沉沦拔草莱。”“召南”、“觏止”，分别出自《国风·召南》之总题与《召南·草虫》“亦既觏止，我心则降”。《襄阳公宅饮》：“窈窕夕阳佳。”“窈窕”，出自《周南·关雎》“关关雎鸠，在河之洲。窈窕淑女，君子好逑”。《宿业师山房，期丁大不至》：“之子期宿来，孤琴候萝径。”《送元公之鄂渚，寻观主张骖鸾》：“桃花春水涨，之子忽乘流。”“之子”，出自《周南·桃夭》“逃之夭夭，灼灼其华。之子于归，宜其室家”、《邶风·燕燕》“燕燕于飞，差池其羽。之子于归，远送于野”等。《行至汝坟寄卢征君》：

"行之憩予驾，依然见汝坟。" "汝坟"，出自《周南·汝坟》"遵彼汝坟，伐其条枚"等。《送韩使君除洪州都曹》："岘首晨风送，江陵夜火迎。"《临涣裴明府席遇张十一房六》：" 晨风理归棹，吴楚各依然。""晨风"出自《秦风·晨风》"鴥彼晨风，郁彼北林"。"晨风"，即一种鹰类猛禽。《都下送章大之鄂》："因君故乡去，遥寄式微吟。""式微"，出自《邶风·式微》"式微式微，胡不归？微君之故，胡为乎中露"。《送王五昆季省觐》："平生急难意，遥仰鹡鸰飞。"《送表十岭南寻弟》："早闻牛渚咏，今见鹡鸰心。"《洗然弟竹亭》："俱怀鸿鹄志，共有鹡鸰心。"《送莫氏甥兼诸昆弟从韩司马入西军》："壮志吞鸿鹄，遥心伴鹡鸰。"上列诸多"鹡鸰"一词，皆出自《小雅·常棣》"脊令在原，兄弟急难"。"脊令"，即"鹡鸰"，一种水鸟。《题长安主人壁》："授衣当九月，无褐竟谁怜。"《九日得新字》："落帽恣欢饮，授衣同试新。""授衣"，出自《豳风·七月》"七月流火，九月授衣。……无衣无褐，何以卒岁？"《游精思观迴王白云在后》："樵子暗相失，草虫寒不闻。衡门犹未掩，伫立待夫君。""草虫"、"衡门"，分别出自《召南·草虫》"喓喓草虫，趯趯阜螽"与《陈风·衡门》"衡门之下，可以栖迟"。《万山潭作》："游女昔解佩，传闻于此山。求之不可得，沿月棹歌还。"诗中的"游女"、"求之不可得"分别出自《周南·汉广》"汉有游女，不可求思"与《周南·关雎》"窈窕淑女，寤寐求之。求之不得，寤寐思服"，等等。

以上所列举的孟浩然诗歌中的部分词汇，都是原封不动地直接引用于《诗经》，不妨权称之"直引型"。此外，孟浩然诗歌中还有部分词汇是采自于《诗经》而稍加改造者，这些词汇形貌稍异而精神意脉则仍与《诗经》保持一致，此类引用可名之曰“稍化型”。如《陪张丞相祠紫盖山，途经玉泉寺》：“青衿列胄子，从事有参卿”。“青衿”，出自于《郑风·子矜》“青青子矜，悠悠我心”，将“青青子矜”简化为“青衿”。《登望楚山最高顶》：“晴明试登陟，目极无端倪。”“登陟”，则由《魏风·陟岵》“陟彼岵兮，瞻望父兮”变化而来。《初年乐城馆中卧疾怀归作》：“蛰虫惊户穴，巢鹊眄庭柯。”“巢鹊”，变化于《陈风·防有鹊巢》“防有鹊巢，邛有旨苕”。《赠萧少府》：“鸿渐升仪羽，牛刀列下班。”“鸿渐升仪羽”，简化于《小雅·鸿雁》“鸿雁于飞，肃肃其羽”。《归至郢中作》：“远游经海峤，返棹归山阿。”“山阿”，变化于《卫风·考槃》“考槃在阿”。“山阿”与“在阿”，皆指士君子之隐居之所。《南还舟中寄袁太祝》“忽闻迁谷莺，来报武陵春”。“迁谷”出自《小雅·伐木》“伐木丁丁，鸟鸣嘤嘤。出自幽谷，迁于乔木”，将“出自幽谷，迁于乔木”二句压缩为“迁谷”二字，极其精要而又颇具青蓝寒水之妙，孟浩然“虽取熔经意，亦自铸伟辞”（刘勰《文心雕龙·辨骚》）的承继与创新之功于此可见一斑。

还有孟浩然在一首诗中连续简化《诗经》词汇者，可称之为“连化型”。如，《送桓子之郢成礼》云：“摽梅诗有赠，羔雁礼将行。今夜神仙女，应来感梦情”。其中的“摽梅”，则简化于《召南·摽有梅》“摽有梅，其实七兮”；“羔雁”合并于《召南·羔羊》“羔羊之皮，素丝五纶”与《小雅·鸿雁》“鸿雁于飞，肃肃其羽”；“神仙女”（有时称“神女”，如《陪独孤使君同与萧员外证登万山亭》："神女鸣环佩，仙郎接献酬。"；纥《登安阳城楼》："向夕波摇明月动，更疑神女弄珠游"等）此"神女"则变化于《周南·汉广》"汉有游女，不可求思"。"游女"，即传说中的汉水女神，即孟浩然所称之"神女"。又《游精思观回王白云在后》云："出谷未停午，至家已夕曛。回瞻山下路，但见牛羊群。"诗中的"出谷"、"夕曛"、"牛羊群"则分别简化于《小雅·伐木》"出自幽谷，迁于乔木"与《王风·君子于役》"日之夕矣，牛羊下来"。《送韩使君除洪州都曹》："勿翦棠犹在，波澄水更清。……召父多遗爱，羊公有令名。"其"勿翦棠犹在……召父多遗爱"，则化自于《召南·甘棠》"蔽芾甘棠，勿翦勿伐，召伯所茇"。"召伯"即"召父"。

由上考察可知，孟浩然诗歌中自觉、自然而自由地引用《诗经》词汇的频率是较高的，其应用方式既有"直引型"、"简化型"，也有"连化型"，因诗而定，因情而设，自由灵活，恰到好处。不然想见，孟浩然对《诗经》的接受与引用，如此娴熟与自如，委实已成为他吟诗作歌的一种思维习惯与生活常态了。学习《诗经》如此见效，可谓深入骨髓矣。

二、典故活用——殆同己出蕴涵深

李白曾十分醉心于他那独与天地精神相往来的隐逸生活，如《山中问答》云："问余何意栖碧山，笑而不答心自闲。桃花流水窅然去，别有天地非人间。"耽乐山隐，无以言表。他不仅得意于自己的隐逸生活，而且还特别欣赏友人的隐士风神。其《赠孟浩然》云：“吾爱孟夫子，风流天下闻。红颜弃轩冕，白首卧松云。醉月频中圣，迷花不事君。高山安可仰，徒此揖清芬。”钦慕之情，溢于纸背。由大诗人李白对隐士孟浩然的高度称颂可知，孟浩然之隐委实是大名鼎鼎矣。《旧唐书·文苑传》云：“隐鹿门山，以诗自适。年四十，来游京师，应进士不第，还襄阳。张九龄镇荆州，署为从事，与之唱和。不达而卒。”诗人的仕宦生涯甚为短暂，大半生是在襄阳隐居度过的。正如他三十岁时所吟《田园作》说的那样：“蔽庐隔尘喧，惟先养恬素。卜邻近三径，植果盈千树。”正是基于诗人这样一个长期啸傲山林、遗世独立的隐士身份，孟浩然似乎便格外青睐于《诗经》中的隐逸典故，并将它们自然而然地运用于描写隐逸情怀的山水田园诗中，成为表情达意的重要意象与元素。

《诗经》中常常以特定的事物、现象、地点与处所来指代贤人隐逸的精神家园，如：草虫、夕曛、式微、樵子、考槃在涧、考槃在阿、鱼潜于渊、鱼在于沼、衡门、九皋、空谷、幽谷、丘中等，无不成为贤人隐逸的特定符号。这里仅就“衡门”、“式微”、“考槃在阿”三个隐逸典故在孟浩然隐逸诗中的成功运用情况，试作粗浅之论析。

首先看“衡门”运用之情况。孟浩然《游精思观回王白云在后》云：

出谷未停午，至家已夕曛。回瞻山下路，但见牛羊群。樵子暗相失，草虫寒不闻。衡门犹未掩，伫立待夫君。

这是一首叙述诗人出游归来等待友人相聚而未至的诗。前六句描写夕阳余晖、牛羊下山、樵夫归家、虫寒未鸣的所见所感，衬托出诗人隐居之所的清冷与寂寞之境，以景写情，含蓄蕴藉，耐人寻味。末二句直抒诗人久盼友人来访的一腔深情，由衷而发，诚挚感人。

孟浩然《游精思观回王白云在后》中“衡门”一词，最早出于《陈风·衡门》，诗云：

> 衡门之下，可以栖迟。泌之洋洋，可以乐饥。岂其食鱼，必河之鲂？岂其取妻，必齐之姜？岂其食鱼，必河之鲤？岂其取妻，必宋之子？

此诗乃隐者抒发安于贫贱、知足常乐、随遇而安之诗。如朱熹《诗集传》云：“此隐居自乐而无求者之词。言衡门虽浅陋，然亦可以游息；泌水虽不可饱，然亦可以玩乐而忘饥也。”[5]姚际恒《诗经通论》亦云：“此贤者隐居甘贫而无求于外之诗。一章甘贫也，二、三章无求也。唯能甘贫，故无求。唯能无求，故甘贫。”[6]诗首二句是全诗之总纲，突出作者安于贫贱的知足心态，以下则是从生活与家庭的各个层面来进一步彰显知足心态而已。尤其是四个反问句的连续引用，更凸显出作者知足常乐隐逸心态之美好，堪称中国隐逸诗之祖也。从此，“衡门”一词便成为后代诗人们在诗歌创作中乐用不疲的隐逸符号。应该说，孟浩然是唐代诗人中运用此符号的佼佼者之一。

其次看“式微”运用之情况。“式微”，亦是《诗经》中最早表示士人归隐的一个极其鲜明的典故。《邶风·式微》云：

> 式微式微！胡不归？微君之故，胡为乎中露？式微式微！胡不归？微君之躬，胡为乎泥中？

对于此诗主旨，可谓众说纷纭。《毛诗序》认为是黎侯为狄所逐，流亡于卫，臣下歌吟此诗劝其归国。刘向《列女传·贞顺篇》则以为是卫侯之女嫁黎国庄公，却不为其所纳，故有人劝其归国，她则“终执贞一，不违妇道，以俟君命”，因此赋诗以明志。二说均有牵强附会之处，然同言“劝其归国”之意，倒是合乎诗歌作者之题旨的。余冠英《诗经选》指出：“这是苦于劳役的人所发的怨声。”[7]此说是大致切合诗旨的。

“式微”：“式”，发语词，无实义；“微”，幽暗，指天黑。全诗意思是说，天黑了、天黑了，为什么还不赶紧回家？如果不是为了君主的事情，不是为了养活君主的贵体，何必要年复一年、日复一日地在露水和泥浆中奔波劳苦呢？短短两章数十字，则将受奴役者自身无休止的苦难生活及其对统治者无比怨恨之情绪淋漓尽致地宣泄了出来，颇具艺术感染力。

由《毛诗序》释解《邶风·式微》“劝归”之意的推演，后来“式微”一词便逐渐衍变为中国古典诗歌中的“归隐”意象。如唐王维“即此羡闲逸，怅然吟式微”（《渭川田家》）；贯休“东风来兮歌式微，深云道人召来归”（《别杜将军》）等，可见影响之深远。

而孟浩然《都下送辛大之鄂》则承袭《邶风·式微》中“式微”之“劝归”意绪，融入时代思潮、人生经历与情感因素，借助送友人返归故乡、有志难伸而无奈隐逸田园之机，抒发惺惺相惜、同病相怜之深情厚谊。诗云：

南国辛居士，言归旧竹林。未逢调鼎用，徒有济川心。予亦忘机者，田园在汉阴。因君故乡去，遥寄式微吟。

此诗前四句即题言说，表达对友人怀才不遇、归隐竹林的怜惜之情；后四句由友及己，自勉勉人，体现出诗人古道热肠的诚挚友情，读之令人动容。尤其末了“遥寄式微吟”一句，真切表达了两位友人同隐山林、各适其情的旷达胸襟，品读再三，其味愈出。从《诗经》之“式微”到孟浩然之“式微”，可谓“萧条异代处，诗脉千载连，古今同为隐，独善志清莲”。

再次看“考槃在阿”的运用情况。“考槃在阿”出自《卫风·考槃》。这是一首描写隐者独善其身、自得其乐的隐士之歌。全诗云：

考槃在涧，硕人之宽。独寐寤言，永矢弗谖。考槃在阿，硕人之薖。独寐寤歌，永矢弗过。考槃在陆，硕人之轴。独寐寤宿，永矢弗告。

全诗三章，每章四句。首章叙述盘桓山涧、独眠自语之乐；二章描写盘桓山凹、独眠自歌之欢；三章抒发盘桓山台、独眠自卧之娱。诗人直将隐居山林、逍遥自在、任性随意、悠哉悠哉之随心所欲之快乐之情表现得淋漓尽致，与《陈风·衡门》之隐逸情趣具有异曲同工之妙。

《卫风·考槃》中的“考槃在阿”典故，直接影响了孟浩然的《归至郢中作》，其诗云：

远游经海峤，返棹归山阿。日夕见乔木，乡园在伐柯。愁随江路尽，喜入郢门多。左右看桑土，依然即匪佗。

此诗表达诗人周游列国而隐逸家乡、与本乡人亲如兄弟的喜悦之情。“山阿”，指隐居之所。阿，山角。《三国志·魏志·常林传》云：“林乃避地上党，耕种山阿。”“乔木”，《孟子·梁惠王下》：“孟子见齐宣王曰：‘所谓故国者，非谓有乔木之谓也。”此化用其意，以“乔木”指故乡之物。“伐柯”，《豳风·伐柯》云：“伐柯伐柯，其则不远。”潘岳《河阳县作》云：“引领望京室，南路在伐柯。”此处只取“不远”之意。“桑土”，《孟子·梁惠王上》云：“五亩之宅，树之以桑。”此指故土。“匪佗”，即“匪他”。《小雅·頍弁》云：“岂伊异人，兄弟匪他。”谓都是兄弟而非他人，后用为兄弟的代称。曹植《求通亲亲表》云：“远慕《鹿鸣》君臣之宴，中咏《棠棣》匪他之诫，下思《伐木》友生之义，终怀《蓼莪》罔极之哀。”卢谌《赠刘琨》云：“义由恩深，分随昵加，绸缪委心，自同匪他。”杜甫《湖中送敬十使君适广陵》云：“几年一会面，今日复悲歌。少壮乐难得，岁寒心匪他。”此诗除了“乔木”、“伐柯”、“桑土”、“匪佗”等词直接引用于《诗经》外，其实“山阿”一词也是取自于《诗经》。《卫风·考槃》云："考槃在阿。"孔《疏》认为山"阿有曲者，于隐遁为宜"。孟浩然于《归至郢中作》中将"考槃在阿"之"阿"借用过来并加一"山"字而成"山阿"，从而使得诗人"返棹归山阿"之隐逸之旨较之于"考槃在阿"则更为鲜明磊落矣。此正可见出诗人引用《诗经》典故的娴熟、巧妙与精到之处。

由上"衡门"、"式微"、"考槃在阿"三个隐逸典故考察可知，孟浩然对《诗经》精神的领悟与接受是甚为成功的，达到了殆同己出、炉火纯青的思想境界。

三、比兴巧用——别具境界情意真

孟浩然《襄阳公宅饮》尝云："谈天光六义，发论明三倒。"诗人与友人畅饮阔论《诗经》"六义"，不时碰撞出思想火花，每每惊叹友人之高见而为之绝倒。"三倒"典故见之于《世说新语·赏誉下》："（王平子）每闻卫玠言，辄叹息绝倒。"刘孝标注引《卫玠别传》云："玠少有名理，善通庄老。琅邪王平子，高气不群，迈世独傲；每闻玠之语议，至于理会之间，要妙之际，辄绝倒于坐，前后三闻为之三倒。时人遂曰：'卫君谈道，平子三倒。'"后因以"三倒"典故形容发论一再令人钦服。由孟浩然与友人高谈"六义"兴致如此浓烈之事观之，诗人精通诗学"六义"之概念，自是不言而喻的。"六义"说，出自《毛诗序》："故诗有六义焉，一曰风，二曰赋，三曰比，四曰兴，五曰雅，六曰颂。""六义"亦称"六诗"，《周礼·春官·大师》云："教六诗，曰风，曰赋，曰比，曰兴，曰雅，曰颂。以六德为之本，以六律为之音。"后来，唐代大儒孔颖达《毛诗正义》又将“六义”归纳为“三体三用”说，即：“风”、“雅”、“颂”为《诗经》之体，“赋”、“比”、“兴”为《诗经》之用。“赋”、“比”、“兴”，是中国第一部诗歌总集《诗经》所创造的具有鲜明民族特色的诗歌艺术表现手法，沾溉后世文学影响极其深远。孟浩然诗歌十分善于运用比兴象征艺术手法，正是其善用《诗经》比兴艺术手法的鲜明体现。

男女君臣之喻，是《毛诗》解读《诗经》的一种重要阐释策略，如《〈关雎〉序》云：“是以《关雎》乐得淑女以配君子，忧在进贤，不淫其色。哀窈窕，思贤才，而无伤善之心焉”。将“窈窕淑女，君子好逑”的男女之逑阐释为一种“哀窈窕，思贤才”的男女君臣之喻的诗学理论。尽管《关雎》作者的本意原非如此，但后世读者可以从中解读出另外的意旨来，此乃读者的权利，无可厚非。正如清人谭献所云：“作者之用心未必然，而读者之用心何必不然。”故《毛诗》能从本是男女爱情之作的《关雎》中解读出具有君臣之喻的政治意味来，这是《毛诗》解读的一家之言，后人自可认同附和，亦可反对批驳，仁、智互见，各取所需。学术争鸣，贵在包容。孟浩然诗中多有“游女”、“神女”、“神仙女”意象，她们几乎皆具有“君王”及“贤才”（具有引荐权重的贤才）的比兴象征意义。此仅以《万山潭作》为代表试加论析。诗云：

> 垂钓坐磐石，水清心亦闲。鱼行潭树下，猿挂岛藤间。游女昔解佩，传闻于此山。求之不可得，沿月棹歌还。

这是诗人早年隐居家乡时的一首，表面上看似描写诗人心境淡泊、超然物外的隐居生活，而骨子里却是抒发自己君臣不合、怀才不遇而不得不隐居山林的怨愤之情与无奈之举。欲知原委如何，有必要将孟浩然之生平与理想简论之。诗人出生于“家世重儒风”的孟家，常以孟子后裔为荣。作为儒家创始人孔子思想的承传者孟子，他是“以天下为己任的”，是必须汲汲于仕途的。所以，孟浩然少年时代即立下“鸿鹄之志”。其《洗然弟竹亭》诗：“俱怀鸿鹄志，共有鹡鸰心。”《田园作》云：“冲天羡鸿鹄，争食羞鸡鹜。”他幻想自己能像大鹏、鸿鹄翱翔于天地之间。《仲夏归南园寄京邑旧游》云：“忠欲事明主，孝思侍老亲。”希望忠孝两全，一方面是建功立业，效忠于皇上，一方面又能侍奉父母。为了实现鸿鹄壮志和崇高理想，少年孟浩然读书、写作颇为努力。《南阳北阻雪》云：“少年弄文墨，属意在章句。”《秦中苦雨思归赠袁左丞贺侍郎》云：“若学三十载，闭门江汉阴。”“昔吾与汝辈，读书常闭门。”从这些诗句中，我们看到了少年孟浩然为学的刻苦和勤奋。

孟浩然是个身在江湖、心存魏阙的有志之士。即使京师求仕屡屡失利，也从未放弃立足朝堂的希望。他的生死之交张子容（或王维）曾经写诗劝勉曰：“杜门不复出，久与世情疏。以此为长策，劝君归旧庐。醉歌田舍酒，笑读古人书。好是一生事，无牢献子虚。”可是，他义无反顾，许多首诗中依然不息表达那种“不忘魏阙”的心声。其《初下浙江舟中口号》云：“回瞻魏阙路，无复子牟心。”《自浔阳泛舟经明海作》云：“魏阙心常在，金门诏不忘。”《久滞越中赠谢南池会稽贺侍郎》又云："未能忘魏阙，空此滞秦稽。"《卢明府送郑十三还京兼寄之什》还云："寄语朝廷当世人，何时重见长安道?"不仅如此，他还劝勉友人不要忘了魏阙，忘了大济苍生的抱负。如《将适天台留别临安李主簿》云："枳棘君尚栖，匏瓜吾岂系?"《论语·阳货》中载孔子云："吾岂匏瓜也哉，焉能系而不食!"郑玄注云："我非匏瓜，焉能系而不食。冀往仕而得禄。"孟浩然俨然以孔子自喻，渴望随时入仕。关于这一点，王达津的评价则甚切孟浩然生平与思想之情理。他说："从生平经历和思想品格来看，孟浩然的一生还是光明磊落的。他自始至终抱着济时用世的思想，愈到老年愈济苍生的念头就愈明显。在政治上，他也始终站在张九龄一边，向往政治清平。反对权贵专权。遭到打击便翻然引退，遨游江海山林，以示不屈。他在生活中则以自然为宗，通脱放旷，自有清高孤洁的情操。但最可贵的还是不论在什么情况下，他都没有放弃施展政治抱负的愿望。"[8]在基本掌握了孟浩然的生平事迹与思想怀抱之后，我们再回头来解读《万山潭作》这首寓意深婉的诗作，其主旨精神便迎刃而解、豁然开朗了。

此诗前四句描写诗人垂钓磐石、水清心贤、鱼游潭树、猿挂岛藤的天人谐和之安乐景象，诗人看似十分自在、极其逍遥，然而其内心之深处则"别有一番滋味在心头"。后四句笔锋一转，则将诗人的情感推进了另一个让人无比失落、孤寂无依的世界。由前面四句诗中诗人所见所感的现实情景，突转为后四句诗中诗人所闻所叹的神话传奇，由实而虚，意绪转向，比兴象征，意味深长。四句诗，涉及《诗经》元典的两个重要精神元素。一是"游女"，出自《周南·汉广》，诗云：

南有乔木，不可休思；汉有游女，不可求思。汉之广矣，不可泳思；江之永矣，不可方思。翘翘错薪，言刈其楚；之子于归，言秣其马。汉之广矣，不可泳思；江之永矣，不可方思。翘翘错薪，言刈其蒌；之子于归，言秣其驹。汉之广矣，不可泳思；江之永矣，不可方思。

二是“求之不可得”，出自《周南·关雎》，诗云：

关关雎鸠，在河之洲。窈窕淑女，君子好逑。参差荇菜，左右流之。窈窕淑女，寤寐求之。求之不得，寤寐思服。优哉优哉，辗转反侧。参差荇菜，左右采之。窈窕淑女，琴瑟友之。参差荇菜，左右芼之。窈窕淑女，钟鼓乐之。

两首诗同在《周南》中，都是著名的爱情诗。《汉广》诗写一位青年男子热恋一个美似仙女的姑娘，渴望与她完婚，但最终不能如愿以偿而苦恼失望。《关雎》写青年男子思慕一个采摘荇菜的美丽女子，朝思暮想，梦想着与她结婚。孟浩然自觉将《汉广》、《关雎》二诗中的“游女”意象与“求之不可得”的词汇融入自己的诗作之中，很显然，它们已不是原先诗中男主人寻觅恋人以求成婚的意旨了，而是注入了自己怀才不遇、仕途乖蹇的比兴象征意义了。诗人 40 岁时应进士不第还襄阳后尝作《岁暮归南山》云：“北阙休上书，南山归敝庐。不才明主弃，多病故人疏。白发催年老，青阳逼岁除。永怀愁不寐，松月夜窗虚。”诗中满篇是怀才不遇的失落与愤慨，句句是光阴荏苒、事业无成的焦虑与无奈。如果说此诗是以写实手法直抒君臣不遇、壮志难酬的悲怀愁绪的话，那么《万山潭作》则是借助于神话传说故事中“游女”“求之不可得”的比兴象征手法，委婉表达了诗人君臣乖违、理想破灭的不幸遭遇，具有异曲同工之妙。

孟浩然还写过一些美人不遇的抒情诗，如《秋宵月下有怀》诗中秋月盼人不至的怨旷佳人，《长乐宫》中思君不至而苦夜难熬的寂寞美女，《赋得盈盈楼上女》中空望夫归的青楼思妇，等等，如许不幸美女子们的不幸命运的抒写，倘若说是诗人为命运可悲的妇女在歌唱，倒不如说自己是一位“粤余任推迁，三十犹未遇”、“三十既成立，嗟吁命不通”、“士有不得志，凄凄吴楚间”的诗人，善用男女君臣之巧喻的比兴象征艺术，像伟大爱国主义诗人屈原那样行吟泽畔、俯仰天地，强烈抒发自己怀才不遇、壮志难酬的悲慨情怀。这些正是孟浩然诗善用男女君臣之喻比兴象征手法的思想价值与艺术魅力之所在。

四、风格化用——穆如清风酿诗心

宋人林景熙云：“天地间唯正气不挠，故清气不浑。清气与正气合而为文，可以化今，可以传后。而诗其一也。”清人熊士鹏云：“诗，清物也，勿嚣而杂，勿昏而浊，勿粗而肤，勿冗而散。……此其所以为清物也。”明人胡应麟对诗歌具有“清”之特质的论述颇为详明，其《诗薮》外编卷四云：“诗最可贵者清，然有格清，有调清，有思清，有才清。才清者，王孟储韦之类是也。若格不清则凡，调不清则冗，思不清则俗。王杨之流利，沈宋之丰蔚，高岑之悲壮，李杜之雄大，其才不可概以清言，其格与调与思，则无不清者。”可见，“清”已成为中国诗歌的一种难能可贵的艺术风格与审美境界。

而作为诗歌“清”的艺术风格与审美境界，在中国第一部诗歌总集《诗经》中便可见其端倪。宋咸熙《耐冷谈》卷三认为：“吉甫作颂，穆如清风。《三百篇》言诗之旨，亦如是已。清非一无采色之谓也，昔人评《离骚》者：曰清绝滔滔，读陶诗者曰香艳入骨。会得此旨，可以追踪风雅矣。”所论甚是。《诗经》中所用“清”字有十余处，基本包括本义与比喻义两种义项。本义多指水清，如：“溱与洧，浏其清矣”（《郑风·溱洧》）；“坎坎伐檀兮，寘之河之侧兮，河水清且涟猗”，“坎坎伐辐兮，寘之河之干兮，河水清且直猗”，“坎坎伐轮兮，寘之河之漘兮，河水清且沦猗”（《魏风·伐檀》）。比喻义多指人物容貌的清秀、清雅、清灵与祭祀场所的清静肃穆及典章制度的清明严正等。前者如：“有美一人，清扬婉兮，邂逅相遇，适我愿兮”，“有美一人，婉如清扬，邂逅相遇，与子偕臧”（《郑风·野有蔓草》）；“猗嗟名兮，美目清兮”，“猗嗟娈兮，清扬婉兮”（《齐风·猗嗟》）。后者如：“吉甫作颂，穆如清风”（《大雅·烝民》）；“于穆清庙，肃雍显相”（《周颂·清庙》）；“维清缉熙，文王之典”（《周颂·维清》）；“古清命武汤，正域彼四方”（《商颂·玄鸟》）。尽管“清”字在《诗经》中的运用颇为有限，但从中不然发现，我们可爱的先人们已经从自然界中“水”之清澈明净特征联想到人物容貌的清秀灵动及其祭祀与典制的清穆庄严的审美意义，这无疑是人们审美观念的质的飞跃，同时，亦为中国诗歌“清”的艺术风格与审美境界的形成起到了启蒙发喤、导夫先路之重要作用。

中国诗歌发展至唐代，尤其是在许多隐逸诗人的诗歌中，其“清”的风格特征已甚为鲜明。如王绩、王之涣、王维、储光羲、刘长卿、钱起、司空曙、张志和、韦应物、皎然、孟郊、贾岛、柳宗元、许浑、司空图、贯休等，他们的诗歌正所谓“乾坤有清气，散入诗人脾”（释贯休《古意九首》之四）、“此道真清气”（释贯休《贻王秀才》）。即使一贯务实写真的大诗人杜甫，也总常喜欢以“清”字来评价同时之诗友，如：“诗清立意新”（《奉和严中丞西城晚眺十韵》），“清新庾开府，俊逸鲍参军”（《春日忆李白》），“不薄今人爱古人，清词丽句必为邻”（《戏为六绝句》其五），“清诗近道要”（《贻阮隐居》），“不意清诗久零落”（《追酬故高蜀州人日见寄》）等。尤其对孟浩然诗歌“清”之风格美学价值，杜甫更是推崇备至：“复忆襄阳孟浩然，清诗句句尽堪传。”（《解闷十二首》其五）可见，在众多唐代诗人中孟浩然诗歌“清”之风格是出类拔萃、别具魅力的。

与孟浩然同时而稍后的王士源于其《孟浩然集序》中评价其诗歌“清”之风格时指出：“（孟浩然）学不为儒，务掇清藻，文不按古，匠心独妙，五言诗天下称其尽美矣。间游秘省，秋月新霁，诸英华赋诗作会，浩然句‘微云淡河汉，疏雨滴梧桐’，举座嗟其清绝，咸阁笔不复为继。”“清绝”二字，可谓道尽了孟浩然山水田园诗的风格审美特质。他确实是一位十分喜欢以“清”入诗的诗人，通检其二百余首诗，纯用“清”字就有五十余处，正可谓“清诗句句尽堪传”矣。在诗人的笔下，世界万物皆浸润着“清”的风情与韵味，从而使得孟浩然的诗呈现出一片“清”气氤氲的独特景象。诗人的笔下，水是清水，江是清江，风是清风，响是清响，音是清音，晓是清晓，秋是清秋，“清”字满纸，别有清韵。如：“垂钓坐磐石，水清心亦闲”（《万山潭作》），“二月湖水清，家家春鸟鸣”（《晚春》）；“野旷天低树，江清月近人”（《宿建德江》），“悠悠清江水，水落沙屿出”（《登江中孤屿赠白云先生王迥》）；“清晓因兴来，乘流越江岘”（《题鹿门山》）；“阮籍推名次，清风坐竹林”（《听郑五愔弹琴》），“落日池上酌，清风松下来”（《裴司士员司户见寻》），“逸气假毫翰，清风在竹林”（《洗然弟竹亭》）；“愁因薄暮起，兴是清秋发”（《秋登万山寄张五》）；“荷风送香气，竹露滴清响”（《夏日南亭怀辛大》），“松月生夜凉，风泉满清听”（《宿来公山房期丁大不至》），“风泉有清音，何必苏门啸”（《题终南翠微寺空上房人》）；“八月湖水平，涵虚混太清”（《岳阳楼》），等等。由此可见，孟浩然的山水田园诗歌确实为人们营造了一个“清气满乾坤”的清幽境界，即便那些“风急天高猿啸哀”（杜甫《登高》）的凄凉悲戚的猿啼，在诗人清宁的心灵世界里，亦依然呈现出“坐听闲猿啸，弥清尘外心”（《武陵泛舟》）清闲洒脱的姿态。“总之，不论客观的还是主观的，一切都‘清’，一切无不可‘清’。他欣赏的是清景，抒发的是清兴，探求的清静之理。……读这类诗，有如喝低度的醇酿，余香满口，越品越有滋味。”[9]

作为“余意在山水，闻之谐夙心”（《听郑五愔弹琴》）、“日耽田园趣、自谓羲皇人”（《仲夏归南园寄京邑旧游》）的清心寡欲之诗人孟浩然，其诗歌蕴涵清灵幽雅之艺术审美风格与境界是必然的。仇福昌《静修斋诗话》春卷云：“人之心不可不清。不清则利欲熏心，了无佳趣；清则风云月露，皆可作诗词歌赋观，所谓无声之诗也。”清代马桐芳《憨斋诗话》卷四云：“诗家体格词意最要大方，而以清气行之，古之名公无不如此。”方回《冯伯田诗集序》云：“天无云谓之清，水无泥谓之清，风凉谓之清，月皎谓之清。一日之气夜清，四时之气秋清。……而诗人之诗亦有所谓清焉。清矣，又有所谓新焉。”皮日休对孟浩然诗歌的“清”之审美特质体悟则尤为深刻，其云：“先生之作遇景入咏，不拘奇抉异，令龌龊束人口者，涵涵然有干霄之兴，若公输氏当巧而不巧者也。北齐美萧悫‘芙蓉露下落，杨柳月中疏’，先生则有‘微云澹河汉，疏雨滴梧桐’。乐府美王融‘日霁沙屿明，风动甘泉浊’，先生则有‘气蒸云梦泽，波撼岳阳城’。谢朓之诗句精者有‘露湿寒塘草，月映清淮流’，先生则有‘荷风送香气，竹露滴清响’。此与古人争胜于毫厘也。”（《郢州孟亭记》）严羽以禅喻诗，谓浩然之诗“一味妙悟而已”（《沧浪诗话·诗辨》）。清代王士禛推衍严氏绪论，标举“神韵说”，宗尚王孟，曾举浩然《晚泊浔阳望庐山》一诗作为范本，认为：“诗至此，色相俱空，政如羚羊挂角，无迹可求，画家所谓逸品是也。”（《分甘馀话》）孟浩然诗别具“神韵”风采，实质是他诗歌清逸空灵独特艺术风格的生动体现。试品其《晚泊浔阳望庐山》清逸空灵的审美特质。诗云：

挂席几千里，名山都未逢。泊舟浔阳郭，始见香炉峰。

尝读远公传，永怀尘外踪。东林精舍近，日暮空闻钟。

由诗题可知，这是诗人日暮时分停泊于浔阳江畔遥望庐山、怀想南朝名僧慧远而向往超尘脱俗世外生活的一首诗。前四句通过“挂席几千里”而“未逢”“名山”与眼前“始见香炉峰”的鲜明对比，突出“香炉峰”在诗人心中非同寻常的地位，从而真切体现出诗人惊喜不已的愉悦之情。吕本中《童蒙诗训》评价此四句云：“但详看此等语，自然高远。”后四句，由“香炉峰”自然想到曾居于庐山东林寺的东晋高僧慧远，进而想到要追踪高僧出世踪迹，在日暮传来的悠悠古寺钟声里，诗人仿佛已高蹈出尘、沉浸于世外清幽之境界焉。全诗未对庐山本身情状叙写一字，而庐山幽静之况、精舍壮肃之象与诗意空灵之美则如在目前，给人以无限遐想的余地。此所谓“不著一字，尽得风流”（司空图《二十四诗品》）者也。

如果说《晚泊浔阳望庐山》具有清逸空灵审美特质的话，那么，《秋登万山寄张五》则具有清气氤氲的审美境界，堪称为孟浩然诗歌“清”之审美风格的代表作之一。其诗云：

北山白云里，隐者自怡悦。相望始登高，心随雁飞灭。愁因薄暮起，兴是清秋发。时见归村人，沙行渡头歇。天边树若荠，江畔舟如月。何当载酒来，共醉重阳节。

这是一首清秋日暮登高怀念隐士友人之作。首二句，由晋陶弘景《诏问山中何所有赋诗以答》“山中何所有？岭上多白云。只可自怡悦，不堪持赠君”化来，想象友人隐居生活的“清娱”情状。三、四句，描写诗人登高见雁、望雁传情的“清怀”意绪。五、六句，抒发诗人薄暮生愁、怀人不已的“清兴”意味。七、八句，摹写诗人所见村人晚归、渡头稍息的“清闲”画面。九、十句，通过远处“天边树若荠”与近处“江畔舟如月”两个精妙比喻，凸显诗人的“清旷”胸襟。最后两句，体现出诗人注重友谊的“清纯”情感。全诗句句涵“清”，“清”意满纸，“清”气洋溢，“清”境怡人。不愧为体现诗人“清”之审美风格与艺术境界的杰作。

对于如此钟情于《诗经》的诗人孟浩然，他所擅长的山水田园诗中所具有的“清”之审美风格与艺术境界，不难窥见其深受《诗经》“清”之语言形式与精神风格影响之蛛丝马迹。这一点历代学者皆未涉及，故本文遂就此多加阐论之。

由上观之，孟浩然诗歌对《诗经》精神的接受主要体现在“词汇乐用”、“典故活用”、“比兴巧用”、“风格化用”等四个方面，如此接受可谓是多角度、立体化、全面性的了，客观证明了诗人具有浓厚的《诗经》情结，故而形成了其诗歌清淡中蕴古朴、自然中涵雅致的审美风格与艺术境界。至于孟浩然何以如此钟情于《诗经》精神，一则由于其家庭原因，所谓“惟先自邹鲁，家世重儒风。《诗》《礼》袭遗训，趋庭绍末躬”是也。一则由于其时代原因，唐代大儒孔颖达奉诏编撰的《毛诗正义》，朝廷直接颁布全国作为科举士子们的必读教材，并且将《诗经》直接列入科举考试的内容之一。所以，孟浩然钟情《诗经》，汲取营养，古为今用，丰富诗作，亦就自在情理、不言而喻了。

注释：

[1] 胡震亨《唐音癸签》，上海古籍出版社 1981 年版，第 47 页。

[2] 郭绍虞《清诗话续编》，上海古籍出版社 1983 年版，第 138 页。

[3] 王达津选注《王维孟浩然选集》，上海古籍出版社 1990 年版，第 363 页。

[4] 邓生安、孙佩君《孟浩然诗选译》，巴蜀书社 1990 年版，第 13 页。

[5] 朱　熹《诗集传》，上海古籍出版社 1958 年版，第 82 页。

[6] 姚际恒《诗经通论》，中华书局 1958 年版，第 146 页。

[7] 余冠英《诗经选》，人民文学出版社 1979 年版，第 40 页。

[8] 王达津选注《王维孟浩然选集》，上海古籍出版社 1990 年版，第 354 页。

[9] 邓生安、孙佩君《孟浩然诗选译》，巴蜀书社 1990 年版，第 8 页。

（作者为江苏大学文法学院教授、文学博士）

孟浩然对陶渊明的敬慕
——从前期到后期的变化

（日本）下定雅弘

前言

孟浩然十分敬慕陶渊明，他说：“我爱陶家趣，园林无俗情”（《李氏园林疾》）、“尝读高士传，最嘉陶征君”（《仲夏归汉南园京邑耆旧》）。终其一生他都保持着对陶渊明的敬慕之念，但其敬慕态度，在前期与后期之间有明显的不同。

拙文旨在以孟浩然诗歌中与陶渊明及其诗歌有关联的表现为材料，考察孟浩然从前期到后期，其思想意识的变化，并试图探讨陶、孟两位诗人处世思想的差异。

拙文中所指前后期以孟浩然长安应试为界，前期指其41岁长安应试之前的时期，后期即应试不第后一直到其去世。

一、前期——把自己当陶渊明看待

孟浩然诗歌的系年工作目前还不完整。拙文大部分依据现有的研究成就系年，有时据笔者意下判断。

在其前期作品中，可从其化用陶诗较明显的几首诗中，看出其对陶渊明的敬慕之情。

晚春卧病寄张八子容

南陌春将晚，北窗犹卧病。林园久不游，草木一何盛。狭径花将尽，闲庭竹扫净。翠羽戏栏苕，赪鳞动荷柄。念我平生好，江乡远从政。云山阻梦思，衾枕劳歌咏。歌咏复何为，同心恨别离。世途皆自媚，流俗寡相知。贾谊才空逸，安仁鬓欲丝。遥情每东注，奔晷复西驰。常恐填沟壑，无由振羽仪。穷通若有命，欲向论中推。

唐明生先生说，此诗作于开元八年（720 年）前后（《孟浩然大辞典》p16）。“张八”是同乡的友人张子容。诗人在此诗中咏出晚春卧病时的感怀，寄赠张子容。孟浩然在故乡，张子容在远离故乡的贬地。“贾谊才空逸”暗示张子容被贬，“安仁（指潘岳）鬓欲丝”表现出孟浩然在故乡亦怀才不遇、老大无成的悲哀。“常恐填沟壑，無由振羽仪”，强烈地表现出他对于建功立业的渴望与怀才不遇的愤慨。

此诗随处可见借用陶渊明诗中的痕迹。与“南陌”类似的语汇，陶诗中有“在昔闻南亩，当年竟未践。”（《癸卯岁始春怀古田舍二首其一》）、“南圃無遗秀、枯条盈北园”（《咏贫士七首》其二）等。“北窗”是出自陶渊明《与子俨等疏》：“五六月中、北窗下卧、遇凉风暫至、自谓是羲皇上人。”“草木一何盛”则据陶诗《读山海经十三首》其一的“孟夏草木长”而改写的。

他本来敬慕陶渊明闲雅的生活，加之此时得病，因此此诗前四句吸收、化用陶诗的诗句，将自己的生活幻想成陶渊明式的田园生活而安慰自己。但下面却咏出的是与友人离别的悲哀以及两人怀才不遇的愤懑。

这似乎让人费解：如敬慕陶渊明式的隐逸生活，那么就不应会向往入朝为官；如渴望入朝为官，那么就不应甘于隐逸生活。这两种不同的处世态度为何会同时存在？孟浩然又怎会表达出这种貌似自相矛盾的想法？

让我们先从孟的更加清晰可见其对陶渊明的敬慕心迹的诗歌典型入手，来一窥根源。

裴司士见访

府僚能枉驾，家酝复新开。落日池上酌，清风松下来。厨人具鸡黍，稚子摘杨梅。谁道山公醉，犹能骑马回。

此诗作于诗人早年。裴司士是襄州司户裴朏（陈贻焮《增订注释全唐诗》1－p1254）。此诗咏出裴司士白天到访，孟用新开的家酝招待，主宾欢饮直至日落，客人兴尽而返的情景。

诗歌写得富有人请味。说“家酝”，诗人心中想象出陶渊明的“家酝”。“厨人具鸡黍”是借鉴自陶诗《归园田居五首》其五“漉我新熟酒，只鸡招近局”的表现。他完全把自己当陶渊明看待了。

洗然弟竹亭

吾与二三子，平生结交深。俱怀鸿鹄志，共有鹡鸰心。逸气假毫翰，清风在竹林。达是酒中趣，琴上偶然音。

诗为诗人早期的作品，表达了兄弟之间的真情、及他们的胸怀大志和脱俗超逸的精神气质。“鹡鸰”是兄弟的比喻。“酒中趣”是陶文《晋故征西大将军长史孟府君传》中“君笑而答曰、明公但不得酒中趣尔。”的语汇。“琴上偶然音”也是敬慕陶渊明而喜爱弹琴的表现。此诗中诗人与弟弟都具备脱俗超逸风骨的人。完全将自己比作陶渊明。

过故人庄

故人具鸡黍，邀我至田家。绿树村边合，青山郭外斜。开筵面场圃，把酒话桑麻。待到重阳日，还来就菊花。

诗约作于诗人隐读襄阳之时，这是一首写诗人应邀去做客的诗歌。此诗也明显地表示出孟对陶渊明田园生活的亲近的感情。“故人具鸡黍，邀我至田家”是据陶诗《归园田居五首》其五的

"漉我新熟酒、隻鸡招近局"，"把酒話桑麻"是据陶诗《归园田居五首》其二的"相见无杂言，但道桑麻长"。结句也化用陶诗的《九日闲居》序"余闲居、爱重九之名、秋菊盈园、而持醪靡由、空服九华、寄怀于言"。他完全把自己比作陶渊明。应该注意的是陶渊明是个农夫，是他去招待近邻的农人；而孟浩然写出的却是被农民招待与他们欢饮的情趣。

田家元日

昨夜斗回北，今朝岁起东。我年已强仕，无禄尚忧农。桑野就耕去，荷锄随牧童。田家占气候，共说此年丰。

"强仕"，语出于《礼记》曲礼："三十曰壮有室，四十曰强而仕。"诗作于四十岁时。"无禄尚忧农"表示四十岁还未实现入朝为官，只能靠农业收获生活的感慨。但他不陷于无奈或悲哀的情绪，却表示出对农民的亲密感情。此诗也表现出他视自己为陶渊明的心理状态。该注意的是，他本身到底不是个农夫。不久后，他一定是"振羽仪"（《晚春卧病寄张八》）在宫阙的人。

上面简单地探讨了孟浩然向陶渊明致敬的几首典型诗歌。这些诗中他表现出了沿袭陶渊明的精神、接近农民们的生活，无疑是愉悦的，舒适的。但请注意，这并不表示孟浩然真的愿意跟陶渊明一样作为农夫过日子。

下面，再来看表示他的苦恼和矛盾的作品。读这些作品我们才可以看出前期的孟浩然对陶渊明敬慕之情的真实内容。

田家作

弊庐隔尘喧，惟先养恬素。卜邻劳三径，植果盈千树。粤余任推迁，三十犹未遇。书枕时将晚，丘园日空暮。晨兴自多怀，昼坐常寡悟。冲天羡鸿鹄，争食羞鸡鹜。望断金马门，劳歌采樵路。乡曲无知己，朝端乏亲故。谁能为扬雄，一荐甘泉赋。

诗当作于开元六年（718 年）作者三十岁时。这时诗人隐居在家、思想上充满了矛盾，内心极度苦闷。这首诗可能是孟诗中最激烈地表现出入朝为官的志愿的作品。

“弊庐隔尘喧”是据陶诗《饮酒二十首》其五“结庐在人境，而无车马喧”的表现。“卜邻劳三径”是借用陶文《五柳先生传》“聊欲弦歌，以为三径资”、《归去来兮辞》“三径就荒，松菊犹存”等的表现。“植果盈千树”也句出陶诗《读山海经十三首》其一：“孟夏草木长，绕屋树扶疏。”

此诗结构与前文的《晚春卧疾病寄张八子容》很相似。开始写对陶渊明式朴素、闲雅生活的满足之情，下面却表现怀才不遇的悲愤。

书怀贻京邑同好

维先自邹鲁，家世重儒风。诗礼袭遗训，趋庭绍末躬。昼夜常自强，词赋亦颇工。三十既成立，嗟吁命不通。慈亲向羸老，喜惧在深衷。甘脆朝不足，箪瓢夕屡空。执鞭慕夫子，捧檄怀毛公。感激遂弹冠，安能守固穷。当途诉知己，投刺匪求蒙。秦楚邈离异，翻飞何日同。

诗作于诗人三十岁左右。诗人自抒怀抱，寄赠在京友人。此诗全篇充满着入朝为官的强烈愿望。其中有“感激遂弹冠，安能守固穷”的两句，“守固穷”，可看出是源自《饮酒二十首》其十六“竟抱固穷节、饥寒饱所更”所说的陶渊明人生观的关键思想。他这里明确放弃了这种思想，宣言跟自己毫无关系！

说到这里，孟浩然在前期对陶渊明的看法与态度基本上比较清晰了。前期时，孟浩然认为他现在的隐居生活不会永远持续，不久后他定能入朝为官，现在的生活是成为朝臣之前作为准备的暂时的闲雅生活。因此，一方面，毫无矛盾的，如《裴司士见访》、《洗然弟竹亭》、《过故人庄》、《田家元日》等吟咏的那样，他单纯地表达出对陶渊明闲雅生活的无限亲近。但另一方面谋求举荐很不容易，直面难于为官的情况时，如《晚春卧疾病寄张八子容》、《田家作》、《书怀贻京邑同好》，他宣泄出了怀才不遇的激烈愤懑、强烈不满。

二、后期——表明离陶渊明的距离，再度憧憬陶渊明

下面，来看孟浩然后期对陶渊明的敬慕。

京还赠张维

拂衣何处去，高枕南山南。欲徇五斗禄，其如七不堪。早朝非晏起，束带异抽簪。因向智者说，游渔思旧潭。

“张维”应作王维。诗作于开元十八年（730 年）冬、孟浩然 42 岁、入京应试不第后，离长安回故乡时。

“拂衣何处去，高枕南山南”，是据陶诗《饮酒二十首》其十九“拂衣归田里”，“欲徇五斗禄”逆陶渊明“我岂能为五斗米折腰向乡里小儿”的故事而咏出。“其如七不堪”是根据嵇康《与山巨源绝交书》：“不堪者七”的表现。“游鱼思旧潭”是改写自陶诗《归园田居五首》其一的“池鱼思故渊”。

此诗前四句表明了其与功名权贵决裂，归隐山林的决心。后四句进一步从自己的性情与为官相矛盾上表达了对为官的鄙弃。

他这里表现对陶渊明闲雅生活的憧憬，但这种憧憬，却无意识得流露出自己已不在陶渊明的世界了。陶渊明式的闲雅生活，对孟而言，与前期明显不同，不是那么亲密的世界了。

李氏园卧疾

我爱陶家趣，林园无俗情。春雷百卉坼，寒食四邻清。伏枕嗟公干，归山羡子平。年年白社客，空滞洛阳城。

诗应作于应试不第后，开元二十年（732 年）春至洛阳时。“公干”是刘桢。刘桢《赠五官中郎将四首》其二，咏出了探望卧病的曹丕时，对曹的深厚感情。“子平”是向长，字子平。隐居不仕，屡辞征辟，建武中，为子女嫁聚毕，与同好游五岳名山，不知所终。“白社”在洛阳古城建春门东。

孟浩然寓居洛阳，憧憬陶渊明那样的闲雅生活，贴切地表现了自己卧病思归的心愿。

该注意，“我爱陶家趣”此说法，是将陶渊明客观化、对象化的表现。此时，陶渊明已不是过去那样与自己亲密无间、宛如一体的存在了。应试不第，这个事实彻底粉碎了他把自己比作陶渊明的不现实、浪漫、简单的想法。

涧南即事贻皎上人

弊庐在郭外，素业唯田园。左右林野旷，不闻朝市喧。钓竿垂北涧，樵唱入南轩。书取幽栖事，还寻静者论。

前四句，诗人依陶诗《饮酒二十首》其五“结庐在人境，而无车马喧”那样的陶渊明式的世界而勾勒了一幅乡村农家、田园林野的静态画图。唐明生先生推测，诗作于诗人早年家居时期。但我认为此诗大概作于其后期。因为此诗充满着寂寥感情，与《李氏园林卧疾》的情绪非常接近。“素业唯田园”，诗人确认，过去依靠农业收获生活，而现在也是，没有变化。通过这种确认，下面他表明隐逸的决心。这不是像前期那样，开朗地、单纯地把自己比作陶渊明的诗歌，而是表明甘于田园生活的苦涩、寂寞感情的诗歌。在此诗中，我们也可以看出他的情况和心情与陶渊明的世界与心境有较大距离了。

山中逢道士云公

春余草木繁，耕种满田园。酌酒聊自劝，农夫安与言。忽闻荊山子，时出桃花源。采樵过北谷，卖药来西村。村烟日云夕，榛路有归客。杖策前相逢，依然是畴昔。邂逅欢觏止，殷勤叙离隔。谓余搏扶桑，轻举振六翮。奈何偶昌运，独见遗草泽。既笑接与狂，仍怜孔丘厄。物情趋势利，吾道贵闲寂。偃息西山下，门庭罕人迹。何时还清溪，从尔炼丹液。

此诗约写于诗人长安落第归来后。此诗先描写云公脱俗超逸的生活，然后表明跟云公学仙道，过闲静安宁生活的愿望。可以看出落第后，诗人心中还是存有入仕的愿望，但又想放弃这个志愿的强烈矛盾。该注意的是，“农夫安与言”的一句，对孟浩然来说，农夫不是对等的谈话的对象。对孟浩然来说，农耕与农民毕竟始终不是自己的抱负所在，本来就是有距离的存在。

仲夏归南园寄京邑旧游

尝读高士传，最嘉陶征君。日耽田园趣，自谓羲皇人。余复何为者，栖栖徒问津。中年废丘壑，上国旅风尘。忠欲事明主，孝思侍老亲。归来冒炎暑，耕稼不及春。扇枕北窗下，采芝南涧滨。因声谢朝列，吾慕颍阳真。

诗约作于开元年间自吴越返乡后。此诗前四句说，自己最爱陶渊明，而且表明其具体内容。“羲皇人”是陶文《与子俨等疏》“五六月中，北窗下卧，遇凉风暂至，自谓是羲皇上人”的语汇。这只是一种回忆，却不是他现在的心境。下面六句，明确地表明与陶渊明正相反，自己其实是拼命地汲汲于世、追求功名的人。

“归来冒炎暑，耕稼不及春”，其内涵很深。表面说，回乡太晚，农耕最重要的时期已过去了。实际上是自己不能像陶渊明那样做农夫过农耕生活的一种告白。

因此，前十句，将自己跟陶渊明分开是离开世俗（陶渊明）与还在世俗（孟浩然）的人的区别，下面六句的区别在于脱离世俗的人中的进一步具体的差异。

孟浩然说：“扇枕北窗下，采芝南涧滨。因声谢朝列，吾慕颍阳真。”这表明自己真正愿意做隐者生活。“北窗”出于陶文，“采芝涧滨”典出《诗经》的《召南·采苹》：“于以采苹，南涧之滨。”“颍阳真”，指许由的故事。相传尧欲让天下于许由，许由便逃到箕山之下、颍水之阳隐居。该注意，最后，孟浩然最仰慕的是许由，却不是陶渊明。这表明他希冀作为隐者最彻底的许由。

晚春远上人南亭

给园支遁隐，虚寂养闲和。春晚群木秀，关关黄鸟歌。林栖居士竹，池养右军鹅。炎月北窗下，清风期再过。

远上人，生平事迹不详。诗约作于诗人晚年，表现诗人晚年不问世事，安然自适的生活态度。“给园”即“给孤独园”，亦称“祇园园”，这里指远上人的园。“春晚群木秀”据谢灵运《入彭蠡湖口》的“春晚绿野秀”改写。“炎月北窗下，清风期再过”二句是上揭《与子傒等疏》中的清爽情景。要注意“清风期再过”一句。孟浩然希望再一次体验过去把自己比作陶渊明，在北窗下纳凉的那种舒畅、闲静的境界。

小　结

孟浩然一辈子敬慕陶渊明，但是，其敬慕方式以应试不第为分界线有较明显的变化。

在未去应试的前期，他往往把自己比作陶渊明，纯粹地表达出对陶渊明的亲密感情以及在陶渊明式的世界中生活的怡然之情。

孟浩然的这种心境，一方面是其恬淡自然的生活的反映，另一方面也反映出他还未曾直面求仕的困难，他认为此时的田园生活是暂时的，不是永远的，是入朝为官之前的暂时的生活，因此他可以肯定、喜爱这种田园生活，并能把自己的生活当作陶渊明的生活来看待。

但应试不第后，隐居故乡的生活没有了过去舒适的感觉、愉快的味道，不是值得爱慕的生活了。他明确知道了田园生活并不是自己的本怀，陶渊明的世界成为了距他遥远的世界了，没有了过去那样的亲密感。

后期的孟浩然，在求仕的欲念与甘于隐居之间，强烈动摇。为摆脱这种苦恼，期待获得精神的安宁，他憧憬陶渊明的世界，但此世界不再是前期那样，把自己比作陶渊明般亲密的世界。

对孟浩然来说，陶渊明的世界，前期是脱离世俗的闲雅生活，让他单纯地亲近，与他的理想抱负没有矛盾。后期，陶渊明的世界成为他为求得心灵安宁的传统隐逸生活的一个方向了。

还有一个问题值得注意。孟浩然虽敬慕陶渊明，但他对农耕的态度跟陶渊明有着根本的不同。陶渊明 41 岁后一直到去世的 63 岁，都以农耕为生，他隐逸生活的实际内容就是农耕工作，其中他发现了无数的乐趣，很多诗歌都能表现当时闲静而生动的诸多情景与心情。相反，孟浩然其实并不希望作为农夫从事农耕，而且他也完全明白自己的这种态度，因为他志在入朝为官，成为农夫并不是他的人生选择。

此问题，不仅是孟浩然研究的问题，亦是陶渊明研究上的重要问题，今后，对于这一问题，我们应该进行更深入的研究。

（作者为日本冈山大学教授）

唐人论孟诗诠论

钱志熙

在文学批评史上，与作家同时期或时代相近的批评家的评论，往往具有后世研究者的评论所不能代替的价值。罗常培谈到过这个问题，他认为："历代文章之得失，后人评论每不及同时人评论之确切。""去古愈近，所览之文愈多，其所评论亦当愈可信也。"[1]不仅如此，当代与相近时期的评论者的长处在于，他们与作家处于相同或相近的文学风气之中，其对该作家的创作情况的了解，也非后世研究者所能及。这个问题，即作家研究中当代评论、早期评论的特殊价值的问题，我想是可以做专门研究的。在古典文学研究中，这个现象尤其值得重视。因为我们研究的作家，都是过去时代的作家。近代以来文学与文体上的巨大变革，更使我们与古代作家完全处于不同的文化环境与文学环境中，因此古人的评论尤其重要，而其中当代评论、早期评论的价值尤大。但我们常常会因为这些评论的零散、随意、主观以及批评术语之不如现代评论之规范而忽略之，也因对当时文学风气了解不深、在批评术语上有古今的隔阂而不能充分领略其内涵。这种现象在古代文学研究中是值得引起重视的。对于唐代诗人的研究，唐宋两代的评论是十分重要的，这其中的唐代评论尤具价值。因为唐诗虽然有初、盛、中、晚之嬗变，但源流相承，未曾隔断，是一个体系。宋诗虽出于唐诗，但毕竟是一个变化很大的体系，所以唐宋两代诗评家对于唐代诗人的评价，往往有不同。宋人对唐诗有一个建构的过程，这个过程也是宋人根据自己的诗学趣味以及借鉴的需要，对唐代诗人的一种选择，其中一个情况是，唐代众多诗人的相对地位，在唐代没有那么显著，在宋代则距离拉大，比如像李、杜这样的经典作家，被举到十分突出的地位，还有像李商隐在西昆体与江西派中也都有经典的地位，再像贾岛、姚合那样的作家，在宋初九僧诗人和南宋的江湖诗派中也有特殊的地位。与此相比，唐代许多在当时有重要地位的诗人，在宋代的影响好多变得模糊起来了。对这些诗人的评价，也往往不如前面那些诗人那样深入、准确。可以说，大部分的唐代诗人，在宋代的地位普遍降低。比如本文将要论述的孟浩然，唐人的评价一直很高，但到宋代，像苏轼对他的评价就不高，《后山诗话》说：“子瞻谓孟浩然之诗，韵高而才短，如造内法酒手，而无材料尔。”苏轼对历代作家的评论都很独到，但也都是有他自己的文学立场的，不一定与作家的实际情况都符合。他认为孟浩然韵高才短，缺少材料，是拿宋人的审美观念来理解孟浩然，带有片面性，没有看到孟浩然在诗歌艺术上真正的造诣所在。比较起来，本文要具体诠论的唐代诗人对孟浩然的一些评论，更能揭示孟浩然的艺术造诣，也对我们研究孟浩然在唐诗发展中的地位有重要的启发。但是，这些唐人有关孟浩然的评论，其中的内涵多未被完全揭示。其中一些评论，甚至都未被后人作出一般性的注释。本文题目为“诠论”，也正是从诠释入手，探讨唐人评论的内涵，以此为启钥尝试对孟浩然的诗体、诗艺及其在初盛唐诗史中地位、成就作一论述。

一

孟浩然早年隐迹家乡襄阳，与襄阳一带的文士如张子容、白云先生王迥唱和。今存宋蜀刻本《孟浩然诗集》卷下附有《白云先生迥歌》，写孟浩然与诸人聚宴王家、共赋新诗的情形：

> 屈宋英声今止矣，江山继嗣多才子。怀者于今尽相似，聚宴王家其乐矣。共赋新诗发宫徵，书于屋壁彰厥美。

这里所写的应该是孟浩然早年的情形，其中所说的“江山继嗣多才子”，是指襄阳一带的诗人众多，并认为他们是楚地古代作家屈原、宋玉的继承者。这个“江山继嗣多才子”的襄阳一带地域文士群，正是孟浩然早年创作的重要环境，并且荆襄文士群还自觉地将自己视为屈宋的继承者。这对我们认识孟浩然的诗学渊源，是具有一定的启发性的。孟浩然在这个群体中自是佼佼者，后来他与早年的朋友张子容在永嘉乐城相遇，张作诗称“高才得孟嘉”（《除夜乐城逢孟浩然》），所反映的主要还是他们在家乡时唱和活动中孟浩然出色的诗才给张子容留下的印象。说明孟浩然早年隐居时期，已经初步形成自己的风格，并且在荆襄一带已经发生影响。陶翰《送孟大入蜀序》：“襄阳孟浩然，精朗奇素，幼高为文，天宝（开元）年始游西秦，京师诗人皆叹其旷绝也。观其匠思幽妙，振言孤杰，信诗伯矣，不然何以有声江楚间。”[2] 这一段评论，虽然是孟浩然著誉京华之后说的，但陶翰说的“有声江楚间”，主要指的是孟浩然入西秦、漫游吴越之前的情形。也就是说，孟浩然是先“有声于江楚间”，在地方诗坛产生了一定的影响，然后才进入到当时一批最杰出的诗人群聚集的以京师为中心的诗坛，并且迅速为这个诗坛所接受，而被评价为当代的杰出诗人。孟在其当代所获得的最高评价，是王士源《孟浩然诗集序》所说的：“五言诗天下称其尽善。”[3] 从一个地域的“高才孟嘉”、“屈宋继嗣”，到“有声江楚间”，再到“京师诗人皆叹其旷绝”，最后到“五言诗天下称其尽善”，诗坛对孟浩然动态的、追踪式的这一系列评价，都发生在孟浩然的生前，其中具体的批评内容应该是很丰富的。可惜它们主要不是以文本的形式流传的，所以后来大都遗落了。但值得注意的是，后世名声卓绝的大诗人李白，以瞻仰式的视角评论孟浩然，差不多是对孟浩然生前饮誉诗坛、蜚声士林的一个点睛：

吾爱孟夫子，风流天下闻。红颜弃轩冕，白首卧松云。醉月频中圣，迷花不事君。高山安可仰，徒此揖清芬。

这是李白游襄汉时赠孟浩然的，如果熟悉孟浩然半生的仕途失意的经历，我们就知道，李白这里所歌颂的这个“风流天下闻”的高士孟浩然，主要是李白自己的塑造。这是一位诗坛后辈对自己敬仰的前辈的歌颂，从中反映出孟浩然在当时的影响。虽然李白没有正面地评价孟浩然的诗歌，但是传闻天下的风流，以及高山仰止的清芬，说到底还是孟浩然在盛唐诗坛上巨大成功之影响的表现。所以，李白所咏叹的“风流天下闻”，与王士源所叙述的“五言诗天下称其尽善”，正是可以相表里的。

从当时人对孟浩然的评价中，我们可以发现，孟浩然给当时人最深刻的印象，是他在五言诗艺术中表现出来的高旷清绝的格调。无论是对孟诗具体作品的评价，还是对整体的评价，都是着重于这一点的。如王士源在集序记载：

> 闲游秘省，秋月新霁，诸英联诗，次当浩然，句曰：“微云淡河汉，疏雨滴梧桐。”举座嗟其清绝，咸以之篚笔，不复为缀。

以“清绝”评孟诗，是符合其艺术追求的。“清”指意境之清，“绝”指其写物穷形，妙得神理，无以复加。同样，陶翰说“京师词人皆叹其旷绝”，也着重在高格与妙造幽绝的境界方面。陶氏叙述的是当时诗坛对孟诗的共同评价，他自己还接着对孟诗艺术作了一个诠释：“观其匠思幽妙，振言孤杰，信诗伯矣！”这就指出孟浩然在艺术上的独特造诣，是其在落笔之时，首先追求意匠经营，并且以幽妙为旨趣，而其修辞立言出人意表，不为凡俗之语，不写寻常之境。陶氏的这个评论，已经开始探索孟浩然创作的态度与方法了。在这方面，王士源的《孟浩然诗集序》则记载了孟浩然创作中的实际情形，更可印证陶氏之理解：

> 浩然每为诗，伫兴而作，故或迟成。浩然凡所属缀，就辄废弃，无编录，常自叹为文不逮意。

这两条评论资料是极为珍贵的。从序中我们知道，王士源虽仰慕浩然，但并未结识。他所说的这种孟浩然日常为诗的情形，是得知传闻的。但这种传闻是确凿的，是当时诗坛所熟知的孟浩然的创作情形。看来当时人深知孟氏高旷清绝的艺术风格，一是由于其为人之高格调，并且在生活中崇尚魏晋风流："骨貌淑清，风神散朗，救患释纷以立义，灌园艺圃以全高"，"行不为饰，动求真适，故以诞"；二则是因为其异乎寻常的、朝着自己理解的高旷清绝的艺术风格寻求的结果。生活上任适的态度，与艺术上的执着追求，构成孟浩然的艺术人生，即对美的追求的执着与在生活上的率意任性，二者形成鲜明的对比，这在盛唐诗人那里是有代表性的，在许多艺术家那里也具有典型性。士源所说的浩然写作情形中，"伫兴"二字最值得注意，所谓"伫兴"，即等待灵感。我们知道，诗的创作与一般的写作不一样，是绝对需要灵感的。没有灵感或灵感不足，敷衍成篇，是后来诗人的常态。盛唐诗人则很重视在灵感状态下创作诗歌。"伫兴"二字中，包含着浩然对诗歌艺术的全部体验，一种感性与知性相结合的体验。

王士源序中还记载了韩朝宗对孟浩然的评论，也是十分重要的：

> 山南采访使太守韩朝宗，谓浩然闲深诗律，置诸周行，必能咏穆如之颂。因入秦，与偕行，先扬于朝，约日引见。后期，浩然叱曰："业已饮矣，身行乐耳，遑恤其他。"遂毕久不赴。

王《序》董诰《全唐文》所载，与宋蜀刻本《孟浩然诗集》文字上差别较大。其中"闲深诗律"，《全唐文》作"间代清律"。这是一个当时人对孟浩然在诗学方面的造诣很重要的评论，"闲深诗律"即于诗律娴熟精深，闲即闲熟，亦即今人说娴熟。唐宋人所说的"诗律"，比今人所说的诗歌格律内涵要广大得多，包括诗歌的体制、法度、律调等内容，《新唐书·宋之问传》所说的"魏建安迄江左，诗律屡变"，杜甫《赠沈八丈东美》"诗律群公问"，以及《遣闷戏呈路十九曹长》"晚节渐于诗律细"，黄庭坚《和邢敦夫秋怀》"秋来入诗律，陶谢不枝梧"等，都非今人所说的狭义的诗歌格律、诗歌声律。[4]孟浩然崇尚古体，其在当时诗学流派中，主要是继承陈子昂、张九龄一派的复古诗学，与主要继承沈宋、以近体见长的一派有所不同，虽然他也大量使用五律体，但并非以格律见长。韩朝宗说他"闲深诗律"，等于是说他长于诗道，深于诗学。后人不知道这一点，觉得"闲深诗律"语似不通，并且考虑到孟浩然的诗并非以近体格律的精深见长，所以改为"间代清律"，强调孟浩然的诗风在"清"这方面是不世出的。表面上看，是比“闲深诗律”意思更妥贴，实际上与韩朝宗所说的差别很大。韩朝宗要推荐孟浩然为朝廷的文学侍从，其理由正是因为孟浩然在诗歌艺术上的娴熟精深，深得法度，如果让他置身翰苑之中，必能写出像《诗经》雅颂那样穆如清风的作品来。初唐以来，雅颂歌诗，多沿用齐梁近体，体格凡近。朝宗看到孟浩然诗学精深并有古风，所以想向朝廷推荐他。今天看来，孟浩然的诗体与诗风，是很不适合作雅颂之诗的。但玄宗朝提倡复古，诗人都想在庙堂上推行古风，朝宗之荐浩然，也正是出于这种考虑。由此可见，王《序》这一条记载，对于我们了解玄宗诗坛的诗学风气以及浩然在当时诗坛上的地位，是很重要的。

二

盛唐时期有关孟浩然诗歌的两个最重要的评论文本，一为上面已举的王士源《孟浩然集序》，一为殷璠的《河岳英灵集序》，两个文本都对孟浩然的文学创作做出整体性的评价。王序对孟浩然的整体评价是这样的：

> 交游之中，通悦倾盖，机警无慝，学不故儒，务掇菁华；文不按古，匠心独妙；五言诗天下称其尽善。

所谓“学不故儒，务掇菁华”，是说他不为自汉以来流传的章句之学，其学习经典，重在撷其精华。“务掇菁华”用韩愈《进学解》中的“沉浸酿郁，含英咀华”来注释，大概是最合适的。自魏晋以来，经学之士与文章之士，虽然都是奉儒之士，但在具体的旨趣上，经学家与文学家还是分流的，表现在科举方面就有进士科与明经科的不同。唐代辞章家多称文儒，又称词学，称词人。他们在思想上是崇儒的，在学业上也是习儒的，但与专门的章句之儒还是不同。所以，“学不故儒，务掇菁华”正是辞章家的学风，孟浩然在这方面是有代表性的。浩然本人的身份，应该说还是一位文儒，他在《书怀贻京邑同好》中有几句自叙：“唯先自邹鲁，家世重儒风。《诗》《礼》袭遗训，趋庭沾末躬。昼夜恒自强，词翰颇亦工。三十既成立，吁嗟命不通。”又在《南归阻雪》中说：“少年弄文墨，属意在章句。十上耻还家，徘徊守故路。”这个“章句”，佟培基先生注释说是“指文章诗赋”[5]，但我想还是指经学的章句之学。这说明他早年也是在儒术上面下过一番工夫的，在《韩大使东斋会岳上人诸学生》中，他说韩大使“抗礼尊缝掖”，这个“缝掖”是指诸学生，包括浩然自己在内的。可见他在这些对上的场合，还是以儒者自居的。他的政治理想，也旨在做一个以儒术治国的文儒，这方面在他写给张九龄的一些诗中有较多表现。这些诗歌借着赞美张九龄，同时也表达了自己以儒术治国的理想。张九龄作为一个边鄙地区的寒素士人，通过儒术与文章跻身政治上层，获得了极大的成功，这对包括王维、孟浩然在内的文儒之士是一个很大的鼓舞。浩然《岁暮海上作》中说“仲尼既云没，予亦浮于海”，好像还是说自己也曾经是怀抱过以儒术治国的理想的，又如《久滞越中贻谢甫池会稽贺少府》中说“陈平无产业，尼父倦东西。负郭共云翳，问津今亦迷。未能忘魏阙，空此滞秦稽。”但是，浩然深受魏晋以来崇尚通脱自然、任达、希企隐逸、宅情方外等风气的影响，对于谨身守礼的儒生及皓首穷经的章句之儒，是不以为然的："依此托山门，谁知效丘也。"（《云门兰若与友人同游》）当时人对浩然与儒学的这种关系，还是比较清楚的，所以王士源说他"学不故儒，务掇菁华"。

从上面所论可知，浩然实际上是具有一种儒学者身份的，但他真正的长处毕竟在于词翰方面，平时也多以辞章之士自居，并常以此许人：

文章推后辈，风雅激颓波。（《陪卢明府泛舟回作》）

府椽有包子，文章推贺生。沧浪醉后唱，因此寄同声。（《与崔二十一游镜湖寄包贺》）

墨妙称今绝，词华惊世人。（《还山诒湛法师》）

久废南山田，叨陪东阁贤。欲随平子去，犹未献甘泉。（《题长安主人壁》）

江山增润色，词赋动阳春。（《送崔遏》）

望断金马门，劳歌采樵路。乡曲无知己，朝端乏亲故。谁能为扬雄，一荐《甘泉赋》。（《田园作》）

作为一个辞章之士，王士源认为浩然的文学创作倾向是"文不按古，匠心独妙"。这一个评语，是要比较辩证地看的，这里主要是强调他的诗歌写作多匠心独运，具有独创性，不是晋宋以来流行的拟古作风，也不是杜甫批评的齐梁以下流俗"递相祖述"的作风，但并不是说他的文章不学习古人。总之，士源对浩然的学风与文风是熟悉的，他所侧重的是孟浩然真正的造诣，可以说是深入其窔奥的。

殷璠在《河岳英灵集》中对孟浩然的评论，可以说是孟浩然评论中的又一经典文本：

> 余尝谓祢衡不遇，赵壹无禄。其过在人也。及观襄阳孟浩然磬折谦退，才名日高，天下籍甚。竟沦落明代，终于布衣，悲夫！浩然诗，文彩丰茸，经纬绵密，半遵雅调，全削凡体。至如“众山遥对酒，孤屿共题诗”，无论兴象，兼复故实。又“气蒸云梦泽，波撼岳阳城”，亦为高唱。

这篇序与王士源的《孟浩然集序》一样，都是立足于盛唐诗坛的原生态中，其价值非后世评论可以代替。殷、王二氏的评论，都是整体性的，并且都是先论人品，次论文章，兼及遭逢，这也反映了唐人的文学批评，是传统的知人论世与魏晋以降的文体风格批评两者相结合的。但在具体的评价上，王氏强调了孟浩然的通脱自然、继承魏晋放达余风的一面，而殷氏则强调浩然“磬折谦退”的一面。两人评论看似矛盾，其实是着眼点的不同，同时也反映出浩然性格上的一种丰富性。

殷璠对孟诗的整体评价是“文彩丰茸，经纬绵密，半遵雅调，全削凡体”。说孟诗“文彩丰茸，经纬绵密”，与我们的基本印象似乎不太符合，因为在一般的印象里，孟诗是以潇洒简逸为风格，而且也不是以丰辞华藻见长。但殷氏这里所说的“文彩丰茸，经纬绵密”，是指词华与丰彩而言。孟诗可以说是建安体制与六朝风格的结合，它摆脱了陈隋以来的雕藻浮词，但继承了六朝以来的词华与风采，这一点上与李白、王维是一致的。后人论孟诗，都着重于他的朴素平淡，殷评强调其“文彩丰茸”，正是熟知盛唐诗体的当时人的眼光。“芊茸”是指天然丰彩，不同于雕琢浮靡，浩然《襄阳公宅饮诗》“窈窕夕阴佳，丰茸春色好”，殷评“芊茸”正是此意。他强调孟诗有“芊茸”之美，这与《后山诗话》载“子瞻谓孟浩然之诗，韵高而才短，如造内法酒手，而无材料尔”是不同的。至于“经纬绵密”，指孟诗属思覃深，结构紧密。这与王士源的评论“浩然每为诗，伫兴而作，故或迟成”，“浩然凡所属缀，就辄毁弃，无编录，常自叹为文不逮意”，都是强调孟氏作诗，侧重惨淡经营，意匠独具。

“半遵雅调，全削凡体”是对孟诗体制的一个总评价，何谓雅调？何谓凡体？称雅调而曰半遵，至凡体则曰全削，究竟具体所指为何呢？唐人称雅调者，如李隆基《南出雀鼠谷答张说》“闻有鹓鸾客，清词雅调新”；朱湾《筝柱子》“知音如见赏，雅调为君传”；张乔《送许棠及第归宣州》“雅调一生吟，谁为晚达心”；无可《酬姚员外见过林下》“日暮题诗去，空知雅调重”；杨巨源《冬夜陪丘侍御先辈听崔校书弹琴》“若将雅调开诗兴，未抵丘迟一片心”。根据上述所引，唐人称“雅调”，即清雅之调、高雅之调，并无过多深意。但殷氏强调孟氏“半遵雅调”，则他这里的雅调是指一种特定的风格与体制。《河岳英灵集》是反映初盛唐复古诗学成果的一个选本。殷氏在序言中交代得很清楚：“自萧氏以还，犹增矫饰，武德初，微波尚在；贞观末标格渐高，景云中颇通远调，开元十五年后，声律风骨始备矣！实由主上恶华好朴，去伪从真，使海内词场，翕然尊古，南风周雅，称阐今日。”[6]结合殷氏这个评诗的基本思想，就不难解释孟诗“半遵雅调”的内涵了。所谓“雅调”，是指复古之调，具体地说就是古风、古体之类。孟浩然在诗体的使用上，是与张九龄接近的，以五言为主，五言之中，古体与近体参半。殷氏说孟浩然“半遵雅调”，正是指其半遵汉魏古体，半用齐梁以后逐渐形成的近体。至于“全削凡体”，则是指其风格而言的。《河岳英灵集序》：“夫文有神来、气来、情来；有雅体、野体、鄙体、俗体。”所谓“凡体”，即“野体、鄙体、俗体”之流。另外，殷氏所批评的齐梁以来“理则不足，言常有余。都无兴象，但贵轻艳。虽满箧笥，将何用之”的诗风，也正是属于凡体之流。而孟浩然诗歌的价值，正在于他完全摆脱了这种齐梁以来流行的凡俗之体。可见，“半遵雅调，全削凡体”是指孟诗沿着陈子昂、张九龄以来的复古方向发展，达到了完全摆脱齐梁诗风的崇高成就。孟诗在唐诗发展中的位置，也正体现在这上面。

三

唐人论孟诗的殿军之作，应推皮日休咸通四年所作《郢州孟亭记》。与王、殷的具体论述其风格不同，皮氏更侧重于在诗史的源流正变以及盛唐诗坛的整体风气中把握孟氏的艺术高度：

> 明皇世，章句之风大得建安体。论者推李翰林、杜工部为之尤。介其间能不愧者，唯吾乡之孟浩然也。先生之

作，遇景入咏，不拘奇抉异令龌龊束人口者，涵涵然有干霄之兴，若公输氏当巧而不巧者也。北齐美萧悫，有“芙蓉露下落，杨柳月中疏”，先生则有“微云淡河汉，疏雨滴梧桐”。乐府美王融，“日霁沙屿明，风动甘泉浊”，先生则有“气蒸云梦泽，波撼岳阳城”。谢朓之诗句，精者有“露湿寒塘草，月映清淮流”，先生则有“荷风送香气，竹露滴清响”。此与古人争胜于毫厘也。他称是者，不可悉数。呜呼！先生之道，复何言耶？谓乎贫，则天爵于身；谓乎死，则不朽于文。为士之道，亦以至矣。

皮氏这里提出两个基本的问题：第一个问题，是关于孟诗的基本渊源的问题。他认为明皇世即我们习惯称为盛唐的时代，是建安体流行的时代，这是他对盛唐诗坛的基本评价。“建安体”一词，原出盛唐诗坛。王维《别綦毋潜》：“适意偶轻人，虚心削繁礼。盛得江左风，弥工建安体。高张多绝弦，截河有清济。”“建安体”在这里是作为诗人追求的一种典范提出的。他的具体内涵，除了强调抒情性，以慷慨悲哀为美等审美上的因素之外，作为体制的基本特点，就是散直为体。从初唐到盛唐的复古诗学的基本努力，正是逐渐地从梁陈以来雕绮的俳偶之体走向散直之体，在这同时增加诗歌的抒情性和部分恢复汉魏诗歌的叙事功能，使其重新回归到比兴言志、吟咏情性的本体上来[7]。

从表面上看，孟浩然的诗歌，是直接继承六朝的体制而来，其最高的造诣在于吟咏山水、抒发性灵，以离形得似、妙得神韵为美。皮日休文中举以媲美前人的孟诗名句，正属于这一类。但孟诗在语言艺术上，是以高古散逸、神完气到为宗旨的，这是他学习建安体的基本表现。所以，一方面如王士源所说的“文不按古，匠心独妙”，另一方面又如皮日休所说的“大得建安体”，两者之间是不矛盾的。这是因为孟浩然不是从形式上学习建安体，而是从法度上领会建安体的。他没有写像陈子昂、张九龄《感遇》、李白《古风》那样直接再现汉魏兴寄风骨的作品，所以一般的批评者不容易看到他与建安体、与汉魏诗风的关系。

王维、孟浩然两家，与汉魏六朝诗渊源最深。汉魏六朝诗主体在于五言，初唐的主体也是五言，所以王、孟两家，造诣最精在于五言。其实孟诗不仅是古体，即使近体，也都是以尚气、尚逸、尚神为宗旨。孟浩然的五律，在质味上与王维有接近的一面，都有清的特点。孟更加立意于古朴，李东阳即说他“专心古淡而悠然深厚，自无寒瘠枯俭之病”（《怀麓堂诗话》）。这是赞扬的。但也有人批评“襄阳虽清逸，而时有肤浅处”（顾安《唐律消夏录》），认为孟的五律时有浅率之病。两种观点都有道理。孟的五律，在表现的艺术上，以及技巧方面，当然不如王维。但是，孟浩然作诗的态度，却决非率意的，而毋宁说是十分精心的。只是他的精心，是追求以自然古淡的风格写出入神滋味的一种。如果给人肤浅、枯淡的感觉，也主要是追求这种风格所带来的影响，不是创作态度的率易的原因。这种情况，在一些精苦追求平淡风格的诗人那里，是经常可以见到的。总之，孟浩然的诗学，是深植于开元时代的复古诗风之中，他与高适、李白、王维都是复古思想的积极实践者。但因他不著为理论，又诗风在写景上见长，所以他的诗歌与建安体的关系不太被人注意。皮日休作为晚唐时代继承盛唐复古诗学的诗人，本人也是崇尚汉魏的，所以特别指出其与建安体的关系，可以说是孟诗评论上极有价值的一个观点。

皮日休指出孟诗在体制上与建安体的渊源关系的同时，又着重指出其在写景艺术方面的高度造诣："遇景入咏，不拘奇抉异令龌龊束人口，涵涵然有干霄之兴，若公输之当巧而不巧者也。"是说孟诗写景的特点在于自然传神、气韵生动，其造诣出于一般诗人所追求的奇巧尖新之上。这还是强调孟诗的浑成，大得建安之体。但盛唐诗人之所以在艺术上登峰造极，是将其崇高的宗旨落实在具体的艺术之上，在写物传神的具体艺术上，他们对六朝诗人是有丰富的吸取，并在妙造自然方面，能够后来居上。皮氏在评论中将孟诗警句与六朝诗人萧悫、王融、谢朓的警句相比，称其与古人争胜于毫厘之间，很形象地揭示了孟诗从六朝诗中推陈出新的创作方式。

比起王、殷两家对孟浩然的评论，唐人评唐诗的价值，在于作为本朝人评论本朝诗，熟谙诗人创作诗歌的环境，并且在诗歌思想上是站在与诗人相同或相近的立场上的，在具体的艺术判断上，评论者具有与诗人相同或相近的实践经验与艺术眼光，所以其价值非后世评论家的评论所能取代。还有一点，唐人评论诗人有两个特点，一是重视知人论世，二是具备整体性思维方式。学术界普遍认为唐人善于作诗，而不善于论诗。唐诗繁荣而唐代诗论逊色，不如宋人诗论。的确，从理论的具有体系性、诗学范畴的发达来看，宋代诗论是对唐代诗论的一个发展。但从揭示诗歌艺术规律、评论诗人艺术造诣来说，唐人诗论在论唐诗方面，有宋人所不及的地方。

注释：

[1] 罗常培《汉魏六朝专家文研究》，独立出版社民国 34 年，第 63 页。

[2] 《文苑英华》卷七百二十，中华书局 1966 年。

[3] 佟培基《孟浩然诗集笺注》附录，上海古籍出版社 2000 年，第 432 页。

[4] 详见钱志熙《杜甫诗法论探微》，《文学遗产》2001 年第 4 期。

[5] 佟培基《孟浩然诗集笺注》，上海古籍出版社，2000 年，223 页。

[6] 《唐人选唐诗十种》，上海古籍出版社 1958 年，第 40 页。

[7] 参看钱志熙《论初盛唐时期古体诗体制的发展》，《南开学报（哲学社会科学版）》2011 年第 5 期。

（作者为北京大学中文系教授）

“诗的孟浩然”与“孟浩然的诗”
——简论盛唐人对孟浩然的认知及其意义

李睿　吴怀东

闻一多先生讨论孟浩然及其诗歌提出一个有趣的话题“诗的孟浩然”与“孟浩然的诗”[1]，闻一多先生强调孟浩然人与诗的一体，他的本意就是说明孟浩然的诗歌表现了其“风神散朗”的生活与姿态，强调孟浩然生活的脱俗气、诗意化和浪漫性。闻一多先生的这个说法，倒启示了我们思考孟浩然诗歌里思想情绪的表现和现实生活的异同问题：“孟浩然的诗”表现的真的就是“诗的孟浩然”？孟浩然真的就是“诗的孟浩然”？如果“孟浩然的诗”表现的并不是“诗的孟浩然”，而人们却认为存在“诗的孟浩然”，支撑这种认识的社会基础与思想背景到底是什么？上述就是本文提出并试图加以解释的问题。

一

虽然孟浩然没有出仕的经历，但是，他和盛唐其他士人一样，曾经赴都城应举，也曾漫游各地，在这个过程中，与当世诗人、名流多有交往，与其交往的这些诗人留下了有关其人其诗的文字。总体来看，孟浩然虽然没有担任重要官职，算是布衣诗人，社会地位显然并不高，而这些诗人对他都颇为推崇，这一方面反映出盛唐时期士人关系的“皆胶漆”（杜甫《忆昔》），也反映出他们对于孟浩然为人、为诗特点的认识。

闻一多先生之所以认为孟浩然人与诗的一体，强调孟浩然生活的诗意化和浪漫性，所使用的第一条证明材料就是王维所作的孟浩然画像，根据张洎的题识，王维如此刻画孟浩然：“襄阳之状，颀而长，峭而瘦，衣白袍，靴帽重戴，乘款段马，一童总角，提书笈负琴而从，风仪落落，凌然而生”——典型的高自标置的隐士做派！确实，除了在张九龄镇荆州时担任过一段时间的幕僚“清客”外，孟浩然一生没有其他出仕为官的经历。

王维和孟浩然关系最为密切，他在孟浩然去世后担任殿中侍御史知南选至襄阳，还写了一首诗追悼老友《哭孟浩然》：“故人不可见，汉水日东流。借问襄阳老，江山空蔡州。”“感旧推崇之意已至”（黄培芳《唐贤三昧集笺注》卷上），语短情长。而早年孟浩然到京城应考失利，王维写下了《送孟六归襄阳》：

杜门不欲出，久与世情疏。以此为长策，劝君归旧

庐。醉歌田舍酒，笑读古人书。好是一生事，无劳献子虚。

由此诗可见他对孟浩然的认识，“归旧庐”“醉歌田舍酒，笑读古人书”，其实就是隐居，并规劝孟浩然“无劳献子虚”。诗画呼应，这和他在画像中对于孟浩然性格的表现是一致的。

大诗人李白和孟浩然有过直接的交往。开元二十七年，李白游巴陵，专程到襄阳看望孟浩然，他说：“吾爱孟夫子，风流天下闻。红颜弃轩冕，白首卧松云。醉月频中圣，迷花不事君。高山安可仰，徒此揖清芬。”（《赠孟浩然》）后来，还在长江岸边，亲自为孟浩然送行：“故人西辞黄鹤楼，烟花三月下扬州，孤帆远影碧空尽，唯见长江天际流。”（《黄鹤楼送孟浩然之广陵》）李白心中的孟浩然，是一位不为功名利禄动心的风流高蹈的隐士。因此，孟浩然的诗，也是充满了一种“清芬”。“清水出芙蓉，天然去雕饰”（《经乱离后天恩流夜郎忆旧游书怀赠江夏韦太守良宰》），“清”是李白最为叹赏的境界，他以此称赏可见其对孟浩然之仰慕。

陶翰《送孟大入蜀序》：“襄阳孟浩然，精朗奇素，幼高为文，天宝间始游西秦，京师词人皆叹其旷绝也。”“旷”，就是清新旷达之意。孟浩然的好朋友张子容也说：“妙曲逢卢女，高才得孟嘉。”（《除夜宿乐城逢孟浩然》）将他比作魏晋时候的清高名士孟嘉。

杜甫和孟浩然没有直接交往，但是，也对孟浩然诗心向往之：“吾怜孟浩然，短褐即长夜。赋诗何必多，往往凌鲍谢。清江空旧鱼，春雨余甘蔗。每望东南云，令人几悲咤。”（《遣兴五首》之五）“复忆襄阳孟浩然，清诗句句尽堪传。”（《解闷十二首》之六）揭橥了其“清”的特点。

孟浩然去世后，王士源帮助老友编辑《孟浩然诗歌诗集》，在序中反复出现“清”字：“骨貌淑清，风神散朗。”“闲游秘省，秋月新霁，诸英联诗，次当浩然，句曰：‘微云淡河汉，疏雨滴梧桐。’举座嗟其清绝。”“士源也时尝笔赞之，曰：道漾挺灵，实生楚英。浩然清发，亦自其名。”其人是“淑清”，其句是“清绝”，其诗品、人品合而为一，乃“浩然清发”。

做官就是与浊世打交道，而与隐居有关的则是一个“清”字。值得注意的是，在他们对孟浩然诗歌的评价中，“清”字出现的频率很高，“清”可以说是孟浩然为人与为诗最鲜明的特点。

“清”，作为一个美学的范畴，被用来评价诗人诗歌，并不始于孟浩然或盛唐[2]，其包含了人格的不随流俗、独立高洁与诗歌的清新自然、不事雕琢等两个方面的内涵。曹丕在《典论论文》中已经说到“清”与“浊”之分。“文以气为主，气之清浊有体，不可力强而致。”清，首先是人格的清，气质的清。凡迂腐之气、泥古之气、世俗之气、浮躁之气，皆被摒弃在外。即王士源所说“学不攻儒，务掇菁华，文不按古，匠心独妙”，“五言诗天下称其尽善”。

二

关于孟浩然诗歌“清”的特点，已有一些论文谈及。房日晰《略论孟浩然诗歌的“清”与“淡”》层层推进，谈到孟浩然形象之清、性情之清与诗歌之清。孟修祥《孟浩然及诗歌之“清”略议》一文认为孟浩然对“清”的追求颇具宗教精神，并受到襄阳隐逸文化的影响。张祖安《论孟浩然诗歌“清”的审美意蕴》认为“清”是统摄孟浩然诗的总体风格，其中包含着“风骨”，即力量之美的因素。以上诸文论述甚精，但仍有未开拓之余地。孟浩然其人其诗是如何体现“清”的呢？关于其语言的清新淡远，论述较多，本文主要从两个方面来考察：情与景结合的方式；诗多隐逸色彩。

罗宗强先生曾论及孟浩然诗中是提纯的景物与净化的情思[3]。我们还可以从孟浩然诗情与景的组合方式出发，进一步说明其诗如何体现“清”的特色。

除了田园诗之外，孟浩然的山水诗也很有代表性。在山水诗中，情与景的组合方式是关键之处。情与景的基本组合方式有两种，王国维将其称为“有我之境”与“无我之境”，陶渊明、王维的山水田园诗多为“无我之境”，即景抒情，以物体物，谢朓、柳宗元的山水田园诗多为“有我之境”，缘情造境，以我观物，物物皆着我之色彩。孟浩然的山水诗则介于两者之间，既不是纯粹的有我之境，也不是纯粹的无我之境，他在写山水景物的时候，基本上能够还原山水的原貌，又能自然地将情感不露痕迹地渗入山水的描绘中。这就使得他的诗显得从容不迫，含蓄淡然，情味隽永，令人悠然心会。

孟浩然离开京师之后，有漫游吴越的经历，泛舟江行，山水诗佳作迭出。如《宿桐庐江寄广陵旧游》[4]：

山暝听猿愁，沧江急夜流。风鸣两岸叶，月照一孤舟。建德非吾土，维扬忆旧游。还将两行泪，遥寄海西头。

诗的前四句写夜宿桐庐江的所见所闻，猿啼愁人，江水急促，两岸木叶萧萧，明月照在孤舟之上。后四句写所思所感，怀友之情与羁旅他乡的惆怅联系在一起。全诗有景物的描绘，也有情感的抒发，二者自然交融，妙合无垠。“愁”、“泪”突出了主体情感，但与猿啼、海水相结合，就显得十分自然而不突兀。加速的江水与一叶扁舟，本来是景物自身的特点，但着一“急”字、一“孤”字，就将起伏不定的内心世界与孤寂的情怀烘托而出。

再如《宿建德江》：

移舟泊烟渚，日暮客愁新。野旷天低树，江清月近人。

傍晚时分，诗人将船系缆江边，静观江上风景，客愁油然而生。远处的田野空阔无际，遥空仿佛比树还要低，只有一弯明月照在江面上，陪伴着诗人。这种情感，与“风鸣两岸叶，月照一孤舟”相同，思乡的寥落、淡淡的忧愁，这种心绪与孟浩然辗转求仕失败之后的苦闷无聊有关。

孟浩然在表现这种失落苦闷之情的时候，虽然有主体情感的渗入，但并非完全“情射于物”，景为情役。他笔下的山水景物，保持了其自身独立的审美价值，他诗中经常出现江水、月、舟的意象，使得诗境玲珑剔透，明净清新。他将生活如实写出，却充满了生活的情趣，宛如一幅画卷：薄暮时分烟雾氤氲的江面，安静的小舟，广阔的田野，远处垂下的天幕，澄澈的江水，多情的月亮，这些景物，共同组成一幅烟江晚泊图。

再如《耶溪泛舟》：

> 落景余清辉，轻桡弄溪渚。澄明爱水物，临泛何容与。白首垂钓翁，新妆浣纱女。看看似相识，脉脉不得语。

诗歌表现傍晚泛舟时的散淡逸兴，落日是“清辉”，船桨是“轻桡”，江水是“澄明”的，人是“容与”的。最后“看看似相识，脉脉不得语”，久客他乡，似曾相识，又不十分熟稔，故而是“看看”、“脉脉”。全诗脱尽凡俗之气，点染了人在异乡的寥落之意。

《夏日南亭怀辛大》也有这个特点：

> 山光忽西落，池月渐东上。散发承夕凉，开轩卧闲敞。荷风送香气，竹露滴清响。欲取鸣琴弹，恨无知音赏。感此怀故人，中宵劳梦想。

抒发独自乘凉时的感慨。一句“恨无知音赏”，表明了诗人清高自赏的寂寞心绪。以山水自适的情怀，融入池月清光、荷风暗香和竹露清响的兴象中，顿觉清旷爽朗。荷花的香气清淡细微，好像是风送过来的；竹露滴在池面其声清脆，所以是“清响”。写荷以气，写竹以响，而不及视觉形象，恰是夏夜给人的真切感受。

总之，介于有我之境与无我之境的山水诗，既不同于陶渊明、王维的宁静淡泊，无所挂碍；也不同于柳宗元的“将贬谪之情打并入山水”，以情役物。孟浩然写山水，往往不是那么淡泊，经常出现“愁”、“泪”等字眼，情绪比较寥落；但他又不是完全移情于景物，遗落了对景物的审美的自然观照。因此，孟浩然的山水田园诗将寂寥自适的情怀融入山水的兴象中，情与景自然交融、相得益彰，摒弃了初唐以来沿袭六朝的绮丽诗风，境与景偕，思与物会，淡而有味，浅而有致，营造了清新淡雅、静逸明秀的诗境。“清”的表现，此为其一。

除了山水诗之外，孟浩然有很多与僧人、道士交往的诗，尤其以前者为多，我们可以称之为隐逸诗。襄阳一带水土清美，气候宜人，从东汉庞德公开始，便盛行隐逸之风。孟浩然耳濡目染于隐逸文化之中，同时浸润着佛道之风，他的诗中也体现着隐逸之气。以禅语与禅理入诗在孟诗中非常普遍，这使孟诗摆落尘俗，增添了隐逸色彩，此亦是构成“清”的内涵之一。具有代表性的是《题终南翠微寺空上人房》：

> 翠微终南里，雨后宜返照。闭关久沉冥，杖策一登眺。遂造幽人室，始知静者妙。儒道虽异门，云林颇同调。两心相喜得，毕景共谈笑。暝还高窗昏，时见远山晓。缅怀赤城标，更忆临海峤。风泉有清音，何必苏门啸。

在孟浩然看来，儒释道三家并不矛盾，在风泉云林的妙赏上，是一致的："儒道虽异门，云林颇同调。"因此，他在向往入世、积极求取功名之时，也不忘欣赏大自然的山水清音；学儒与修道、学佛，是不同的方式，但都强调人生的自由与心灵的喜悦。孟浩然早年隐居鹿门山，与僧人交往颇多，这为他的诗歌打上了一层隐逸的色彩。在他仕途失意之后，佛教又成了他的精神慰藉，带给他心灵的抚慰。《云门兰若与友人同游》：

> 谓予游迷方，逢子亦在野。结交指松柏，问法寻兰若。小溪劣容舟，石怪屡惊马。所居最幽绝，所住皆静者。云蔟兴座隅，天空落阶下。上人亦何闻，尘念俱已舍。四禅合真如，一切是虚假。愿承甘露润，喜得惠风洒。依此托山门，谁知效丘也。

孟浩然与友人同访高僧，欣然闻法，感到尘念已舍，万缘皆空。甚至表示要弃儒就佛。可见孟浩然对于佛法的接受与理解随着境遇的变化有所不同，但其喜爱之情是一脉相承的。

孟浩然聆听佛法，欣然有得，暂时排遣了仕途失意的烦恼，对人生有种通透圆融的观照。如《与诸子登岘山》：

> 人事有代谢，往来成古今。江山留胜迹，我辈复登临。水落鱼梁浅，天寒梦泽深。羊公碑字在，读罢泪沾襟。

虽然见到与羊祜有关的堕泪碑引起伤感，但总的来说，还是能够通融地观照人世的得失与更替：生命的代谢、历史的变迁不能阻挡，但个体的人，却能在时间的长河中留下自己的足迹。“清”的表现，此为其二。

综上所述，“清”是孟浩然为人与为诗的重要特点，从诗歌创作的角度看，“清”体现在情与景的组合方式、诗歌的隐逸色彩以及语言的清新自然上。关于最后一点，学界研究成果很多，兹不再赘述。

三

清，从为人来说，就是清高脱俗，就是不问世事，可是，我们阅读孟浩然的全部作品，特别是一些赠友诗和自述生平的诗，我们怀疑他是否真是一个隐士。确实，孟浩然并不是一个隐士，至少他并不甘愿做一个隐士。但是，那为什么同时代人还以“清”评价他的为人呢？

孟浩然的用世之心始终都是存在的，他有一定的社会责任感与人间关怀。他说：“当路谁相假，知音世所稀”（《留别王侍御》），“未逢调鼎用，徒有济川心”（《都中送辛大》），“谁能为扬雄，一荐甘泉赋”（《田园作》）。

不过，孟浩然并不愿意为了谋取一官半职而摧眉折腰事权贵，张九龄能够引荐王维，却不能引荐他，孟浩然终于失意而归。王士源《孟浩然诗集序》记载了一件事：“山南采访使太守昌黎朝宗，谓浩然闲深诗律，置诸周行，必咏穆如之颂，因入秦，与偕行，先扬于朝，约曰引谒。后期，浩然叱曰：业已饮矣，身行乐耳，遑恤其他。遂毕久不赴，由是闻罢。”孟浩然的《京还赠张淮》云：“欲徇五斗禄，其如七不堪。早朝非晚起，束带异抽簪。”可见孟浩然像李白一样个性狷洁，时露狂放，并非汲汲于富贵利禄之人。孟浩然纯粹的干谒诗很少，即使写也不失身份，气象广阔。如《临洞庭湖赠张丞相》：

八月湖水平，涵虚混太清。气蒸云梦泽，波撼岳阳城。欲济无舟楫，端居耻圣明。坐观垂钓者，徒有羡鱼情。

这首诗是孟浩然的名作，历来受注意者是其中描写洞庭湖烟波浩渺、波澜壮阔景象的“气蒸云梦泽，波撼岳阳城”，其实，这两句写景有比兴意，暗喻他心目中的当时唐朝的盛世气象，为后面内容做铺垫，因为身逢盛世，故而后面才向张说婉转表达了请求提携之意。这是一首干谒诗，其表达之婉转、含蓄历来备受赞誉，其实，这不是单纯的表达问题，而是孟浩然清高人格之写照。他即使请求人提携，也绝不摇尾乞怜。

孟浩然的求仕意图，更多的是为了经世济民，有所担当，这在孟浩然的不少赠友诗中都有体现。《赠萧少府》：

上德如流水，安仁道若山。闻君秉高节，为得奉清颜。鸿渐升台羽，牛刀列下班。处腴能不润，居剧体常闲。去诈人无谄，除邪吏息奸。欲知清与洁，明月在澄湾。

萧少府是萧氏任县尉者，诗赞扬他坚守高尚的节操，安心于实施仁道，任职政务繁忙的剧邑而能清正廉洁，同时为他高才却沉沦下僚而感慨。对萧少府的赞美，体现了孟浩然做人与为官的态度。

盛唐的不少诗人都有漫游边塞或入边塞幕府的经历，像王昌龄、高适、岑参等都以边塞诗著称，王维也曾出使塞外，孟浩然没有这方面的经历，但是从他赠友从军的诗中，亦可看出其壮志与理想。如《送莫氏外生兼诸昆季从马入西军》：

念尔习诗礼，未尝违户庭。平生早偏露，万里更飘零。坐弃三牲养，行观八阵形。饰装辞故里，谋策赴边廷。壮志吞鸿鹄，遥心伴鹡鸰。所从文与武，不战自应宁。

西军，指河西节度使所治之军。孟浩然对莫氏外甥寄予了殷切的期望，希望他能够立功疆场，不负所望。此外还有《送王宣从军》：

才有幕中士，宁无塞上勋。隆兵初灭虏，王粲始从君。旌旆边庭去，山川地脉分。平生一匕首，感激赠夫君。

《送陈七赴西军》：

吾观非常者，碌碌在目前。君负鸿鹄志，蹉跎书剑年。一闻边烽动，万里忽争先。余亦赴京国，何当献凯还。

《送告八从军》：

男儿一片气，何必五车书。好勇方过我，才多便起余。运筹将入幕，养拙就闲居。正待功名遂，从君继两疏。

两疏，指西汉名臣疏广、疏受。孟浩然的这些赠友从军诗，充满了豪迈之情，表现了建功立业的理想与较强的社会责任感。“男儿一片气，何必五车书”，“平生一匕首，感激赠夫君”，“余亦赴京国，何当献凯还”，都体现了孟浩然不甘平庸、积极入世的人生态度。

从孟浩然的赠友诗中，我们还可以看出他思想的多面性与复杂性，以及其演变的轨迹。

《书怀贻京邑同好》：

唯先自邹鲁，家世重儒风。诗礼袭遗训，趋庭霑末躬。昼夜恒自强，词翰颇亦工。三十既成立，吁嗟命不通。慈亲向羸老，喜惧在深衷。甘脆朝不足，箪瓢夕屡空。执鞭慕夫子，捧檄怀毛公。感激遂弹冠，安能守固穷。当途诉知己，投刺匪求蒙。秦楚邈离异，翻飞何日同。

这一首诗比较全面地交代了孟浩然的心路历程与思想轨迹。他先将家世追溯到孟子和儒家文化，表达了在儒家思想熏陶下建功立业的理想。这是他出仕的根本原因。然后谈到了家贫亲老，这也是出仕的原因之一。总的看来，孟浩然求仕的愿望是强烈的，“感激遂弹冠，安能守固穷”，“秦楚邈离异，翻飞何日同”，只要不是以丧失自尊心为代价，哪怕很小的官职他也乐意。不过，孟浩然有自己坚守的原则：“当途诉知己，投刺匪求蒙。”干谒做官也要不失身份，被知己所赏识，不曲求无知之人。总之从这首诗我们可以看出，孟浩然的出仕动机不是单纯的某一个，愿望很强烈，而他求仕的道路十分曲折，恐怕与他为人清高、固守原则有关。

《仲夏归汉南园寄京邑旧游》：

> 尝读高士传，最嘉陶征君。日耽田园趣，自谓羲皇人。余复何为者，栖栖徒问津。中年废丘壑，十上旅风尘。忠欲事明主，孝思侍老亲。归来当炎夏，耕稼不及春。扇枕北窗下，采芝南涧滨。因声谢同列，吾慕颍阳真。

这首诗是孟浩然从京师回到家乡之后所作。诗中表现的情感，有几层：一、自己最仰慕陶渊明的人格，喜爱田园生活。二、自己中年离开家乡去求仕，时常惶惶不安。三、孝亲与忠君一样重要，现在自己既能侍奉慈亲，又过着优哉游哉的田园生活。其中也有一些仕途失意的感伤，但更多的是对求仕的悔意与对隐居田园的肯定、满足。这两首诗都是赠给京邑友人的，但在思想与情感上却不同。后一首与前一首相比，思想上有一些发展变化，渐趋成熟。在这首诗中，孟浩然对往昔生涯进行回顾，对仕与隐的矛盾进行反思，并最终甘于自己的选择。因此孟浩然后期不少田园诗，最有代表性的就是《过故人庄》，这些诗都写得清新闲适，如家常语，达到不加雕琢、自然而工的地步，也就是“清”的极致，归根结底，还是他人生境界提升的结果，换言之，诗歌之清是为人之清的自然表现。

孟浩然自述生平，将家世上溯到孟子：“唯先自邹鲁，家世重儒风。诗礼袭遗训，趋庭霑末躬。”表示自己对孟子的景仰与儒学的信仰。“浩然”，也出自孟子的“吾善养吾浩然之气”，“浩然之气”不仅指文品，也指人品。孟子认为文章要有气势，而有气势的根本在于人格的崇高、自身修养的提高。孟浩然信仰儒家学说，强调自己与孟子的关系，所以他的诗歌也是人格的体现。在诗歌中展现自己的理想、抱负，以诗歌折射出高尚的精神境界，是孟浩然的终生追求。可以说，孟浩然的赠友诗与自述生平的诗歌，交代了自己的心路历程与人生追求，他不讳言求仕的热情，但我们从中看到的，是一个有社会责任感、有人间关怀的士人，他的人格与诗品，具有一股浩然之气，仍然不失其“清”。

因此，我们认为，孟浩然为盛唐田园诗的代表人物，但他并非只作田园诗，他有很多诗歌写到求仕的热情、做官的渴望。值得注意的是，他并不惮于表达这种求仕的迫切心情，也不掩盖求仕失败之后的失望之情。其人其诗的独特之处在于，在求仕之前，他虽然向往仕途，但也能够享受隐居生活的美好，他倾心喜爱家乡襄阳一带的山水，并将其摄诸笔端；在求仕无成之后，他虽然失落，但也不至于丧失了对生活的热情，他漫游吴越山水，怀念家乡，思念友人，都是一片赤诚。因此，孟浩然虽然写过干谒诗，仕途的得失牵挂于心，但他的本质仍然是“清”，是“真”的，他的诗歌也是清真醇厚的；他也有烦恼，有痛苦，但我们透过他的诗，看到的仍然是一颗透明的心，一个不汲汲于富贵利禄的能够享受人生美好的诗人。他的《春晓》，写夜里醒来听到窗外的风雨，不能入眠，为花事担心；但快天亮时又睡着了，醒来已经是鸟语花香，一派晴光。诗人的内心世界，也是经历了风雨的，但终究会归于明朗，早晨的清新之气终会荡漾心田。真正的“清”并非不食人间烟火，而是经历人生的坎坷、人世的烦恼之后达到的“平淡而山高水深”的境界，是洗尽铅华、“豪华落尽”之后的返璞归真。

四

仔细观察同时代人对于孟浩然为人与为诗的赞美，其中还包含着复杂的背景，值得我们清理。

首先，从诗歌史的角度看。结合诗史的发展，我们也可以发现，盛唐人以“清”来评价孟浩然，体现了对孟浩然为人、为诗的高度认可。孟浩然的诗，以古体为多，近体较少，但他在古体与近体诗中，都擅长作工整传神的对仗，他的名气很大程度上是由于那些对仗工整、清逸脱俗的警句。五言律诗的定型由沈佺期、宋之问最后完成，随着五律与七律的流行，人们开始看重对仗工整、音律协调的警句名联。初唐诗坛的上官仪、杜审言、沈、宋、四杰等人都有一些警句名联流传，但仍在一定程度上受到初唐绮丽之风的熏染，气象开阔雄浑者不多。孟浩然诗中的对仗则已摒弃了绮丽柔靡之习，铸语清新，意境阔大，是盛唐风貌的较早实践者，为当时的诗坛注入了一股新鲜的血液，如“微云淡河汉，疏雨滴梧桐”，“荷风送香气，竹露滴清响”，“众山遥对酒，孤屿共题诗”，“气蒸云梦泽，波撼岳阳城”，“绿树村边合，青山郭外斜”等，都引起诗坛的震动，赢得人们普遍的欣赏，因此殷璠在《河岳英灵集》中赞美孟浩然诗“文彩芊茸，经纬绵密”，“无论气象，兼复故实”，认为孟诗既文采斐然，又有气象风骨，实际上是将古体诗的清新古直与近体诗的华彩风神相熔铸，不愧为盛唐诗人的优秀作品。

其次，从思想人格角度看。孟浩然并非生来就自愿做一个隐士，也是有用世之心的，但是，他追求功业却以不委屈自己人格自由为前提，表现出一种淡泊高洁的情操，一种脱俗的气度，而这正是盛唐时代士人普遍的精神风尚。换言之，盛唐诗人的浪漫性其实不是不食人间烟火，而是一种普遍的独立人格的追求和自由精神的崇尚。

由此可见，盛唐人特别强调孟浩然诗歌“清”的特点，是颇具手眼的，他们真正参透了孟浩然诗心。对孟浩然为人、为诗的理解与认可，体现了盛唐士人的精神风貌：追求功名，但更看重人生价值的实现；渴望入世，但更看重人生阅历的丰富、生命境界的开阔。

最后，回到本文开始的问题，孟浩然同时代所赞美的“清”，当然不等于二十世纪学者闻一多先生所谓强调的诗意，但这只是语言表达的差异问题，毫无疑问，孟浩然为人、为诗之清可以视为闻一多先生所谓诗意的内容或者核心品质。孟浩然其人的脱俗气、诗意化和浪漫性与其诗表现出来的“清气”是相辅相成的。因此，闻一多先生之所以认为“孟浩然的诗”

表现了“诗的孟浩然”，孟浩然是“诗的孟浩然”，其实，就在于他对于上述盛唐精神的确认和肯定。

注释：

[1] 闻一多《唐诗杂论》第31页，上海古籍出版社，1998年。

[2] 参见杨合林《清：中古文化与诗学的一个重要概念》（《学术月刊》2004年第12期）、蒋寅《古典诗学中“清”的概念》（《中国社会科学》2000年第1期）

[3] 参见《隋唐五代文学思想史》，上海古籍出版社，1987年。

[4] 本文引孟浩然诗俱见佟培基《孟浩然诗集笺注》，上海古籍出版社，2000年。

（作者为安徽大学文学院教师）

李白对孟浩然的认知与学习

高新伟

在盛唐诗人中，李白与孟浩然都是交游广泛的典型代表，而两人的交往更被视为美谈。孟浩然是李白生平交游中的重要人物，而李白对孟浩然及其诗歌的认知和学习，在孟浩然诗歌接受史中又起到了重要的作用。

一、李白与孟浩然的交游

李白对孟浩然的认知与学习是从与孟浩然的交游开始的。对于李白与孟浩然的交游，前辈学者多有论述，如陈贻焮先生的《孟浩然事迹考辨》、谭优学先生的《孟浩然行止考实》，郁贤皓先生的《李白与孟浩然交游考》、王辉斌先生的《孟浩然研究》第二章之《孟李过从》，等等，但是在李白与孟浩然交游时次的认定方面，前辈学者多有出入。

由于孟集中不存赠李之作，所以学者对孟李交游的考辨主要从李白的赠孟诗入手，然而问题在于有些赠孟诗本身存疑，如李白《淮海对雪赠傅靄》题下注：“一作《淮南对雪赠孟浩然》”，《游溧阳北湖亭望瓦屋山怀古赠同旅》题下注：“一作《赠孟浩然》”，这两首诗题目都与孟浩然有关，但不少学者认为不是赠孟浩然之作，因而也就不能做为李孟交游的证据，但也有部分学者认为此诗为李白赠孟之作，并以之考证出孟李首次相识的时地，如谭优学《孟浩然行止考实》认同詹锳《李白诗文系年》将此诗系于开元十四年的说法，认为孟浩然以开元十三年秋自洛首途，后至金陵与李白相遇，遂相携游金陵、溧阳。王辉斌教授《孟浩然研究》认为《游溧阳北湖亭望瓦屋山怀古赠同旅》是李白赠孟浩然之作，并以此为据指出李白和孟浩然于开元十四年夏秋间初识于扬州，并同游溧阳，临别时，李白写此诗以送之。

王琦于《春日归山寄孟浩然》诗题下注：“缪本作《孟六浩然》”，下加按语云：“‘孟六浩然’恐是‘孟赞府’之讹。”王氏又引胡震亨语：“玩诗意，乃借一显者游禅寺和诗，疑题有误。”看来，胡震亨和王琦均怀疑此诗寄赠的对象不是孟浩然，今人瞿蜕园、朱金城《李白集校注》也有怀疑之意，如此以来，李白集中只有《黄鹤楼送孟浩然之广陵》和《赠孟浩然》两首诗歌确定为赠孟之作。

但是，就是确定为赠孟之作的这两首诗歌的系年也成问题，比如脍炙人口的《黄鹤楼送孟浩然之广陵》，王琦《李太白年谱》以为作于开元二十八年以前，黄锡珪《李太白年谱》

系于开元二十五年，詹瑛《李白诗文系年》系于开元十六年前后，郭沫若《李杜年表》系于开元十六年，谭优学《孟浩然行止考实》、郁贤皓《李白与孟浩然交游考》、安旗《李白全集编年注释》均系于开元十六年春，刘文刚《孟浩然年谱》系于开元十四年，王辉斌《孟浩然研究》系于开元二十三年，从开元十四年，开元十六年，至二十三年，再到二十五年，相差何其远！此诗没有任何暗示年代的字眼，学者只好根据孟李的生平行止尝试推断，而孟李的行止本身记载不足，推断结果自然多有出入。

再如《赠孟浩然》，诗中就有“白首”一词，故而人们都确认是写于孟浩然晚年，但哪个年龄才算“白首”就不确定了，王辉斌教授考证在开元二十年十月前后与开元二十一年秋前的近一年的时间中，孟浩然与李白均在长安，故而推断《赠孟浩然》当写于二人此次长安相聚时（《孟浩然研究》）。开元二十三年李白到过襄阳，并写有《与韩荆州书》，不少人认为《赠孟浩然》一诗写于此时，这样李孟交游的时次就少了一次。有人可能过于拘泥于“白首”一词，将该诗系于孟浩然病逝的前一年，即开元二十七年，这样就断定李白在开元二十七年曾前往襄阳拜访孟浩然。

诗的系年与李孟交游的时次是一个问题的两面，鉴于目前资料的有限，两者都存在不确定性，但是有一点是肯定的，那就是李孟交游甚密，李白极其钦佩孟浩然的人品诗风。本文无意于详考李孟交游的经过，只是指出李孟交游的事实，进而讨论李白对孟浩然形象的定位和诗艺的学习。明白了李孟交游的事实，我们就会明白为什么同样是对孟浩然及其诗的认知与接受，但李白倾向于对孟浩然人品的认同，而杜甫倾向于对孟浩然诗风的赞许。其原因就在于：李白与孟浩然同时代，有交往，故而对孟浩然其人有着切身的认识；而杜甫小孟浩然二十三岁，不曾交往，他只能通过孟诗认知和接受孟浩然。

二、李白对孟浩然的认知

在与孟浩然的交游中，李白对孟浩然的人品和诗风产生了无限崇拜敬仰之情。有“送别诗之祖”[1]（陈继儒语）称誉的《黄鹤楼送孟浩然之广陵》表达了李白对孟浩然的“深情无限”[2]（俞陛云《诗境浅说续编》语），而《赠孟浩然》则表现了李白对孟浩然人品的高度评价，并产生重大影响。

> 吾爱孟夫子，风流天下闻。红颜弃轩冕，白首卧松云。醉月频中圣，迷花不事君。高山安可仰，徒此揖清芬。

通观全诗，可分三层意思，首联为一层，开宗明义，直言爱孟浩然，因为他的风流天下闻名；颔联和颈联为一层，解说孟浩然风流的四种体现：弃官、隐居、饮酒、赏花；尾联为一层，化用《诗经》典故，夸赞孟浩然品格之高而不卑，行止之清而不俗。全诗描绘了一个隐士高人的孟浩然形象，表达对孟浩然人品的崇敬之情。诚如唐汝询《唐诗解》卷三三所云：“此美孟之高隐也。言夫子之风流，所以能闻天下者，以少无宦情，老不改节也。”彼其“醉月”、“迷花”，高尚不仕，正如高山，非可仰而及者，我惟一揖清芬为幸耳。”[3] 清代佚名《李诗直接》卷五亦云：“此言孟浩然之风流而赞其隐德之清高也。”同[3]P753

然而孟浩然真的就是隐士高人，诚心“弃轩冕”“卧松云”吗？未必是的，孟浩然四十岁了，还入京应举，“中年废丘壑，上国旅风尘”（《仲夏归汉南园，寄京邑耆旧》），应举不成就遍干诸侯，“十上耻还家，徘徊守归路”（《南阳北阻雪》），干谒不奏效，就抱怨“当路谁相假？知音世所稀”（《留别王维》），他渴望有人推毂，“欲济无舟楫，端居耻圣明。坐观垂钓者，徒有羡鱼情”（《临洞庭湖赠张丞相》），他浪迹江湖，也还“魏阙心常在，金门诏不忘”（《自浔阳泛舟经明海作》）。一个汲汲入世的儒生该做的，他都做了，该说的，他也都说了，你说他是诚心绝仕隐居吗？不少专家学者也都指出了孟浩然汲汲入世的一面，此不赘述。

这就是说李白所描绘的孟浩然形象与真实的孟浩然是有出入的，造成这种出入的原因是李白对孟浩然的行事人品进行了取舍，李白不提孟浩然为入世而作的种种努力，而是抓住孟浩然布衣终身的事实，将孟浩然“仕不成”说成“不愿仕”，说他“弃轩冕”“不事君”。古人大都有达则兼济天下，穷则独善其身的两种人生态度，李白有意突出孟浩然独善其身的一面，说他“卧松云”“醉月”“迷花”。李白这样做，是在说好不说坏，多少有点取悦夸赞孟浩然的意思，倒也符合投赠诗歌的通例。李白这样做，更是在写自己的性情，李白为了走终南捷径，也经常徜徉山林，寻隐访道，养望待时，李白傲视群侯，蔑视富贵，放纵醉饮，不时萌生散舟五湖的念头，所以李白这样夸赞孟浩然也是在表明自己向往这种洒脱的人生，这首诗既是赞人，也是抒怀。当然，孟浩然终身不仕是事实，其诗本来就具有高洁、自然、纯真的特性，所以李白并不是无中生有的一味阿谀奉承，这也是后世接受李白对孟浩然形象定位的根本原因。

李白第一个将孟浩然定位为隐士高人形象，对后世产生了重要的影响。在盛唐，李白、王维和王仕源三人分别描绘了三个孟浩然形象，尤以李白描绘的形象最早，影响也最大。王维《孟浩然画像》："欣而长，峭而瘦，衣白袍，风仪落落，靴帽重戴，乘款段马，一童总角，提书笈负琴而从，风仪落落，凛然如生。"[4]用画笔描绘了一个儒雅洒脱的形象。王士源在《孟浩然集序》里说孟浩然"骨貌淑清，风神散朗；救患释纷以立义；灌蔬艺圃以全高"[5]，描绘了一个侠义高洁的形象，但都没有李白《赠孟浩然》的影响大。李白与孟浩然同时代，又过从甚密，他对孟浩然形象的刻画，容易被人们所接受，李白本人是著名诗人，这首诗歌也写得如行云流水般舒卷自如，表现出诗人率真自然的感情，因而其对孟浩然的形象定位影响深远，深入人心，后人不仅认同了孟浩然隐士高人的形象，还延着这个思维方向去解读孟浩然的诗歌。

三、李白向孟浩然的学习

李白不仅钦佩、赞美孟浩然的人品，而且在创作中向孟浩然学习，既学习孟浩然作诗的技巧，又模仿孟浩然诗歌的意境、风格。

（一）技法的借鉴

李白诗歌向孟浩然诗歌的学习，或者说孟浩然诗歌对李白诗歌的影响，主要集中在五律的创作上。孟浩然有五律 134 首，李白有五律 112 首，两者数量在盛唐诗人中位居前列，而两者相比较，不论是从数量的角度，还是从质量上看，孟浩然的五律都胜于李白的五律。

孟浩然五律成就突出。“孟浩然不仅是盛唐诗坛并且是有唐一代大量创作近体诗的第一人”[6]，孟浩然五律受到历代评论家的好评。如顾璘《批点唐音》说：“五言律诗贵乎沉实温丽，雅正清远。含蓄深厚，有言外之意；制作平易，无艰难之患，最不宜轻浮俗浊，则成小人对属矣，似易而实难。又须风格峻整，音律雅浑，字字精密，乃为得体。唐初唯杜审言，创造工致。盛唐老杜神妙外，唯王维、孟浩然、岑参三家造极。”[同[6]P176]许学夷《诗源辨体》云：“浩然五言律兴象玲珑，风神超迈，即元端所谓‘大本先立’，乃盛唐最上乘。”[同[6]P176]宋育仁《三唐诗品》言：“五律含华洗骨，超然远神，如初月芙蕖，亭亭秀映。《唐书》称其方驾李杜，故知名下不虚。”[同[6]P176]王溥《闻鹤轩初盛唐近体读本》道：“孟公五律，笔洁气逸，为品最高，较之诸生，尤为神灵。”[同[6]P177]上述评论都将孟浩然五律与盛唐其他诗人作比较，并肯定了孟浩然五律的精妙。律诗由齐梁发展到初唐，格律形式日臻完善，但却丢失了汉魏古诗的自然清俊的风格特征。“孟浩然把古诗特点融进律诗的创作中，以古诗手法写律诗，冲破了初唐承袭六朝的浮靡与板滞，在方兴未艾的新体诗的创作中，恢复了汉魏古诗的风貌，带着一种清新的气息，一新人们的耳目。”[7]

李白五律师学孟浩然的五律。古代有评论家指出，如胡应麟《诗薮》卷五云：“太白五言律多类浩然。”[8]当今学者也多有论述，如房日晰《李白崇尚孟浩然的缘由》云：“观《李太白集》，五律清新俊逸，多似浩然者，其五律或受孟浩然诗的影响。”[9]

李白五律师学孟浩然五律主要表现为技法的借鉴。孟浩然五律的技法特征被方弘静《千一录》准确地概括为“以古诗为律调”，也就是王辉斌《孟浩然研究》所论的“平仄皆合，而无对仗”[同[6]P185]。孟浩然的一些律诗打破平仄、对仗要求，看上去就像古诗，如《与诸子登岘山》首联“江山留胜迹，往来成古今”并非严格的律句，但却“起得高古，略无粉色，而情景俱称，悲慨胜于形容”（刘辰翁语），历来被视为名句。律诗是讲求对仗的，但孟诗还有“彻首尾不对着”（严羽语），如《晚泊浔阳望香炉峰》《舟中晓望》，虽平仄合律，但却不用对仗。

李白的律诗也具有这种特点，“太白于律，尤为古诗之遗，情深而词显，又出乎自然，要其旨趣所归，开郁宣滞，特于风骚为近焉”（《李诗纬》）。历代评论家对孟李五律的这种相似特征多有论述，如严羽《沧浪诗话》云：“有律诗彻首尾不对者，盛唐诸公有此体，如孟浩然诗‘挂席东南望，青山水国遥。轴轳争利涉，来往接风潮。问我今何适，天台访石桥。坐看霞色晚，疑是赤城标。’又‘水国无边际’之篇，又太白‘牛渚西江夜’之篇，皆文从字顺，音韵铿锵，八句皆无对偶。”[10]杨慎《升庵诗话》云：“五言律八句不对，太白、浩然集有之。”[11]陆时雍《唐诗镜》云：“孟浩然、李太白俱以古运律，故多率意，一往不为律束。”

李白五律的不重炼字炼句，不重对仗的特点也可能是受到了孟诗的影响。古人有论，王溥《闻鹤轩初盛唐近体读本》在孟浩然《舟中晓望》一诗下面引用徐中崖语："前四一气自爽，后半复成别调，纯作散行，已开供奉津梁。"同[6]P185 今人亦有论者，如柯素莉《孟浩然诗歌魅力探寻》云："孟浩然运古入律的手法，给诗歌创作带来新的韵味，新的风貌，开风气之先。李白五律创作的不讲究格律是在孟浩然基础上的发展，而在诗歌意境上有进一步的开掘。"同[7]

（二）意境的相通

李诗向孟诗学习还体现在两人某些诗在意境方面有异曲同工之妙，比如李白的《月下独酌》："花间一壶酒，独酌无相亲。举杯邀明月，对影成三人。月既不解饮，影徒随我身。暂伴月将影，行乐须及春。我歌月徘徊，我舞影零乱。醒时相交欢，醉后各分散。永结无情游，相期邈云汉。"孟浩然的《游风林寺西岭》："共喜年华好，来游水石间。烟容开远树，春色满幽山。壶酒朋情洽，琴歌野兴闲。莫愁归路暝，招月伴人还。"两诗意境相通，只是李诗比孟诗显得更加铺陈有佳。

再如李白《黄鹤楼送孟浩然之广陵》的"孤帆远影碧空尽，唯见长江天际流"与孟浩然《早寒江上有怀》的"乡泪客中尽，归帆天际看；迷津欲有问，平海夕漫漫"，意境相通，只是孟诗意直，而李诗意蕴更为悠远而已。

当然了，诗歌创作上的这种相似之处也存在自发性，但是孟浩然作为长者，其人其诗对李白产生影响也是存在可能性或者情理之中的。

（三）风格的相似

孟诗的首要风格是清淡。历代论者对孟浩然诗歌风格的评价多用“清”和“淡”字，或者由此延伸出的词语，如“清淡”“清旷”“清丽”“平淡”“冲淡”等等，这说明孟浩然诗风的首要特征就是清淡。

而大家都知道，李白诗歌也追求“清水出芙蓉”的风格，他自比谢朓：“中间小谢又清发。”（《宣州谢朓楼饯别校书叔云》）清代学者王夫之早就发现了李白和孟浩然诗歌风格的这种相似性，王夫之《唐诗选评》对李白《下终南山过斛斯山人置酒》一诗评点道：“清旷中无英气，不可效陶，以此作视孟浩然，真山人诗尔。”这首诗清旷飘逸的风格，与孟浩然《夜归鹿门山歌》非常相似。

孟诗亦有壮逸之气。潘德舆《养一斋诗话》评《彭蠡湖中望庐山》一诗云“精力雄健，俯视一切，正不可徒以清言之”。不仅这一首诗不能“徒以清言之”，孟浩然诗歌风格也不能“徒以清言之”，孟浩然诗歌风格不唯清淡，还有雄浑壮逸之气。胡震亨《唐音统签》引《吟谱》云：“孟浩然诗祖建安，宗渊明，冲淡中有壮逸之气”[12]，其所言“宗渊明”“冲淡”就是指孟浩然诗歌清淡的主体风格，“祖建安”“壮逸之气”就是指孟浩然诗歌雄浑壮逸的又一风格特征。这种风格最脍炙人口的代表就是《望洞庭湖上张丞相》，胡应麟称“气蒸云梦泽，波撼岳阳城，浩然壮语也”同[8]。

李白不仅汲取了孟浩然诗歌清的特色，而且也学习了孟浩然诗歌雄浑壮逸的一面，这一点相对于前者更好理解，因为壮逸是李白诗歌的最主要的审美特征之一。孟浩然有诗《彭蠡湖中望庐山》："太虚生月晕，舟子知天风。挂席候明发，渺漫平湖中。中流见匡阜，势压九江雄。黯黮凝黛色，峥嵘当曙空。香炉初上日，瀑水喷成虹。久欲追尚子，况兹怀远公。我来限于役，未暇息微躬。淮海途将半，星霜岁欲穷。寄言岩栖者，毕趣当来同。"诗中"太虚生月晕""势压九江雄""峥嵘当曙空""瀑水喷成虹"等句的遣词用语和境界胸怀都能在李白诗歌中找到影子。

综上所述，李白在与孟浩然的交往过程中，既钦佩孟的人品，又学习孟的诗艺，李白第一个将孟浩然定位为隐士高人形象，对后世产生了重要的影响，李白借鉴学习了孟浩然五律的艺术技巧，而在意境开拓上又有所发展。在孟浩然及其诗歌的传播史上，李白占有重要地位。

注释：

［1］周敬、周珽《唐诗选脉会通评林》，明崇祯八年縠采斋本。

［2］俞陛云《诗境浅说续编》，上海书店 1984 年影印本。

［3］裴斐、刘善良《李白资料汇编·金元明清之部》，中华书 1994 年版。第 531 页。

［4］葛立方《韵语阳秋》，《历代诗话》本，中华书局 1981 年版。第 479 页。

［5］佟培基《孟浩然诗集笺注》，上海古籍出版社 2000 年版。第 432 页。

［6］王辉斌《孟浩然研究》，甘肃人民出版社 2002 年版。第 175 页。

［7］柯素莉《孟浩然诗歌魅力探寻》，载《江汉论坛》1993 年 2 期。第 75 页。

［8］胡应麟《诗薮》，上海古籍出版社 1979 年版。第 126 页。

［9］房日晰《李白崇尚孟浩然的缘由》，上海师大学报 1989 年 1 期，第 68 页。

［10］严羽《沧浪诗话》，人民文学出版社 1961 年版。第 139 页。

［11］杨慎《升庵诗话》，《历代诗话续编》本，中华书局 1983 年版。第 633

页。
[12] 徐鹏《孟浩然集校注》，人民文学出版社 1989 年版。第 21 页。

（作者为湖北文理学院副教授）

简论贯休与孟浩然

张海　陈颖

贯休，字德隐，俗姓姜氏，婺州兰溪（今浙江省兰溪县）人，生于唐文宗太和六年（公元 832 年），他晚年入蜀，依前蜀高祖王建，赐号“禅月大师”，卒于前蜀永平二年（公元 912 年），年八十一岁。贯休是晚唐五代时期著名的诗僧，他的诗歌，据其弟子昙域“寻检稿草及暗记忆者，约一千首，乃雕刻版部，题号《禅月集》”[1]。《鉴诫录》卷五“禅月吟”亦云：“唐有十僧诗选，在诸集中。唯禅月大师所吟千首。”但现在已经亡佚不全，共存七百余首。生活在晚唐五代的贯休和生活于盛唐的孟浩然似乎并无关系，但通过对他们生平和作品的了解和研读，我们发现贯休和孟浩然在生活经历、诗歌创作上有一定的相似之处，在某种程度上贯休对孟浩然还有所学习和继承。本文将对此作一初步探讨。

贯休对孟浩然这位前辈是怀有同情和惋惜之意的。其《经孟浩然鹿门旧居二首》云：

> 孟子终焉处，游人得得过。檨深黄狖小，地暖白云多。孔圣嗟大谬，玄宗争奈何。空余岘山色，千古共嵯峨。

> 花落谷莺啼，精灵安在哉。青山不可问，永日独裴回。冢穴应藏虎，荒碑只见苔。伊余亦惆怅，昨日郢城回。[2]

此诗乃贯休经过襄阳鹿门孟浩然旧居时所作。由“得得过”可知，贯休是特意专程前来拜访，可见其对孟浩然的敬仰和崇拜。作者借孔子否定隐居避世的态度，含蓄地表达了对孟浩然盛世隐居的遗憾和惋惜之情。在贯休看来，才华横溢的孟浩然生逢大唐盛世。应积极于世，不应以隐居为终。诗中亦描写了浩然旧居的荒凉和破败，抒发了诗人的无限惆怅和同情之意，深深地表达了对孟浩然的追念和缅怀之情。晚唐国力衰微，天下大乱，士人大多命运坎坷，处境凄凉，孟浩然的遭遇对他们触动很大。和贯休一样，许多诗人也曾到过孟浩然的旧居或墓地，通过对其的凭吊和追怀，表达同情惋惜之情：

罗隐《孟浩然墓》：

> 数步荒榛接旧蹊，寒江漠漠草凄凄。
> 鹿门黄土无多少，恰到书生冢便低。

张蠙《吊孟浩然》：

每每樵家说，孤坟亦夜吟。若重生此世，应更苦前心。名与襄阳远，诗同汉水深。亲栽鹿门树，犹盖石床阴。

朱庆馀《过孟浩然旧居》：

命合终山水，才非不称时。冢边空有树，身后独无儿。散尽诗篇本，长存道德碑。平生谁见重，应只是王维。

这些诗人和贯休一样，对孟浩然的诗才文名给予了充分的肯定和赞颂，对其人生的寂寞坎坷，生前身后的凄凉深表同情。

贯休对孟浩然的敬仰和同情源自他们有相同的思想和一定相同的人生经历。孟浩然一生大部分时间是在家乡襄阳隐居，他闭门读书，以耕读为乐，“蔽庐在郭外，素业唯田园。左右林野旷，不闻城市喧”（《涧南园即事贻皎上人》）[3]。孟浩然还经常与一些方外之士来往，和他们谈禅论道：“渐通玄妙理，深得坐忘心。”孟浩然留给我们的似乎是一个不问世事、纵情山水、不慕功名、遁世不征的山人隐士的形象。其实，在他内心深处仍然有着积极用事的一面，如《田园作》：

弊庐隔尘喧，惟先养恬素。卜邻近三径，植果盈千树。粤余任推迁，三十犹未遇。书剑时将晚，丘园日已暮。晨兴自多怀，昼坐常寡悟。冲天羡鸿鹄，争食羞鸡鹜。望断金马门，劳歌采樵路。乡曲无知己，朝端乏亲故。谁能为扬雄，一荐甘泉赋。

这首诗表现了作者强烈的出仕之心，他希望能像扬雄一样，有朝一日能够得到王公大臣的举荐，走上仕途，入朝为官，实现自己的鸿鹄之志。

“魏阙心恒在，金门诏不忘。”（《自浔阳泛舟经明海》）开元十六年，孟浩然曾雄心勃勃到长安应举，他信心满怀，写下了著名的《长安早春》：

开国维东井，城池起北辰。咸歌太平日，共乐建寅春。雪尽黄山树，冰开黑水津。草迎金埒马，花伴玉楼人。鸿渐看无数，莺歌听欲频。何当桂枝擢，还及柳条新。

在诗人笔下，京城雄伟恢弘，一派歌舞升平的盛世景象。早春时节，万物复苏，生机勃勃。诗人借此抒发了积极进仕的信心和希望。和唐代其他知识分子一样，孟浩然同样具有忠君爱国、兼善天下的愿望和热情：“中年废丘壑，上国旅风尘。忠欲事明主，孝思侍老亲。”（《仲夏归汉南园寄京邑耆旧》）“于此无奇策，苍生奚以为。”（《齿坐呈山南诸隐》）

“男儿须展平生志，为国输忠合天地”（《塞上曲二首》之二）。贯休虽从小出家，但却志向远大，他和孟浩然一样，长期隐居山林，却有着积极进取的雄心壮志。但和孟浩然不同，贯休身逢乱世，他看清了晚唐社会的黑暗和腐败，激发了他拯世济时的宏伟抱负。他在《阳春曲》中写道：

为口莫学阮嗣宗，不言是非非至公。为手须似朱云辈，折槛英风至今在。男儿结发事君亲，须效前贤多慷慨。历数雍熙房与杜，魏公姚公宋开府，尽向天上仙宫闲处坐，何不却辞上帝下下土，忍见苍生苦苦苦！

读这首诗，我们很难想象出自一个信奉“空无寂灭”的僧人之口。诗人主张积极进取，为民请命。一开篇就鲜明地表达出对“不言是非”、明哲保身的阮籍的鄙视，对敢于直谏、精忠为国的朱云的钦佩。诗人历数盛唐时期贤臣房玄龄、杜如晦、魏征、姚崇、宋璟，希望他们能够重返人间，拯救受尽苦难的天下百姓。这里，诗人表明了自己为国尽忠的政治态度，对贤臣良吏的敬仰，以及对儒家理想政治的憧憬和对太平盛世的向往。

对于国家兴亡、时政弊端，贯休也常常大发议论。他在《读玄宗幸蜀记》中无限感慨地写道：“宋璟姚崇死，中庸遂变移。如何游万里，只为禄山儿。……火从龙阙起，泪向马嵬垂。始忆张丞相，全师郭子仪。”最后得出这样的历史教训：“因知纳谏诤，始是太平基。”贯休在这里一针见血地指出，安史之乱的发生是唐玄宗不听劝谏，不辨忠奸，颠倒贤愚造成的，并认为君主能够虚心纳谏，广开言路是天下太平的基础。这样的见解，无疑是十分正确的。

可见，隐士孟浩然和诗僧贯休都不是彻底的“方外之士”，他们都有入世之情，进取之意。孟浩然在科举失利之后曾四处漫游、献赋求官，但却毫无结果。“十上耻还家，徘徊守归路。”（《南归阻雪》）诗人壮志难酬、理想破灭，失意苦闷，如《题长安主人壁》：

> 久废南山田，叨陪东阁贤。欲随平子去，犹未献甘泉。枕籍琴书满，褰帷远岫连。我来如昨日，庭树忽鸣蝉。促织惊寒女，秋风感长年。授衣当九月，无褐竟谁怜。

全是主要抒发了诗人落第后的苦闷和思乡的心情，但他仍然希望通过献赋干谒的方式得到赏识，成就一番事业。事与愿违，诗人通过凄凉萧瑟的秋景衬托了无人欣赏，无人引荐的尴尬处境。

“因知丈夫事，须佐圣明君”（《闻征四处士》），同样，贯休怀着这种理想四处干谒，希望有所作为。然而“圣明天子古今稀”（《寿春节进大蜀皇帝五首》其四），贯休本人又性格孤傲、气节傲岸，不肯趋炎附势，谄谀奉承，“媚世非吾道”（《故林偶作》），和孟浩然的遭遇一样，他处处碰壁，政治抱负得不到施展和发挥，“锦绣文章无路达”（《避地毗陵寒月上孙徽使君兼寄东阳王使君三首》其三），“万事无成三十年”（《感怀寄卢给事二首》其二）。诗人的理想破灭，抱负落空，他在自己的诗中或咏物以抒情，或借史以言志，对自己的怀才不遇的苦闷和报国无门的愤懑作了尽情地抒写和倾诉：

一雨火云尽，闭门心冥冥。兰花与芙蓉，满院同芳馨。佳人天一涯，好鸟何嘤嘤。我有双白璧，不羡于虞卿。我有径寸珠，别是天地精。玩之室生白，潇洒身安轻。只应天上人，见我双眼明。

——《古意·一雨火云尽》

诗人以兰花芙蓉自比，以有“双白璧”和“径寸珠”喻自己才华横溢。然而“佳人”远在“天一涯”无人赏识。诗人最后自我安慰道：“只应天上人，见我双眼明。”

不同的是，孟浩然以布衣终其一生，而贯休晚年入蜀受到蜀主王建礼遇，赐号封赏，地位显赫。

贯休在诗歌创作上深受孟浩然的影响。

这首先体现在借用或化用孟浩然的诗句和诗意。贯休对孟浩然的诗句了如指掌，烂熟于心，他作诗经常借鉴孟诗的词汇和句法。以下试举数例：

贯休《闲居拟齐梁四首》：“清气生沧州，残云落林薮。” 孟浩然《行至汝坟寄卢徵君》：“洛川方罢雪，嵩嶂有残云。”

贯休《拟齐梁体寄冯使君三首》：“竹房更何有，还如鸟巢空。” 孟浩然《疾愈过龙泉寺精舍呈易业二上人》：“竹房思旧游，过憩终永日。”

贯休《冬末病中作二首》：“空余微妙心，期共静者论。” 孟浩然《还山赠湛禅师》：“导以微妙法，结为清净因。”

贯休《行路难四首》其二："几度美人照影来。" 孟浩然《早发渔浦潭》："美人常晏起，照影弄流沫。"

贯休《经栖白旧院二首》："徘徊不能去，寒日下西岑。" 孟浩然《和于判官登万山亭因赠洪府都督韩公》："韩公美襄土，日赏城西岑。"

贯休《送姚洎拾遗自江陵幕赴京》："凭将西社意，一说向荀陈。" 孟浩然《上巳日涧南园期王山人陈七诸公不至》："在山怀绮季，临汉忆荀陈。"

贯休《送刘相公朝觐二首》："燮理久称殷傅说，谈真欲过李玄通。" 孟浩然《和张丞相春朝对雪》："不睹丰年瑞，安知燮理才。"

贯休《遇道者》："身带烟霞浮汗漫，药兼鬼神在胡芦。" 孟浩然《送元公之鄂渚寻观主张骖鸾》："应是神仙辈，相期汗漫游。"

勿用赘述，这些诗句均是化用或直接引用孟诗。这样的例证还有很多，囿于篇幅，兹不再举。

其次，贯休和孟浩然的诗歌风格有相似之处，他们都具有"清"的审美意蕴。

在文学史上，孟浩然是以"清"著称的诗人。李白曾用"清芬"一词来赞美孟诗。杜甫亦云："复忆襄阳孟浩然，清诗句句尽堪传。"（《解闷十二》之六）胡应麟云："襄阳时得大篇，清空雅淡，逸趣翩翩。"（《诗薮》内篇卷四）贯休诗也有"清"的特点，清代贺裳评其诗云："数语殊涵清气。"[4] 贯休自己也主张清新自然之诗风，崇尚清境之美。如他赞美孟郊的诗："清刿霜雪髓，吟动鬼神司。"（《读孟郊诗》）又如："乾坤有清气，散入诗人脾。"（《古意九首》）"交情终淡薄，诗语更清狂。"（《江西再逢周琏》）"诗虽清到后，人更瘦于前。"（《归故林后寄二三知己》）"发岂无端白，诗须出世清。"（《早秋夜坐》）从中我们可以看出贯休和孟浩然一样对"清"的崇尚和追求。

孟浩然的诗往往呈现出清幽空灵、情景交融的意境。诗中情和景的关系，不仅是彼此衬托，而且常常是水乳交融般的密合，如《宿业师山房期丁大不至》：

> 夕阳度西岭，群壑倏已暝。松月生夜凉，风泉满清听。樵人归欲尽，烟鸟栖初定。之子期宿来，孤琴候萝径。

夕阳西下、群山昏暗、松月风泉、万籁俱寂、樵夫尽归、烟鸟栖定，清幽的景物尽含期盼友人之情。

和孟浩然一样，贯休的诗作也有清幽之美，也往往善于融情入景，注入诗人强烈的主观感受，具有情景交融的审美特征。例如《秋末江行》：

> 四顾木落尽，扁舟增所思。云冲远烧出，帆转大荒迟。天际霜雪作，水边蒿艾衰。断猿不堪听，一听亦同悲。

这是一首悲秋之作。全诗一开篇就以"四顾木落尽"为全篇定下了凄凉的基调。诗人在这深秋季节，驾着一叶扁舟独行于江上。远烧之云，转大荒的帆，以及“霜雪作”、“蒿艾衰”，种种意象充分地营造出凄清的意境。在这天地空寂中，又闻断猿之啼。啼声惊醒所思人，将他拉回现实的苦境，怎不由他“一听亦同悲”？诗人一生怀才不遇，漂流四方。他在这首诗中运用了典型的悲秋意象，从视觉和听觉两方面为主观感受做了充分的铺垫，使读者也闻之动容，“同悲”之情呼之欲出，因而在诗末与诗人形成共鸣，获得强烈的审美体验。

又如《秋尽途中作》：

行行芳草歇，潭岛叶纷纷。山色路无尽，砧声客强闻。残阳曜极野，黑水浸空坟。那得无乡思，前程入楚云。

此诗抒写旅途的感触。这也是一个深秋季节，诗人在残阳的余晖下独自行进在山路上。芳草歇歇，叶落纷纷，夕阳西下，离自己的家乡越来越远。听到一阵阵砧声，乡思之情油然而生。前六句写景，以所见所闻渲染乡情；后两句抒情，以反问的句式倾泻乡思之愁。

再次，贯休和孟浩然的诗歌在内容上也有相似之处。

孟浩然一生大部分时间隐居在家乡襄阳一带，其诗带有强烈的隐逸情调，如《夜归鹿门歌 》：

山寺鸣钟昼已昏，渔梁渡头争渡喧。人随沙岸向江村，余亦乘舟归鹿门。鹿门月照开烟树，忽到庞公栖隐处。岩扉松径长寂寥，唯有幽人独来去。

诗人先写渡口的喧闹，再写居所只有自己独来独去的幽静。通过从日落黄昏到月悬夜空，从汉江舟行到鹿门山途的描写，抒发了清高隐逸的情怀志趣。孟诗中这样的内容不胜枚举，如《岘潭作》、《万山潭作》、《武陵泛舟》等亦是描绘宁静的山居生活，高蹈隐逸乐趣。

和孟浩然类似，隐居和漫游是贯休一生的主要经历，因此，贯休也有大量的山水田园诗。这些诗大多表现了他对隐居生活的向往和其中恬静逸趣。请看以下几首诗：

难是言休即便休，清吟孤坐碧溪头。三间茅屋无人到，十里松阴独自游。明月清风宗炳社，夕阳秋色庾公楼。修心未到无心地，万种千般逐水流。

——《山居诗二十四首》其二

翠窦烟岩画不成，桂香瀑沫杂芳馨。拨霞扫雪和云母，掘石移松得茯苓。好鸟傍花窥玉磬，嫩苔和水没金饼。从他人说从他笑，地覆天翻也只宁。

——《山居诗二十四首》其十二

千岩万壑路倾欹，杉桧濛濛独掩扉。斸药童穿溪罅去，采花蜂冒晓烟归。闲行放意寻流水，静坐支颐到落晖。长忆南泉好言语，如斯痴钝者还稀。

——《山居诗二十四首》其十五

露滴红兰玉满畦，闲拖象屐到峰西。但令心似莲花洁，何必身将槁木齐。古壍细香红树老，半峰残雪白猿啼。虽然不是桃源洞，春至桃花亦满蹊。

——《山居诗二十四首》其十九

这些诗是作者在钟陵山居时作的一组《山居诗二十四首》中的几首，描写了诗人山居悟禅的生活环境和心悟禅境的精神境界。茅屋三间，十里松阴；兰草红花，细烟红树；千岩万壑，流水落晖，这里有着桃花源般的美景。诗人把这种环境看作社结“白莲”的东林寺，吟诗咏月的“庾公楼”。在这样的环境中，没有尘世的喧扰，没有战乱的烽烟，生活恬静，心情舒畅，闲行静坐，清吟自游，心似莲花，一尘不染。诗人的心灵得到净化，身与青山同体，心与佛禅相通。这组《山居诗》可以说是贯休诗歌中的上乘之作，诗情禅意，交融无间。正如著名佛教文学研究家孙昌武先生所说：“《山居诗二十四首》，是经过多年推敲、修改的作品，在表现手法上把奇崛与朴野、意境的清幽与表达的流畅结合得很好。”[5]

与此类似的还有《桐江闲居作十二首》，这组诗可谓《山居诗二十四首》的姊妹篇。它同样表现了诗人隐逸闲居生活的宁静和美好。兹举几首：

香刹通真观，楼台倚郡城。阴森古树气，麁淡老僧情。壁画连山润，仙钟扣月清。何须结西社，大道本无生。

——《桐江闲居作十二首》其二

静室焚檀印，深炉烧铁瓶。茶和阿魏暖，火种柏根馨。数只飞来鹤，成堆读了经。何妨似支遁，骑马入青冥。

——《桐江闲居作十二首》其三

芙蓉峰里居，头闭复何如。白玃兼花鹿，多年不见渠。红泉香滴沥，丹桂冷扶疏。唯有西溪叟，时时到樊庐。

——《桐江闲居作十二首》其十

仙钟扣月，柏树飞鹤，白玃花鹿，红泉丹桂，真可谓人间仙境。诗人纵情于山水田园之乐，琢诗论道，诵经礼佛，淡泊宁静，悠游自在。

总之，贯休和孟浩然虽然生活的时代不同，诗歌总体创作情况也有所差异。但是，通过上面的分析，我们发现贯休和孟浩然在生平思想、诗歌创作上或多或少有一些相似的地方。贯休学识渊博，转益多师，融通诸家。他对孟浩然十分尊崇和敬仰，在创作中必然会对孟诗有所接受。而孟浩然作为一位诗风独特，对后世有着重要影响的诗人，他的思想，他的诗风，他的语言，自然也会对贯休产生潜移默化的作用。在晚唐五代时期，接受和继承孟浩然诗风的诗人不多，贯休应该说是其中杰出的代表。

注释：

［1］ 昙域《禅月集序》贯休著，胡大浚笺注《贯休歌诗系年笺注》，中华书局 2011 年，第 1296 页。

［2］ 本文所引贯休诗歌皆出自贯休著，胡大浚笺注《贯休歌诗系年笺注》，中华书局 2011 年。以下不再一一注明。

［3］ 本文所引孟浩然诗皆据徐鹏校注《孟浩然集校注》，人民文学

出版社 1989 年版。以下不再一一出注。

[4] 贺裳《载酒园诗话又编》，郭绍虞《清诗话续编》卷一，上海古籍出版社 1983 年，第 393 页。

[5] 孙昌武《禅思与诗情》，中华书局 1997 年，第 360 页。

（第一、第二作者均为四川师范大学文学院副教授、文学博士）

刘辰翁对唐宋时期孟浩然诗之接受视域的承变

（中国台湾）侯雅文

以下，我们将主要对刘辰翁批点《孟浩然诗集》的接受视域，与唐宋诗学对孟浩然诗的接受视域进行比较，以便呈现刘成翁如何承变既有孟浩然诗的接受史。

在本文之前，本人已发表《从“唐诗典律史”的诠释视域看孟浩然诗在“唐代诗学”上的意义——现今“唐诗史”撰写、研究之“方法论”的思想》。在这篇论文中，除了就“唐五代诗学”所呈现孟浩然诗的“范作”及“准典律基模”进行建构，同时也分析“唐五代诗学”对孟浩然诗的“接受视域”以及孟浩然诗在唐五代准典律化的社会条件。下文但凡述及“唐五代诗学”对孟浩然诗的“接受视域”及其所根源的文学或文化传统，皆取诸此文的结论而来。此外，蔡瑜先生的

《宋代唐诗学》以宋代诗话、诗选本、文集的史料，去对宋代文士评说唐代诗人的结果，进行总体的论述。其中已有专節讨论宋代文士评说“王维、孟浩然”的观点。此一成果可为后人研究宋代诗学评说孟浩然诗之论题，奠定基础。不过，由于该书的研究目的，在于呈现宋代总体评说唐诗的成就，因此并未针对孟浩然诗在宋代诗学中所呈现的接受视域及其所根源的文学与文化传统，进行更全面而深入的探讨。此外，也还未就“唐宋诗学”接受孟浩然诗之视域的变迁加以考辨。而这部分的论题，对于本文诠释刘辰翁、李梦阳的批点、参评、实属必要。基此，下文但凡述及“宋代诗学”对孟浩然诗的“接受视域”及其所根源的文学或文化传统，既有参酌的蔡先生的成果之处，可见附注说明：也有本人因应自身论题，所提出的新论点。

“唐宋诗学”中对孟浩然诗的诸多接受视域之间，本就存在着差异，甚至针对排斥的情况。刘辰翁的批点既有顺承、接受特定视域之处，那么当此一特定视域与另一视域有别甚至相对排斥时，刘氏的批点，同时也就含有转变上述另一视域的意义。因此在论述上，很难将他对相关“唐宋诗学”的回应结果，截然划分为“继承”与“转变”两部分，以前后叙述的方式，进行论述。故以下的论述，就以“继承”与“转变”交错叙述的方式进行。

一、刘辰翁的批点对唐宋时期以“自然兴感”、“精思”评说孟浩然诗之接受视域的承变

前述已经指出刘辰翁以为孟浩然诗的特点是：“不刻画”、“乘兴”，表现在语言上就是“不必苦思”、“不经意造作”、“自然好”。由此可见，其所谓“兴”，就含有因外在景物的触发，自然入咏的意义。因此与“唐宋诗学”中，以“自然兴发”的诗观去评说孟浩然诗的视域有相承之处。

如唐代王士源《孟浩然诗集序》所云“浩然每为诗，伫兴而作，故或迟成”，句中所谓“伫兴”就是等待灵感，不勉强而作。皮日休（《郢州盟亭记》）也说：“先生之作，遇景入咏，不拘奇抉异”，所谓的“遇景入咏”意指因当下之景物的触发，有感而作。“不拘奇抉异”正指出孟浩然在创作构思上，不可以造作。皮氏特别举了“微云淡河汉，疏雨滴梧桐”、《望洞庭湖赠张丞相》中“气蒸云梦泽，波撼岳阳城”二句，以及《夏日南亭怀辛大》中“荷风送香气，竹露滴清响”二句，以为范例，就是认定这类作品皆“遇景入咏”，不可以造作。

在此一诗观下，往往预设了特定作品的“意象”构作形态，以资论证。同时也透过对这类作品意象的摘取与诠评，而逆推作者“自然兴感”的心灵经验。例如殷璠《河岳英灵集》举了孟浩然《永嘉上浦馆逢张八子容》一诗中，“众山遥对酒，孤与共题诗”二句，评为“无论兴象，肩复故实”。句中“兴象”一方面固然指当下的景物，可以兴起诗人与友人“饮酒”、“题诗”的雅致；另一方面则指“众山”、“孤屿”虽是外在客观之物

‘然而在诗人有情的观照下，此山、此屿成为可与人共饮、助人题诗的有情之物，则由此“象”之情景交融的样态，可以逆推诗人“自然兴感”的心灵经验。所谓“故实”当指此地乃谢灵运所曾闲居遨游之处，而题有《登江中孤屿》诗。则孟浩然“孤与共题诗”句既是当前景物之“兴象”，又兼容谢灵运于此题诗之“故实”，浑化无迹。他又举《望洞庭湖赠张丞相》中“气蒸云梦泽，波撼岳阳城”二句，评为“亦为高唱”。就此一对句之“象”而言，集中呈现了洞庭湖壮阔的气势，然而从“蒸”、“撼”二字却也不难体会诗人主观的感动。殷璠之所以特别摘出这些诗句之“象”，盖认定了这类写景的诗句，却因诗人内在的情性与外物自然交感而来，符合他所标举之“兴象”。此正可与他所谓“夫文有神来、气来、情来”之说相呼应。又如芮挺章《国秀集》所选孟浩然诗，其作品之“象”主要有两种类型：其一，以优美的园林景色及闲适的人事活动呈现生活情趣，如《过陈大水亭》；其二，由眼前之景与发人事相思离别之悲，如《江上思归》。由芮挺章引陆机《文赋》所云“诗缘情而绮靡”，并对这句话进一步解释为“是彩色相宣，烟霞交映，风流婉丽之谓也”，可知他也认为诗是诗人内在之情，与外在景物，“相宣”、“交映”，交融不二的产物。是故他特别选录上述两种类型的孟浩然的诗。这类讲究“自然感发”的创作观念，自魏晋以来就有不少论述，如陆机《文赋》云“遵四时以叹逝，瞻万物而思纷”、《文心雕龙·物色》“情以物迁，辞以情发”等，而其哲学根源更可上溯《吕氏春秋》、《乐记》之“物感”论。

此一“自然兴感”的诗观，到了宋代仍继续发展，并成为宋代文士对孟浩然诗的接受视域之一。如北宋王安石所编《唐百家诗选》对孟浩然诗的编选结果可为代表。该选本选录一百零四家诗人诗作，其中孟浩然诗高达三十三首，居第十名。可见王安石对孟浩然诗的重视。严羽《沧浪诗话·考证》曾云："王荆公《百家诗选》，盖本于唐人《英灵》、《间气集》"，又云："孟浩然止增其数。"《中兴闲气集》一书没有选录孟浩然诗。因此若依严羽之说，则王安石所选录的孟浩然诗乃是以《河岳英灵集》为本，而增加首数。王安石是否完全接纳殷璠《河岳英灵集》所选录的孟浩然诗，在这个基础上增选首数，就今本所见《唐百家诗选》对比，则不尽相合，因此严羽"止增其数"之说，实有疑问。不过，他认为王安石的选本，"本于《英灵》"，另可有如下涵义，此即王安石选录诗作的观点，有本诸《河岳英灵集》之处。《河岳英灵集》以"兴象"为诗观，那么王安石选诗，就可能继承了此一观点。《河岳英灵集》主张"兴象"，其所谓的"象"既有"自然景象"，也有"人事活动"，二者比例相当，而所发兴之情，包含了怀人、禅趣、饮宴之欢、怀乡、士不遇以及隐逸，不偏一端。反观王安石所选录的三十三首诗作中，其所谓的"象"，主要偏向于人事活动，占十八首，"自然景色"约八首。而所兴发的情，以亲友的聚散的悲欢之情最多，占了十首，其他政教之情占了三首，隐逸之情占五首，今昔之感占二首，客愁占三首，饮宴之趣占二首。由此可见，像王安石这类文士，较偏取孟浩然诗中那类以"人事活动"为题材，而抒发亲友聚散悲欢之情。相较之下刘辰翁对孟浩然诗之"题材"与"情意"的取向，则有改变如王安石《唐百家诗选》一类的取向，而向"唐代诗学"靠拢。

此外，严羽在"妙悟"的观点下，评定孟浩然诗"一味妙悟”，故能“独出退之之上”。其所谓的“妙悟”指“不假理路”的“直觉”思维。由是可以呈现“兴趣”的特质。刘成翁每每评说孟浩然诗“不必思索皆有”，此意正兴严羽的观点相近。如卷上《襄阳公宅饮》刘氏评曰“尤胜强作”、卷下《宿永嘉江寄山阴崔少府国辅》刘氏评曰“不必思索皆有”、卷下《宿武陵即事》刘氏评曰“随意唱出，自无俗意”、卷下《途中晴》刘氏评曰“不似著意，好语”等均可见之。

刘辰翁以“自然兴感”的视域去称许孟浩然诗，是故他虽指出孟浩然诗中另有“刻意经营”的一面，但不予强调。在“唐代诗学”中，已从“精思”的诗观去评说孟浩然诗。在这类诗观下，主张语言的表现，讲究锻炼，务求与众不同。例如释皎然《诗式》所云“取境之时，须至难至险，始见奇句”、又云“精思一搜，万象不能藏其巧。其作用也，放意须险，定句须难”。在此一观点下，往往对孟浩然诗中不能符合此一要求者，提出批判。如《望洞庭湖赠张丞相》一诗，释皎然《诗式》引了其中“气蒸云梦泽，波撼岳阳城”二句，批评孟浩然此一对句，“用功殊少”，难以进入“上流”。可见他并不认同此一对句在语言构作上有可贵之处。其他如韦庄《又玄集·序》所云“载雕载琢，方成瑚琏之珍”、“班、张、屈、宋，亦有无辞；沈、谢、应、刘，犹多累句”，均涵有“精思”之意。则其对孟浩然诗的选录，就对应了这类接受视域。不过，孟浩然获选的首数，在该选本中所占数量不算多，可见韦庄认为孟诗中可符合此一视域者并不多。

相较之下，刘辰翁评说孟浩然诗的结果，正有扭转上述“唐代诗学”中在讲求“精思”的诗观下，如释皎然等人对孟浩然诗所赋予的贬义。故他对别对《望洞庭湖赠张丞相》一诗中“气蒸云梦泽，波撼岳阳城”的“蒸”、“撼”二字予以推许，而云：“蒸、撼偶然，不是下字”，所谓“下字”本指“用字遣词”之描述意，在此则相对“偶然”，指刻意炼字的意思。刘氏以为“蒸”、“撼”二字乃出自作者心中自然感动而来，不是出于刻意地“精思”，故值得称扬。这种诠释的结果，就有意改造释皎然赋予这首诗的批判；并且从这个观点去诠释这首作品的“典律性”。

二、刘辰翁的批点对唐宋时期以“清”、“工巧”评说孟浩然诗之接受视域的承变

刘辰翁在评说孟浩然诗时，往往以“清丽”、“清妙”之词去称许孟氏“写景之作”或是“抒写人际交往之作”，除了前述已引用的评语之外，又如卷上《齿坐呈山南诸隐》刘氏评曰“清气如此”。其所谓的“清”亦有上溯“唐宋诗学”对孟浩然诗的接受视域之处，不过有承有变。

“唐代诗学”从“清”的接受视域去评说孟浩然诗著，可以区分出两个方向：其一，在盛、中唐时期，唐人之所以评断孟浩然及其作品为“清”，主要的一句乃是认定孟浩然能超脱世俗对功利的执着以及他隐居的生活形态。如李白《赠孟浩然》云：“吾爱孟夫子，风流天下闻。红颜弃轩冕，白首卧松云。醉月频中圣，迷花不事君。高山安可仰，徒此揖清劳”指孟浩然无意于功名，而只愿在山水中安顿自己的人生。杜甫《解闷》十二首之五云：“复忆襄阳孟浩然，清诗句句尽堪傅。

即今耆旧无新语，漫钓槎头缩项鳊。”《遣兴》五首之五云：“吾怜孟浩然，短褐即长夜。赋诗何必多，往往凌鲍谢。清江空旧鱼，春雨余甘蔗。每望东南云，令人几悲吒。”杜诗所云“漫钓槎头缩项鳊”乃用孟浩然《岘潭作》“试垂竹竿钓，果得槎头鳊”句，此亦孟浩然田园生活之写照。“清江空旧鱼”句也指杜甫相见孟浩然故居之清江中，仍旧可见“槎头鳊”之鱼。“春雨余甘蔗”句，仇兆鳌《杜甫详注》引张载诗“江南郡蔗”，而断云“襄阳旧有蔗也”；则此句亦写孟浩然田园耕植生活。那么，杜甫之称许孟浩然“清诗”可凌鲍照、谢灵运，其意当出自诗人安于贫穷之田园生活的恬淡心性。又如白居易《游襄阳怀孟浩然》云：“今我讽遗文，思人至其响。清风无人继，日暮空襄阳。南望鹿门山，霭若有余芳。”“鹿门山”临近孟浩然隐居的涧南园，故可知白居易也是由孟浩然隐居的生活型态，而推许他具有“清风”。王士源《孟浩然诗集序》所以推许孟浩然“清发”、“制思清美”，主要也是基于孟浩然由内在“超旷”的气性形诸于外在，所表现出“骨貌淑清”、“风神散朗”的样态及精神。另外，他也略及孟浩然另一种人格特质，此即由“救患释纷以立义”的行为所呈现的侠气：不过，这方面并没有其他人再作特别强调。准此，则上述以超旷为内容之“清”的评断，乃偏向道家、禅宗超脱名利的人文理想。

其二，唐人所持“清”的接受视域，还根源于另一个文化传统，由此儒家所建立。其指向的内容指的是：即便深陷苦穷的际遇，仍然要信守“中正和平”、“化成天下”、“择善固执”之理想。据王士源的序文，可知韩朝宗称许孟浩然“间代清律，置诸周行，必咏穆如之颂”。所谓“穆如之颂”语见《毛诗正义》卷一八一三《大雅·烝民》所云“吉甫作诵，穆如清风”，据毛序郑笺之诠释，则此句当指仲山甫勤劳政事，尹吉甫作诗以慰之，其作有如清风，能够调和人之性情。如此一来，韩朝宗乃偏由政教上的道德理想，去认知孟浩然必能如同尹吉甫一般，创作“清风”之诗，以调和人之性情，使之中正和平。则韩朝宗以“清”称许孟浩然诗，所根源的文化传统来自儒家的清义。

上述从隐逸的生活形态，去评断孟浩然及其诗为“清”的接受视域，到了宋代乃继续发展，如宋代陈造《次韵徐秀才》十首之三所云：“向来孟浩然，醉眼高宇宙，清诗落京师，苏李欲束咮。蕉陇槎头鳊，未觉黄金富，纤钩饵虾蝇，但取浮阳嗅。”[1]可是这类观点在“宋代诗学”对孟浩然诗的接受视域中并未凸出。宋人另从“清苦险绝”的生活境况、心灵体验与创作形态，去推许孟浩然诗，由此转出与唐代诗学不一样的接受视域。例如董逌《广川书跋》曰：

> 孟夫子一世畸人，其不合于时宜也。当其拥褦襶负，苓箸陊袖，跨驴冒风雪，陟山阪行襄阳道上时，其得句自宜，挟冰霜霰雪，使人吟诵之，犹齿颊生寒，此非特奥室白雪，有味而可讽也。然诗人每病羁穷不偶。盖诗非极于清苦险绝，则怨思不深，文辞不怨思抑扬，则流荡无味，不能警发人意。[2]

此处，董逌所推崇之孟浩然诗，乃是那类抒发“怨情”之作。不过，他认为这类“怨情”所以能够具有感动人心的效果，必须本诸于诗人刻苦的生活、心灵体验及语言锻炼的功夫。换言之，此一锻炼的功夫，不止是在字句上推敲，而是来自于对清苦之生活境况的体验。故其曰“要辞句清苦，搜冥贯幽，非得江山之秀气，迥绝人境；又得风劲霜寒，以助其穷怨哀思”。在其他宋人诗作中，对孟浩然之形象的描述，也着重于“清苦”，例如陆游（奉送出关）二首之一所云“君似襄阳孟浩然，蹇驴风帽一癯仙”等等，大抵均属于此一视域。

相较之下，刘辰翁以“清”之观念所评断的孟浩然诗，如评《耶溪泛舟》时着重在不带有世俗功利的审美情趣，评《山中逢道士云公》时着重在不问营利，真诚感人之友谊，以及评《齿坐呈山南诸隐》时着重在作品所抒发与竹露、松风为伍而不染尘俗之情，这些评语都不强调以“清苦”的外境作为创作条件。基于上述，可知刘氏所持之接受视域，乃是回归唐代诗学中，以超脱世俗功利，以及隐逸的生活形态为内涵的“清”之诗观，故与强调“道德理想”的“清”之诗观远；同时也转变了宋代所提出“清苦”的视域。

上节已经指出刘辰翁的批点，是建立在区辨孟浩然的诗、韦应物诗之不同的家数之上。这一点乃回应了“宋代诗学”中基于“清淡”的体式，所形成评论韦应物、孟浩然的接受视域。就刘辰翁批点的结果来看，他正有意改变这类接受视域。盖自宋代以来，往往将韦应物、柳宗元、王维、孟浩然并称，如宋·魏庆之《诗人玉屑》所云“为诗欲词格清美，当看鲍照、谢灵运。浑成而有正始以来风气，当看渊明。欲清深闲淡，当看韦苏州、柳子厚、孟浩然、王摩诘、贾长江”，周紫芝《太仓稊米集》称许友人“喜作诗，不务讥刺，清淡古雅，有韦应物、孟浩然之风”[3]等等，在这论述下，所以将孟浩然和韦应物并列，就是以之作为“清淡”体式的代表诗人。此外，宋人大抵以“简”、“枯”作为理想的风格。在这类视域下，乃偏取韦应物、柳宗元的特定诗作为模范，有时还作出王、孟不如韦、柳的评断。如苏轼（书黄子思诗集后）云“独韦应物、柳宗元，发纤秾于简古，寄至味于淡泊，非馀子所及也”[4]。又其（评韦柳诗）云：“所贵乎枯淡者，谓其外枯而中膏，似淡而实美。渊明、子厚之流是也”[5]，张戒《岁寒堂诗话》也称许曰“韦苏州之高简”等。此处“简”、“枯”指在语言的构作上力求省简，不作详细铺陈、刻画。顺此而下，对于物象的描写，往往简略只求表达体道的境界。尤其柳宗元诗中，那类取消了物象的描写，而只抒静寂之理，更为秉持上述诗观之宋人所喜。如范温《潜溪诗眼》对柳宗元《晨诣超师院读禅经》一诗的推许，可以为证。范氏对该诗的推崇正着眼于直抒“佛理”的一段。他同时批判刘禹锡推许柳宗元《愚溪诗》那类写景的诗句，对于柳宗元而言，“了无益”，因其未能切中柳宗元诗的佳处。在这类诗观下，就是以“枯”去比况柳宗元这类作品的语境，并予以正面的评价。又如朱熹《朱子语类》所云：“韦苏州诗高于王维、孟浩然诸人，以其无声色臭味也”，“其气象近道，意常爱之”，则明白表达王维、孟浩然诗不如韦应物的评断。朱熹所以推许韦应物的理由，乃是基于“近道的气象”而无涉于作品中以感官经验为基础所描写的物象，此一评价正可与上述“简”、“枯”的诗观相呼应。在这类诗观下，若仍以韦、孟并称，则其对孟浩然诗的认知，往往偏指那类以简略的物象去抒发静寂之理，或是无取物象而直抒道理的诗句。若是以韦高于孟，那么就是以“体道”的标准，去贬扬孟浩然诗的价值。因此他们对“清淡”的认知，就与刘辰翁所提出的“清丽”、“清妙”，意涵不同。

对于上述二种视域，刘辰翁显然皆不满意。《和张二途中遇雪》刘氏评曰“便是浩然诗，流丽非书苦涩，更极恋看”，就暗指孟浩然诗的佳处，不是类近柳宗元诗之枯淡的那种语言。在卷上《秋宵月下有怀》刘氏评曰：“亦自纤丽，与‘疏雨滴梧桐’相似，谓其诗枯淡，非也。”也有此意。又在《孟浩然诗集跋》云“苏州远在其后”以及卷上评《耶溪泛舟》曰“诸诗皆极洗鍊而不哭瘁，又在苏州前”，也同样指出孟浩然诗的好处，反而对那种能表现出语言之“丽”的孟浩然诗给予肯定。此一评断也同时涵有扭转前述如朱熹之类的道学家对孟浩然诗所赋予的贬义。

不过，他所以举“微云淡河汉，疏雨滴梧桐”二句，而仅彰显该句写景纤丽的意义，这里诠释结果也不同于唐代如王维等文士从“清绝”的角度去对这两句诗所赋予的“典律性”。盖因“微云淡河汉，疏雨滴梧桐”二句，乃如实呈现了幽静的夜景，并未杂染诗人主观的情意。因此可以体现一种“悟道”之后的“寂境”，故普获当时文士，包括王维的称誉。这类诗观乃因应当时以山水、田园的写作所呈现“习禅悟理”之境的创作风潮而来。到了宋代，这两句诗所以获得文士们的称许，已不是基于“悟道”的视域，而转由“语言修辞”或“艺术效果”的视域去推许之。如胡仔《苕溪渔隐丛话》云：

浩然云：“微云淡河汉，疏雨滴梧桐”，上句之工，在一淡字，下句之工，在一滴字。若非此二字，亦乌得而为佳句哉！

这段话意指孟浩然以“淡”去形容银河被薄薄的云层所遮蔽，因而光度转低的样态；以及以“滴”去比况零星的雨点打在梧桐叶上的样态及其所发出的声响，凡此皆能精确地体现事物外在的形貌，是故为“工”。由此可见，像“微云淡河汉，疏雨滴梧桐”之类的诗句因能累积不同时代、不同诗观之文士的共同推许，已成为“典律”。相较之下，刘辰翁对这两句诗的诠释，则取其物象之“丽”，意即肯定孟浩然诗中那类诉诸感官的“艺术效果”，因此具有“重塑典律”的意义。不过此处的“丽”，应指向诗人如实呈现景物自身本具的形貌，无待可以雕琢。因而此一重塑的结果，并不等同胡仔等文士所提出刻意“工巧”的观点。

三、刘辰翁的批点对宋代以“韵”、“气”评说孟浩然诗之接受视域的承变

刘辰翁由“韵”去认定孟浩然的才性，并由此诠释其作品家数的特色，此一观点，亦有承自宋代对孟浩然才性的认知之处。如苏轼评孟浩然为“韵高而才短，如造内法酒手，而无材料尔”，这一段话见于陈师道《后山诗话》转录。所谓“无材料”系指没有丰富的典籍学养。但是他肯定孟浩然“韵高”，所谓“韵高”指孟浩然由作品的语境所呈现的风姿、情调，超出流俗。然而，另有文士则就作品语言所表现出来的“气”，

即文气，去对孟浩然诗进行评判。此处的“气”有时候来自于作品中因为描写壮阔的景色，或是呈现涵泳经典的学养，而流露出来的生命力。在这个视域下，对孟浩然诗的评价褒贬不一。如陆游《渭南文集·跋孟浩然诗集》云：“大抵浩然四十字诗，后四句率觉气索。如《洞庭寄阎九》、《岁暮归南山》之类皆然。少陵评浩然诗云：‘新诗句句书堪传’，岂当时已有此论，故少陵为揜之邪?”这一段话中所指“四十字诗”，正是五言律诗。所谓的“气索”指语义复沓平庸，缺乏突起矫健的气势。盖就《洞庭寄阎九》一诗而言，第二、三联重复描写洞庭湖湖面的广阔，第四联仅借“相将济巨川”寄予一般友朋相互扶持的期待。而《岁暮归南山》一诗前四句抒写归隐的决心、不遇的悲怨以及人情冷暖的感慨。后四句虽然转为年老迟暮的哀伤，然而终究还是不脱“悲”、“愁”的情调。陆游以为杜甫有意遮掩这首作品被赋予贬义的推测，难以获得印证。不过他所以评断孟浩然诗“气索”并非基于作品中缺乏壮阔的景色，而是在于那些作品所流露无畏苦难、坚守信念的强度不够。

《岁暮归南山》一诗在唐五代诗学中经常被提出，但少见贬义；到了宋代才明显出现褒贬不一的情况。如五代王梦简《诗格要律》、王玄《诗中旨格》引该诗中“不才明主弃，多病故人疏”二句作为“怨刺”、“讽刺”类的范作。[6]宋代黄庭坚《题浩然书像诗》云“故人私邀伴禁直，诵诗不顾龙鳞逆”，宋代赵蕃《偶用不才明主弃多病故人疏句感孟浩然事作孟浩然诗一首》所云“身虽遭放还，未必非得仁”，则更肯定孟浩然虽被唐玄宗放还，却未必不是反而符合他原本追求闲适自得的怀抱。这类评说，皆持肯定的态度。宋·王之望《汉滨集》云：“孟浩然在开元中，诗名亦高，本无宦情，语亦平淡。及北阙南山之诗作，意为愤躁，语不出乎情性，而失其音气之和。”[7]又胡仔《苕溪渔隐丛话》、魏庆之《诗人玉屑》、蔡正孙《诗林广记》，都曾转录《漫叟诗话》以及《隐居诗话》对这首诗及相关时事的评述：一指孟浩然所以困穷，在于“转喉触讳”，一指孟浩然止于放归，这表现“明皇宽假”。这类评述言外都含有孟浩然“不谙人情世故”的贬义，然而不管是褒是贬，这类评说乃是从文士在政治上之出处进退此一观点，去接受孟浩然诗，因此还未彰显孟浩然诗所呈现的个殊生命情调。反观陆游对《岁暮归南山》的评说，转而由刚强的生命力去批评孟浩然诗，此一接受视域，便与前述观点不同。

此外，另有其他文士从“气”的角度，去称许孟浩然某些诗作。如《王直方诗话》中引黄庭坚之说，以为作诗当用《史》、《汉》等典籍的成语，方能具有“气骨”，王直方起先未明黄庭坚之意，后因读孟浩然诗，见《送洗然弟进士举》中“以吾一日长”句、《凉州词》中“異方之乐令人悲”句、《将适天台留别临安李主簿》中“吾亦从此逝”句，“方悟山谷之言”。[8]这几篇作品过去较少被关注，上述“以吾一日长”语出《论语注疏》卷一一《先进》：“以吾一日长乎尔？勿吾以也。”“异方之乐令人悲”语出《李陵答苏武书》：“異方之乐，只令人悲增忉怛耳。”“吾亦从此逝”句，乘上句“羽人在丹丘”来看，应是语出屈原《陆游》：“闻至贵而遂徂兮，忽乎吾将行。仍羽人于丹丘兮，留不死之旧乡。”然则，王直方应以次数句诗善使事而具有“气骨”。又如《诗林广记》记载蔡絛

《西清诗话》特别从“气象雄张，旷然如在目前”去诠释孟浩然《望洞庭湖赠张丞相》一诗中“气蒸云梦泽，波撼岳阳城”二句，[9]曾季狸《艇斋诗话》，也特别称许这两句诗“雄壮”。这类“气骨”或“气象”的评断，则倾向于“景色壮阔”或是“融会经典”。此一诠释结果，就改变了过去从“兴象”或“精思”的视域，对这类作品接受的结果。

相较之下，卷上《望洞庭湖赠张丞相》刘辰翁评曰：“气概横绝”、卷上《与薛司户登梓亭楼》刘氏评曰：“与洞庭诗称壮，实过之”、卷下《饯张郎中除义王府司马》刘氏评曰：“上句壮”卷下《送友东归》刘氏评曰“起得雄浑”、卷下《送告八从军》刘氏评曰“起又雄浑”、卷上《岁暮海上作》刘氏评曰“奇壮淡荡，少许自足”，这类评语所指向的诗句，大抵是“壮阔的景色”、“历史文化的沉思”或是“对功业的追求”，因此与上述由“气”的角度去称许孟浩然诗的视域有相应之处；但是，他 不由这个面向去认知孟浩然的才性。这可由他所云“少许自足”见出。此外，卷下《岁暮归南山刘氏评曰》：“他人有此起，无此结，每见短气。亦其最得意之诗，最失章之日，故为明皇诵之。”所谓“短气”则近乎陆游“气索”之说。综合上述，则刘长翁对于孟浩然才性的认知，乃摘取、组合苏轼“韵高”、陆游“气索”的观点而来。

综合上述有关刘辰翁对唐宋时期孟浩然诗之接受视域的承变加以论述的结果，可见，孟浩然某些诗自唐至宋，已累积不少正面评价，如《望洞庭湖赠张丞相》等。刘氏对这类作品亦赋予正面评价，则此一评说就具有稳固、延续该诗作之典律性的意义。不过，刘氏对这类作品赋予正面评价的观点与前人未必尽同。因此，这类延续“典律”的做法，有时属于前后观点革新的类型，而不一定皆属单一观点顺承的类型。此外，刘氏也在继承诠评孟浩然诗的既有观点下，对孟诗提出新的“范作”，如《山中逢道士云公》等。

注释：

［1］ 宋·陈造，《江湖长翁集》卷二，《景印文渊阁四库全书》，集部别集类。

［2］ 宋·董逌《广川昼跋》，卷二，“书孟浩然骑驴图”，《景印文渊阁四库全书》，子部艺术类。

［3］ 周紫芝，《太仓稊米集》，卷七〇，《景印文渊阁四库全书》，集部诗文评类。

［4］ 苏轼，《书黄子思诗集后》，见氏著、王宗稷年谱，《东坡全集》后集卷九，《景印文渊阁四库全书》。

［5］ 苏轼，《评韩柳诗》，见释惠洪，《冷齐夜话》，版本同第四章注60，卷五，页七一转录。

［6］ 王梦简，《诗格要律》，“怨刺门”，见张伯伟，《全唐五代诗格汇考》，版本同第三章注5，页四七七。王玄，《诗中旨格》，见张伯伟，《全唐五代诗格彙考》，页四六六。

［7］ 宋·赵蕃，《干道稿二卷淳熙稿二十卷章泉稿五卷》，卷三，《景印文渊阁四库全书》集部别集类。

［8］ 上引《王直方诗话》，见《苕溪渔隐隐丛话》前集卷一五转录。又可参见郭绍虞，《宋诗话辑佚》，版本同第三章注32，卷上，八七一八八。

［9］ 蔡絛，《西清诗话》，见宋·蔡正孙《诗林广记》卷八转录。又可参见张伯伟编校，《稀见本广宋人诗话四种》之《明钞本西清诗话》（南京：江苏古籍出版社，二〇〇二年），卷中，页二〇〇。

（作者为台湾政治大学副教授、文学博士）

胡应麟对孟浩然诗歌的评价

高新伟

胡应麟（1551—1602）是明代著名的文学评论家，其诗话著作《诗薮》为明代规模最大、内容最广的诗话著作，在当时和后世都产生了很大的影响。胡应麟受到明代“后七子”之一的王世贞的赏识，被列入“末五子”之列，一向被视为明代复古派的末流，其《诗薮》大致是“奉元美《卮言》为律令，而敷衍其说”[1]。所以，胡应麟对孟浩然诗歌的评价可以代表明代复古派对孟诗的评价，探讨胡应麟对孟浩然诗歌的评价，对于研究孟浩然诗歌在明代的接收情况，对于认识明代复古派的诗论都有帮助。

胡应麟《诗薮》中对孟浩然诗歌的评论达二十余处，有的是单独评价孟诗，更多的是将孟诗与王维、储光羲、李颀、韦应物等人放到一起评价，从这些评论中，可以看出胡应麟对孟诗的评价集中在以下三个方面。

一、对孟诗体式的评价：五言独造，七言不振

胡应麟继承了严羽的辩体意识，其《诗薮》内编六卷，以体式为序，分论古今体诗。在论述诗体的过程中，胡应麟对孟浩然诗歌的体式也做出了不少论断。

胡应麟肯定孟浩然等人的五言古诗高闲旷远，是古诗二格之一。“古诗轨辙殊多，大要不过二格：以和平、浑厚、悲怆、婉丽为宗者，即前所列诸家；有以高闲、旷逸、清远、玄妙为宗者，六朝则陶，唐则王、孟、常、储、韦、柳。”（内编卷二古体中五言）[2]同时，胡应麟又指出孟浩然等人擅短篇不擅长篇，擅五言不擅七言：“但其格一偏，体靡兼备，宜短章不宜巨什，宜古《选》不宜歌行，宜五言律不宜七言律。历考前人遗集，靡不然者。”（内编卷二古体中，五言）

胡应麟高度评价了孟浩然的五言律诗，他认为王维、孟浩然、高适、岑参的五律代表着盛唐五言律诗的成就：“五言律体，兆自梁陈。唐初四子，靡缛相矜，时或拗涩，未堪正始。神龙以还，卓然成调。沈、宋、苏、李，合规于先；王、孟、高、岑，并驰于后。新制迭出，古体攸分。”（内编卷四近体上五言）他认为孟浩然等人的五言律诗是盛唐五律的二格之一，“五言律体，极盛于唐，要其大端，亦有二格。陈、杜、沈、宋典丽精工，王、孟、储、韦清空闲远”（内编卷四近体上，五言）。他还认为王维、岑参、孟浩然、李颀的五律是学习五言律诗的教科书，“学五言律，毋习王、杨以前，毋窥元、白

以后。先取沈、宋、陈、杜、苏、李诸集，朝夕临摹，则风骨高华，句法宏赡，音节洪亮，比偶精严。次及盛唐王、岑、孟、李，永之以风神，畅之以才气，和之以真淡，错之以清新。然后归宿杜陵，究竟绝轨，极深研几，穷神知化，五言律法尽矣。”（内编卷四近体上五言）同时，胡应麟又指出孟浩然不擅长七言律诗，“曲江之清远，浩然之简淡，苏州之闲婉，浪仙之幽奇，虽初盛中晚唐，调迥不同，然皆五言独造，至于七言俱疲薾不振矣。”（内编卷四近体上五言）

胡应麟同样高度评价了孟浩然的五言绝句，他认为孟浩然等人的五言绝句是唐五绝的代表，“唐五言绝，太白、右丞为最，崔国府、孟浩然、储光羲、王昌龄、裴迪、崔颢次之。”（内编卷六近体下绝句）他认为孟浩然等人的五绝是学习五言绝句的教科书，“五言绝，须熟读汉、魏及，六朝乐府，原委分明，径路谙熟。然后取盛唐名家李、王、崔、孟诸作，陶以风神，发以兴象，真积力久，出语自超。”（内编卷六近体下绝句）同时，胡应麟又明确指出，孟浩然擅长五绝，而不擅七绝，“盛唐长于五言绝句、不长于七言者，孟浩然也。”（内编卷六近体下，绝句）

由此可以看出，胡应麟认为孟浩然擅长五言古诗、五言律诗、五言绝句，而不擅长七言古诗、七言律诗、七言绝句。

事实上，胡应麟的《诗薮》在无形中就体现出了孟诗长于五言短于七言的观点。《诗薮》内编专论诗体，共分六卷，卷一为《古体上杂言》，卷二为《古体中五言》，卷三为《古体下七言》，卷四为《近体上五言》，卷五为《近体中七言》，卷六为《近体下绝句》，而其对孟诗的评论大都集中在卷二《古体中五言》和卷四《近体上五言》中，在卷三《古体下七言》中只有一条，如上文所引，也只是在说，孟浩然不善歌行，在卷五为《近体中七言》中压根就没有提及孟诗，在卷六《近体下绝句》虽然也多次谈论孟诗，但只是说孟浩然擅长五绝，而不擅长七绝。所以说，从胡应麟的孟诗评论在《诗薮》中的编卷位置，也可以看出孟浩然擅长五言，而劣于七言。

孟浩然擅长五言而不擅长七言是事实，一看《孟浩然集》中五言与七言的作品比例，即可明了，唐代王仕源《孟浩然诗集序》即云孟浩然“五言诗天下称其尽善”，而不提孟浩然的七言诗。所以，胡应麟反复论述孟浩然擅长五言而不擅七言，并未发明新见，只是将这一结论论述的更为充分而已，而他之所以这样论述充分，正出于他那强烈的辩体意识。此外，值得我们注意的还有两点，一是，胡应麟云“孟襄阳辈才短，故歌行无复佳者”（内编卷三古体下七言），可以看出，他将孟浩然擅长五言，而劣于七言的原因归结为孟浩然才短，这无疑是对苏轼“韵高而才短”说做了又一注释。二是，胡应麟的这种看法代表着明七子的普遍看法，李梦阳评孟浩然《送朱二》诗曰：不是长篇手段，谢榛亦赞同，并且解释说“浩然五言古诗、近体清新高妙，不下李杜，但七言长篇语平气缓，若曲涧流泉，而无风卷江河之势”[3]（谢榛《四溟诗话》）。

二、对孟诗风格的评价：闲淡、清空、神韵

胡应麟《诗薮》对孟诗风格的论述尤多，其论述集中在三个词汇上，即“闲淡”、“清空”、“神韵”，或者说简要到三个

字："淡"、"清"、"韵"。

胡应麟在《诗薮》内编卷二《古体中，五言》云："孟五言秀雅不及王，闲淡颇自成局。""王孟闲淡自得。"在《诗薮》外编卷四《唐下》云："枯寂闲淡，则曲江、浩然矣。"都是说孟浩然诗歌"闲淡"的特征。与闲淡的意思相近，胡应麟还用到了"简淡"、"雅淡"两个词语，如，他在《诗薮》内编卷四《近体上，五言》云："浩然之简淡。"又云："襄阳时得大篇，清空雅淡。"

胡应麟评价孟浩然的诗歌"闲淡"（包括"简淡""雅淡"），是符合孟诗实际的，不少专家学人都对孟诗闲淡的风格都做了研究，如房日晰先生《略论孟浩然诗风的清与淡》一文就曾详细论述了孟诗淡的体现，一为思想情感的淡，二为诗意表现的淡，三为语言色彩的淡。[4]

故而，对孟诗淡的特征，此处不加延伸，需要指出的是，胡应麟本人也对孟诗闲淡的风格做了进一步的阐释，他在《诗薮》内编卷四云："孟诗淡而不幽，时杂流丽，闲而匪远，颇觉轻扬。可取者一味自然。常建"清晨入古寺"，"松际露微月"，幽矣。王维"清川带长薄"，"中岁颇好道"，远矣。"常建诗歌属于王孟诗派，但常建诗歌孤高幽僻，更近王维诗风，胡应麟在这里说孟浩然诗歌和常建、王维诗歌，虽然都属闲淡一派，但是孟诗更贴近生活，不似常建、王维诗歌那般幽僻，指出了相同诗风中的不同之处，可谓洞察幽微。

胡应麟除了用闲淡一词评价孟浩然的诗风之外，还多次运用"清空"一词评价孟诗，比如，"五言律体，极盛于唐，要其大端，亦有二格。陈、杜、沈、宋典丽精工，王、孟、储、韦清空闲远。”（内编卷四近体上，五言）“诗最可贵者清，然有格清，有调清，有思情，有才清，才清者，王、孟、储、韦之类也。”（外编卷四唐下）

“清空”这一评价同样是符合孟诗风格实际的，王仕源《孟浩然诗集序》就记载孟浩然秘省作诗，举座嗟其清绝，[5]拙文《杜甫对孟浩然诗歌的评价与接收》一文就曾论述了，杜甫评价孟诗“清诗句句尽堪传”对孟诗的传播与接收产生的重要的影响。[6]此亦不赘述。

需要进一步指出的是，胡应麟有时会将“清”和“淡”两词合在一起评价孟诗，如《内编卷四近体上五言》云“襄阳时得大篇，清空雅淡，逸趣翩翩然，自是孟一家，学之者必无精彩。”在这里将“清空”与“雅淡”并举来评价孟诗。再如，（内编卷二古体中，五言）云：“唐初承袭梁隋。陈子昂独开古雅之源，张子寿首创清淡之派。盛唐继起，孟浩然、王维、储光羲、常建、韦应物，本曲江之清淡，而益以风神者也；高适、岑参、李颀、孟云卿，本子昂之古雅，而加以气骨者也。”这里不仅将“清”和“淡”并举连用，而且指出王孟等人的清淡诗风源于张九龄的一派，如此看来，在胡应麟眼中，“清”和“淡”似乎就是一回事了。但是，细读《诗薮》对孟浩然诗歌的评论，我们可以发现，在胡应麟的概念体系中，“清”和“淡”还是有区别的，如：“清者，超凡绝俗之谓，非专于枯寂闲淡之谓也。婉者，深厚隽永之谓，非一于软媚纤靡之谓也。子建、太白，人知其华藻，而不知其神骨之清；枯寂闲淡，则曲江、浩然矣。杜陵人知其老苍，而不知其意致之婉；软媚纤靡，则六代晚唐。”（外编卷四唐下）从这段话中，我们可以看出，清者非专于枯寂闲淡一种，清者包括子建、太白那种“神骨之清”和曲江、浩然那种“枯寂闲淡”。就孟浩然诗歌艺术而言，孟诗是闲淡的，也是清空的，所以胡应麟时而用清空评论孟诗，时而用闲淡评论孟诗，其实一也。

胡应麟《诗薮》两次用“神韵”一词评价孟浩然的诗歌，一次是内编卷二古体中：“孟五言不甚拘偶者，自是六朝短古，加以声律，便觉神韵超然，此其占便宜处。”一次是内编卷六近体下：“野旷天低树，江清月近人，神韵无论。”还有一次单用一个“韵”字概括孟诗特点，“王、杨、卢、骆以词胜，沈、宋、陈、杜以格胜，高、岑、王、孟以韵胜。词胜而后有格，格胜而后有韵，自然之理也。”（外编卷四唐下）

胡应麟确实很喜欢用“神韵”一词，不仅《诗薮》中屡见，文集中《跋周育婴图》一文也用神韵来论画论诗：“右图周作。尝与韩俱貌赵郎，而得性情，韩得状貌，世以定二画师优劣。余谓得性情者，尚未离状貌也；必如顾虎头图裴叔则，颊上加三毛乃为得其神韵，而性情状貌不足言矣。之优劣世所共知，而虎头之所为异于，则画家所未究。余睹夫近世谈诗之士，咸致力状貌间以为亲切，至情性之说往往置之，而何有于神韵？辄因画漫及之。”[7]这里将神韵与状貌对举，可见神韵相对于具体的、外在的、固定的、表面的状貌而言，意味着一种抽象的、内在的、动态的、深层的素质，是人品格的更本质的流露[8]。这就是说，胡应麟认为神韵是指诗歌中的语言、章法等外在形式所表现出来的内在精神韵味，而清空、闲淡也属“内在的深层的素质”，所以可以看出在胡应麟的概念体系中清空和闲淡就是神韵的体现，孟浩然诗歌是闲淡的，也是清空的，所以也是“神韵超然”，所以“以韵胜”。

三、王孟比较：孟材具远输摩诘

历代都将王维与孟浩然并称，伴随而来的是王孟对比，在明代，李东阳认为“孟为尤胜”[9]，胡震亨则认为孟诗“秀调不及王右丞”[10]，真可谓仁者见仁智者见智。

胡应麟也认为孟不及王，他认为孟浩然终非大家：“五言律体，极盛于唐，要其大端，亦有二格。陈、杜、沈、宋典丽精工，王、孟、储、韦清空闲远。此其概也，然右丞赠送诸什，往往阑入高、岑，鹿门、苏州，虽自成趣，终非大手。”（内编卷四近体上五言）

胡应麟认为孟诗不及王诗秀雅，《诗薮》内编卷二古体中云：“孟五言秀雅不及王，而闲淡颇自成局。”相反的，他明确指出王维诗歌之雅：“盛唐高适之浑，岑参之丽，王维之雅，李颀之俊，皆铁中铮铮者。”

胡应麟认为孟诗才能不及王诗，《诗薮》云：“高气骨不逮嘉州，孟材具远输摩诘，然并驱者，高岑悲壮，王孟闲淡自得，其格调一也。”（内编卷二古体中五言）这是对苏轼孟诗才短说的继承。

胡应麟认为孟浩然的古诗会掺入近体的格律，近体有时又不合格律，“古诗自有音节，陆、谢体极排偶，然音节与唐律迥不同。唐人李、杜外，惟嘉州最合。襄阳、常侍虽急调高远，至于音节时入近体矣。”（内编卷二古体中五言）“野旷天低树，江清月近人，神韵无论。天势围平野，河流入断

山，雄浑绝出，然皆未成律诗，非绝句体也。”（内编卷六近体下绝句）

自苏轼首创孟诗“韵高而才短”说之后，历代附议者甚多，虽然李东阳认为“孟为尤胜”，但孟不及王说几成定论，也符合王孟诗歌成就的实际，所以胡应麟说孟诗不及王诗，并非其首创。但是，胡应麟的贡献在于他的孟不及王说带有总结性质，可以说他是孟不及王说的集大成者，他系统总结了孟不及王的三个方面：孟五言秀雅不及王；孟材具远输摩诘；孟诗以古入律。

“秀雅”即秀丽高雅，指诗歌的语言艺术，也指诗歌的思想境界。孟浩然伫兴而作，诗中虽不乏用字精深的工整偶句，但多为生活化的语言，诗中虽不乏冲逸之气，但更多的是恬淡情怀，所以在语言的多彩、内容的丰富、境界的明秀等方面，孟诗都不及王诗，但是孟诗的优长在于生活化，不似王诗那种不食人间烟火的气息，所以胡应麟说孟诗“闲淡颇自成局”。

胡应麟说孟浩然古诗“音节时入近体”，说孟浩然的一些诗篇“未成律诗，非绝句体”，即是在说孟诗以古入律的现象。孟诗中不乏对仗精工的名句，如“气蒸云梦泽，波撼岳阳城”“微云淡河汉，疏雨滴梧桐”等等，但是在孟诗中，如此典型成功的对仗并不多，有不少诗全篇皆散，没有一联对仗，而且还有合掌的嫌疑，对此，拙文《孟浩然诗歌在宋代的批评与接受》给予了详细的论述。[11]据实而论，对孟浩然这种以古诗入律的做法，如果站在古诗的角度来看，古诗能做到“平仄稳帖”“加以声律”，自然不是坏事，但是如果站在律诗的角度来看，却有问题了，律诗写的不像律诗自然不是好事，所以胡应麟所论可谓切中要害。

胡应麟说孟诗秀雅不及王诗，指出孟诗以古入律的现象，都是基于他的“体格声调”的诗学理论。何谓“体格声调”，袁震宇、刘明今先生所指出：“若细加辨析，大致可分为两类，其一如体格、句格、律调、声调等主要指诗歌的体裁、句法、音韵、声律等外在形式方面的问题；其二如骨格、意格、气调、风调等则主要用来形容诗歌内在的气度、意蕴。”[12] 胡应麟说孟诗秀雅不及王诗，是基于后者，即骨格、意格、气调、风调的观念，胡应麟指出孟诗以古入律的现象，是基于前者，即体格、句格、律调、声调的观念。

在胡应麟看来格调与作者才能密切相关。《诗薮·外编》卷二云：“汉人诗，气运所钟，神化所至也，无才可见、格可寻也。魏才可见、格可寻，而其才大，其格高也。晋、宋其格卑矣，其才故足尚也。梁、陈其才下矣，其格故亡讥焉。”“夫才逞则御之以格，格定则通之以变，气扬则沈之使实，节促则澹之使和。”可见“才”与“格”之间相互关联，“才”好则“格”也好，基于此，胡应麟指出“孟材具远输摩诘”，王孟诗歌虽然都是闲淡自得，但孟诗秀雅不及王诗，孟诗有些作品不成律诗，皆因孟浩然才能不及王维。苏轼说孟诗“才短”是基于宋人“以文字为诗，以议论为诗，以才学为诗”的诗法理论，而胡应麟说“孟材具远输摩诘”是基于其“体格声调”的诗学理论。

《诗薮·内编》卷五云：“作诗大要不过二端，体格声调、兴象风神而已。体格声调有则可循，兴象风神无方可执。故作者则求体正格高、声雄调畅；积习之久，矜持尽化，形迹俱融，兴象风神，自尔超迈。譬则镜花水月：体格声调，水与镜也；兴象风神，花与月也；必水澄镜朗，然后花月宛然。讵容昏鉴浊流，求睹二？故法所当先，而悟不容强也。”在这里，“体格声调”是前后七子的主张，前后七子都重视模拟古人作品的体格声调，胡应麟继承了七子的主张，对复古诗论进行了全面系统的总结，但鉴于“格调”说摹拟剿窃的流弊，他又提出了“兴象风神”的诗学概念，力求将格调与神韵统一起来，表现出由格调向神韵的嬗变。胡应麟首次明确提出“神韵”以论诗，对清代王士祯的神韵说有很大影响。

胡应麟站在体格声调的理论基础上，系统总结了孟不及王的三方面体现，指出孟浩然擅长五言，而不擅长七言的事实，他还从“兴象风神”的诗学理论出发，总结概括了孟诗闲淡、清空的神韵，给孟诗以高度评价。胡应麟对孟诗的评价归纳总结出了孟诗在明代的接收传播情况，相反的，从胡应麟对孟诗的评价，我们能更形象地理解胡应麟体格声调与兴象风神的诗歌主张。

注释：

[1] 钱谦益《列朝诗集小传》丁集上，上海古籍出版社 2009 年版。第 562 页。

[2] 胡应麟《诗薮》，上海古籍出版社 1979 年版。第 58 页。下文引用《诗薮》的文句皆出自此版。

[3] 谢榛《四溟诗话》，《历代诗话续编》本，中华书局 1983 年版。第 1133 页。

[4] 房日晰《略论孟浩然诗风的清与淡》，载《集美大学学报》2003 年第 3 期。

[5] 王仕源《孟浩然诗集序》，《全唐文》卷三七八。

［6］ 高新伟《杜甫对孟浩然诗歌的评价与接收》，《湖北文理学院学报》2014年第4期。

［7］ 胡应麟《少室山房集》，影印文渊阁四库全书本，集部第1290册，第789页。

［8］ 蒋寅《王渔洋“神韵”概念溯源》，载《北京大学学报》2009年第2期，第28页。

［9］ 李梦阳《麓堂诗话》，《历代诗话续编》本，中华书局1983年版。第1367页。

［10］胡震亨《唐音癸签》，齐鲁书社2005年版。第3581页。

［11］高新伟《孟浩然诗歌在宋代的批评与接受》，《孟浩然研究论丛》，黄山出版社2011年版。第516页。

［12］袁震宇、刘明今《明代文学批评史》，上海古籍出版社1991年版。第18页。

（本文作者为湖北文理学院副教授）

骑驴灞桥　踏雪寻梅
——浅析孟浩然形象的历史嬗变

李　园

自唐代以来，无数文士用手中之笔，以诗、词、曲、文、图等各种形式，描绘孟浩然面目。总结起来，他们大体描绘了孟浩然形象的三面：诗人、寒士和隐士。这种塑造不是静止的，而是动态的，在长期演变的过程中，隐士形象慢慢战胜了寒士形象，最终成为较长时间内人们对孟浩然比较一致的看法。

寒士与隐士，这是两种矛盾的人格形象。寒士，是不遇的士人，是失职的贫士，是对仕途充满过无限希望与渴求的文人，隐士，却是"漱流而激其清，寝巢而韬其耀，良画以符其志，绝机以虚其心"[1]的高人；寒士，往往心存怨恨不忿，隐士，心境总是平和开阔；寒士纠结于人间，隐士超脱于俗世。

当然，两者又并非不可兼容。古代文人，往往在仕、隐间徘徊，他们完全有可能在人生的不同阶段扮演不同的角色，甚至是在人生的同一阶段体验分裂的痛苦，比如孟浩然。他有多年隐居经历，自然有隐士的一面；但他也曾求仕而不遇，也有寒士的一面。那么，为什么人们最终罔顾其困蹇的遭遇，而一意目之为纯粹的隐士？

孟浩然隐士形象的最终形成，与他的终身未仕以及诗中流露的浓厚隐逸思想有关，也与最初李白和王士源在诗文中将他塑造成超脱尘世的高人有关。然而，仔细考索之后，我们会发现，在历时千年的形象塑造过程中，王维的三幅图画也发挥了重要作用，产生了巨大影响。正是这三幅图，促成了浩然隐士形象的定型，这一形象，可以用八个字来表述："骑驴灞桥，踏雪寻梅。"我们且以此为切入点，探索孟浩然隐士形象的形成。

一、唐代——奠基期：诗画摹写 一人双面

孟浩然"幼高为文"，其诗歌创作活动从早年就开始了，唐人对他的接受也随之展开。

1. 盛唐

盛唐人留下了相对丰富的接受资料，既包括对孟浩然身份的认知、形象的定位，又有对其诗歌的评价。仅就形象塑造而言，当时诗文中的孟浩然，已经是一人多面。有人视之为困蹇穷士，如陶翰《送孟大入蜀序》称其"流落未遇，风尘所已（疑）"[2]，殷璠《河岳英灵集·孟浩然》悲他"沦落明代，终

于布衣”[3]；有人则视之为高洁隐士，如李白赞其“红颜弃轩冕，白首卧松云”[4]；王士源更是用“学不为儒”和“文不为仕”[5]，为我们塑造了一个具有高尚情操的大隐形象。

颇为特别的是王维对孟浩然的接受，以诗歌和绘画两种方式呈现。诗歌《送孟六归襄阳》中“劝君归旧庐”[6]的宽慰之意，隐藏着他对孟浩然形象的认知，即不遇的寒士，但其绘画中却出现了不一样的孟浩然。

王维画目中有三幅孟浩然图，虽然三图皆佚，但图中孟浩然的形象，可以从后人摹本和题画诗文窥知。

图 1：《马上吟诗图》（又名《孟浩然真》、《孟浩然像》、《襄阳图》，最早见于唐朱景玄《唐朝名画录》）。北宋张洎题识：“襄阳之状，颀而长，峭而瘦，衣白袍，靴帽重戴，乘欵段马，一童总角，提书笈负琴而从，风仪落落，凛然如生。”[7]可见马上浩然超然世外、自在惬意。

图 2：《郢州刺史亭孟浩然像》（最早见于晚唐皮日休《郢州孟亭记》）。北宋李复《书郢州孟亭壁》一文记载其事：“（孟浩然）雪途策蹇，与王摩诘相遇于宜春之南，摩诘戏写其寒峭苦吟之状于兹亭，亭由是得名。”[8]可见雪中驴上的浩然，颇有寒苦之态，但其寒苦的原因是“诗思”而非“不仕”。

图 3：《孟浩然骑驴图》（最早见于北宋董逌《书孟浩然骑驴图》）。《书孟浩然骑驴图》写浩然“拥褦襶，负苓箵，陊袖跨驴，冒风雪，陟山阪”[9]，可见该图所画的风雪骑驴孟浩然也是近于图 2。

这三幅图，意义非凡。孟浩然的诗歌中，并未明确写到过骑驴，骑马之句虽然偶见，但也只是平常写实，比起其他诗人的类似诗句并没有特殊意义或更值得关注的价值；而在盛唐有关孟浩然的文字资料中，也没有人提到过孟浩然骑驴、骑马的相关故实。可以说，王维这三幅画作为另一种媒介，它和孟浩然的诗歌一起成为了后世读者解读孟浩然的基础，使得后世不断阐发“骑马浩然”、“骑驴浩然”的内涵，在这一过程中，孟浩然形象不断演变，最终以“骑驴高士”的面目定型。

2. **中晚唐**

中唐及后，国势日渐衰危，士子们心境萧瑟凄凉，孟浩然的“不达”与“穷”对他们的心灵有极大的触动，因此中晚唐的人们几乎一致倾向于将孟浩然视为多蹇的贫士，比如张祜、白居易、罗隐等，例外的是晚唐诗人唐彦谦。唐彦谦有一首小诗《忆孟浩然》：“郊外凌兢西复东，雪晴驴背兴无穷。句搜明月梨花内，趣入春风柳絮中。”[10]这是王维画中的骑驴浩然最初走进诗里。唐人写雪中骑驴者相当少，如贾岛《谢令狐绹相公赐衣九事》、李贺《出城》、李洞《乙酉岁自蜀随计趁试不及》、《赋得送贾岛谪长江》、卢延让《雪》残句等，全唐诗中连残句在内也不足十首。这些诗中，雪中骑驴并不是作者着力表现的中心意象或意境。“雪中骑驴”在诗中的大放异彩，正是自彦谦始。唐彦谦所写的这个浩然，于驴背上寻章搜句，悠闲自在，与王维《骑驴图》中苦觅诗思的诗人形象一脉相承，但是并无图中的寒窘之气。这是出现在诗中的第一个雪中骑驴孟浩然，在彦谦此诗之前，这一形象，还只是存于图画之中；自此而后，他越来越多地出现在诗、词、曲甚至杂剧等文学题材中，蔚为大观。

总的说来，唐人对孟浩然形象的认定是以“寒士”为主流，然而王维画笔下风仪秀伟的骑马浩然和搜辞觅句的骑驴浩然的出现，连同李白、王士源对于浩然“隐士”一面的着意揄扬，使得唐人塑造的孟浩然形象已经出现了巨大差异。

二、两宋——发展期：马上高士 驴上诗人

两宋时期，文人们心中的孟浩然仍然近于“寒士”而非“隐士”。两宋诗话中凡有论及孟浩然，多会讨论其“不仕”的原因，除了南宋刘宰认为他是自愿不仕而非“见弃”外，其他人无论是责于时命、谴罪王维还是归咎明皇，都不否认浩然困踬穷途的寒士身份，比如何薳《春渚纪闻》卷七以浩然“坐诗穷”对比郭贽“以诗达”，葛胜仲《陈去非诗集序》也是将浩然作为“诗能穷人”的典型，范晞文《对床夜语》用“斥还”形容“归南山”事，等等。

不一样的声音正是来自于对王维三幅图的接受。这一时期的解读基本承继王维图意，从《马上行吟》中走出的浩然形象主要是高士，而从《骑驴图》中走出的浩然主要是诗人。不过，《骑驴图》中的“诗人之寒”已经被文人们演绎出了“贫士之寒”的意味，可助诗思的风雪也变成了冷酷现实的象征，驴上浩然也露出了寒士面目。

1. 北宋

北宋的诗文中，出现了不少骑马浩然和骑驴浩然。写马上孟浩然者，多有感于孟氏高远清越的竹下名士之风，如释道潜在《送王彦龄承务还河内》的最后写道：“白袍乌帽宜图画，不羡襄阳孟浩然。”[11]虽云不羡，而对悠然不羁孟处士的敬慕

之意已在其中。

马上孟浩然为人所知，而驴上孟浩然更加深入人心。苏轼曾在诗文中两度提及雪中骑驴的孟浩然，却殊不相仿。《赠写真何充秀才》："君不见潞州别驾眼如电，左手挂弓横捻箭。又不见雪中骑驴孟浩然，皱眉吟诗肩耸山。饥寒富贵两安在，空有遗像留人间。"[12]玄宗作为至高无上的君王，是孟浩然穷通之关键，也是"富贵"最极端的代表；而孟浩然作为盛世不遇的诗人，自然就是"饥寒"最典型的例证。此诗中皱眉愁苦、肩耸如山的驴上浩然，表现的已经是"布衣之寒"，是真正的"寒士"。《大雪 青州道上 有怀东武园亭 寄交代孔周翰》："君不是淮西李侍中，夜入蔡州缚取吴元济。又不是襄阳孟浩然，长安道上骑驴吟雪诗。何当闭门饮美酒，无人毁誉河东守。"[13]前句用唐李愬雪夜袭蔡州之典，后句写孟浩然雪中骑驴吟诗，二者一为武史奇功，一为文坛佳话，一写武才，一写诗思，一武一文，两相辉映，所同者，是不拘常态之奇。"长安道上骑驴吟雪诗"的孟浩然，脱去前诗中的酸苦之气，正是王维图中痴迷的诗人。苏轼在这两首诗中，写出了雪中驴背上不一样的孟浩然，很长一段时间内，文人们对孟浩然雪中骑驴的阐发，不出其左右。

除苏轼外，尚有不少写骑驴浩然者，多将孟浩然看作一个品性高洁的诗人，如孔夷《赠关子渊》等。其中，董逌《广川画跋》中的《书孟浩然骑驴图》是北宋时期对于骑驴浩然最重要、最详细的分析：

> 孟夫子一世畸人，其不合于时宜也。当其拥褦襶，负

苓箵，哆袖跨驴，冒风雪，陟山阪，行襄阳道上时，其得句自宜挟冰霜霰雪，使人吟诵之，犹齿颊生寒，此非特奥室白雪有味而可讽也。然诗人每病羁穷不偶，盖诗非极于清苦险绝，则怨思不深，文辞不怨思抑扬，则流荡无味，不能警发人意，要辞句清苦，搜冥贯幽，非深得江山秀气迥绝人境，又得风劲霜寒以助其穷怨哀思，披剔奥窔，则胸中落落奇处，岂易出也。郑綮谓“诗思在灞桥风雪中驴子上，此处何以得之？”綮殆见孟夫子图而强为此哉！不然綮何以得知此？[14]

仅由风雪、驴子而推出郑綮见孟图乃有“诗思”之句，实不可靠。不过，郑綮无疑是第一个将灞桥风雪与骑驴相联系者，又由于雪中骑驴与孟浩然的稳固联系，灞桥于是随之成为孟浩然雪中骑驴意境中的一个常见的组成意象，灞桥之风雪也从漫天柳絮而逐渐衍生出真正的风雪这一层意思。在这个发展过程中，董逌即使不是关键性人物，也称得上是一个代表性人物。尽管他的推论不能成立，但他由“灞桥风雪中驴子上”联想到“雪中骑驴孟浩然”的思路极具典型性，同时对后人也具有启发性和引导性。

此文描绘的孟浩然是一位“穷而后工”的诗人，然而，一句“一世畸人”、“不合于时宜”，也透露出作者对他寒士身份的认定。董逌几乎完全继承了苏轼，以雪中骑驴写孟浩然的两面：既是高明的诗人，也是凄苦的寒士。

北宋还有一首词很值得玩味，即秦观的《忆秦娥·灞桥雪》：“灞桥雪，茫茫万径人踪灭。人踪灭。此时方见，乾坤空阔。　　骑驴老子真奇绝，肩山吟耸清寒冽。清寒冽。只缘不禁，梅花撩拨。”[15]这首词并未明确提到孟浩然，但“肩山吟耸清寒冽”一句，与苏轼的“皱眉吟诗肩耸山”极似，两词应该是有联系的。当然，《忆秦娥》中的“骑驴老子”是否就是孟浩然并不那么重要，重要的是，在这首词中，灞桥、骑驴、踏雪、寻梅，四个意象第一次合而为一，组成了一个诗境；而在后世孟浩然接受史上占有重要地位的“踏雪寻梅”，在此已经模糊显露出与孟浩然的关系。这首词，可为孟浩然踏雪寻梅之滥觞。

北宋的马上浩然与驴上浩然分别表现了孟浩然的两面：基于图画中白袍乌帽的形象，马上浩然体现出超然世外、风仪秀伟的一面；基于图画中粗衣烂袖、皱眉耸肩的苦吟形象，驴上浩然被更多地赋予了诗人气质，而同时又体现出困蹇寒士的一面。

2. 南宋

相比较北宋而言，南宋诗文中出现的马上浩然与骑驴浩然形象大大增多，尤以后者为甚，而文人们对浩然形象的认知较之北宋并没有多少变化。

马上浩然在时人心中仍是一位潇洒闲远风度的处士。如葛立方《韵语阳秋》卷十四记载张洎题识《马上行吟图》，他认同张洎所见为真本，自然也认同了张洎所描画的马上浩然形象：诗人身材颀长，面容清癯，着白袍、戴席帽，又加以幅巾披于肩后，乘一匹步态闲缓的马，身后跟着一个拎书箱背古琴的书童——这正是一位“风仪落落，凛然如生”的高士。还有陈鉴之《蒋实斋出示孟浩然画像因赋二绝》、叶茵《孟浩然归南山图》、郑思肖《孟浩然归隐图》等，这些诗中都提到了孟浩然一生不遇的事实，却默契地将原因归为“自弃”而不是“被弃”，写其“狂吟一首笑归去”，因为薄俸微禄抵不过水色山光，荣华富贵比不过千世诗名。这样的孟浩然，自然是潇洒适意的高士。这种观点的出现，与宋人平和达观的文化性格及注重个体人格独立自由的内倾性气质有关，也与孟浩然风神清朗、精神状态上佳的画中形象有关。

南宋时期对驴上浩然形象的接受和解读基本承袭了北宋，主要将他作为一个高明的诗人来看待，比如陆游的《览镜》、《夜闻雨声》等。南宋文人多有写骑驴于灞上吟诗者，其中很多是直接将灞桥与驴上孟浩然相联系，比如家铉翁《跋浩然风雪图》、韩淲《孟襄阳灞桥风雪》、刘克庄《孟浩然骑驴图》等。王庭珪《赠写真徐涛》：“会貌诗人孟浩然，便觉灞桥风雪起。”[16]徐涛所画襄阳，未必便是跨驴之态，然而王庭珪见其笔下孟浩然，便如灞桥风雪，扑面而来，以此赞叹徐涛“迩来下笔更逼真”，可见此时灞桥风雪已如顾恺之为裴楷颊上所加三毛，成为孟浩然之“神”的象征。灞桥能够如此迅速紧密地与骑驴孟浩然结合在一起，自然是因为“诗思”的缘故。正如郑綮所言，灞桥、雪中、驴上，乃是最可得诗思、诗兴之处。尽管行吟于雪中驴上并非仅有孟浩然，后人也有将此典与郑綮、贾岛等联系者，但正如“孟简虽持节，襄阳属浩然”一样，在王维《骑驴图》所起的“意见领袖”的作用下，大多数人还是将“雪中驴上”之典归于孟浩然，文人们便也将灞桥慷慨地一并赠予了他。这个时期，在灞桥风雪中骑驴而行的孟浩然，其本质便是诗人而非高士或寒士。

南宋也有通过写驴上浩然喟叹其人生际遇的诗句，比如杜范的《跋王维画孟浩然骑驴图》、牟巘的《王维画孟浩然骑驴图》，一个称“以诗见弃于其主”[17]，一个称“穷浩然”、“命奇薄”[18]，虽然作者并非惋惜同情而是贺其被弃，但显然都是认同其寒士的身份。

南宋时期值得关注的新变化是出现在图画中。从宋人诗文中的描写来看，当时流传的《马上行吟图》，构图方面差别不大，比如孟浩然都是着白袍乌帽、有一僮相随等，但是，孟浩然骑驴图的情况与之大不相同。董逌所见的画中，孟浩然“拥襶襶，负苓箵”，这略嫌粗笨臃肿的形象与杜范等人题画诗中所写的“风袂飘举”、“风度散朗貌清淑”的孟浩然判若两人。我们再举家铉翁的《跋浩然风雪图》：“此灞桥风雪中诗人也，四僮追随后先，苦寒欲号，而此翁据鞍顾盼，收拾诗料，喜色津然，贯眉睫间，其胸次洒落，殆可想矣。”[19]铉翁所写的有“四僮”相随与董逌所言孟浩然“哆袖跨驴”、踽踽独行的穷困之状，更是天差地别。由此可见，南宋流传的骑驴图中，有相当一部分已经不再是对王维原图的摹写之作，而是以孟浩然骑驴为主题的画家再创造、再发挥的作品，尽管其中一些并不高明。这些图中风神清朗、喜上眉梢的骑驴浩然为后期他从寒士到高士的身份变化奠定了基础。

三、金元——定型期：隐士浩然 骑驴探梅

金元时期的孟浩然形象与前代相比，有了极大变化：虽然还有寒士的影子，但已经初步定型为高士、隐士。这一时期，

诗词曲文中已经很少能见到马上孟浩然了，正如驴渐渐成为中国诗人坐骑的不二选择一样，驴上孟浩然的形象也基本定型。陈德和【双调·落梅风】写“雪中十事”，其中一事既为“浩然骑驴”，足见“雪中骑驴”已经与孟浩然密不可分，成为人们对孟浩然形象的感性认知。马上孟浩然并不是消失，而是将其精神实质——高士风度，逐渐融入了驴上孟浩然的形象中。

1. **金代**

金代的诗文评论很少提到孟浩然，倒是有一些诗篇偶涉浩然骑驴事，比如李俊民《孟浩然图两首》和《孟浩然》、元好问三首《雪行图》题诗、元德明《雪行》、赵秉文《春山诗意图》、李纯甫《灞陵风雪》等，“蹇驴驼着尽诗仙”，都是尽写浩然诗人特质。不同的是，元好问以骑驴“书生”对“貂裘客”，“长路单衣”的形象中还隐隐透着些穷士之寒；李俊民虽称浩然“仕为不求”，但“破帽蹇驴”的形象尚有诗人之寒；而赵秉文、李纯甫的诗中却是毫无寒气，只有自在洒脱之风了。

目前所见金代诗文中没有出现马上孟浩然的形象，不过有“一画二诗”值得注意，即杨邦基《雪谷晓装图》和庞铸、赵秉文的题画诗。从庞铸题诗来看，图中所画是冰天雪地中一位骑着瘦马的诗翁，带着老奴，且行且吟。很难说杨邦基画中的这位诗翁是否就是孟浩然，但他无疑是以孟浩然为代表的雪中行吟诗人的真实写照，他与孟浩然定然有千丝万缕的联系，赵秉文的题诗中“前身孟浩然，后身穷贾岛”[20]便是佐证。庞诗笔下的马上之人，“杨侯胸中富丘壑，醉里笔端驱雪落”[21]，忍冻冲寒，苦吟自得，更多诗人的痴狂；而赵诗中，“尘中无此客，风云满怀抱”，凸显的是高士飘然世外的风度。

在金代之前，诗画中一直都是驴上孟浩然在雪中寻诗，马上吟诗的孟浩然并未与风雪联系在一起。而杨邦基的画和庞赵二人的诗，似乎预示着马上孟浩然与驴上孟浩然形象的渐趋合流。

2. **元代**

元代文人对现实的幻灭感使得隐逸之风大炽，于是很多人选择性地接受孟浩然作为隐士的一面，忽略其求仕不得的经历，因为孟浩然的隐士身份是最符合他们自己的信念和价值观，符合他们的文化倾向的。正是基于传播学上所说的这种“选择性心理”[22]，元人笔下的孟浩然多以高士形象出现，比如杨载《赠方韶父处士》和《题秋江钓月诗卷》、释善住《孟浩然》都将孟浩然塑造成“口绝人间事，身如物外仙”[23]的大隐，对于骑驴孟浩然的解读更是如此。元代对驴上孟浩然的接受，还有一个新的特点：诗词之中，大多只写雪中骑驴的孟浩然；散曲和杂剧中，孟浩然骑驴多与踏雪寻梅结合在一起。

诗文中的骑驴浩然

雪中骑驴觅诗的孟浩然，首先是位诗人，前代文人也多是从这个角度来解析这一形象，元代对此有所继承，如元初陈深《题尽扇骑驴踏雪》、马臻《画意二十二首》之一、蒲道源《题〈答实特穆尔大夫所藏王维画寒林晓竹图〉诗》等。此外，元代不少文人将孟浩然雪中骑驴与放归事联系在一起，通过写浩然骑驴，关注他的人生遭际。无论是方回《孟浩然雪驴图》“冻合吟肩神气王”[24]、仇远《题孟浩然图》“归鞭遥指鹿门山”[25]，还是吴师道《孟浩然跨驴图二首》之一“拥鼻微吟定忆归”[26]、王恽《孟浩然灞桥图》“处士本无经世志”[27]，孟浩然在诗中都不是命途多舛的寒士形象，他偶被尘网所羁，却本心向归，这一形象已经近于高隐。

诗文中更多的驴上孟浩然形象，是完全包容、消纳了马上孟浩然的精神实质，体现了孟浩然的高士风度。比如元初真山民《陈云岫爱骑驴》[28]，以“一生旅食长悲辛”的老杜骑驴、“凄凉落叶秋风里”的贾岛骑驴与“身迹懒散人中仙”的孟浩然雪中骑驴作入世与出世的两种骑驴生涯的对比；袁桷《金主画孟浩然骑驴图之二》钦羡孟浩然骑驴体现的自由洒脱，高远无所拘；范梈《孟浩然》对孟浩然骑驴“与造物者游”的逍遥至境充满了向往；陈旅《题画图》将骑驴孟浩然比作与松雪相伴、恶与鸡鹜同群的清鹤，傲然独立，玉洁冰清；刘仁本《题孟浩然骑驴画》赞誉孟襄阳骑驴，清奇脱俗，更胜贾岛与李白；张仲深《题灞桥风雪图》认为雪水烹茶也不是风雅之事，只有孟浩然于风雪中骑驴吟诗才是真正的清标……这些诗篇无一不刻画出驴上浩然清旷超逸的高士风度。

杂剧与散曲中的骑驴浩然

元杂剧和散曲中出现了很多雪中骑驴孟浩然，比如《看钱奴》第二折、《遇上皇》第二折、《张天师》第三折、《合汗衫》第一折、《贬黄州》第二折等，其中有少数不涉寻梅事，但大多已经将骑驴孟浩然与踏雪寻梅联系起来。

孟浩然的诗中，写到梅花的共七首，其中多数是梅柳并举，描绘早春景色，唯一的专咏梅花之诗是《早梅》，虽然写少妇爱梅剪纸，但也没有表现出自己对梅花有特别的喜爱之情。孟浩然踏雪寻梅，无疑是经后人的联想和想象，敷演而成。

雪与梅，天生相伴，也天生相契，一样的冰清玉洁、孤高自傲。雪中梅花，作为实景，很早就被人们描诸笔端；雪中寻梅，在南朝诗篇中也已出现。但是直到南宋，在梅花已经被赋予了各种美好的品性、成为高尚人格的象征之后，才有许多文人写到踏雪寻梅之事，不过将之与骑驴相联系的很少，最早见于北宋秦观的《忆秦娥》，却也没有明确提到孟浩然。

到了元代，写骑驴踏雪寻梅之事者甚众，主要出现于散曲和杂剧中。

元初之时，骑驴寻梅，尚未被孟浩然所独占，如薛昂夫的【中吕・朝天曲】将骑驴探梅归于老杜，这体现了元初孟浩然骑驴与踏雪寻梅的联系尚具有不稳定性。真正将寻梅纳入孟浩然骑驴踏雪的典故中并使二者形成稳固关系的人是马致远，这是孟浩然形象塑造过程中极为关键的一个人物。

马致远早年热衷功名，然而仕途受挫，有志难伸，残酷的现实使马致远心灰意冷，终于觉悟。他晚年淡泊名利，自号“东篱”，以隐士高人自居，但是作品中还是流露出牢骚不平之意。与孟浩然相似的经历，使得马致远视孟浩然为异代知己，对浩然十分推崇。马致远共有十五种杂剧，在佚失的七种中，孟浩然题材占两部，分别是《风雪骑驴孟浩然》和《冻吟诗踏雪寻梅》。马氏现存的杂剧中，《江州司马青衫泪》里也出现了孟浩然形象。《青衫泪》写白居易与官妓裴兴奴的爱情故事，全剧共四折一楔子，孟浩然只在第一折上场，和白居易、贾岛一起探访兴奴。马致远坚持让卒于 740 年的孟浩然和生于 772 年的白居易出游，并在剧中将浩然“擢”为翰林院编修，一雪素衣之耻，足见作者对他的偏爱。

在马致远的笔下，有孟浩然处，必有踏雪寻梅。《风雪骑驴》和《踏雪寻梅》两剧自不用说，《青衫泪》中，孟浩然只是配角，出场时间很少，但马致远见缝插针，在两处写到其踏雪寻梅。第一折中，兴奴劝酒，唱了曲【金盏儿】："休强波灞陵桥踏雪寻梅客，便是子猷访戴，敢也冻回来。"[29]第四折中兴奴在向宪宗禀明事情原委时，又提到"其是一位多奸猾，只待要大雪里探梅花"[30]。马致远还有一首写孟浩然的小令【双调·拨不断】："孟浩然，兴何狂，冻骑驴灞陵桥上。便纵有些梅花入梦香，倒不如风雪销金帐，慢慢的浅斟低唱。"[31]马致远的创作，使得踏雪寻梅从此与孟浩然密不可分。

在上面所列的剧曲和散曲中，马致远认为雪中探梅不如及时行乐，表现出旷达的厌世观，这几乎是元杂剧中对于孟浩然踏雪寻梅事一致的观点。以马致远为代表的一批元代下层文士，他们基于对现实的绝望，玩世不恭、放诞不羁，与传统文人道德规范背道而驰。踏雪寻梅，是为寻找诗兴诗思，而写诗，正是传统文人的晋身之阶；同时，梅花被前代文人赋予了各种美好的品格，其最重要的象征意义就是贞洁自爱、坚持道德操守的君子，正是强烈的反传统意识，使得马致远等人并不看重踏雪寻梅所包蕴的传统文化意义。不过，从后一首曲来看，他对于踏雪寻梅所体现的超尘绝俗的高士情怀和风度还是欣赏的。毕竟，避世和玩世，虽殊途却同源。

马致远之后，越来越多的人写到骑驴寻梅之事，大多数只用其典未及其人，而凡有涉及寻梅之人者，都将此典归属浩然，比如汪元亨【中吕·朝天子·归隐】、汤舜民套曲【南吕·一枝花·嘲素梅】中【梁州】曲等。

在元代的杂剧和散曲中，踏雪寻梅的孟浩然已经完全没有了寒士的影子（《风雪骑驴》和《踏雪寻梅》都已佚失，但根据《青衫泪》中马致远写孟浩然的故事情节、小令【双调·拨不断】中体现的思想以及《踏雪寻梅》在明代的次本即朱有炖《孟浩然踏雪寻梅》的内容，我们大致可以确定，孟浩然在两剧中或者表现高士风度，或者亦如《青衫记》里仕途顺意，但都不会是失职贫士的形象），甚至诗人的身份也有所淡化，只有高士的形象在不断突出，比如汪元亨就直接将浩然骑驴、灞桥探梅作为隐士生活的一部分。

元代戏剧的接受主体是市井民众，戏剧所具有的强烈的观赏性和感染的普遍性，使得它的传播更普及也更深入。在戏剧中频繁出现的孟浩然，其高士面目伴随灞桥骑驴、踏雪寻梅之事，深入民间，由此，在下层人民心中，孟浩然隐士的形象基本定型。

四、明清——总结期：多种艺术形式中呈现的孟浩然隐士形象

经过元代戏曲的敷演，明清两朝，孟浩然灞桥骑驴、踏雪寻梅已成定论。蒋一葵《尧山堂外纪》卷二十六和陈诗教《花里活》卷中都称孟浩然“性爱梅”，彭大翼《山堂肆考》甚至称“诗思在灞陵桥驴子背上”乃为孟浩然所说。明清时期，孟浩然隐士的形象已经树立。不过，在民间与文坛，还是稍有差别。

明清诗文中的骑驴孟浩然形象，虽以高士为主，仍有寒士

的一面：写其为“寒士”者，如明初高启《题孟浩然骑驴吟雪图》、张羽《孟浩然雪行图》；而大凡写到寻梅之事，文人们多是将孟浩然目为“高士”，比如明李昌祺《题孟浩然踏雪寻梅图》、程敏政《题雪梅画册》。

文坛上尚能见到“寒士”孟浩然的身影，民间却是另一番景象。元代以后，孟浩然踏雪寻梅的形象在民间广为流传。民歌中常有寻梅孟浩然，比如《霓裳续谱》卷六有《雪花堆》【平岔】：“……孟浩然踏雪寻梅，带带酒归，有个小琴童在驴儿后头走，他的肩头横桃着一枝腊梅。”[32]《白雪遗音》卷三《八角鼓·瑞雪成堆》：“……孟浩然踏雪又去寻梅，驴儿后冻的个琴童双垂泪……”[33]曲子都富谐趣，而其中的诗人殊无寒士之气，只有潇洒之风。各种瓷器、玉器、石雕、木雕、地毯、屏风上的图案中，也都出现了孟浩然寻梅的题材，比如明代成化官窑和天顺民窑青花图饰都有“孟浩然踏雪寻梅”图。清代，孟浩然寻梅的形象越发多见，如山陕会馆大殿前石牌坊的中坊柱础抱鼓石雕刻了“八爱图”，其中之一即为“孟浩然爱梅图”。徽州卢村志诚堂中，也有“孟浩然踏雪寻梅”的木雕。孟浩然寻梅的基本图案，是一位头戴浩然巾的老人手持梅花，于风雪中骑驴过桥，或有童仆相随，偶尔也见没有骑驴者。工艺品上的纹饰图案，都有吉祥如意的寓意，反映了人们趋吉避凶的心态和对美好幸福的向往。毫无疑问，被刻绘在这些工艺品上的踏雪寻梅的孟浩然，早已洗尽寒士之气，他是以高情雅趣、超然世外的高士面目出现的。

至此，历经千年的演变，孟浩然最终脱去寒士身份，其“骑驴灞桥、踏雪寻梅”的高隐形象，在人们心中、尤其是下层民众心中，牢不可破。

注释：

[1] 房玄龄等撰．晋书［M］．北京：中华书局，1974：2425页。

[2] 董诰等编．全唐文［M］．北京：中华书局，1983：3381页。

[3] 李珍华、傅璇琮撰．河岳英灵集研究［M］．北京：中华书局，1992：205页。

[4] 李白著．瞿蜕园、朱金城校注．李白集校注［M］．上海：上海古籍出版社，1980：593页。

[5] 孟浩然著．徐鹏校注．孟浩然集注［M］．北京：人民文学出版社，1989：1页。

[6] 王维著．陈铁民校注．王维集校注［M］．北京：中华书局，1997：84页。

[7] 葛立方著．韵语阳秋［M］何文焕辑．历代诗话．北京：中华书局，1981：593—595页。

[8]［9］［11］［14］［16］［17］［18］［19］［20］［21］［23］［24］［25］［26］［27］［28］上海古籍出版社影印文渊阁四库全书本．

[10] 彭定求等编．全唐诗［M］．北京：中华书局，1960：7668页。

[12]［13］苏轼著．孔凡礼点校．苏轼诗集［M］．北京：中华书局，1982：587，715页。

[15] 秦观著．淮海居士长短句［M］．上海：上海古籍出版社，1985：179页。

[22] 胡正荣著．传播学总论［M］．北京：北京广播学院出版社，1997：267页。

[29]［30］［31］马致远著．傅丽英、马恒君校注．马致远全集校注［M］．北京：语文出版社，2002：29，56，225页。

[32]［33］明清民歌时调集［M］．上海：上海古籍出版社，1987：285，752页。

（作者为南京师范大学副教授）

"吟鞭指灞桥"原典及文化关联

李振中

《红楼梦》第五十回"芦雪庵争联即景诗"中有薛宝琴的联句："吟鞭指灞桥。"对于该句典故的出处，中国艺术研究院红楼梦研究所校注本《红楼梦》脚注及蔡义江先生《红楼梦诗词曲赋鉴赏》均引南宋尤袤《全唐诗话》："相国郑綮善诗，或曰：'相国近为新诗否?'对曰：'诗思在灞桥风雪中驴子上，此何以得之?'"[1]

其实，这则材料最早出自五代孙光宪《北梦琐言》卷七："唐相国郑綮，虽有诗名，本无廊庙之望。……然其儒懦清慎，弘农常重之。昭宗时，吴雄据淮海，朝廷务行姑息，因盛言郑公之德，由是登庸，中外惊骇。于时皇纲已紊，四方多故，相国既无施展，事必依违。……同列以其忝窃，每讥侮之。相国乃题诗于中书壁上，其词曰：'侧坡蛆蜫蜦，蚁子竞来拖。一朝白雨下，无钝无喽啰。’意者以时运将衰，纵有才智，亦不能康济，当有玉石俱焚之虑也。时亦然之。相国《题老僧诗》云：‘日照西山雪，老僧门未开。冻瓶粘柱础，宿火焰炉灰。童子病归去，鹿麑寒入来。’常云：‘此诗属对，可以称衡，重轻不偏也。’或曰：‘相国近有新诗否？’对曰：‘诗思在灞桥风雪驴子上，此处何以得之？’盖言其平生苦心也。”[2]

然而，即便如此，“吟鞭指灞桥”的原典也未必与郑綮有直接关联，或者说，郑綮“诗思在灞桥风雪驴子上”这句话本身也在用典。那么，原典与谁有直接关联呢？答案是：孟浩然。

孟浩然（689～740），襄州襄阳（湖北襄阳）人。他四十岁之前，大部分时光是在家乡度过的。开元十六年（728）春至长安，应进士举，不第，年底离京返乡[3]。随后便漫游吴越，寄情山水。晚年入张九龄荆州幕，三年后卒[4]。孟浩然落第之后，落魄偃蹇，从此与仕途无缘，终生布衣，但其人格和诗作曾受人钦佩与推重。李白赞其“红颜弃轩冕，白首卧松云”[5]，杜甫赞其“清诗句句尽堪传”[6]，如此则不一而足。孟浩然在那次进京求仕的一段时间里，有一些关于他的故事流传。《唐摭言》卷一一《无官受黜》云：“襄阳诗人孟浩然，开元中颇为王右丞所知。句有‘微云淡河汉，疏雨滴梧桐’者，右丞吟咏之，常击节不已。维待诏金銮殿，一旦，召之商较风雅，忽遇上幸维所，浩然错？伏床下。维不敢隐，因之奏闻。上欣然曰：‘朕素闻其人。’因得召见。上曰：‘卿将得诗来耶？’浩然奏曰：‘臣偶不賫所业。’上即命吟。浩然奉诏，拜舞念诗曰：‘北阙休上书，南山归弊庐。不才明主弃，多病故人疏。’上闻之怃然曰：‘朕未弃人，自是卿不求进，奈何反有此作！’因命放归南山。终身不仕。”[7]《新唐书》卷二〇三《孟浩然传》、《郡斋读书志》卷一七、《临汉隐居诗话》均载此事[8]。虽然这则故事的可信度，人多疑之，但前人多吟之入诗。（下文单独成段所引诗文出处，括注于后，均见《文渊阁四库全书》本。为避繁琐，不加尾注。）

却因明主放还山，破帽骑驴骨相寒。诗句眼前吟不尽，北风吹雪满长安。蹇驴却指旧山归，可笑先生五字诗。仕为不求明主弃，此行安得怨王维。”（金李俊民《庄靖集》卷五《孟浩然图》）

雪天谁写诗穷状，冻合吟肩神气王。短褐长夜死不朽，貂蝉何必凌烟上。偶随故人直玉堂，龙鳞不顾婴君王。（元方回《桐江续集》卷二三《孟浩然雪驴图》）

生前明主已遭嗔，身后君王为写真。家国总缘诗句废，灞陵犹胜蔡州尘。木叶山前雪似银，软裘难作自由身。想因岁晚朝陵后，故写骑驴处士真。北阙明言不上书，蹇驴何自入西都。开元天子元无分，留与他生作画图。（元袁桷《金主画孟浩然骑驴图》三首）

穷浩然，老摩诘，平生交情两莫逆。也曾携去宿禁中，堪笑诗人命奇薄。只应寂寞归旧庐，此翁殷勤殊未足。作诗借问襄阳老，诗中犹恐忆孟六。悠悠江汉今几秋，一夕神交如在目。分明写出骑驴图，风度散朗貌清淑。更有倜傥一片心，不是相知那得貌。行复行，向何许，酸风吹驴耳卓朔。向来十上困旅尘，驴饥拒地愁向洛。不如乘兴且田园，万山亭前大堤曲。鳜鱼正肥甘蔗美，鸡黍可具杨梅熟。一樽相与寿先生，醉归勿遣驴失

脚。（元牟巘《王维画孟浩然骑驴图》）

孟君故人好事者，摩诘当年号潇洒。荐之明主既不能，彩笔徒夸善描写。浐川风急天正寒，灞桥云黄雪初下。蹇驴行行欲何之，妙句直欲追大雅。饭颗山头杜少陵，溧阳水滨孟东野。饥寒一身人共叹，声名千载天所假。南山故庐拂袖归，五侯七贵俱土苴。龙钟如此君莫嘲，平生贵在知我寡。（明梁寅《石门集》卷二《题王维所画孟浩然像》）

学满秦京欲去迟，故人当路漫相知。平生多少惊人句，却向君前诵怨诗。（明张羽《孟襄阳雪行图》）

由引诗可以看出，孟浩然被明主抛弃后，破帽蹇驴，风雪而归。灞桥在灞水上，在万年县（今陕西西安）东二十里[9]。灞桥风雪是古代长安著名景点，是画家作画的常用素材。至少从宋代开始，在画界和收藏界似乎一直有诸如“孟浩然骑驴图”、“孟浩然灞桥图”、“灞桥风雪图”等流传，这从文人的题画诗中得到印证。《御定历代题画诗》卷四〇分别收录了宋刘克庄《孟浩然骑驴图》、元牟巘《王维画孟浩然骑驴图》、元袁桷《金主画孟浩然骑驴图》、元王恽《孟浩然灞桥图》、元吴师道《孟浩然骑驴图二首》、明高启《孟浩然骑驴吟雪图》、明张羽《孟襄阳雪行图》等题画诗。除此之外，元戴表元《剡源文集》卷三〇有《题孟浩然霜晓行吟图》、元仇远《金渊集》卷六有《题孟浩然图》、元刘仁本《羽庭集》卷四有《题孟浩然骑驴画》、明张羽《静庵集》卷四有《孟浩然像》、明梁寅《石门集》卷二有《题王维所画孟浩然像》等。

这些诗多有“灞桥风雪”“吟鞭返归”之意象。上述诗人所题之画，除了有王维、金主所画之外，其他画者则不清楚。当然，牟巘、梁寅所见之“孟浩然骑驴图”、“孟浩然像”，也未必是王维真迹。但至少可以断定，王维曾为孟浩然画像。《新唐书》卷二〇三《孟浩然传》：“初，王维过郢州，画浩然像于刺史亭，因曰浩然亭。咸通中，刺史郑諴谓贤者名不可斥，更署曰孟亭。”[10]可惜的是，王维所画孟浩然像及孟亭，今均不存。因而我们无从得知，画像是否与“灞桥风雪”有关。

“孟浩然像”在诗人画家笔下流传过程中，有时会和《七贤过关图》联系在一起：

> 世传《七贤过关图》，或以为即“竹林七贤”尔。屡有人持其画来求题跋，漫无所据。观其画衣冠骑从，当是晋魏间人物，意态若将避地者。或谓即《论语》作者七人像而为画尔。姜南举人云：“是开元间冬雪后，张说、张九龄、李白、李华、王维、郑虔、孟浩然，出蓝田关，游龙门寺，郑虔图之。”虞伯生有《题孟浩然像诗》：“风雪空堂破帽温，七人图里一人存。”又有槎溪张辂诗：“二李清狂狎二张，吟鞭遥指孟襄阳。郑虔笔底春风满，摩诘图中诗兴长。”是必有所传云。（明陆深《俨山外集》卷一二《玉堂漫笔》卷中）

王琦《李太白全集》卷三六附录引该材料后按云：“开元时，太白尚未至京师，至天宝改元，则张说已亡矣，安得有并辔出蓝田关事？……盖出自后人以平生所慕好者而妄指以指图画中人，何足据乎?”[11]王氏所论，甚有见地。不过我们从材料中可以看到，风雪中“吟鞭遥指”的孟浩然似乎更深入人心，以至于“七人图里一人存”。

由此可知，孟浩然风雪灞桥，蹇驴觅诗，始不见于书传而在画家中流传。至少从王维、郑虔等画家开始，孟浩然风雪蹇驴之像，就为人所熟知。随着时间的推移，这一图景深深根植于人们心中。文人们或据画题诗，或酬唱赠别，往往用孟浩然蹇驴风雪灞桥之典。

投老襄阳真自弃，蹇驴东去乱云深。（宋毛滂《东堂集》卷三《东归呈元度》）

会貌诗人孟浩然，便觉灞桥风雪起。（宋王庭珪《卢溪文集》卷五《赠写真徐涛》）

君似襄阳孟浩然，蹇驴风帽一癯仙（宋陆游《奉送出关二首》其一）

坏墨残缣阅几春，灞桥风味尚如真。摩挲只可夸同社，装饰应难奉贵人。旧向集中窥一面，今于画里识前身。世间老手惟工部，曾伏先生句句新。（刘克庄《孟浩然骑驴图》）

缘溪路滑蹇驴迟，水色山光总入诗。还胜襄阳孟夫子，满身风雪灞桥时。（元马臻《霞外诗集》卷一〇《画意二十二首》其一）

前日襄阳孟浩然，灞陵风雪袅吟鞭，而今书剑南归日，依旧飞花落絮天。（《浩然南归图》）

长安雨雪大如瓮，马蹄晓蹴东华冻。长安雨雪大如掌，磔磔商车竞来往。先生名利两不干，骑驴底事冲风寒。风鬓猎猎雪种种，三尺蹇驴僵不动。自知清骨为诗瘦，不道玉山和雪耸。君不见长安有客似龟缩，梦魂不到山阴曲。陶家风味党家奢，煮茗烹羔总庸俗。清标何似襄阳老，一片襟怀自倾倒。只因灞桥觅诗忙，非是长安被花恼。豪吟往往凌鲍谢，长才靡靡压郊岛。载披毫素眼生花，悲咤无端动清昊。（元张仲深《子渊诗集》卷二《题灞桥风雪图》）

金銮消息远相招，雪满吟鞍过灞桥。处士本无经世志，强将诗句杜清朝。（元王恽《秋涧集》卷二五《孟浩然灞桥图》）

诗瘦清于饭颗山，蹇驴驼入画图间。姓名得挂金銮月，风雪长途是等闲。（元王恽《秋涧集》卷三三《灞陵风雪图》）

驴背萧萧帽影偏，斜风落日灞桥边。玉堂仙客无人识，谩说当年孟浩然。（明王祎《王忠文集》卷三《九月八日灞桥戏题》）

灞上蹇驴夸孟老，池边鹅鸭袭吴宫。（明程通《贞白遗稿》卷五《次项公见示雪中诗韵》其二）

望中可是襄阳客，驴背吟诗傲寒色。兴来何用作推敲，佳句惊人陡然得。灞桥薄暮犹未还，水声激激天风寒。后来作者谁可攀，空余胜事留人间。（明王洪《毅斋集》卷四《霁雪图》）

例不繁引，从诗题到内容，已足见孟浩然与吟鞭灞桥的紧密关联。除了诗歌之外，宋元以降，词曲中也有很多关于孟浩然灞桥风雪之典。限于篇幅，不一一征引。

除文献记载的关于“灞桥风雪图”外，今传还有实物。故宫博物院藏明吴伟《灞桥风雪图》：风雪中一老者骑驴过桥，二仆携囊紧随。风雪弥漫，林木萧疏，陡壑冻溪，寒气森然。天津艺术博物馆藏明沈周《灞桥风雪图》：巨峰深壑，重峦叠嶂、远峰耸立似屏，山上冬树萧瑟；白雪皑皑，茫茫苍苍；画的左下角，一人骑驴过桥，兴致盎然；左上角题诗云：“灞上驮归驴背雪，桥边拾得醉时诗。销金帐里高梁客，此味从来不得知。”上述作品或有画作承传的因素，亦或是根据前人诗意而作。画上的人物虽没有明指为孟浩然，但是鉴赏者只要知道灞桥风雪的原典，自然而然就会想到孟浩然了。

孟浩然诗思灞桥这一寻常熟事，还会搬上舞台。这从曹雪芹祖父曹寅文集中可以得到印证。《楝亭诗别集》卷三《题尹少野画驴》：“艳段空传孟浩然，寻常诗思灞桥边。荒山古道无人迹，却顾奚奴缓着鞭。”[12]艳段为宋元搬演正剧前的一场。宋灌圃耐得翁《都城记盛·瓦舍众伎》：“杂剧中，末泥为长，每四人或五人为一场，先做寻常熟事一段，名曰艳段；次做正杂剧，通名为两段。”[13]曹寅题画，化用孟浩然骑驴过灞桥的典故，说明自宋元以来，此雅人韵事一直为人们所津津乐道。

孟浩然蹇驴灞桥典故的流传过程中，除了风雪觅诗文化含蕴之外，逐渐又有了踏雪寻梅的文化内涵。

浩然先生生盛唐，锦心绣口冰肝肠。词追风雅谐宫商，清如环佩锵珩璜。幼邻摩诘相颉颃，子美、太白参翱翔。私入禁署逢明皇，诵诗却诵南山章。忤意拂袖还襄阳，嬉游只在云水乡。闲身到处频徜徉，溪山晏岁梅吐香。跨蹇独出寻孤芳，六花乱落纷悠扬。老树罨罨虬龙骧，痴童前引冻欲僵。回顾似促归去忙，鹿门尚有十里强。先生驴背寒都忘，吟哦未觉天昏黄。开元治世文运昌，同时诸子皆俊良。惟公制作尤擅场，篇篇首首兴趣长，字字句句金玉相。明珠白璧争焜煌。千载不朽垂休光。（明李昌祺《运甓漫稿》卷二《题孟浩然踏雪寻梅图》）

满头风雪路欹斜，杖屦行寻卖酒家。万里溪山同一色，不知何处是梅花。（明于谦《忠肃集》卷一一《题孟浩然踏雪寻梅》）

瑶琴世路少知音，赖有梅花独可寻。折取一枝良不俗，小斋亦足伴清吟。盛唐风雅见遗音，千古斯人何处寻。幸有良工写真意，蹇驴犹似对花吟。（明黄仲昭《未轩文集》卷一〇《题孟浩然寻梅图二首次同年三山王廷用韵》）

梅花与雪是文人墨客写诗作画常用的意象。梅花凌寒而放，傲雪而开，具有高风亮节、坚贞不屈、与世无争、隐逸高洁等象征意义，与孟浩然的人格有很多相似之处，因此，诗人画家用瑞雪寒梅来表达对孟浩然这位高士的喜爱与钦敬，拓展了灞桥风雪的文化内涵。顺便提及（或许带有一点索隐的味道），《红楼梦》第五十回“芦雪庵争联即景诗”中，作者用到孟浩然灞桥风雪典故后，马上又写了宝玉踏雪寻梅；而更为巧合的曹雪芹、贾宝玉，和孟浩然一样都拙于用世。三人之间是否有某种关联、小说这一部分情节构思是否受到灞桥风雪相关文化的启发，还有待于红学界同仁进一步思考。

另外，争联即景诗所用的典故是中国古代关于雪文化的集中展现。除孟浩然灞桥风雪之外，其他诸如王子猷雪夜访戴（野岸回孤棹）、谢安子弟咏雪（撒盐是旧谣）、柳宗元孤舟雪钓（苇蓑犹泊钓）、袁安卧雪（僵卧谁相问）、梁孝王与幕宾雪中游梁园（狂游客喜招）[14]等，是文人咏雪常用之典。

以上关于雪的故事，古人作诗常把王子猷访戴和灞桥风雪典放在一联：

元知剡溪路，不减灞桥时。（陆游《剑南诗稿》卷八〇《小雪》）

剡曲船今寒昨梦，灞桥驴亦笑尘缨（宋方岳《秋崖集》卷九《次韵徐太博》）

剡曲但能乘兴逸，灞桥仅不负诗癯。（宋方岳《秋崖集》卷一〇《十二月二十四日雪盖予三年于淮才见此耳时东师援淝水捷书西来走笔呈赵公借官奴与幕友一醉》）

剡曲舟回，灞桥诗在，一笑人如昨。（宋方岳《秋崖集》卷一六《酹江月·梦雪》）

剡曲舟应撑月去，灞桥驴想得诗回。（元杨公远《野趣有声画》卷上《雪》）

剡曲舟虽无月载，灞桥景更有谁吟。（元杨公远《野趣有声画》卷下《十二月二十九夜大雪》）

兴移剡溪舫，诗在灞桥驴。（明陈献章《陈白沙集》

卷七《寒雨中作》)

曹雪芹也把两典放在一联：“野岸回孤棹，吟鞭指灞桥。”可以看出，曹雪芹在广博阅读的基础上，对这种传统雪文化定式的认同。

最后说一说“吟鞭指灞桥”为何与郑綮没有直接关联的问题。蹇驴、奚奴往往是落第举子或仕途偃蹇者的坐骑与随从。这种情况，有唐一代，最为著名的有孟浩然、杜甫、李贺、贾岛。浩然骑驴，失意而归；杜甫骑驴，旅食悲辛；贾岛骑驴，冲撞韩愈；李贺蹇驴破囊，搜寻诗料。所有这些都是我们所熟知的情事。郑綮，僖宗、昭宗时人，新、旧《唐书》有传[15]。其字蕴式，进士及第。僖宗时，历监察、殿中御史，仓、户二员外，金、刑、右司三郎中，出为庐州刺史。又为兵部郎中、知台杂，迁给事中，赐金紫。又为左散骑常侍、国子祭酒。昭宗时以礼部侍郎为平章事，三个月后，以太子少保致仕。从郑綮履历可以看出，无论是做京官还是求外任，都不会寒酸到风雪蹇驴的处境，更何况《北梦琐言》记载郑綮所说之事，是发生在他做宰相的时候。那可是高头大马或八台大轿前呼后拥、风光无限之时。郑綮所处的时期，距离孟浩然时期已过了一个半世纪。关于孟浩然灞桥之典，在画界当有广泛的流传，郑綮亦在用典而已。郑綮所说之意，应是自己地位转尊，失去了作诗的生活基础和充裕的创作时间，所以也就没有好的诗作，亦即后来所说的好诗应当是“穷而后工”。当然，后人写诗也用郑綮之语为典。用其语典，当然无可厚非，但如果把郑綮和吟鞭灞桥之典混为一谈，那是不了解原典的缘故。

注释：

［1］曹雪芹《红楼梦》，北京：人民文学出版社，1982 年，688 页；蔡义江《红楼梦诗词曲赋鉴赏》，北京：中华书局，2001 年，264 页。

［2］孙光宪《北梦琐言》，北京：中华书局，2002 年，149—150 页。

［3］徐鹏《孟浩然集校注·作品系年》，北京：人民文学出版社，1989 年，365 页。

［4］关于孟浩然入长安求仕次数究竟是一次还是两次，学界尚有争论，兹从一次说。

［5］李白《赠孟浩然》，王琦《李太白全集》卷九，北京：中华书局，1977 年，461 页。

［6］杜甫《解闷十二首》其六，仇兆鳌《杜诗详注》卷一七，中华书局，1979，1514 页。

［7］见王定保《唐摭言》卷一一，上海：上海社会科学院出版社，2003 年，223 页。

［8］欧阳修、宋祁《新唐书》卷二〇三，北京：中华书局，1975 年，5779 页；晁公武《郡斋读书志》卷一七，上海：上海古籍出版社，1990 年，846 页。魏泰《临汉隐居诗话》，何文焕《历代诗话》，北京：中华书局，1981 年，325 页。

［9］李吉甫《元和郡县图志》卷一，北京：中华书局，1983 年，4 页。

［10］欧阳修、宋祁《新唐书》卷二〇三，5780 页。

［11］王琦《李太白全集》卷三六，1672 页。

［12］胡绍棠《楝亭集笺注》卷三，北京：北京图书馆出版社，2007 年，468 页。

［13］转引胡绍棠《楝亭集笺注》卷三《题尹少野画驴》注 1。468 页。

［14］“狂游客喜招”句：红楼梦研究所校注本《红楼梦》脚注（691 页）及蔡义江《红楼梦诗词曲赋鉴赏》（267 页）均引五代王仁裕《开元遗事》中王元宝“暖寒会”典。可备一说。

［15］见刘昫《旧唐书》卷一七九，北京：中华书局，1975 年，4662—4663 页。《新唐书》卷一八三，5384—5385 页。

（作者为商丘师范学院副教授）

诗的孟浩然：超功利的诗人人格
——闻一多《孟浩然》评析

任晓勇

闻一多为入选《唐诗大系》的260多位诗人都编写了传记，这些文字到1993年才被收入新版《闻一多全集》[1]，公诸于世。但是《孟浩然》却早在1943年就被发表于《大国民》杂志[2]。这是作者精心结撰的几篇唐诗论文之一，包含着作者的美学思想。

半个多世纪以来，《唐诗杂论》一直是好评如潮，从1948年版《闻一多全集》的主要编辑人朱自清（见《中国学术界的大损失》）[3]，到总结20世纪中国文学史学史的主要学者董乃斌（见《近世名家与古典文学研究》）[4]，都给予闻氏热情的评价。他们肯定闻文将欣赏和考据融化、诗情与哲思结合。诚然，这些都是闻文突出的优点。但是，我认为，大家疏忽了对闻文之中所包含的文艺思想（或美学观点）的探讨和提炼。《孟浩然》等论文，虽然不属于文艺理论专门著述，而是属于文学史或文学评论类型的文章，但是就像程千帆所说的“古代文学中的理论”一样，这些论文也蕴含着作者的文艺思想、美学观点。

与《宫体诗的自赎》不同，本文不是作品论，而是作家论，至少是侧重于后者。

首先，闻一多对孟浩然一生的生存状态和他的人生态度进行了分析：

“隐居本是那时代普遍的倾向，但在旁人仅仅是一个期望，至多也只是点暂时的调剂，或过期的赔偿，在孟浩然却是一个完完整整的事实。”孟浩然基本上是“布衣”终生。

孔子曰：“天下有道则见，无道则隐。”“在一个乱世，例如庞德公（汉末襄阳人）的时代，对于某种特别性格的人，入山采药，一去不返，本是唯一的出路。但生在‘开元全盛日’的孟浩然，有那必要吗？……孟浩然原来是为隐居而隐居。”众所周知，唐人大多是把隐居作为一条“仕宦之捷径”（所谓终南捷径），是为做官——一个世俗的功利目的——而隐居。孟浩然则不然，他没有像儒家所宣扬的那样，天下有道则见。在所谓“圣代无隐者，英灵尽来归”的时代，孟浩然的行为是怎样的超凡脱俗！

接着，闻一多从“（儒、道）矛盾与诗的因果关系”的角度来分析孟浩然的人生态度对其诗歌创作的影响。

“几千年来一直让儒、道两派思想维持着均势，于是读书人便永远在一种心灵的僵局中折磨自己，巢由与伊皋，江湖与魏阙，永远矛盾着，冲突着，于是生活便永远不协调，而文艺也便永远不缺少题材。矛盾是常态，愈矛盾则愈常态。今天是伊皋，明天是巢由，后天又是伊皋，这是行为的矛盾。当巢由时向往着伊皋，当了伊皋，又不能忘怀于巢由，这是行为与感情间的矛盾。在这双重矛盾的夹缠中打转，是当时一般的现象。反正用诗一发泄，任何矛盾都注销了。诗是唐人排解感情纠葛的特效剂……矛盾愈深愈多，诗的产量也愈大了。”儒道两派，一主入世，一主出世。古代士人大都经常陷入两者的矛盾冲突中，“物不得其平则鸣”，唐朝诗人每每通过诗歌来抒发内心的激荡感情，诗言志，诗缘情，创作主体的思想矛盾愈大、情感冲突愈激烈，那么创作欲望愈强烈，所以作品就可能愈多。闻一多对儒道矛盾与诗歌产出的“因果关系”的认识符合唐朝诗人创作的实际。

那么孟浩然情况如何呢？“孟浩然一生没有功名，除在张九龄的荆州幕中当过一阵清客外，也没有半个官职，自然不会发生第一项矛盾问题（即今天是伊皋，明天是巢由，后天又是伊皋）。”但是从其《临洞庭湖赠张丞相》一诗看，第二项矛盾（即当巢由时向往着伊皋）还是有点。不过“仅仅‘临渊羡鱼’，而并不‘退而结网’”。根据李白《赠孟浩然》（吾爱孟夫子）一诗，“便知道孟浩然超出他的时代多么远”。

孟浩然的思想情感里既然很少儒道之间的激烈矛盾，“（做）诗的需要便当减少了”，他的诗“量不多，质也不多。”所以苏轼曾经评价他“韵高而才短，如造内法酒手，而无材料”[5]。“才”字如何解释呢？闻一多认为：“如果是指才情与才学二者而言，那就对了，如果专指才学，还算没有说尽。情当然比学重要得多。说一个人的诗缺少情的深度和厚度，等于说他的诗的质不够高。孟浩然诗中质高的有是有些，数量总是太少。”在一般人看来，这种情况是孟浩然的缺点，但是闻一多却在这里发现了孟浩然的特点，也是其优点：“孟浩然不是将诗紧紧的筑在一联或一句里，而是将它冲淡了，平均地分散在全篇中……甚至淡到令你疑心到底有诗没有。……淡到看不见诗了才是真正孟浩然的诗。”这里所说的“淡”应该不仅仅是风格意义上的“淡”，而更重要的应是指在风格背后起支撑作用的人格的“淡”。因此闻一多紧接着说：“不，说是孟浩然的诗，倒不如说是诗的孟浩然，更为准确。”注意，所谓“诗的孟浩然”之“诗”在此语境里就有了特定含义。它应该是指淡然的、淡定的艺术风格和人生态度，也就是苏轼所谓的“韵高”的“韵”，它具有超功利性和纯粹审美性。反言之，它不是指屈原、李杜、苏辛那种浓烈、浓郁、浓重一类的性质和风貌。对待社会人生，孟浩然是以超功利的态度处之；甚至对待“诗”本身，孟浩然也是以超功利的态度处之。无为而为，如闻一多所说的“在许多旁人，诗是人的精华，在孟浩然，诗纵非人的糟粕，也是人的剩余”。所以，孟浩然不是做诗，而是“谈话”，通过他的谈话，我们得到的不过是一个“风神散朗”（王士源《孟浩然诗集序》）的自我形象而已。

最后，闻一多以肯定的态度感叹道：“超过了诗也好，够不上诗也好，任凭你从环子的哪一点看起。反正除了孟浩然，古今并没有第二个诗人到过这境界。”[6]

闻一多还认为，苏轼没有达到这种境界，因为“东坡自己的毛病，就在才太多”。“谁能了解庄子的（自然无为）道理，就能了解孟浩然的诗。”而在孟浩然之前的诗史上，陶渊明最能体现庄子的思想。言外之意，只有陶渊明与孟浩然的境界庶几相近。

综观全文，闻一多结合孟浩然的诗歌风貌，主要对孟浩然的人格进行了深刻、准确的阐释，创造性地提炼出“诗的孟浩然”这一新颖的概念。闻一多的观点显然是受到中国道家哲学的启发，同时可能也受到了王国维、朱光潜等人所介绍、阐发的西方康德一派美学的影响。闻氏观点带有明显的超功利的、审美的，或者说唯美主义的性质。

那么我们如何来评价闻一多的观点呢？或者说，闻一多观点的意义何在呢？

要说明这个问题，让我们先了解一下清末民初王国维发表的有关论述及其意义。

王国维说：“唯美之为物，不与吾人之利害相关系；而吾人观美时，亦不知有一己之利害。”（《叔本华之哲学及其教育学说》）又说：“美之性质，一言以蔽之，曰：可爱玩而不可利用者是已。”（《古雅之在美学上之位置》）这就是康德的审美无关利害论[7]。

在这个理论基础上，王国维阐述了美术家（即文学艺术家）的神圣地位与独立价值问题。他说：“天下有最神圣最尊贵而无与于当世之用者，哲学与美术是已，天下之人嚣然谓之无用，无损于哲学美术之价值也。至为此学者自忘其神圣之位置，而求以合当世之用，于是二者之价值失。”简而言之，王国维认为，哲学（家）与美术（家）具有神圣之地位与独立之价值。何以见得？他说：“夫哲学与美术之所志者，真理也。真理者，天下万世之真理，而非一时之真理也。”王国维将所谓无用者与有用者进行了比较：“且夫世之所谓有用者，孰有过于政治家及实业家者乎？世人喜言功用，吾姑以其功用言之。夫人之所以异于禽兽者，岂不以其有纯粹之知识与微妙之感情哉？至于生活之欲，人与禽兽无以或异。后者政治家及实业家之所供给，前者之慰藉满足，非求诸哲学与美术不可。”所以就二者对于人类的“贡献”而言，前者“贵”于后者。再从“功效”长短而言，“则哲学家与美术家之事业，虽千载以下，四海以外，苟其所发明之真理与其所表之之记号之尚存，则人类之知识、感情由此而得其满足慰藉者，曾无以异于昔；而政治家及实业家之事业，其及于五世十世者，希矣”。因此，王国维认为：“人而无所贡献于哲学美术，斯亦已耳，苟为真正之哲学家美术家，又何慊于政治家哉！”

据此，王国维对中国的传统价值观念进行抨击：“披我中国之哲学史，凡哲学家无不欲兼为政治家者，斯可异已！……诗人亦然。自谓颇挺出，立登要路津，致君尧舜上，再使风俗淳，非杜子美之抱负乎？胡不上书自荐达，坐令四海如虞唐，非韩退之之忠告乎？寂寞已甘千古笑，驰驱犹望两河平，非陆务观之悲愤乎？如此者，世谓之大诗人矣。至诗人之无此抱负者，与夫小说、戏曲、图画、音乐诸家，借以侏儒倡优自处，世亦以侏儒倡优蓄之。……呜呼！美术之无独立之价值也久矣，此无怪历代诗人多托于忠君爱国、劝善惩恶之意以自解免，而纯粹美术上之著述，往往受世之迫害而无人为之昭雪者也。”

他还认为，“政治上之势力，有形的也，及身的也；而哲学美术上之势力，无形的也，身后的也。故非旷世之豪杰，鲜有不为一时之势力所诱惑者矣”。他“愿今后之哲学美术家毋忘其天职而失其独立之位置”。（《论哲学家与美术家之天

职》)[8]

当中国传统社会和文化已成强弩之末，在强势的欧风美雨冲击下摇摇欲坠之际，王国维接受了西学观念，对中国旧文化中根深蒂固的“官本位”意识、“文以载道”等说教进行了大胆的否定，并极力肯定文学艺术自身的神圣地位和独立价值。在思想史上，这种见解有着非同寻常的启蒙意义。

明乎此，对于闻一多在《孟浩然》一文中所表现出的超功利的审美观和人格理想如何评价问题就迎刃而解了。我们不难断言，他的观点是正确的，是有进步意义的。

但是，真理也是有相对性的，是有一定的适用时空的。须注意，《孟浩然》是写于20世纪40年代，当时的中国正处于民族矛盾和阶级矛盾空前尖锐激烈的时期。民族救亡成为压倒一切的时代主题，建立独立民主的国家成为根本的政治任务。在文艺领域，马克思主义成为时代强音，阶级意识、政治立场，甚至党性观念都成为进步文艺家的共识。所以，由此看来，《孟浩然》是处于时代大潮的边缘的。它的作者还是一个由唯美的“新月派”诗人转化而来的“学者”，“二十余年从不过问政治”（旧版《闻一多全集·事略》），距离那个著名的“民主斗士”的闻一多还有一段历史的空间。

民国时期，在唐诗学领域，孟浩然早曾受到关注，如胡适称赞其为“白话诗人”，因此具有“平民性”[9]，孟诗成为胡适“白话文学是中国文学史的正宗”论断的有力证据之一。从推动白话文学运动，开创新文化的角度看，胡适的观点是有历史进步意义的。此说也受到当时广大拥护新文化运动者的追捧，如曹梦鱼《平民诗人孟浩然》[10]认为，孟浩然的田园诗描写农村生活，语言是浅显似白话，所以他可称为平民诗人。以苏雪林《唐诗概论》与郑振铎《插图本中国文学史》等为代表的民国年间编写的大量断代专体或通体文学史著述都是深受胡适思想的影响。然而也有一些人在拥护新文化运动大方向的同时，还能够冷静反思，弥补狂飙突进的新文化思潮中的某些偏颇。闻一多即是其一，在新诗创作上，为了免于过于散文化，他认真探索新诗的“格律”，提出著名的“三美”论。在唐诗学领域，他作的反思与探索也非常多，胡适对孟浩然的评论虽然有其历史的进步意义，但是如果停留于那种认识层面，显然是不够的。到了1940年代以后，闻一多经过深思熟虑[11]，写作了《孟浩然》一文，对孟诗的认识大大深化了。

注释：

［1］《闻一多全集》，湖北人民出版社1993，本文称其为“新版”。

［2］《大国民》周刊第3期，1943年8月。后被收入旧版《闻一多全集·唐诗杂论》。

［3］《闻一多全集》，上海开明书店1948，本文称其为“旧版”。

［4］《近世名家与古典文学研究》，董乃斌著，上海大学出版社2005。

［5］苏轼评语“韵高而才短”中的“才”，可能通“材”，包含情感与学识等方面。闻一多认为指“才情与才学二者”洵为卓识，然而如果将“才”解为通“材”，其词意则更加清楚易晓。苏轼评语后面接云“如造内法酒手，苦无材料耳”正是以“材料”对应前文的“才”字一词。

［6］“环子”一语大概出自司空图《二十四诗品》“超以象外，得其环中。”

［7］《王国维文集》第三卷，姚淦铭、王燕编，中国文史出版社1995。

［8］同上。

［9］参见《国语文学史》（1921至1922年撰写、油印，1927年北京文化学社出版）；《白话文学史（上卷）》（1928年上海新月书店出版）。

［10］《紫罗兰》第2卷第11期，1927年。

[11] 新版《闻一多全集》中收录作者搜集的孟浩然小传的素材和初步论述，与后来发表的论文《孟浩然》相比，差别甚大。

（作者为合肥学院中文系副教授）

王辉斌教授的孟浩然研究

朱光立

一、研究三要素

作为中国孟浩然研究会的会长，王辉斌教授对孟浩然的研究似乎理所应当、责无旁贷。然而实际上“细按行年三十秋”，简单回顾一下王教授的学术人生，我们不难发现，他主要从事的是中国古代文学、古典文献学、辑佚学、乐府文学批评方面的研究，而孟浩然只是其呕心沥血钻研的众多对象之一。1982 年的秋天，王教授即已经开始了对“谪仙人”李白的研究，约 60 万字的《李白交游传略》也在撰写的过程中。当年 9 月 1 日至 11 日，中国共产党第十二次全国代表大会在北京举行，邓小平同志致开幕词，第一次提出了“建设有中国特色的社会主义”这一崭新的命题。中国社会从此迈入了一个快速发展的新阶段，中国的学术研究也迎来了一个百花齐放百家争鸣的新局面。王教授因时制宜关注传统文学，得天之时，此研究之第一要素也。

孟浩然是李白的重要交游，王教授研究李白，孟浩然自然会顺理成章地进入其研究的视野。而李、孟交游问题，不仅是李白研究中的一个热点，也是孟浩然研究中的热点问题之一。王教授的孟浩然研究即从此点切入，《李白与孟浩然交游考异》（《荆门大学学报》1987 年第 2 期）即成为了其这方面的一篇代表作。尽管王教授是湖北天门人，但他长期工作和生活的地方却在古城襄阳；而作为他的研究对象，世称“孟襄阳”的孟浩然，也恰巧是唐代襄州襄阳人。王教授因地制宜关注地方先贤，就地之利，此研究之第二要素也。

《孟浩然集中之卢明府探考》（《湖北师范学院学报》1986 年第 3 期），是王教授正式发表的关于孟浩然研究的第一篇论文。此文是在研读著名文学史家、北京大学中文系陈贻焮教授（1924—2000）的《孟浩然事迹考辨》（最初发表于《文史》1965 年第 4 辑，后收入其《唐诗论丛》，湖南人民出版社 1982 年版）一文的过程中，就其中“卢明府”具体所指的问题而撰写的商榷文章。而王教授最近关于孟浩然的研究，则是就其总体的研究现状与发展前景和上海大学文学院博士后孟祥光先生（1981—）进行的一次面对面的交流，此次“访谈录”的文字——《孟浩然研究的现在与将来》，最初登载于中国社会科学院文学研究所的“中国文学网”上（http：//www. literature. org. cn/Article. aspx？id =67381），后来又发表在《阅江学刊》2012 年第 1 期。王教授因人而异关注前辈后学，因人之和，此研究之第三要素也。

比之王教授，笔者作为80后的晚辈，走上学术研究的道路，特别是对孟浩然的研究，也是三要素同时作用的结果：1995年，南京大学即着手进行文科基础学科人才培养模式及教学内容和课程体系改革——以重点学科为依托，成立文科强化班，文史哲贯通，努力拓宽、强化学生的知识面、科研意识和创造能力。在前两届直接从大一选拔学生组班的尝试后，1997年，文科强化班正式面向全省重点中学招生。1998年3月，南大成立“基础学科教育学院”，将校内文、理科基地统一教学管理，文科强化班即纳入旗下。文科强化班采取“单独命题，提前录取”的招生办法。每年4月，从江苏省各重点中学推荐的尖子们相聚南大，参加考试。1999年4月25日，笔者因学习成绩优异，被江苏省扬州中学推荐到南大参加保送生考试，以总分第三的成绩顺利通过考核，提前高中毕业，进入基础学院文科强化班学习。与理科强化班“多次选择、逐步到位”的做法一样，文科强化班的学生一、二年级不分系科专业，按照文、史、哲学科群，设计共同的基础知识、基础理论和基本技能课程体系；三、四年级后按照个人志向、兴趣、学习状况等，分流选择文、史、哲等不同系科、专业。目标是希望学生通过本科阶段的学习，文史哲贯通，并运用会通的方法进行科研工作，为进一步深造、最终成为文史哲研究领域的高精尖人才奠定基础。笔者非常幸运地成为南京大学新近当选的“文科院士”莫砺锋教授亲自指导的本科生。莫师是学术泰斗程千帆先生的高足，1984年即获得文学博士学位，是新中国第一位文学博士。2008年，笔者由教育部公派至英国一流大学深造，是南京大学和英国爱丁堡大学第一个“联合培养博士生”（joint PhD student）。2010 年 6 月，获得文学博士学位；9 月，即进入南京师范大学文学院博士后流动站工作，跟随院特聘教授钟振振先生继续宋代文学的研习。钟师是中国当代词学大师唐圭璋先生的弟子，南京师范大学文学研究所所长。同时进站的四川省社会科学院文学所副研究员王永波先生，恰为王辉斌教授的哲嗣。在永波先生的引荐下，笔者很快得见王教授之庐山真面目——2011 年 10 月 21 至 24 日，作为新晋的中国孟浩然研究会会员，笔者远赴湖北襄阳，参加了由湖北文理学院（时称“襄樊学院”）主办的“2011 年孟浩然研究国际学术研讨会”，并且发表了《我似骑驴孟浩然——论中兴四大家对孟浩然的接受》一文（《孟浩然研究论丛》2011 年 9 月，第 529—538 页）。所以，我对孟浩然的研究，即因这次“孟会”而始，并与王教授相识至今。而此文之所写，则又成为了我再次远赴襄阳参加“2015 年孟浩然研究国际学术研究会”的大会论文。

二、研究三阶段

从笔者出生后的 20 世纪 80 年代开始，王辉斌教授在孟浩然研究领域取得了引人瞩目的学术成绩。三十余年来，王教授围绕着孟浩然生平事迹的考证，尤其是行止与交游等专题性研究，以及对其作品辨伪、系年等文献学方面的课题，先后发表了三十多篇论文，具体见下表：

题名	期刊
孟浩然集中之卢明府探考	《湖北师范学院学报》1986 年 03 期
李白与孟浩然交游考异	《荆门大学学报》1987 年 01 期
孟浩然年谱（上）	《荆门大学学报》1987 年 02 期
孟浩然入京新考	《长沙水电师范学院学报》1988 年 01 期
孟浩然年谱（下）	《荆门大学学报》1988 年 01 期
孟浩然入京与下江东问题辨说	《荆门大学学报》1993 年 03 期
孟浩然生平研究综述	《四川大学学报》1995 年 01 期
孟浩然入蜀新考	《襄樊学院学报》1999 年 01 期
孟浩然结“忘形之交”考	《襄樊学院学报》1999 年 06 期
孟浩然三游湖湘始末考	《襄樊学院学报》2000 年 01 期
孟浩然越剡之旅考实	《山西大学师范学院学报》2000 年 03 期
一种非大于是的孟浩然年谱——徐鹏《孟浩然作品系年》辩误	《漳州师范学院学报》2000 年 03 期
孟浩然“滞洛”探究	《襄樊学院学报》2000 年 06 期
孟浩然诗歌辨伪	《襄樊学院学报》2001 年 01 期
孟浩然与袁瓘交游考略	《乐山师范学院学报》2001 年 01 期
孟浩然诗歌编年	《山西大学师范学院学报》2001 年 03 期
孟浩然与李白交游索考	《襄樊学院学报》2001 年 03 期
历代孟王优劣论简评	《唐代文学研究》总第十辑，2004 年
孟浩然交游补笺	《襄樊学院学报》2001 年 06 期
孟浩然生平事迹考辨	《山西大学学报》2002 年 01 期
孟浩然集版本源流考	《贵阳金筑大学学报》2002 年 03 期
孟浩然诗分类叙论	《襄樊学院学报》2002 年 06 期

题名	期刊
孟浩然入京考实	《唐都学刊》2003 年 01 期
佟培基《孟浩然诗集笺注》志疑	《贵阳金筑大学学报》2003 年 01 期
孟浩然生平中的几个问题——曹永东《孟浩然年谱》考辨	《绵阳师范学院学报》2003 年 01 期
论孟浩然的五律艺术	《湖北民族学院学报》2003 年 02 期
论孟浩然的五排艺术	《绵阳师范学院学报》2004 年 03 期
李白与王维未交游原因探析——兼及孟浩然、李白、王维三人之比较	《宁夏师范学院学报》2007 年 05 期
论王维的登览诗——兼与孟浩然登览诗比较	《运城学院学报》2008 年 04 期
论孟浩然与佛教及其佛教诗——兼与王维的同类诗比较	《江汉大学学报》2009 年 04 期
孟浩然研究的现在与将来	《阅江学刊》2012 年 01 期

通过上表所列的文章目录，我们可以发现，王教授对于孟浩然的考证与研究，可谓持之以恒，一以贯之。历史地看，孟浩然作为诗人在盛唐诗坛享有很高的声誉，他高洁的人品性格和精湛的诗歌艺术对当时许多诗人都产生了深远的影响，因此自盛唐以来他一直受到同时与后世诗评家们的关注。当代学人在孟浩然的生平事迹、思想特质与诗歌艺术等方面的研究，更是取得了长足的进步，对孟浩然的研究可谓最为深入与广泛。而这其中，尤以王教授的《孟浩然研究》（甘肃人民出版社 2002 年版）最具代表性。全书共分五章，重点对孟浩然的生平进行了考察，同时兼及对其诗歌作品的编年。内容包括了四大

部分，即："孟浩然的行止"、"孟浩然的交游"、"孟浩然的作品"（上、下）和"孟浩然研究争鸣"。这部厚积薄发的26万字大著，是唐代文学研究史上全面系统、具体翔实地探讨孟浩然其人其作的第一部专著，也是王教授从事孟浩然研究三十多年的最佳记录与最好见证。2005年此书荣获"襄樊市人民政府第二届社会科学优秀成果奖"著作类一等奖。

对于孟浩然的生平，新旧《唐书》虽然都有专传记载，但均十分简略，所述唯早年隐居鹿门山，中年晋京求仕，晚年供职张九龄的荆州幕府三事而已。因此历代评论家即冠之以"隐逸诗人之祖"。事实上，孟浩然不仅在青年时代就具有很强的进取意识，而且终其一生的交游既频繁又复杂。对此，当今的唐诗研究界已予以高度的重视，对其生平研究也构成了唐代文学研究中的一个热点问题。仅以王教授一人的著述为例，即可将孟浩然生平的研究分为七个专题：（1）居处与享年。第一章"孟浩然的行止"，第一节"概说"。（2）入京的时、次。第二节"三入长安"（《孟浩然入京新考》、《孟浩然入京与下江东问题辨说》、《孟浩然入京考实》等）。孟浩然一生几入长安？这是一个令众多研究者关注的话题，与之相关的讨论较之孟浩然生平中的其他事项更为热烈。目前学界的认识，计有一次、二次、三次以及多次入长安诸说。（3）入蜀的年代。第三节"由秦入蜀"（《孟浩然入蜀新考》）。（4）游历湘桂、岭南。第四节"三游湖湘"（《孟浩然三游湖湘始末考》）。（5）东下吴越的时、次。第五节"越剡之旅"（《孟浩然越剡之旅考实》）。对孟浩然东下吴越的讨论，其热烈的程度并不亚于对入京的争论。就目前学术界讨论的成果而言，孟浩然的东下吴越在次数上大致划归为二次说与三次说两类，而以年代具体分之，则又有六种不同的意见。（6）滞留洛阳。第六节“空滞洛阳”（《孟浩然“滞洛”探究》）。洛阳因其在唐代特殊的地理位置与政治条件的双重关系，因而成为当时求仕者所必至之地。孟浩然的旅洛，其原因亦在于此。但是孟浩然究竟何时至洛？其又到过洛阳几次？至今研究者亦众说纷纭，莫衷一是。（7）孟、李交游。第二章“孟浩然的交游”，第二节“孟李过从”（《李白与孟浩然交游考异》、《孟浩然与李白交游索考》等）。此外，针对孟浩然的交游问题，王教授尚有专论：第三节“孟袁交往”（《孟浩然与袁瓘交游考略》），第四节“孟卢之辨”（《孟浩然集中之卢明府探考》），第五节“忘形之交”（《孟浩然结“忘形之交”考》），第六节“交游补笺”（《孟浩然交游补笺》）。

从事中国古代文学的研究，一方面要注重文学理论，一方面要注重历史材料；换句话说，一方面要注意文艺学，一方面要注意文献学。而文艺学与文献学两者有个结合点，那就是作品。王教授对于孟浩然的作品亦分两大部分进行研究：第三章“孟浩然的作品（上）”，第二节“版本源流”（《孟浩然集版本源流考》），第三节“诗歌辨伪”（《孟浩然诗歌辨伪》），第五节“诗歌编年”（《孟浩然诗歌编年》）；第四章“孟浩然的作品（下）”，第二节“分类透视”（《孟浩然诗分类叙论》），第四节“五律探骊”（《论孟浩然的五律艺术》），第五节“五排窥妙”（《论孟浩然的五排艺术》）。以两章的篇幅研究孟浩然的作品，并从孟集版本入手，直至于对孟诗近体的探骊，视野既开阔，内容亦丰富，为历代研究孟浩然作品之论著所少有。而且，这两章的研究，从总的方面讲，考论结合，宏微互观，极具特点。

回顾了作家生平，熟悉了作品文本，在此基础之上，研究者可以针对文学艺术的内外部规律以及发展概况进行动态性的探讨。王教授在孟浩然研究方面取得的相应成果，包括了第五章“孟浩然研究争鸣”，第二节“系年辨误”（《一种非大于是的孟浩然年谱——徐鹏〈孟浩然作品系年〉辩误》），第四节“曹谱考辨”（《孟浩然生平中的几个问题——曹永东〈孟浩然年谱〉考辨》），第五节“佟注志疑”（《佟培基《孟浩然诗集笺注》志疑》）；以及附录一“孟浩然生平研究综述”（《孟浩然生平研究综述》）。这些“考辨”性研究，使得孟浩然生平的历史真实，以及其作品的本事面目等，都获得了不同程度之展现，极有利于人们对孟浩然其人其诗的具体认识与把握。

综上所述，王教授的孟浩然研究之路揭示了学术研究最为基本的三阶段：一是以意逆志、知人论世的作家生平研究；二为去伪存真、考镜源流的作品文本研究；三即百家争鸣、择善而从的前沿动态研究。其中所涉及到的研究方法、学术识见等，对于晚辈后学来说，不无参考价值。笔者亦沿袭此一治学门径，毅然选择了宋人尤袤作为研究对象，完成了百万字的博士论文。尤袤其人，工诗，与杨万里、范成大、陆游齐名，并称“中兴四大诗人”；博学，编纂的《遂初堂书目》是宋代重要的目录学著作，刻印的《文选》李善注本为古今学者所称道，在当时和后世都具有很大的影响。然而因其资料多散佚残缺，所以目前学术界对于他的研究仍非常有限；甚至连其生卒年还尚未得出统一的看法，遑论对其全面而综合的研究了。笔者博论主要从生平与治学两方面对其进行系统性研究，包括引论、考证、校订等三部分。引论部分是对尤袤研究历史与现状的简述。通过对历史资料和研究论著的具体梳理，说明本文选题之缘由与意义。上编之考证篇分为三章：第一章探究其人，考定尤袤的生卒（《尤袤生卒新考》一文，发表于《古籍整理研究学刊》2014 年第 2 期，第 64—69 页），考察尤袤的交游；在此基础上，全面考订其年谱。钩辑排比，编次尤袤事迹，前叙世系，谱中则侧重于对其仕宦履历、读书作文、交游逸事等系年，对史传、笔记等数据之误，时有考证，以期有助于理解尤氏一生。第二章探讨其作，考辨尤袤著述的种类及其真伪情况，并对部分重要著作的版本源流进行梳理，具体包括了《遂初堂书目》、诗文别集以及《全唐诗话》等。第三章探寻其事，考究尤袤的图籍刊刻事业，并借此归纳其治学特色及对后世之影响（其中《〈西溪丛语〉与〈昭明文选〉关系考论》一段文字，发表于《文学遗产》2011 年第 3 期，第 150—153 页）。下编之校订篇亦分为三章：第一章是对《遂初堂书目》的校证与笺注，通检十数本之得失并证以其余相关典籍，力求稍无舛讹，成为一新的校笺本，以供研究者所参考。第二章是对尤袤诗文别集（拟名曰《遂初先生尤文简公集》）重加排比梳理，具体工作包括了系年、校证、笺注、补遗，以求凸显其学术轨迹与文学水平。第三章是对《文选考异》的校证，竢读者自得其“不敢以意增损，疑则阙之”的文献学思想。

三、研究三成果

王辉斌教授对于孟浩然研究的三十年，无疑推动了学术界对于唐代文学、特别是孟浩然研究的深入与发展。王教授不仅先后出版了《孟浩然研究》、《孟浩然大辞典》（黄山书社 2008 年版）、《孟浩然研究论丛》（黄山书社 2011 年版，后二者皆为主编）等学术著作，而且还进行了一系列专门性的学术活动——在襄阳市主持召开了三次全国和国际性的孟浩然研究学术研讨会，参与筹备成立中国孟浩然研究会。甚至走出学术圈，应邀在中央电视台解读孟浩然。其在孟浩然研究领域的个人性、集体性以及全国性的三大成果，由此可见一斑！

据《孟浩然研究·后记》所载，王辉斌教授之于《孟浩然研究》一书的结集出版，主要是为了迎接 2001 年 11 月 4 日至 8 日在襄樊学院（今湖北文理学院，下同）暨襄城南山宾馆隆重举行的由中国唐代文学学会与襄樊学院联合主办、襄樊学院中文系承办的“全国首届孟浩然学术讨论会”。而其主编的《孟浩然大辞典》与《孟浩然研究论丛》，笔者作为“从事孟浩然研究的年轻才俊”（此一评语详见张震英先生所撰《孟浩然研究国际学术研讨会 2011 年 10 月在襄阳举行》，载《吉林师范大学》2012 年 1 期，第 32—35 页），参加 2011 年 10 月 21 至 24 日由中国孟浩然研究会、襄阳市人民政府、襄樊学院主办，襄樊学院文学院承办，襄州鹿门山风景名胜区管委会协办的“2011 年孟浩然国际学术研讨会”之际即有幸获赠。该辞典由“正编”与“副编”两大部分组成。“正编”包括了“诗人生平”、“孟诗提要”、“孟诗人名”、“孟诗语词”、“孟诗地名”等十项，共收词目 2000 余条。“附编”为“汉语拼音索引”、“孟浩然研究资料索引”、“孟浩然年表”、“孟浩然研究论文选粹”等。而新出版的《孟浩然研究论丛》，在孟浩然接受史研究方面是一大亮点，收有论文近10篇（包括笔者的《我似骑驴孟浩然——论中兴四大家对孟浩然的接受》一文），一时受到学界的诸多关注。所以说，王教授的孟浩然研究成果，突破了传统的个人书斋与纸质文本模式，走向了学术团体与时尚媒体的多方整合。

作为“40后”的王教授能够不囿于一隅，给笔者这样的“80后”以十足的启迪与教诲：2007年，在时任中国历史文献研究会常务理事卞孝萱老先生的举荐之下，笔者成为该会新成员；2010年2月，在中国韵文学会副会长王兆鹏先生的提议与推荐下，又加入该会。2011年，在新当选的中国孟浩然研究会会长王辉斌教授的引荐下，笔者成为该会新晋的会员。2014年5月28日，笔者又参加了江苏省中国近现代史学会在总统府举办的第九届理事会会议，增补为理事。而近日又接王教授电子邮件，告知我在即将召开的“2015年国际孟浩然研究学术研讨会”前夕，已增补为中国孟浩然研究会理事。这一系列的学术团体活动与学术兼职，不仅使笔者开阔了眼界，关键还在于提供了一个向众多名师请益的好机会。另外，也能够突破书斋生活，于埋头苦读之余，积极参加各类社会活动。2014年4月2日，笔者作为宋代理学大家朱熹的第二十七世孙，走进中国江苏网演播厅，接受了关于家谱、家风的访谈，分析了当下所兴起的一股续家谱的风潮，其中所透射出的文化现象。

总体而言，王辉斌教授的孟浩然研究，既具有对以往学术成果归纳与总结的特性，更具有开拓未来、指引新兴学术发展的前瞻性，因之，其与对王维、李白、杜甫等唐代大诗人的研究之所获，互为交融，共同构成了其于文史学研究“打通关”的一通里程碑。

（作者为南京政治学院军事思想与军事历史系副教授）

故乡与他乡
——关于二元对立定律及其在唐诗解读中的运用

（中国澳门）施议对　黄　娴

二元对立定律，或二元对立关系（Binary Opposition），原为二十世纪六七十年代西方结构主义（Structuralism）创道者所提出。较早将结构主义介绍到中国古典文学研究领域的是这么三位学者：一位叶维廉，台湾出生，现居住美国。另外两位是郑树森和周英雄，曾在香港科技大学及香港中文大学任教。叶维廉的《饮之太和》和周英雄的《结构主义与中国文学》是两部颇具参考价值的著作。他们把结构主义的基本原理运用于中国文学研究。此外，法国汉学家程抱一（Francois Cheng）相关著作《中国诗画语言研究》的中译本，亦于2006年在中国出版。而就个人经验看，我以为，对于二元对立定律及其与中国文学研究的关系，尤其是与解读唐诗、宋词的关系，诸多问题，到目前为止，学界似乎尚未引起应有的重视。

身处全球化的人文环境，所谓资源共享，有必要将西方二元对立定律中国化，令其与中国传统诗学理论，比如易学原理中的“一阴一阳之谓道”接上轨道，并将其运用到具体作品，包括唐诗、宋词的解读当中去，从而建立一整套具有中国特色的方法论和批评模式。这是我多年的努力及愿望。

以下说第一个论题：关于二元对立定律及其在唐诗解读中的运用。第二个论题——关于二元对立定律及其在宋词解读中的运用，留待另文阐述。

一、关于二元对立定律

西方的结构主义，经常有人提起，也有人为之下过定义。但对其是否十分了解，却颇难断定。这里，不拟作全面评介，只说与之相关的一些问题。

（一）作为结构主义理论依据的二元对立定律

1. 语言学、人类学的思考及启示

一般以为，结构主义与俄国早前流行的形式主义有关，但其兴起仍须从两位学者说起，法国的人类学家列维·斯特劳斯（Claude Levi-Strauss）和俄国语言学家雅可布森（Roman Jakobson）。两位学者，论者称其为结构主义的创始者。上世纪40年代，其于纽约相遇，论者以为，这是20世纪人文学科发展中的重要事件（参见程抱一《中国诗画语言研究》中文版序）。

语言学和人类学，两门不同的学科。两位学者，各有所学，又怎么共同创建结构主义这一批评模式的呢？以下是有关结构主义的两位研究者周英雄和程抱一所提供的论据。

在《结构、语言与文学》中，周英雄列举事例，说明语言学相关理论及方法对于结构主义创建的作用。其谓：

> 雅克慎（雅可布森）所提倡的辨音成素基本上是用二分对立的方法，来分析任何足以左右字义的最小语音单元，通称为音素（Phoneme），如中文“被”与“配”，由于“ㄅ”与“ㄆ”两成素，一呼气，一不呼气，而构成两字的意义差异。此一粗浅的观念，事实上与人类基本本能相符合。婴儿牙牙学语，“爸”或“打”等发音，往往是最早学会的，因“ㄅ”或“ㄉ”与“ㄚ”，前为声母，后为韵母，“ㄅ”或“ㄉ”之发音时间最短而频率最宽，音量最小；相反，“ㄚ”之成声，时间最长，但频率一定，而音量最大。这种基本的二分法，就是在其他经验范畴中，例证也繁不胜举，如初民意识中左右、生死、圣俗等之对立，这些可说是牢不可破的基本观念。李维史陀（列维·斯特劳斯）循此二分法，将语言与文化现象视为同类，进而把雅氏（雅可布森）有关基本语音特点的理论，引用至人类学的研究。

这段话的意思是，目前情况，千差万别，但回到基本本能，就可见共通之处。这就是一种二分法。比如，小孩子生出来不会讲话就会哭。父母讲普通话或讲广东话，小孩哭声都是哇的一声，一个样，只是声音大小的区别。长大一些，喊爸爸、妈妈，爹地、妈咪，属于不同语种。普通话和粤式英语。但也有共同之处，

两个字的声音，B 和 M 以及 D 和 M，一个是浊（重）辅音，一个清辅音，已没有语种的区分。循此二分法，也就不难确定二元的存在。这是基本语音理论，对于人类学研究的启示，也是结构主义创建的一个重要步骤。

在《中国诗画语言研究》中文版序文中，程抱一亦列举事例，说明语言学相关理论及方法对于结构主义创建的作用。其谓：

> 后来，列维·斯特劳斯在解释结构主义的基本精神时，也喜欢照雅可布森的榜样举浅易例子。例如，当你随口说："这朵小花很红！"你并不会觉得背后有什么哲学性的思考。然而你能说出这句话，表示你下意识地体会到宇宙乃是个大结构。那结构中所有成分都在互相构成的关系中取得存在和意义。你说"小花"，表示知道有较大的花。你说"很红"，表示知道有别的花或不太红，或具其他色泽；更有甚者：你说"这朵花"，表示知道植物界中除了花以外尚有他种植物，也表示知道尚有与植物不属同类的矿物和动物，甚至表示你谙晓在这些分类之外，尚有些更为原本的成分。

这段话的意思是，一种叙述语言，或者符号，其所包含意义，有能指（signifiant）和所指（signifié）两面。既当了解已

然呈现的组合方式及意义，仍须进一步了解可能呈现的组合方式及寓意。所指与能指两面，其所包含的意义，应当就是通常所说，表层意义及深层意义。这是语言学的思考。而用之于人类学，就是“透过表层情节而托出神话的深层结构”（程抱一语）。这段话表明，运用语言学的分析方法，了解深层次问题，把握二元在互相构成的关系中，所取得的存在和意义。这是创建结构主义的另一重要步骤。

以上两个事例，既具体，又抽象，代表结构主义构成的两个最基本的原理，或者条件，即二元的存在及其所构成相互制约关系。这是结构主义创立的基础。

2. 人类基本思维模式的回归及提升

结构主义这一批评模式的构成，与人类学和语言学两门学科的思维方式及方法颇有些关联。两名创始者，列维·斯特劳斯和雅可布森，互相吸取经验，重建自己的方式及方法。就其整体构成看，总括起来，大概有这么两条经验：回归本原，返回原初状态，确定相互对立之二元的存在；通过二元的分列及组合，揭示其相互关系及限制之处，发掘背后的思考。

两条经验，或者向内追寻，或者向外延伸，取向不尽相同，但立足点却只有一个，那就是人类基本思维模式。植根于此，两条经验即为提供一种结构主义的分析方法。依循其思路，既可在本原上，把握人类的基本冲突，又可通过各种关系及限制，加深对于事物，包括文学作品于各个方面所体现意义的认识。对此，有关研究者，亦曾为之提供事证。例如：

公无渡河，公竟渡河。堕河而死，当奈公何。

这首乐府古辞，仅四句二十个字。论者依据相关记载，利用结构主义的方式及方法，对其进行阐释，引申出许多话题。首先，就古辞中的人物及人物活动，揭示互相对立的二元。公与河。公，一位白首狂夫。河，一条可断送人命的河。以此表示人与自然的对立。这是古辞最基本的二元组合。大概也就是古辞之第一、二句所表达的意思。其次，在人与自然冲突中，引出另外一位人物，狂夫之妻。

其时，她所面对的是眼前的狂夫和河。她劝告狂夫（公），不要渡河，但止之不及，狂夫遂堕河而死。于是，援箜篌而歌，声甚凄怅，曲终亦投河而死。这里，于人与自然的冲突中，加入一个第三元素——歌，以发挥其缓冲作用。至此，人与自然的冲突，加上歌，即构成一三角关系。代表其人（狂夫之妻）于人与自然的冲突中所持态度。而歌则作为一中介物，出现于人与自然之间。这是古辞的全部意思。

再次，在人与自然冲突中，再度引出另一人物，津卒霍里子高，以为事件的见证。子高，一名津卒（船工）。面对悲剧故事的全过程，回到家里，以语其妻丽玉。丽玉伤之，乃引箜篌而写其声，闻者莫不堕泪饮泣。丽玉以其更传邻女丽容，名曰箜篌。这是三角关系中，第三元素的进一步充实与完善。创作者丽玉，将其写入箜篌。乐歌的缓冲作用，进一步得以发挥。而所谓缓冲，应当就是减少痛苦，分摊悲伤。这是处在人与自然无可化解的冲突中，所采取的态度。这段析文，参见郭茂倩《乐府诗集》（卷二十六）李贺《箜篌引》小序所载故事，并参见周英雄《试就〈公无渡河〉论文学与人生的关系》一文所作诠释。

以上对于乐府古辞《公无渡河》所呈现悲剧故事所作的几个层面的分析，既表示对于结构主义这一批评模式的理解，也是结构主义分析方法具体运用的实证。如用哲学语言加以表述，那就是一种归纳与提升。据此，这一悲剧故事，大致可概括为如下公式：

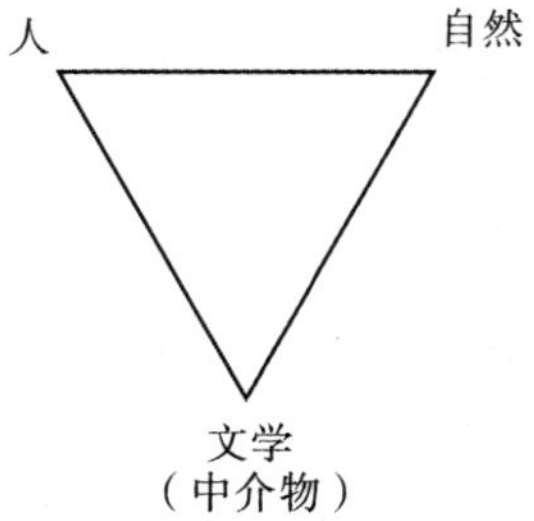

人和自然，这是人类生活中最基本的一组二元组合，也是最基本的一种对立与冲突。而文学，则为二元之外的第三元素。一种中介物，在人和自然的冲突中，产生缓冲作用。从这一三角关系出发，可以获知，人和自然的冲突，是文学艺术所以产生的一个重要因素。换一个角度，也可以说，文学艺术是人与自然冲突，或者互惠的产物。这是结构主义这一批评模式，在实际运用过程中所显示的意义。

（二）二元对立定律与中国传统诗学的关系

以上说理论依据，着重于两个方面。一为，二元的对立；二为，对立二元之间的关系。对立与关系，这是结构主义构成的两个重要步骤。至其与中国传统诗学的关系问题，同样从这两个方面着手探寻。

1. 排列组合与多元执中

二元对立定律之作为结构主义的构成原理，既是一种理论依据，也包括运用方法。如拆除包装，说得明白、彻底，就是一种排列与组合。一种程序与模式的展示。二元的对立及对立二元之间的关系，皆蕴含其中。这一程序与模式，既来源于人脑，亦来源于宇宙。乃宇宙之程序与模式的体现。在这一点上，中西两种思维方法及方式，都应同等看待。就中土而言，这种排列与组合，就存在于天地之间。《淮南子》（原道训）曰："横四维而含阴阳，纮宇宙而章三光。"高诱注："四方上下曰宇，古往今来曰宙，以喻天地。"以为宇宙之中，天和地，包括万事万物。其所构成，在四方上下的框架中，包括无数互相对立的二元组合，例如阴和阳，并且形成一定的程序与模式。这一程序与模式，体现在空间上，有高与低，宽与窄，以及光与暗，各种方式的排列与组合；体现在时间上，亦有瞬间与永恒，古与今，以及老与少，各种方式的排列与组合。这是宇宙的已然存在。

所谓"并生天地宇，同阅古今宙"（苏轼《次韵答章传道见赠》），就各自所处环境看，随时随地，都可见处于对立状态的二元单位。这些二元单位，依照一定规则，进行排列与组合。人类的各种活动，自始至终，都离不开这一排列与组合所构成的程序与模式。例如：《庄子·齐物论》载："狙公赋芧曰：朝三而暮四。众狙皆怒。曰：然则朝四而暮三。众狙皆悦。"狙公是一名耍猴高手。先说早上给三个橡子，猴子不高兴；再说早上给四个橡子，猴子就高兴。这就是一种排列与组合。《周易》（系辞下）云："近取诸身，远取诸物。"依据宇宙的程序与模式，构成易学的程序与模式。所谓"一阴一阳之谓道"（《周易》系辞上），在中国已形成一套完整的表述方法及方式。简单地讲，就是上下与断续的排列组合方法及方式。上与下，谓干上坤下。断与续，谓阴断（－－）、阳续（—）。易学的程序与模式，明白展示，两个单元之间，一正一反的对立关系。而一正一反，二元对立，以及由此所生发的一系列诗学命题，诸如奇正华实，以及虚实，动静，等等，在各种不同的层面上，进行比较、思考，探寻其相互之间的相互“关系、限制之处”（王国维语）。这就是中国诗学理论所以构成的一个重要步骤。

中西比较，在思考问题的方法及方式上，比如对于二元之间矛盾冲突的处理上，应当是有所区别的。论者以为：“从亚里士多德起始，西方所做了的是将主体与客体分开。肯定主体、发挥主体意识，俾以分析客体、征服客体。”即谓西方的思维定势、文化范式，基本上是二元性的。并以为：体现于主体与客体的二元对立，需要有神性的背景，加以协调。神性的背景，应当就是二元之间的中介物。这一说法，与二元对立定律于实际运用过程中所呈现的三角关系大致相同。但其以为，“中国思想几乎从开始就避免对立与冲突，很快就走向‘执中’理想，走向三元式的交互沟通”（此段引文见程抱一《中国诗画语言研究》中文版序）。因将二元与三元分别开来，并以说明中西思想思维定势、文化范式的不同，似不尽妥当。

孔子曰：“执其两端，而用其中于民，其斯以为舜乎。”朱熹注：“凡物皆有两端，如大小厚薄之类。于善之中，又执其两端，而度量以取中，然后用之。”其所谓中者，朱熹称“中者不偏不倚，无过不及之名”，实际上就是可以调和两端的中介物。因此，可以这么说，与西方比较，中国在处理矛盾、冲突时，其思维方法及方式，实质上，仍然是二元，而非三元。上文所列举种种诗学命题，既可看作中西两种不同思维方法及方式的汇合处及连接点，二者接轨在形式上的体现，亦可说明，二元对立以及二元之间关系所构成的定律，这里可称之为中国式的二元对立定律，已成为中国诗学的一个组成部分。

2. 中国式的理解与表述

以上，一路说下来，从西方，到中土，有关二元对立定律的理解与表述，似皆离不开两个关键词：对立及关系。即其所说，无论是对于作为结构主义理论依据的二元对立定律，或者是已成为中国诗学一个组成部分之中国式的二元对立定律，其所牵涉问题，都只是二元之间的对立以及相互关系、限制问题。

依据中国式的理解与表述，所谓二元对立定律，大致可用这么一句话加以概括：这是两个互相对立而又互相依赖的单元，加上一个中介物，所构成的二元对立关系。

这是经过中国化的二元对立定律。兹将其要点列述如下：

（1）构成原理

二元对立定律，人类思维的基本模式。其构成原理，包括理论依据与实践方法，来源于宇宙的程序与模式。这是一种排列组合的方式及方法。

（2）构成法则

二元对立定律，包括两个单元，A 和 B；对立，表示一正一反。两个单元，矛盾、冲突，存在于天地之间。两个单元并且依靠中介物的缓冲作用，得以平衡。中介物，一种催化剂。于二元之间，进行分解或化合。

二元对立关系，由两个互相对立而又互相依赖的单元所构成。两个互相对立的单元，互为存在的条件，谁也缺少不了谁。两个单元，经过冲突与缓解，反复磨合，形成一条组合规则：相关、相对、相反。

相关，表示两个单元必须互相关联。比如，同样是足球队，或者同样是篮球队。不能够以曼联对公牛。相对，门当户对的对。表示两个单元必须互相匹配。比如，澳门大学足球队，只能与相关大学足球队排在一起，进行比赛，而不能与曼联，那就不相对等。相反，指互相对抗。各守一方，不能同守一道门，向同一方向进球。

（3）方法的运用

两个单元，互相对立，经中介物的催化，联系在一起，或者互相分解，显得更加势不两立；或者互相化合，变得互相协调，融为一体。比如：生食和熟食，相互对立的一组二元单位。由于火的发现及使用，亦即中介物的加入，在生对熟的冲突中，经过一番折中（mediate）处理，既令得生与熟分列两途，令得人类终于与动物分开，亦促使人类进一步与大自然互动及互惠，以达至新的平衡。

这是二元对立定律，用于说明人类心灵基本矛盾的一个例证。由此所构成的公式，颇具普遍意义，人类相关生产活动，包括艺术创造活动，许多均可以此得以验证。这一公式，可用如下列图表加以展示：

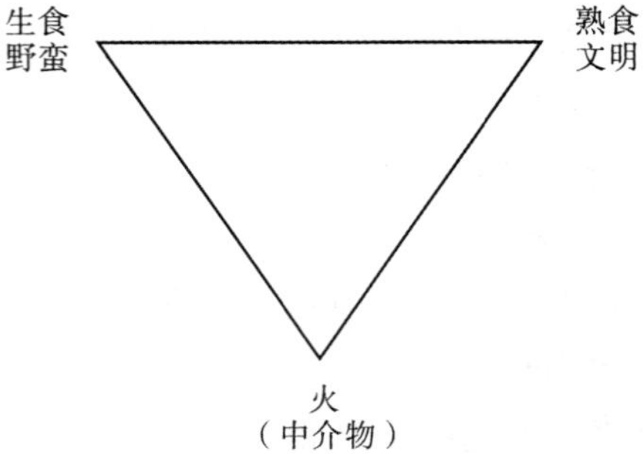

二　二元对立定律在唐诗解读中的运用

（一）关于唐诗的读法问题

唐诗有五万余首，怎么加以解读呢？大陆学界流行一种宏观研究法，曾将唐诗特点概括为四个方面。谓唐诗的不可及处，在气象之恢宏，神韵之超逸，意境之深远，格调之高雅，都是些顶级的形容词。也许由于太不可及的缘故，四个方面的特点，根本讲不出具体的东西来。气象恢宏不恢宏？看不见。感觉得到吗？不知道。神韻也看不见。还有格调，高雅？低俗？讲的都是空话。只有意境，可以说一说。其余都无法感受得到。这种学风和文风，应当是“文化大革命”假大空的影响及延续。

为端正学风和文风，除了在文本问题上，提倡读原料书，这是吴世昌的主张，此外，仍须讲究读法，才不至于误人、误世，亦误己。这是我将二元对立定律运用于唐诗解读的原因之一。

1. 传统解读方法与现代解读方法的流行及运用

传统解读方法：知人论世，以意逆志。出自于《孟子》，已通行两千多年。现代解读方法：入乎其内，出乎其外。出自于王国维。至今，亦一百余年。两种方法，皆以八个字加以表述。这是中国文学阅读与研究的基本法。

关于传统方法，一般都将其概括为三个步骤：社会背景、生平事迹介绍，思想内容、艺术特点分析，以及地位、影响及评价。三个步骤，合称批判继承三段式。这是20世纪后半叶中国学界通行的一种文学批评模式。就知人论世讲，似已圈定在一个范围之内，但以意逆志，“当以己意迎取作者之志”（朱熹语），即将你心换我心，却仍有一定想象空间。这一切，都在言语之外。至现代方法，正如王国维所云：“诗人对宇宙人生，须入乎其内，又须出乎其外。入乎其内，故能写之。出乎其外，故能观之。入乎其内，故有生气，出乎其外，故有高致。”（《人间词话》正编）其内与外，入与出，能写与能观，以及生气与高致，与传统方法比较，不同之处，主要在于层面的提升。如用二元对立定律的分析方法加以抽象，则两种方法之所面对，乃一个共同话题：我与物，情与景，以及主体与客体。两种方法之所不同者，即在于言。言的方法不同。传统方法之所谓言，依靠的是联想，由彼物到此物的联想以及由诸往到来者的联想；而现代方法，则在提升，由形下层面到形上层面的提升。相关意思，可以下图表示：

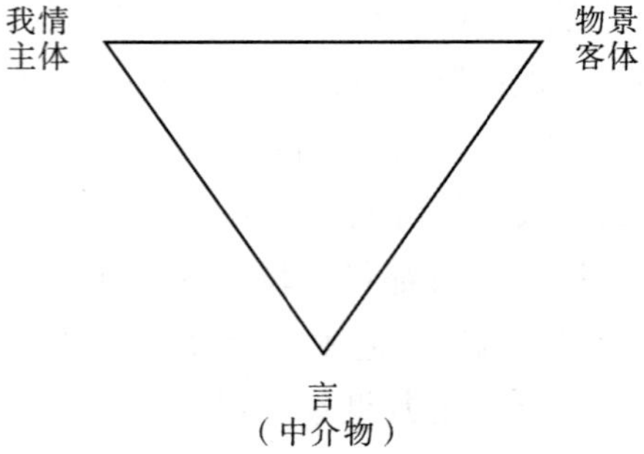

传统、现代两种批评方法，是中西两种不同思维方法及方式相互接轨的基础。中国文学中，结构主义的构建，二元对立定律的运用，由表层到深层的发掘，亦以之为出发点。

2．结构分析方法及二元对立定律的确立与运用

学习、领会传统、现代两种批评方法，并且经过一段时间的实践，我将二元对立定律运用于唐诗、宋词以及古典文学专题的教学及科研当中。在学词与词学方面，曾撰《吴世昌与词体结构论》一文，对于新变词体结构论的组成，包括标准及基本原理，方法及具体运用，作一系统介绍。这是依据二元对立定律所构建具中国特色的结构理论。在学诗与诗学方面，撰有《唐诗读法浅说》一文，以具体事例，对于结构分析法以及意境创造法，进行推介。这是二元对立定律在唐诗解读中运用的初步试验。以下，拟就此进一步加以验证，以见成效。

主要叙说两条线的划分，通过划分，对于互相对立而又互相依赖的两个单元进行判断。包括排列与组合。这是二元对立定律运用于实践之一关键问题。

第一条线，自上而下，将作品划分为两个部分，A 和 B 两个单元；第二条线，自下而上，将作品划分为两个层面，形下和

形上两个层面，乃从多（具象）到一（抽象）的归纳与提升。

先说第一条线。在诗篇的适当位置画一条线，将两个相互对立而又相互依赖的单元分割开来。两个单元，一边布景，一边说情、叙事或者造理。如变换个说法，也就是，一边自然物象，一边社会事相。即，一边 A，一边 B。例如绝句。首二句，布景；次二句，说情、叙事或者造理。又如律诗。前解，布景；后解说情、叙事或者造理。又如古体。前半，布景；后半说情、叙事或者造理。一条线分开，两个互对立而又相互依赖的单元，也就呈现眼前。两个单元，A 和 B 的判断，中间加上个中介物，组成一三角关系。三个角，各居本位，各有其职能。而诗篇的意义，就在这组合中得以体现。

再说第二条线。这是层面的提升问题。主要是透过两个单元之间相互关系及限制之处，了解其背后的思考。也就是深入一层的意义。第一条线，自上而下的划分，乃同一层面的划分。一个在东，一个在西。并无高低之别。而第二条线，自下而上的划分，却是不同层面的划分。一个形下，一个形上。明显有高低之别。

如借用王国维的话讲，则一个有生气，一个有高致。相对于第一条线，第二条线的划分，就是一种层面的提升。

（二）二元对立定律解读唐诗事证

这是两条线划分的实验。也就是二元对立定律在唐诗解读中运用的实验。两类事证，略有不同。事证一，第一条线的划分。两个对立单元，同在一个层面。所讨论问题，大多为形下层面的问题。事证二，两条线并用。两个对立单元，不在一个层面。所探讨问题，仍须通过哲学、文化学的思考，对其隐含

著的历史文化意蕴，进行深层发掘。两条线，两个不同层面的划分，如从文学主题的划分看，

即事证一之所探讨，着重劳动与爱情问题，这是一般所说文学的两大主题。而事证一之所探讨，除了劳动与爱情，仍涉及故乡与他乡以及瞬间与永恒问题。相对于劳动与爱情，这是形上意义上的另外两大主题。实践过程中，应留意这一区别。

1. 事证一

（1）王昌龄《闺怨》：

闺中少妇不知愁，春日凝妆上翠楼。

忽见陌头杨柳色，悔教夫婿觅封侯。

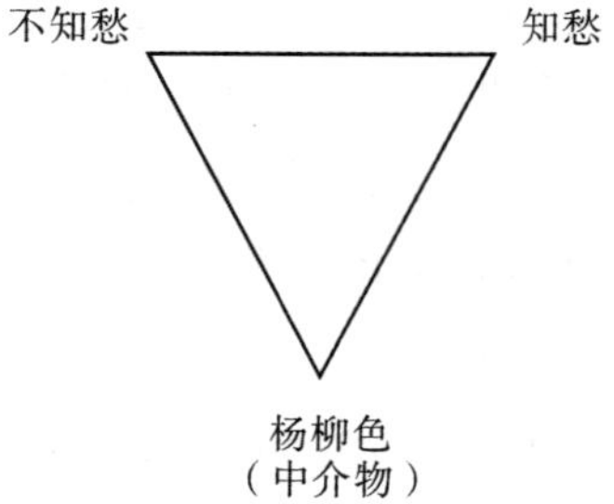

中间的一条线，将诗篇划分为两半：首二句与次二句。首二句，不知愁；次二句，知愁。中介物：杨柳色。对立的两个单元，不知愁与知愁，代表闺中少妇不同的两种心态。由不知到知，心态的转变，因“忽见”所引发。“忽见”二字，陡转一笔。论者称，“全首皆生动有致”（俞陛云《诗境浅说续编》）。这应当就是中介物的作用。说明闺中少妇“因见柳色而念及夫婿”（周珽《唐诗选脉会通评林》引周敬语），从而，

亦念及自身。念及自身青春之不能常驻，不能年年与柳色比鲜艳。于是，对立的两个单元，其矛盾与冲突，也就更加显得无法调和。这就是闺中少妇怨恨之所在。

（2）王维《九月九日忆山东兄弟》：

独在异乡为异客，每逢佳节倍思亲。

遥知兄弟登高处，遍插茱萸少一人。

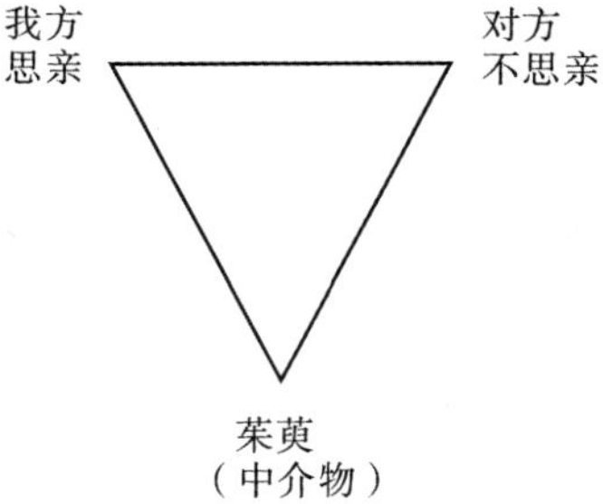

这首诗的解读方法，和上一篇一样。一条线，居中划分。一边一半：首二句与次二句。首二句，我方；次二句，对方。时间：九月九日。重阳节。首二句谓：独在异乡为异客，一个人在外，已甚思亲；加上适逢佳节，则思亲之情倍增。说明我方，在这一日子，乃思亲之极。次二句，谓对方，于登高处，遍插茱萸，似亦思亲，却只是一种料想，从对面说来，到底思亲不思亲呢？不知道。此时，也许对方正在做其他事情，比如打麻将，也说不定。所以说，不思亲。两个单元的组合，思亲与不思亲，正与二元对立定律的组合原则相合。相关、相对、相反，这是相反。亦即一方思亲，一方不思亲。这是两个互相对立的单元。怎么办？加上个中介物——茱萸，则我方之至情，便自然流露。这一艺术效果的出现，一方面因为，“不说我想他，却说他想我，加一倍凄凉”（张谦宜《絸斋诗谈》），这是诗人“避实击虚”（刘宏煦《唐诗真趣编》）的一种特别安排，另一方面，这当也是对立二元相互照应所出现的结果。

（3）杜甫《月夜》：

今夜鄜州月，闺中只独看。遥怜小儿女，未解忆长安。香雾云鬟湿，清辉玉臂寒。何时倚虚幌，双照泪痕干。

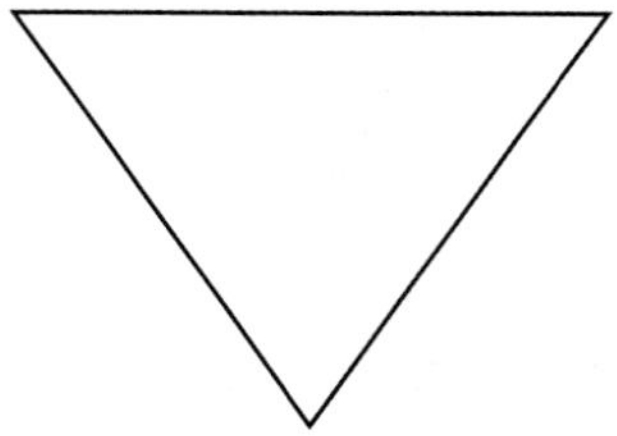

王昌龄、王维二诗，其对立之二元，似乎较易划分，而杜甫此诗即稍难。课堂上，让诸生实验，就曾出现多种划分方法。或以为，于居中画线，将诗篇分为两半，未解与解，令独看与双照构成一二元对立单元；或以为，可以独看与双照对举，于“清辉”句下画线，令今夜与何时构成一二元对立单元。没想到，我在题目底下划线，令长安、我方与鄜州、对方，构成一二元对立单元。长安、我方与鄜州、对方，今夜双方所处位置。中介物：月。说明乃月夜思家，而“从对面写，由长安遥想其妻在鄜州看月光景”（施补华《岘佣说诗》）。对立双方，遥不可及，而由月亮将其联系在一起。即所谓“心已驰神到彼，诗从对面飞来，悲婉微至，精丽绝伦，又妙在无一字不从月色照出也”（浦起龙《读杜心解》）。这当也是中介物于二元对立中所起调和作用。

2．事证二

（1）贺知章《回乡偶书》：

少小离家老大回，乡音无改鬓毛衰。

儿童相见不相识，笑问客从何处来。

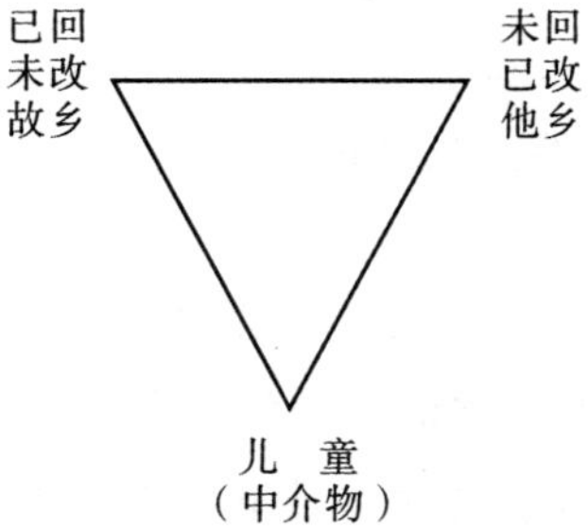

诗篇叙说一次回乡经历。谓：经过许多年月，由少小到老大，鬓毛已衰而乡音未改。我，还是以前的我。这是首二句之所罗列。以为未改。次二句反转过来，说已改。谓儿童笑问，令猛然警觉：自己虽已回到故乡，却被当作他乡人看待。

首二句说未改，鬓毛、乡音，看得到、摸得着、听得见，皆属于具体物象；次二句说已改，其所揭示之主与客以及故乡与他乡的关系，看不到、摸不着、听不见，皆属于抽象概念。首二句与次二句，未改、已改，具象、抽象，截然不同，彼此拉上关系，构成一组互相对立而又互相依赖的单元。两个单元，一经对照，故乡、他乡，既形成强烈对比，又因此而贯穿在一起。这么一来，偶然发生的事件，原来不太经意，但互相连接，即向必然层面提升，成为带有普遍意义的社会问题。这就是一种身份的确认问题。回到故乡，却似他乡。明明是主人，却变成客人。这是件十分悲惨的事情。文学作品中，此类事例颇多见。尤其是中国古典文学。例如，“梦里不知身是客”（李煜语），或者“反认他乡是故乡”（《红楼梦》第一回），都有同样的失落感。于是，诗篇中两个单元的对立，亦即由未改、已改层面，第一条线的划分，提升至故乡、他乡层面，也就是第二条线之所划分。这就是诗篇所蕴含哲学、文化学的意义。

（2）张若虚《春江花月夜》：

春江潮水连海平，海上明月共潮生。滟滟随波千万里，何处春江无月明。江流宛转绕芳甸，月照花林皆似霰。空里流霜不觉飞，汀上白沙看不见。江天一色无纤尘，皎皎空中孤月轮。江畔何人初见月，江月何年初照人。人生代代无穷已，江月年年只相似。不知江月待何人，但见长江送流水。

→

←

白云一片去悠悠，青枫浦上不胜愁。谁家今夜扁舟子，何处相思明月楼。可怜楼上月徘徊，应照离人妆镜台。

玉户帘中卷不去，捣衣砧上拂还来。此时相望不相闻，愿逐月华流照君。鸿雁长飞光不度，鱼龙潜跃水成文。昨夜闲潭梦落花，可怜春半不还家。江水流春去欲尽，江潭落月复西斜。斜月沉沉藏海雾，碣石潇湘无限路。不知乘月几人归，落月摇情满江树。

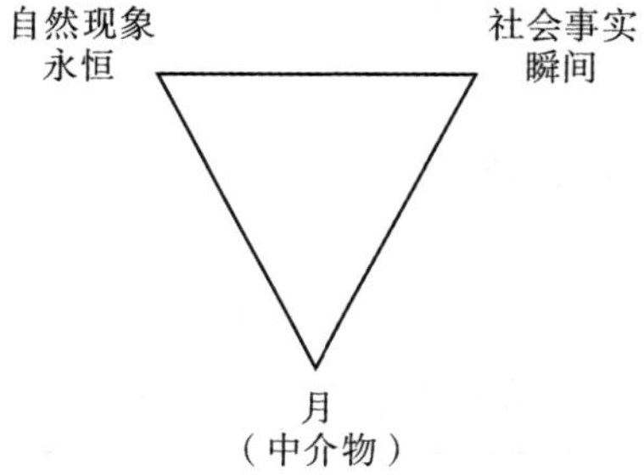

事证一之所列举，比如绝句、律诗，只是四句，或者八句，皆易于划分。而古诗、乐府、歌行，又当如何？比如《春江花月夜》，凡七言、三十六句，计二百五十二言。若依逐解转韻法，逐一加以诠释，即全篇九解，曲折纡回，环转交错，将十分繁复沉重。而以二元对立定律，在诗篇的适当位置划一条线，将两个相互对立而又相互依赖的单元分割开来。两个单元，一边 A，一边 B。这就成为一种解读公式。

依据这一公式，两个单元，以“白云”一句为分界线。“白云”以上之四解，属于自然物象；“白云”以下之五解，属于社会事相。自然物象，用四个字加以呈现：春、江、花、月。社会事相，包括一个字——夜，以及夜幕下的扁舟子与明月楼。自然物象，最关键的是月。一为天上的月，一为水底的月。社会世相，最关键的是人。一为江上游子，一为楼上离人。月有圆缺阴晴。人有离合悲欢。

两个单元，自然物象和社会事相，经过排列、组合，并由月光（中介物）加以贯穿，构成一三角关系。这是自上而下第一条线划分所出现的状况。此时，如在诗篇的同一位置，再画一条线，第二条线，即可发现，面对空中月轮和长江流水，诗人正在思考宇宙与人生以及永恒与瞬间的问题。这就是由形下层面到形上层面的提升。而所谓深层意涵，其中消息，于此似可探知一二。

（3）李白《将进酒》：

君不见黄河之水天上来，奔流到海不复回。
君不见高堂明镜悲白发，朝如青丝暮成雪。

人生得意须尽欢，莫使金樽空对月。
天生我材必有用，千金散尽还复来。
烹羊宰牛且为乐，会须一饮三百杯。
岑夫子，丹丘生，将进酒，君莫停。
与君歌一曲，请君为我侧耳听。
钟鼓馔玉不足贵，但愿长醉不愿醒。
古来圣贤皆寂寞，惟有饮者留其名。
陈王昔时宴平乐，斗酒十千恣欢谑。
主人何为言少钱，径须沽取对君酌。
五花马，千金裘，呼儿将出换美酒，
与尔同销万古愁。

图一：

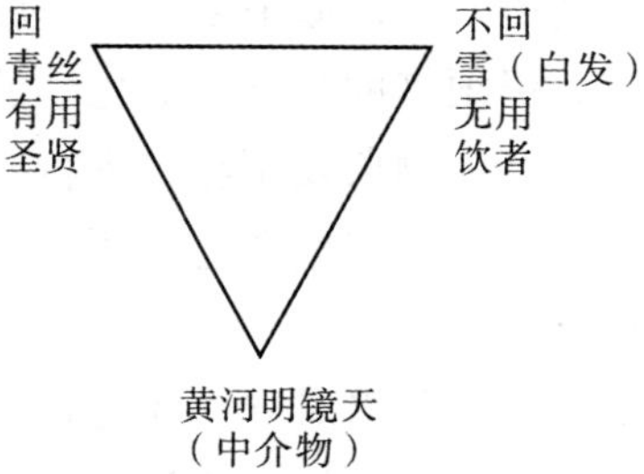

图二：

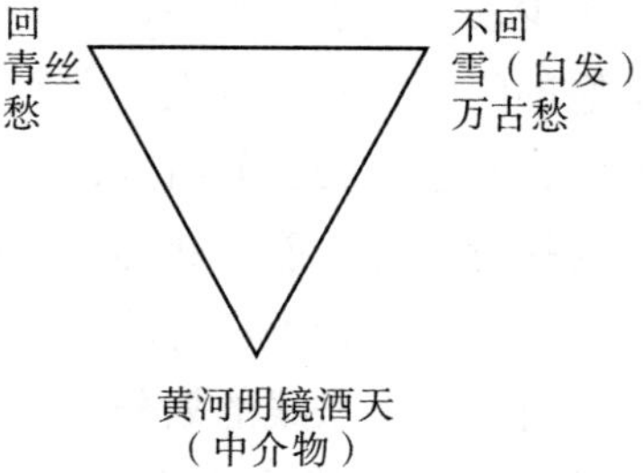

诗篇由三个自然段组成。两条线，自上而下及自下而上，都以“朝如青丝暮成雪”句为界进行划分。其上两组二元对立组合，连同其下多组二元对立组合，构成一三角关系，为图之一；其上两组二元对立组合，连同其下一组二元对立组合，构成一三角关系，为图之二。中介物，除黄河、明镜、天以外，图之二还增添个酒。

图之一，第一条线的划分。自上而下，将诗篇所包含的二元单位分列两旁，以表示回与不回的对立，青与不青的对立，用与不用的对立，以及名与不名的对立。多组二元对立单元，仍处于同一层面。

图之二，第二条线的划分。自下而上，将诗人的思考，划分为两个不同的层面。形下层面和形上层面。这一划分，着重在于归纳与提升。由多到一的归纳以及由形下层面到形上层面的提升。

就第一条线的划分看，三个段落，在各种对立中，由自然物象到社会事相，由回与不回，青与不青，到用与不用，名与不名，一直归结于愁，已将诗篇的各种对立关系说清楚。只是其中某些组合，仍然缺乏普遍性。比如，愁的内容是什么呢？

愁不为所用，当不了大官？愁寂寞，因为不留其名而寂寞？还是愁少钱，少了买酒的钱？等等。凡所罗列，似乎多属于一厢情愿的问题，不一定人人之所共有。仍须借助哲学、文化学的方法，对于相关二元组合，以及各种具体物象及事相，进行归纳与提升，方才能够获知其深层意蕴。这是依据图之一所展示第一个三角组合解读诗篇所出现状况。

再就第二条线的划分看，三个段落，各组对立二元之得以归纳与提升，其关键处，乃在于“万古”二字。“万古”二字，既将古今界限打通，又将形下、形上两个层面的物象和事相联系在一起。即其所谓万古者，既代表过去，亦包括现在；既为个别事例，亦蕴含一般。其所谓愁，乃大家都有份的一种愁。如图之二所表示，愁的内容，已由多个个别事相的组合，逐步归纳为回与不回以及青（青丝）与不青（白发）两个一般事项的组合。说明，其所谓愁，乃古往今来，而且超越四海，大家都有份的一种愁。这是由个别到一般的归纳与提升，也是由形下层面到形上层面的归纳与提升。

经过第二条线的划分，新的三角关系的出现，使得诗人之所谓愁，更加带有普遍性。因而，诗人的思考，也就可以归结到瞬间与永恒这一话题上来。这是万古不变的话题，也是诗篇主旨之所体现。故此，读此诗，不能只将其当狂歌看待，而应仔细品赏其玄理。这就是所谓深层意蕴。

三 结束语：先民的智慧与诗学的思考

在教学、科研实践中，关于二元对立定律及其运用，一直是我所思考和探索的一个问题。1990 年 6 月，美国举办一次规模不是很大的国际词学研讨会。我所提交论文，题为《词体结构论简说》，应是思考、探索的最初成果。论文依据业师吴世昌教授结构分析法结撰而成。当时，并无意将自己的思考、探索，和西方结构主义联系在一起。论文在词学研讨会上宣讲，北美的几位学者高友工、孙康宜、林顺夫，均表示认同，并觉得论文作者，好像已经不在中国境内。其实，论文结撰过程，包括在吴世昌先生门下的一段时间，西方的相关理论，似乎尚未激发自己的兴趣。记得刘再复出任中国社会科学院文学研究所所长之时，曾就新学科、新理论、新方法诸问题，召集一班年轻研究人员座谈。我表示还是“守株待兔”，坚持在古典文学里面爬格子。不过，对于西方的理论也并非十分抗拒。随着研究课题的拓展，我发现，吴先生的结构分析法，其基本原理与西方结构主义的理论依据，颇有相合之处。论文中文版于 1993 年 6 月在台湾的《中国文哲研究通讯》（第三卷第二期）上发表。那时，我已离开大陆，移居香港，并由香港来到澳门大学任教。

20 世纪最后一二十年，推行全球一体化，几乎将世界化成一个模样。中国社会亦产生急剧变化。而在文化方面，区域间的差别，则仍然不易调和。东方、西方，冲突、对话。成为普遍关注的话题。有关理论问题的思考和探索，自然亦脱离不了这一相关语境。尤其是中学与西学问题。洋务运动时讲究体与用，时下说接轨。说法不一样，做法却差不多。即通常表现为一种盲目性。要么以我为主，要么以你为主。始终颇难走出怪圈。实际上，这是一种双向互动。不一定严格区分内外，亦不一定非得走出去，跟人家接上轨道不可。只就自己的一方看，比如，结构主义与中国文学，先民的智慧以及有关诗学的思考，已为相关研究积累丰富资源，不一定照搬西方。当然，西方的东西，亦可以帮助理解中国的东西。

离开大陆，对于诗学理论问题，经过独立的思考和探索，亦颇有所得。上世纪 90 年代，有感于中国大陆词学的蜕变问题，曾撰《走出误区——吴世昌与词体结构论》一文，于纪念吴世昌先生诞辰九十周年暨学术思想研讨会发表。此文刊登北京《文学遗产》（2002 年第一期），题为《吴世昌与词体结构论》。与《词体结构论简说》比较，前者仍偏重于读法，后者已明确将其当作一种批评模式而提出。之后，在一系列文章中，进一步加以理论说明，则将其作为新变词体结构论，以与传统词学本色论以及现代词学境界说并列。与此同时，为从哲学、文化学的角度，对于新变词体结构论的创建提供理论依据，曾撰《易学与词学——排列组合与数位解码》一文，于黄寿祺教授诞辰九十周年纪念文集发表。此文以《易理与词法》为题，刊登于广州《学术研究》（2007 年第二期）。易经之作为群经之首，既是变化的学问，教人聪明的学问，也是结撰具中国特色的文学结构理论的最高指道思想。二十余年，发明师说，推进创新。深深体会到：中学与西学，你中有我，我中有你；并非水火不相容和。今日的讲题，乃相关系列中的两个题目。一曰：关于二元对立定律及其在唐诗解读中的运用；一曰：关于二元对立定律及其在唐诗解读中的运用。其出发点，同在中国化的二元对立定律。希望在这一基础之上，建造中国文学结构理论。

（作者为澳门大学中文系教授）

在韩国传统时期孟浩然诗接受样相

（韩国）李南钟

一、传入时期及高丽末流转状况

孟浩然（689～740 年）诗到底何时传入韩国这个问题，是本稿应该要清楚的重要问题，可是不得不承认几乎不可能的。《孟浩然诗集》是孟浩然死后过了 15 年后天宝四载（745 年）由王士源收集整理而完成的，此集载有 218 首诗。4 年后，天宝九载（750 年）韦滔给王士源本《孟浩然诗集》加以补充及重新整理而藏在秘府。在史书里面最初言及《孟浩然诗集》，是宋宋祁（998～1061 年）《新唐书·艺文志》。在中国宋代之前，《孟浩然诗集》已经广泛流传。虽然孟浩然在生前已经享有非常丰厚的诗名，包括李白、王维等当时最负盛名的诗人们不止跟孟浩然结了交友关系，他们还高度评价孟浩然其人及诗，但是几乎没有可能在他生前，他的个别诗篇传入韩国流行，然而这个事情也没人断定。我在韩国开始跟中国人交流而进入汉字文化圈之后，为了吸收先进文化倾注了极大的努力。书籍是以文化的载体而历来被我国高度重视了，除了包括儒家经典的哲学书籍外，诗与散文等文学类也不是两样的。尤其，韩中两国间外交，基本上以文化为中心而进行的。新罗真德女王撰进唐高宗《致唐太平颂》，玄宗蒙尘在蜀时写给新罗使臣一首五言十韵诗去致谢于新罗景德王[1]。当时诗歌，不但是文人个人表现雅志的文学形态，而且是国家间交换意见的主要方式。早期韩国重视中国诗文的程度，透过鸡林商人来中国购买《白居易集》一事，我们可以推及而知[2]。

考虑这样的事情，孟浩然诗之传入韩国一事，也是在中国《孟浩然诗集》出现而广泛流传后不久。白居易（772～846年）有一首赏赞孟浩然的诗，鸡林商人贸得而带回的诗袋里，有可能那一首白诗，因而韩国人认识诗人孟浩然的存在。‘东国第一文宗’崔致远（857～卒年不详）有一首提到陶渊明的诗《和李展长官冬日游山寺》：“僧寻泉水敲冰汲，鹤起松梢摆雪飞。曾接陶公诗与酒，世途名利于忘机。”盛唐时期，孟浩然仰慕陶渊明志趣已经体现在《李氏园林卧疾》：“我爱陶家趣，园林无俗情。”又在《仲夏归汉南园寄京邑耆旧》曰：“尝读高士传，最嘉陶征君。”崔致远曾接陶公诗与酒时，也有可能同时接触孟诗。可惜这些都是很有趣的想象而已，没有文献根据。印刷及制册技术之限界与唐末五代不安的政局，致使文献流通上有所障碍。在韩国，崔致远以后很有可能出现过不少诗人文士，可是因为没有文献，所以不能接受孟浩然的情况。

韩国进入高丽时，中国是标榜文治的宋朝，那时中国有印刷出版技术的飞跃发展，因而书籍的传入韩国比以前更圆滑，而且因韩国内制册水平也一样高了，也因而书籍的传入以及韩国内流通都容易得多了。不管事情如何，在韩国孟浩然诗的积极的收容，大概是与李白、杜甫等主要作家一样，到高丽中期12世纪末才有的。高丽朝武臣执权时期（1170～1270年），竹林高会的重要成员之一人林椿（生卒年未详），在《次友人韵》的尾联写下了“襄阳自是无知己，明主何曾弃不才”。还有也曾经出入过竹林高会的大文豪李奎报（1168～1124年），在《对春雪偶吟》中写下了“早闻作赋由梁苑，何必吟诗独□桥。”这两首诗就是在韩国的孟浩然关联作品中最早例子。可是这两位诗人的诗例值得倾一些注意，因为他们的时代是学习北宋大文豪苏轼（1037～1101年）的热潮风靡一时的。苏轼曾经在《赠写真何秀才》一首诗描绘出来了，一副灞桥雪里骑驴寻梅的一位忘却世事而又带有一点点寒酸味的隐逸诗人形象。[3]可是雪中骑驴寻梅这个情韵故事，在《孟浩然诗集》及孟浩然当时文献里都没有记载。这个故事分明是由苏轼或者其他人打造而成的。还有林椿诗中“明主何曾弃不才”是活用孟诗中《岁暮归南山》“不才明主弃”一句的。孟浩然的这个句子，众人所周知，是直接关联着他‘无官受黜’故事，可是，这个故事最早出现于五代王定保（870～940年）《唐摭言》[4]，之后也载于《新唐书·文艺传》、《唐摭言》、元辛文房《唐才子传》、宋魏泰《临汉隐居诗话》、宋李颀《古今诗话》[5]等很多文献，而广泛流传了。林椿在自己的作品里特别提到‘不才明主弃’这一句的呢，可能会是因受到这些文献的影响。

在韩国《孟浩然诗集》之被广泛流传的明确的证据，需要等到14世纪中叶以后。益斋李齐贤（1287～1367年）在自己的作品里，好几次言及过有关孟浩然的事情。尤其，李齐贤的门生郑枢（1333～1382年）的《廉副令用孟襄阳集中韵见示，即次韵》一首诗，表示当时《孟浩然诗集》之流传状况。还有李崇仁（1347～1392年）的《道上遇雪》诗“雪华如席乱飘扬，驴背吟高兴更长。我本陶斋好诗者，旁人错比孟襄阳。”这首诗让我们进一步了解当时孟浩然及其诗已经成了脍炙于文人之口的好诗料。

二、牧隐李穑（1328～1396年）与朝鲜田园自然诗

牧隐李穑（1328～1396年）是与郑枢、李崇仁同时期人物而活到朝鲜初太祖五年，他为新生朝鲜的政治哲学与文学奠定了非常有意义的基础。他留下来的下一篇文章就是在韩国跟孟浩然有关的最初评论文章。

> 六义既废，声律对偶又作，诗变极矣。古诗之变，纤弱于齐梁；律诗之变，破碎于晚唐。独杜工部兼众体而时出之，高风绝尘，横盖古今。其間超然妙悟，不陷流俗，如陶渊明、孟浩然辈，代岂乏人哉。然编集罕传，可惜也。今陶、孟二集仅存若干篇，令人有不满之叹。然因是以知其人于千载之下，不使老杜专美天壤间，是则编集之

传，其功可小哉。又况唐之韩子、宋之曾、苏，天下之名能文辞者也，而于诗道有慊，识者恨之，则诗之为诗，又岂可以巧拙多寡论哉。予之颂此言久矣，及读及庵先生之诗益信。先生诗似淡而非浅，似丽而非靡，措意良远，愈读愈有味，其亦超然妙悟之流欤，其传也必矣。

上文是牧隐在1362年（元至正二十二年）为及庵闵思平（1295～1359年）的《及庵诗集》写的序文。及庵诗不但没有杜甫那样“兼众体而时出之，高风绝尘，横盖古今”的特色，而且作品数量也不多，可是他的诗“似淡而非浅，似丽而非靡。措意良远”，所以“愈读愈有味。”益斋李齐贤也说过及庵“每酒酣，辄为诗，无尘俗语。”[6]李仁復（号樵隐，1308～1374）又评及庵诗说过“冲淡高古，读之使人知有作者之风。”[7]及庵诗完全符合于‘超然妙悟，不陷流俗。’的陶渊明与孟浩然诗的风格。李穑注目了及庵诗之陶、孟两家的“超然妙悟，不陷流俗的”审美特征，因而希望“以后在朝鲜诗坛不使老杜专美天壤间。”他的希望后来朝鲜时代诗歌发展过程里比较圆满实现了。

很多人说，朝鲜全时期政治社会文化各个方面都弥漫着以性理学为基础的理性思考。参与朝鲜建国的高丽末士大夫革命势力全部是具备性理学教养的读书人，他们企图了採用以性理学为基础的政治哲学去进行一系列改革措施。怎么对待文学与怎麽写作诗文，这个问题实在是他门费尽心思的重要问题，因为文学是他门所追究实现的政治理想的载体。“文以载道”、“贯道之器”这些词汇，在中国本地已经一点点失去了新鲜感，可是对朝鲜士大夫来说，仍然是须要圆满处理的紧迫重要的问题。朝鲜初期，不管属于官人派文人或者属于士林派文人都一样，甚至连属于方外派文人也不能完全脱离道学与文学这两者间的问题，而置身于绝对自由空间。他们不管属于那一个派系，所志向的目标完全一致。他们都希望以实践性理学理念来完善政治的具体内容。这样的观念支配着他们的意识，又影响了他们的日常，文艺方面也不例外。

朝鲜全时期明显存在着“重道学轻文学”观念，而文学领域里也存在着“重文轻诗”态度。可是朝鲜时代文人绝对没有放弃写文作诗等文学活动。虽然 16 世纪一部分急进主张改革的士林派人物当中出现了主张“诗无用论”的人，但是那些主张绝对没有占主流地位。大部分知识人都重视文章与诗的价值而努力写了文作了诗，而他门没有碰到理论上矛盾，因为实践性理学理念的方法论当中原本存在着透过实践文学活动来具现道学精神之一脉。牧隐从元朝拿来的学问就是这一脉学问传统。再加，牧隐本来出身于高丽朝第一流书香门第，父亲稼亭李谷（1298 ~ 1351 年）也是大文章家。他的家学渊源及爱好诗文的个人趣向把他铸成了文学大家，使他不能留在道学家的狭隘范围。阳村权近（1352 ~ 1409 年）称他为“博览群书，尤深于理学。凡为文章，操笔即书，如风行水流，略无凝滞。而辞义精到，格律高古，浩浩滔滔，如江河注海。”[8]如此，他一个人身上兼有道学与文学两方大家形象，门下辈出了包括圃隐郑梦周（1337 ~ 1392 年）、陶隐李崇仁、三峰郑道传（1342 ~ 1398 年）、阳村权近在内的很多在朝与在野学者文人。[9]他们之间虽然存在着风格差异，但是大部分都致力于词章而留下来了很多优秀诗文。那些诗文当中不难看到陶渊明、孟浩然类的田园山水诗。牧隐李穑之对陶、孟田园诗的高度肯定，对以后朝鲜文坛发展方向起到了很多的良好影响。虽然处在一个以道学为主，又侧重杜甫诗的时代，大部分文人都持续着田园诗写作。

三、孟浩然在韩国的地位

孟浩然诗传入韩国后，其人其诗一直以来为很多文人所喜爱尊重。有人仰慕他的风流、清芬之人格美，有的人注意他诗的清丽之美感，有的人被他诗的壮逸风格激动，有的人面对他的终身布衣之不幸而忧伤自己命运之不通。韩国文人之所以喜爱、尊重、同情孟浩然的原因，我以为韩国文人接受孟浩然诗时候，几乎同时接受了中国文人对待孟浩然及其诗之方式。李白、杜甫、王士源、韦滔、殷璠、皮日休、苏轼等人已经毫无保留地揭示了先辈诗人孟浩然之长处。借由他们孟浩然之知音所由衷之发言，后代中国文人认识了孟浩然及其诗之风格。天真隐者、终身布衣、清丽诗宗等孟浩然之复合形象占着后代中国文人之心中，也占着高丽朝鲜两朝文人之心中。其实收录了269首之一本《孟浩然诗集》里[10]，不无汲汲于仕进而表白不平之情的诗篇。可是，传统时期中国文人几乎没有注意到这些作品，也没有介意这些作品可损全体作品的质量。

可是，我们不能说在中国对于孟浩然的评价完全没有分歧。北宋苏轼（1037～1011年）曾经指摘过孟浩然诗之形式及题材上的狭隘一面，他说“浩然之诗，韵高而才短，如造内法酒手，而无材料耳。”[11]在苏轼之评文里，我们可以明显觉得到他对于孟浩然诗的贬义。其实，孟浩然在诗歌艺术上的成就，不容易否定逊色于他的两位崇拜者盛唐时期大诗人李白和杜甫。到了南宋严羽主张妙悟说，在他眼中，孟浩然诗是具现了玲珑透彻之妙悟美感的好例子，所以说“孟襄阳学力下韩退之远甚，至其诗独出退之之上者，一味妙悟而已。”[12] 在韩国也围绕这个问题进行过一段思考了。李元翼（1547～1634 年）就是其例。

> 严羽曰，禅道惟在妙悟；诗道亦在妙悟，惟悟乃为本色。然悟有浅深，有分限有透彻之悟，有但得一知半解之悟。汉魏尚矣，谢灵运至盛唐诸公，透彻之悟也。他虽有悟者，皆非第一义也。又诗评曰，孟襄阳学力下韩退之远甚，而其诗独出其上者，一味妙悟而已。以此观之，学力固难而妙悟尤难。[13]

在上引文，李元翼自己的话只不过是文尾“以此观之，学力固难而妙悟尤难”十几个微微了了字样而已，可是他用来表明了，作诗上妙悟之重要性比学力远甚。虽然这个文章的主题是以妙悟论为中心的，可是我们充分推知到这篇文章提供韩国文人在评价孟浩然这位诗人时值得参考的有用资料。

与李元翼同一时代，有一位著名文人兼诗歌批评家许筠（1569～1618 年）。诗文及批评论著外有自编朝鲜诗选集《国朝诗删》等，另外有一部著名韩文小说《洪吉童传》。他可能会是在韩国最明确地高度评价孟浩然诗的人物。他读完明徐祯卿（1479～1511 年）的《迪功集》后写作一首《读徐迪功集》

诗曰：

中原何李帜词场，江左徐郎亦雁行.
应似开天推李杜，清高还有孟襄阳.

何李，即何景明（1483～1521 年）与李梦阳（1472～1530 年），他们是明弘治、正德年间（1488～1521 年）领导文坛的两位文人，文学史称把包括这两人在内，徐祯卿、边贡等七人为‘前七子’。许筠读徐祯卿文集后，所心得的就是徐祯卿决不下于何、李两人，在他眼里，这恰似于孟浩然之李白与杜甫两人的关系。透过这首诗，我们可以知道许筠的脑里已经存在着孟浩然是在盛唐不亚于李、杜的唯一的诗人这样稳固的观念。李元翼与许筠两人的时代，虽然经历过前所未有的国家灾难壬辰倭乱（1592～1598 年），但是他们那时的朝鲜文坛却达到了前所未至的高峰。那时思菴朴淳（1523～1589 年）门下出来了玉峰白光勋（1537～1582 年）、孤竹崔庆昌（1538～1582 年）、荪谷李达（生卒年不详）等所谓三唐诗人，他们推崇中国唐诗，力图扭转高丽朝以来宗宋风气，提出“诗回盛唐”的主张[14]，而对以后朝鲜汉诗发展起到了很大的影响。其中李达虽然是庶子出身，受到社会的种种歧视，一生坎坷不遇，但是成就最大而当时诗坛上富有声望的诗人。许筠与其姊蘭雪轩许楚姬（1563～1589 年）是荪谷的诗学弟子。此外，馆阁三杰、汉文四大家、八文章等文学大家都在这时出现了。中宗朝容斋李荇（1478～1534 年）以来，诗坛蔚然有唐人风致矣，所以紫霞申纬（1769～1845 年）比之于盛唐[15]。

当时重视孟浩然的风气，也透过《十家近体诗》、《精言妙选》等选集类文献可见一斑。《十家近体诗》是崔岦（1539～1612年）的晚年撰著。他的文章是当时在朝鲜第一，与韩濩（1543～1605年）书法、车天辂（1556～1615年）诗一起被称为“松都三绝”。他又能诗，属于海东江西诗派，晚年编选李白、杜甫、韩愈、柳宗元、孟浩然、韦应物、杜牧、黄庭坚、陈师道、陈与意等唐宋十家近体而以新刻活字印行。对李、杜两人诗，特兼选五七言以存尊重之意。李商隐、苏东坡二家，虽然已所酷爱，但是以或不善学焉，则应该会失之艰与伤于易者为理由不入选[16]。在此，值得一提的是，在盛唐自然诗中，不选王维而独选孟浩然，所以然，则且置不论而待后述。韩中诗坛有一时期明显存在着把李、杜两大家分离于盛唐之倾向。考虑这一点，可以说孟浩然是入选的唯一的盛唐诗人。

士林派文人进出中央舞台而正式参与政治活动，在于第六代成宗（1469～1494年在位）朝，佔毕斋金宗直（1431～1492年）就是其中最关键性人物。他学习于父亲叔滋（1389～1456年）以承传郑梦周、冶隐吉再（1353～1419年）的士林派嫡统学脉，门下辈出了金宏弼（1454～1504年）、郑汝昌、金驲孙、俞好仁、南孝温、曹伟等朝鲜道学的主流人物而起到了后来朝鲜的政治及文学。五十八岁时所纂的诗选集《青丘风雅》，收录了自新罗崔致远以至朝鲜初松月堂赵须（生卒年不详，1401年及第）126人503首韩国汉诗。他虽然是道学的中心人物，但是非常重视诗歌文学，而且以‘丽’为主的盛唐风是他所取的选录主要标准。这样的文学风气延续到16世纪朝鲜性理学的两位大学者退溪李滉（1501～1570年）与栗谷李珥（1536～1584 年）也基本上没有变化。退溪写作了有包括咏梅诗的很多汉诗外，特别重视诗歌的歌唱功能而也写了吟咏隐居山林的国文诗《陶山十二曲》。感到不满于既存歌诗有玩世不恭之意，而少温柔敦厚之实，这就是写作的直接原因，他希望这一组诗的歌者与听者都以荡涤鄙吝，感发融通。吟咏山水的汉诗的写作目的，也可能不会是两样的吧。事情如何，除了奇特的一两个例子外，道学家他们未曾抛弃诗文，却非常重视吟咏山水的之陶冶性情之效果。

栗谷是与“退溪李滉”一起并称为朝鲜思想界的“双璧”、“二大儒”的巨儒。一部中国汉诗选集《精言妙选》就是他所编选的，这些个版本中东春堂本收录了自汉卓文君以至宋陈与义的 140 人 520 首。下面是其中采取被选 10 首以上的诗人而标示各人被选诗数的。

时代	作者	集别分布					计
		元	亨	利	贞	仁	
晋	陶渊明	18					18
唐	杜甫	3	5	3	11	9	31
唐	孟浩然	4	6	5	1	4	20
唐	王维	4	3		1	7	15
唐	韦应物	17	2	7	2	21	49
唐	刘长卿		2	4	1	4	11
唐	柳宗元	4	3	1	2	5	15
唐	李白	1	5	18	1	16	41

这表，只过目一下，就知道栗谷的选诗是以田园山水类为中心而进行的。“人声之精者为言，诗之于言，又其精者也。

诗本性情，非矫伪而成。声音高下，出于自然。三百篇，曲尽人情，旁通物理，优柔忠厚，要归于正，此诗之本源也。"，这是栗谷对诗歌所持的基本信念。他也与退溪一样感到不满于后世诗歌由于"风气渐淆，其发为诗者，未能悉本于性情之正。或假文饰，务说人目者多"的不良风气，为人们指引方向而"采其最精而可法者"以完成这一部《精言妙选》。他的选诗标准是"以冲淡者为首"，而使读者知源流之所自。在栗谷心中，"诗虽非学者能事，亦所以吟咏性情，宣畅清和，以涤胸中之滓秽，则亦存省之一助。"绝对不能看待"雕绘绣藻、移情荡心之工具"[17]。在以'冲淡'为主的《精言妙选》里，最多入选的是中唐时期韦应物诗，这是必定会深受朱熹（1130～1200年）的影响之缘故。朱熹强调道为文"诗"本的主张；又特重诗之风格，关心诗歌鉴赏品评的问题，遂使他的评论，有别于一般理学家的观点，喜以"俊健"、"平淡"、"自然"作为诗风的标准。又以韦应物为诗人的最高典范。朱熹以为韦诗高于王维与孟浩然，因其诗"无声色臭味也"；更因其"自在"而凌驾于陶潜、杜甫之上，就朱熹来看，诗人之中真正能彻底淡泊宁静，自在无求者，唯韦应物一人而已[18]。除了韦应物及李白与杜甫两大家外，孟浩然比王维5首多入选，结果孟浩然是盛唐诗人中最多入选的诗人。

王维和孟浩然二人生活于同一时期，同有严重的山水嗜好，同有山水游历经验，最为相同的是他们的美学趣尚和艺术追求。但是二人风格不无不同。王维往往澄怀味象，孟浩然则多感发兴怨，因此一个静空神远，一个清逸古淡[19]。两人各自所拓展到的这样诗歌审美境界，使他们成为不但是盛唐大家，而且是中国诗歌史上最著名自然山水诗人。两人在韩国也一样受到了高度尊重。韩国人记忆里面的王维诗是“词秀调雅，意新理惬”、“诗中有画，画中有诗”[20]对两人之并称‘王孟’这一个先提王维的说法在韩国也一样，通常王比孟多一点被尊重。朝鲜后期申维翰（1681～1752 年）在 1719 年日本使行中，对日人的“唐诗李杜外，当以何家为冠”这个提问，回答说“王右丞似贤”[25]，这可能代表当时众人公识。可是王维曾经受过对为人操守上欠缺的批评。农岩金昌协（1651～1708 年）说：

> 夫人道之大，莫尚于伦常名义。惟此先立而后，一艺小善亦得託附而取贵重焉。不然，虽有清脩之行、高妙之辞，而大节一亏，无足观矣。此朱夫子所以致讥于纪、唐、王、储者也。[26]

金昌协特别强调伦常与名义之重要，伦常与名义上有欠缺的话，文章再多漂亮也就没有用。朱子所以批评王维等人的主要原因是他们失身于安禄山或者新莽之朝的缘故。[27]虽然是出于不得已，但是，就最高重视义理的性理专家来看，肯定是不小事。我以为，王维的这件事情在衡量他的位相没有那么决定性的作用，可是考虑到金昌协的门人闵遇洙（1694～1756 年）这样的人也有跟他老师一样的观念[28]，那么，在几乎全部文人都兼是性理学者的朝鲜文坛，也很难说丝毫没有起到影响了。

查一查在论学诗方法之机会，朝鲜文人什么样的态度看待孟浩然诗，也不会是没有意义的。汉文四大家中一人泽堂李植（1584～1647 年）在阐释习诗及作诗时，对于五言古诗学习，要求“唐人古诗不必学，陈子昂及王维、孟浩然之作最好者若干篇，韦应物、柳宗元数十篇，并熟看。”又对于律诗学习，主张“盛唐则王、孟、青莲近于古诗，不可学也。”[29]李植的这例文充分展现着，不管孟浩然还是王维，对任何一个诗人加以评价而进行取捨时，不失去平衡。

四、吸引韩国文人的孟浩然诗风格

高丽中期竹林诗人开始在他们诗文里招回有关孟浩然的记忆以来，很多韩国文人们各种不同方式连续不断地歌颂了孟浩然及其诗。直接活用孟浩然诗句子或题目，或者以步韵等方式而表示对孟浩然的钦慕之情，有的人效仿李白的《赠孟浩然》来歌颂了孟浩然或者其他与孟浩然类似的文人，甚至有的人憐悯自己生涯的不运而索性把自己认为孟浩然。对于这些具体的有关诗例应该会另外有检讨机会。到目前为止，我们探讨了从高丽末到朝鲜中期韩国文人怎么看待孟浩然及其诗，从中我们得知孟浩然向来被认为盛唐时期最优秀诗人。到底孟浩然及其诗有什么因素吸引了韩国文人之心目？隐居于鹿门山之风流隐士、谒见皇帝的千载一遇的难得的好机落空到无官受黜之不幸的主人翁、雪中灞桥骑驴寻梅之诗人等，这些孟浩然的人物形象，不管其事真伪与否，肯定吸引韩国文人而使他们有的时候向他表示高度景仰，有的时候也给他深深的憐悯之情。之外，更重要的因素当然是孟浩然诗的审美特征。韩国文人认识孟浩然诗之后不久，一边参阅中国批评论著，一边自己进行审视孟浩然诗之风格美。上面提到过的牧隐李穑的一段文章可以说是其主要事例之一。

孟浩然诗具有多重风格特征，古澹、清新之阴柔美之外，还有雄浑、悲慨之阳强美[30]。古澹、清新风格是一般山水自然诗的基本风格，所以不值再论。值得一顾是，朝鲜初韩国文人已经注意到孟浩然诗所兼有的雄浑风格特征。看一看下面文章。

洞庭巴陵天下壮观，骚人墨客题咏者多，如“水涵天影阔，山拔地形高。”[31]“四顾疑无地，中流忽有山。鸟飞应畏堕，帆过却如闲。”[32]俱见称于世。然不若孟襄阳“气蒸云梦泽，波撼岳阳城。”又不若少陵“吴楚东南坼，乾坤日夜浮。”未知此老胸中，藏几个云梦欤。牧隐《吴中八景》一绝云，“一点君山夕照红，阔吞吴楚势无穷。长风吹上黄昏月，银烛纱笼暗淡中”。其旷漠冲融之气，虽不及老杜径庭，岂足多让于前数联哉。

上文是四佳徐居正（1420～1488 年）《东人诗话》中一段。主旨是指摘牧隐李穑《吴中八景》中“一点君山夕照红，阔吞吴楚势无穷。长风吹上黄昏月，银烛纱笼暗淡中。”一绝之雄浑风格的。他为了效率的传达而采用了，先引《西清诗话》等中国诗话后，把牧隐的该作品比较起来的方式。虽然不敢直接把牧隐该作品比于杜甫《登岳阳楼》，但是，他以为充分来得及孟浩然《临洞庭》。在徐居正眼里，可朋与许棠的句子，已经是不足算了。孟浩然诗，具有清丽美感以外，还具有雄浑风格，即“旷漠冲融”气，孟浩然的这个特征已经被朝鲜初文人察觉到而当做批评本国诗人的标准了。徐居正之外，牛溪成浑（1535～1598 年）的门人任錪（1559～1611 年）也重视孟浩然诗风格中建安色彩。他于诗，远溯曹、鲍，近法陈、孟［浩然］，而尤托意于供奉。不作开天以下语。外舅尹尙书自新公手书苏、黄诗与之。还置案上，不肯寓目。与石洲（权韠，1569～1612年）、东岳（李安讷，1571～1637年）为骚坛知己。以挽回诗道为己任。他选包括孟浩然的屈原、宋玉、曹子建、鲍明远、陈子昂、李白等七人而比之于建安七子，说“直自性情中泻出，而风调高迈，莫能居其上者。”对他诗及诗论的详讨，我以为以后会另外有机会的。

五、结　语

高丽中叶竹林诗人们开始活用孟浩然诗以后，经过高丽后期以及朝鲜全时期，孟浩然在韩国一直一来受到了高度的重视，尤其是高丽末期，牧隐李穑之对于陶渊明与孟浩然的田园诗的认定与尊重，给朝鲜时期汉文学界在评价孟浩然及其诗起到了重要的作用。不但金宗直等士林派的代表人物，而且退溪、栗谷等性理学大家也一样重视冲澹风格的田园诗。还有朴淳门下荪谷李达等所谓三唐诗人大量写作了接近盛唐风格的诗。在这样的风气下，孟浩然始终受到了高度肯定。李元翼，尤其是许筠等代表朝鲜中期的批评家都评定为孟浩然不亚于李白、杜甫的唯一的盛唐诗人。孟浩然之所以引起韩国文人的这样高度重视之原因，也在于他诗所持的雄浑风格。孟浩然诗山水田园诗的清丽风格外，也具有雄浑一类的阳强美。朝鲜初期，徐居正曾经注意到了这种美感以后，中期人物任錪也特别重视了以风骨为主要特色的建安风格，所以他在近代诗人中以孟浩然与陈子昂一起作为学习对象。

直到朝鲜后期，对于孟浩然诗的这样评价丝毫没有变化，朝鲜后期文化君主正祖（1776～1800年在位），“壬子（1792年）夏，命阁臣选诸体诗，自古逸以及汉魏六朝、唐、宋、元、明诸家，命曰《诗观》。仍分撰诗人小传，以唐、宋、明三代，属之青庄馆李德懋（1741～1793年）。下文是李德懋所写的《诗观小传》中孟浩然记事。

孟浩，孟浩字浩然，襄阳人，隐鹿门山。与张九龄、王维为忘形友。维私邀入内署，适明皇至，浩然匿床下，维以实对。帝命浩然出，诵所为诗，至不才明主弃，帝曰，卿不求仕，朕未尝弃卿。因放还。开元末，疽发背卒。浩然为诗，造意极苦，洗削凡近。开元间得建安体者，推李、杜为尤，介其间能不愧者，浩然也。有集三卷[33]。

《全唐诗》已经称孟浩然的诗“伫兴而作，造意极苦”[34]，皮日休（834？～883年？）已经说“明皇世，章句之风大得建安体。论者推李翰林、杜工部为之尤。介其间，能不愧者，唯吾乡之孟浩然也。”[35]李德懋之对于孟浩然的评语也跟上面李元翼的评文一样，没有任何新鲜的，只算是凑合起既存中国资料来的。可是还有值得想一想的事情。他把孟浩然诗位置在李白与杜甫之间，其实这样的评价，对于孟浩然来说，算是无上至高的评价。李白与杜甫两人是在中国被称为两颗双子星，一个人是诗仙，另一个人是诗圣。皮日休的对孟的评价里，我们不由得感觉到有一点点对自己故乡先辈文人的偏颇性的友好感。李德懋的评文也可能有一样的感觉。可是我以为我们透过到目前的商讨已经有一点点共识了，李德懋的评语不是他一个人的意见，也不是完全追随中国批评理论的，而是到他那个时候经历了在几百年历史里充分思考过程之后的结论，也是被正祖这位朝鲜时代学者哲人君主所认定的代表性言论。

注释：

［1］《三国史记·新罗本纪第九·景德王》。

［2］元稹《白氏长庆集》，“鸡林贾人求市颇切，自云，本国宰相每以百金换一篇，其甚伪者，宰相辄能辨别之。自篇章以来，未有如是流传之广者。”《新唐书·白居易传》，“居易于文章精切……鸡林行贾售其国相，率篇易一金。”

［3］苏轼《赠写真何充秀才》，“君不见潞州别驾眼如电，左手挂弓横捻箭。又不见雪中骑驴孟浩然，皱眉吟诗肩耸山。”

［4］王定保《唐摭言》卷十一《无官受黜》。

［5］郭绍虞《宋诗话辑佚》（北京：中华书局，1987），215 页。

［6］李穑《及庵诗集序》。

［7］李仁复《及庵诗集跋》。

［8］权近《朝鲜牧隐先生文靖公行状》。

［9］徐居正《牧隐诗精选序》，“一时文人才士洽然宗之，薰然浸郁。雄峻如郑圃隐，简洁如李陶隐，豪迈如郑三峰，典雅如权阳村，皆不出先生范围之内。”

［10］《正祖弘斋全书卷九·序引二》《诗观序》。

［11］宋陈师道《后村诗话》。

［12］严羽《沧浪诗话·诗辩》。

［13］李睟光《芝峰类说·文章部二》。

［14］许筠〈荪谷山人传〉，“一日，思庵相谓达曰，诗道当以为唐为正。子瞻虽豪放，已落第二义也。遂抽架上太白乐府歌吟、王孟近体以示之。达矍然知正法之在是，遂尽捐故学。归旧所隐荪谷之庄，取文选太白及盛唐十二家，刘随州、韦左史暨伯谦唐音，伏而诵之，夜以继晷，膝不离坐席，凡五年。悦然若有悟，试发之诗，则语甚清切，一洗旧日態。”

［15］申纬《东人论诗絶句·其十四》，“虚白讷斋角奇健，骆峰清邕杭芝川。

中宣后进开天是，徐四佳如四杰前。”自注：“比之于唐，则四佳诸公，其初唐之四杰，而中宣诸名家，其犹盛唐开天诸家。”

[16] 崔岦《十家近体诗跋》：“五七言不必兼焉者，特鱼熊掌之取舍也。于所取则以全焉者，非有瓦砾之可后也。唯李杜必兼且全焉者，加尊重之意也。十家之外，似可恨少者，李商隐、苏东坡二家，余亦未尝不喜，然或不善学焉，则其流得无失之艰与伤于易者乎。”

[17] 以上引文出于李珥《精言妙选序》。

[18] 林佳蓉《朱熹诗歌理论及其创作实践之研究》，2006。

[19] 王志清《直彻心源的生命感动——王维、孟浩然山水诗之比较论》，南京邮电学院学报（社会科学版）2001 年 03 期。

[20] 徐居正《题云山君所藏春山图》，“虽然我非诗圣杜子美。无才题咏吴松半江水。安得三昧手段如王维。诗中有画画中诗。”李德懋《青庄馆全书·编书杂稿·诗观小传》，“殷璠谓维诗。词秀调雅。意新理惬。苏轼亦云诗中有画。画中有诗。”

[25] 申维翰《海游录下·十二月十三日》，“湛长老所馆与船相近。…长老喜迎叙话，问唐诗李杜外，当以何家为冠。余曰，王右丞似贤。”

[26] 金昌协《农岩集·村隐集序》。

[27] 朱熹《晦庵集·向芗林文集后序》，“大者既立而后，节概之高、语言之妙乃有可得，而言者如其不然，则纪逡、唐林之节非不苦，王维、储光羲之诗非不翛然清远也，然一失身于新莽山之朝，则其平生之所辛勤而仅得以传世者，适足为后人嗤笑之资耳。”

[28] 闵遇洙《贞庵集卷·南忠壮公诗集序》：“余读唐诗，见张睢阳闻笛之作、颜平原登桥之诗，非当世诗人刻意求工之比，而后之君子独钦诵而不厌。盖其大节之伟然者，特为人所慕，而秉彝好德之心，自有不能已者。不然则彼王维、储光羲之诗。非不清远闲澹，极诗之美也。斯岂非伦纲义理之为重而语言声病之为轻欤。”

[29] 李植《泽堂先生别集·杂著·学诗准的》。

[30] 拙著《孟浩然诗研究》，韩国首尔大学校出版部，2007 年 6 月。

[31] 可朋《赋洞庭》。

[32] 许棠《过洞庭湖》。

[33] 李德懋《青庄馆全书》卷二十四《编书杂稿》。

[34]《御定全唐诗》卷一百五十九。

[35] 皮日休《郢州孟亭记》。

（作者为韩国首尔大学客座教授）

孟浩然研究文献目录新编

陈才智

1. 兹新编盖据拙编《孟浩然研究文献目录（截至2003年）》（曾提交2004年孟浩然研究国际学术讨论会）修补增订而成，截止时间延至2013年。
2. 兹新编分为集序传记、版本著录、全集整理、选集整理、研究著作、索引文献、学位论文、期刊论文、国外研究等九个部分，涵盖中日韩英美德俄等国家。
3. 兹新编除第八和第九部分所附参考文献之外，还曾参考川口喜治《孟浩然研究论著目录（增补版）》（载《山口县立大学国际文化学部纪要》第8号，2002年），并得力于胡建次、邱美琼编译《日本学者中国古典诗学研究主要文献目录》（百花洲文艺出版社，2009年7月），在此深表谢意。

一、集序传记

1. 《孟浩然集序》王士源，《四部丛刊》本《孟浩然集》附载；《全唐文》卷三七八，中华书局影印本，1987 年 2 月，第四册，3837 页。
2. 《孟浩然集序》韦滔，《全唐文》卷三〇七，同上第四册，3124 页。
3. 《送孟大入蜀》陶翰，《全唐文》卷三三四，同上第四册，3381 页。
4. 《旧唐书》卷一九〇下，文苑下（六）孟浩然本传，中华书局，1975 年 5 月第 1 版，1995 年 3 月北京第 3 次印刷，15 册，5050 页。
5. 《新唐书》卷二〇三，文艺下（七）孟浩然本传，中华书局，1975 年 2 月第 1 版，1995 年 3 月北京第 3 次印刷，18

册，5779 页。

6.《唐诗纪事》，上海古籍出版社，1987 年 7 月新 1 版。

卷一八，266 页杜甫　卷二三，345 页张子容，346 页孟浩然　卷二四，366 页包融，368 页韩滉。

卷二五，378－379 页刘昚虚　卷二六，391 页阎防　卷三八，581 页白居易。

卷四六（下），697 页刘言史　卷五一（下），781 页苻载　卷五二（下），795 页张祜。

7.《唐才子传》卷二，傅璇琮主编《唐才子传校笺》第一册，中华书局，1987 年 5 月；2000 年 2 月，陈铁民撰；《唐才子传校笺》第五册补正，陶敏撰，中华书局，1995 年 11 月。

8.《全唐诗》卷一五九，孟浩然小传。

9.《唐人轶事汇编》，周勋初、严杰、武秀成、姚松编，上海古籍出版社，1995 年 12 月，第二册，601 页。

10.《孟浩然传记资料》，朱传誉主编，天一出版社，1985 年，全 3 册。

二、版本著录

1.《新唐书》卷六十，艺文志四，丁部集录别集类，中华书局，1975 年 2 月第 1 版，5 册，1609 页。

《孟浩然诗集》三卷。

2.《郡斋读书志校证》，孙猛校证，上海古籍出版社，1990 年 10 月，846～847 页。

《孟浩然诗》一卷。

右唐孟浩然也。襄阳人。工五言诗，隐鹿门山，年四十，乃游京师。一日，诸名士集秘省联句，浩然句曰：“微云淡河汉，疏雨滴梧桐。”众皆钦伏。张九龄、王维雅称之。维私邀入禁林，遇玄宗临幸，浩然匿床下，维以闻。上曰：“素闻其人。”因召见，命自诵所为诗，至“不才明主弃”之句，上曰：“不求进而诬朕弃人。”命放归。所著诗二百一十首。宜城处士王士源序次为三卷，今并为一，又有天宝中韦绍序。

3.《直斋书录解题》，徐小蛮、顾美华校点，上海古籍出版社，1987年12月，558页。

《孟襄阳集》三卷。

唐进士孟浩然撰，宜城王士源序之，凡二百十八首，分为七类，太常卿韦滔为之重序。

4.《汲古阁书跋》，［明］毛益撰，潘景郑校订，古典文学出版社，1958年5月，孟襄阳集，45页。

5.《四库全书总目提要》卷一四九，集部别集类二，孟浩然集四卷。

6.《增订四库简明目录标注》，［清］邵懿辰撰，邵章续录，上海古籍出版社，1959年12月第1版，1979年7月新1版，652页。

7.《书目答问二种》，张之洞撰，范希曾补正，叶德辉斠补 三联书店，1998年6月，203页，413页。

孟襄阳集三卷。

唐孟浩然。汲古阁本，明闵齐伋刻本，又明刻本四卷。

范补：上海医学书局影印汲古阁本，四部丛刊影印明刻本四卷，沔阳卢靖影印明活字本三卷，胡凤丹刻本。

8.《伪书通考》，张心澂编著，上海书店出版社，1998 年 1 月，981～982 页。

9.《中国伪书综考》，邓瑞全、王冠英主编，黄山书社，1998 年 7 月，735～736 页。

10.《唐集叙录·孟襄阳集》，万曼，中华书局，1980 年 11 月，75～78 页。

11.《四库提要订误》，李裕民，书目文献出版社，1990 年 10 月，213～214 页。

12.《四库全书总目提要补正》，胡玉缙，上海书店，1998 年 1 月，1189～1190 页。

13.《唐诗书录》，陈伯海、朱易安编撰，齐鲁书社，1988 年 12 月，210～214 页。

14.《中国古籍善本书目·集部》，上海古籍出版社，1998 年 3 月，上册 54～55 页。

15.《孟浩然集校注·著录考》，徐鹏校注，人民文学出版社，1989 年 8 月。

三、全集整理

1. 孟浩然集三卷，唐·孟浩然撰，明·朱警辑《唐百家诗》，明嘉靖十九年（1540）刊本。

2. 孟浩然集二卷，唐·孟浩然撰，明·张逊业辑《唐十二家诗》，明嘉靖三十一年（1552）江都黄墩东壁图书府刊本。

3. 孟浩然集四卷，唐·孟浩然撰，明·□□辑《唐人小集》，明嘉靖刊本。

4. 孟浩然诗三卷，唐·孟浩然撰，明·□□辑，明活字本；上海古籍出版社影印本《明铜活字本唐五十家诗集》，1989年4月第1版，1992年5月第2次印刷。

5. 孟浩然集一卷，唐·孟浩然撰，明·杨一统辑《唐十二名家诗》，明万历十二年（1584）刊本。

6. 孟浩然集二卷，唐·孟浩然撰，明·许自昌辑《前唐十二家诗》，明万历三十一年（1603）霏玉轩刊本。

7. 孟襄阳集三卷，唐·孟浩然撰，明·毛晋辑《五唐人集》，明崇祯中海虞毛氏汲古阁刊本，民国上海医学书局据明毛氏本景印，民国十五年（1926）上海涵芬楼据明毛氏本景印。

8. 孟浩然诗集二卷，唐·孟浩然撰，宋·刘辰翁、明·李梦阳评，明·凌濛初刻朱墨套印本，1函4册，索书号：851.441/1734-13，西师图书馆藏。

9. 孟浩然诗集二卷，唐·孟浩然撰，宋·刘辰翁评《王孟诗评》，清光绪五年（1879）巴陵方氏碧琳琅馆刊朱墨套印本，1函4册，索书号：851. 441/1020-11（1-4）。

10. 孟襄阳集二卷，唐·孟浩然撰，宋·刘辰翁评，明·袁宏道评，明刊本，1函2册，索书号：851. 441/1734。

11. 孟襄阳诗集二卷，唐·孟浩然撰，清·汪立名辑《唐四家诗》八卷（王右丞诗集二卷　唐王维撰；孟襄阳诗集二卷　唐孟浩然撰；韦苏州诗集二卷　唐韦应物撰；柳河东诗集二卷　唐柳宗元撰），清康熙三十四年（1695）天都汪立名刊本，清光绪中湖北崇文书局刊本，四川大学图书馆藏。

12. 孟襄阳集二卷，唐·孟浩然撰，清·胡凤丹辑《唐四家诗集》，清同治九年（1870）退补斋刊本。
13. 孟襄阳诗钞一卷，唐·孟浩然撰，清·陈明善辑《唐六家诗钞》，清刊本。
14. 全唐诗·孟浩然，《全唐诗》卷一五九，王全（王仲闻、傅璇琮）点校，中华书局，1960 年 4 月 第 1 版，1992 年 10 月第 5 次印刷，第 3 册，1617 页。
15. 全唐诗补编，陈尚君等，中华书局，1992 年 10 月，上册 30 页、144 页、566 页，中册 816 页。
16. 增订注释全唐诗·孟浩然诗，唐·孟浩然撰，陈贻焮主编、陈铁民、彭庆生副主编，李华撰写，文化艺术出版社，2001 年 5 月
17. 孟浩然集四卷，唐·孟浩然撰，唐·王士源编，北京：文学古籍刊行社，1954 年 10 月。
18. 孟浩然诗集，唐·孟浩然撰，上海古籍出版社影印宋蜀刻本，1982 年 2 月，宋蜀刻本唐人集丛刊。
19. 孟浩然集三卷，唐·孟浩然撰，王德毅主编《丛书集成续编》集部第 99 册，台北：新文丰出版公司，1988 年。
20. 孟浩然集四卷，唐·孟浩然撰，《四部丛刊初编》集部. 110. 据江南图书馆藏明刊本影印，1929 年；上海：商务印书馆四部丛刊初编缩印元刊本，上海书店，1989 年 3 月。
21. 孟浩然集四卷，唐·孟浩然撰，《四部备要》，上海：中华书局，1936 年；北京：中华书局，1955 年 5 月；1989 年

3 月。
22. 孟浩然集，唐·孟浩然撰，郑振铎校补，上海：商务印书馆，1935 年；1938 年，《世界文库》本；河北人民出版社，1991 年再版。
23. 孟浩然集四卷，唐·孟浩然撰，上海：商务印书馆，1938 年 7 月，“国学基本丛刊”。共 43 页。收 218 首。书前有王士源序。
24. 孟浩然集四卷，唐·孟浩然撰，《影印文渊阁四库全书》1071．集部．10．（清）永瑢，纪昀等纂修，台北：台湾商务印书馆 1986 年；上海古籍出版社影印文渊阁本，1987 年 6 月。
25. 高常侍集．常建诗．孟浩然集，上海古籍出版社，1992 年，四库唐人文集丛刊。
26. 孟浩然诗集，唐·孟浩然撰，北京图书馆出版社，2003 年 12 月，1 函 2 册；22．5 × 33cm，据中国国家图书馆藏宋刻本影印，中华再造善本·唐宋编·集部，ISBN 7－5013－2308－9/K·701。
27. 王右丞集，孟浩然集，喻岳衡点校，岳麓书社，1990 年 7 月，“古典名著普及文库”。
28. 孟浩然诗集，唐·孟浩然撰，北京燕山出版社，1996 年。
29. 王维全集（附孟浩然集），曹中孚标点，上海古籍出版社，1997 年 10 月。
30. 孟浩然诗集，唐·孟浩然撰，中国文史出版社，1999 年。
31. 中国古典文学宝库，第八辑，唐诗，五，孟浩然诗集，齐豫生，夏于全主编，延吉：延边人民出版社，1999 年，书

脊题：21 世纪文库

32. 王摩诘文集，孟浩然诗集，上海古籍出版社，2003 年 10 月，“书韵楼丛刊”。
33. 孟浩然集笺注，游信利笺注，（台湾）嘉新水泥公司文化基金会，1968 年；台北：学生书局，1975 年 8 月；1979 年 4 月，314 页。
34. 孟浩然诗集校注，李景白校注，巴蜀书社，1988 年 3 月。
35. 孟浩然诗集笺注，曹永东笺注，天津古籍出版社，1989 年。
36. 孟浩然集校注，徐鹏校注，人民文学出版社，1989 年 8 月；1998 年 2 月。
37. 孟浩然集注，赵桂藩注，旅游教育出版社，1991 年 4 月。
38. 孟浩然诗集评注，李怀福、李延夫主编，长江文艺出版社，1992 年 6 月。
39. 孟浩然诗集笺注，佟培基笺注，上海古籍出版社，2000 年 5 月；2013 年 10 月修订本，“中国古典文学丛书”。

四、选集整理

1. 河岳英灵集 卷中 孟浩然诗六首 唐人选唐诗新编，傅璇琮等，陕西人民教育出版社，1996 年 7 月，172 ~ 174 页。
2. 国秀集 卷中 孟浩然诗七首，唐人选唐诗新编，傅璇琮等，陕西人民教育出版社，1996 年 7 月，263 ~ 265 页。
3. 又玄集 卷上 孟浩然诗三首，唐人选唐诗新编，傅璇琮等，陕西人民教育出版社，1996 年 7 月，614 页。

4. 才调集 卷一 孟浩然诗二首，唐人选唐诗新编，傅璇琮等，陕西人民教育出版社，1996 年 7 月，714 页。
5. 敦煌遗书总目索引·伯第三八八五号残诗集，王重民；刘铭恕，北京：商务印书馆 1962 年 5 月；日本：极东书店，1963 年；台北：源流出版社，1982 年；北京：中华书局增订版 1983 年 6 月，297 页；台北：新文丰出版公司（初版），1985 年，552 页。
6. 敦煌诗集残卷辑考 徐俊，中华书局，2000 年 6 月，48 ~ 52，308，317，428 页。参见黄永武《敦煌的唐诗·敦煌所见孟浩然诗十二首的价值》洪范书店，1977 年 5 月，87 ~ 108 页。
7. 唐诗卷（拟题），日本酒井宇吉藏，存陈羽、李嘉祐、武三思、张栖贞、王渐、孟浩然、郎士元等 13 人诗 27 首（其中重出 1 首，题存诗残 1 首），均为咏僧寺之作（其中 13 首不见于《全唐诗》），影印本见于大阪市立美术馆编《唐抄本》（福本雅一图版解说，同朋舍，1981 年 2 月），卷背为《白氏长庆集》卷二十二。[涉及孟浩然《题融公兰若》·《题大禹寺义公禅房》·《过景空寺故融公兰若》·《登总持寺浮图》·《题大禹寺义公禅房》（重出）·《游明禅师西山兰若》]。
8. 孟浩然诗，傅东华选注，上海：商务印书馆，1931 年 1 月，王云五主编“万有文库”第一集；王云五、朱经农主编“学生国学丛书”第二集；广文书局。选收 153 首，每首诗后有注释。共 89 页。
9.（音注）王摩诘·高渤海·孟浩然·岑嘉州诗，（清）王渔洋选，中华书局辑注，上海：中华书局，1936 年 8 月。收王维、高适、孟浩然、岑参 4 人诗 200 余首。共 146 页。有作者小传及揭要，诗后有注释。

10. 孟浩然诗选，陈贻焮选注，人民文学出版社，1983 年 5 月，“中国古典文学读本丛书”；河北教育出版社，1999 年 1 月。
11. 孟浩然韦应物诗选，李小松选注，香港三联书店，1983 年 6 月；广东人民出版社，1985 年 4 月；远流出版事业公司，1988 年，刘逸生主编“中国历代诗人选集”。
12. 王维. 孟浩然选集，王达津选注，上海古籍出版社，1990 年 12 月，“古典文学名家选集”。
13. 孟浩然诗百首，李华选注，中州古籍出版社，1990 年。
14. 孟浩然诗歌欣赏集，李景白编，巴蜀书社，1990 年（据邓瑞全、王冠英主编《中国伪书综考》，黄山书社，1998 年 7 月，736 页）。
15. 孟浩然诗选译，邓安选译，巴蜀书社，1990 年；凤凰出版传媒集团，2011 年 5 月。
16. 王维孟浩然诗选注，葛杰选注，上海古籍出版社，1994 年。
17. 全唐诗广选新注集评第 2 卷，辽宁人民出版社，1994 年 8 月。
18. 王维孟浩然高适岑参诗精选 200 首，傅如一等选注，山西古籍出版社，1995 年。
19. 王维孟浩然诗歌精选，梁志林等选注，花山文艺出版社，1996 年 6 月。

20. 王维孟浩然诗精选精注，胡遂选注，广西师范大学出版社，1997 年 7 月。
21. 王维孟浩然诗歌名篇欣赏，王启兴主编，巴蜀书社，1998 年 8 月。
22. 孟浩然诗选，严纪华，五南图书出版有限公司，2000 年 1 月。
23. 王维孟浩然诗选，巴蜀书社，2001 年，“唐宋名家选集丛书”。
24. 王维孟浩然诗选评，刘宁选评，上海古籍出版社，2002 年 12 月，“新世纪古典文学经典读本”。
25. 王孟体诗选，葛景春，河北大学出版社，2004 年 5 月，詹福瑞主编“中国诗体丛书”。
26. 王维孟浩然诗选评，陶文鹏选评，三秦出版社，2004 年 7 月，“名家注评古典文学丛书”。
27. 王维孟浩然诗选，陈铁民选编，中华书局，2005 年 8 月，“古典诗词名家”。

五、研究著作

1. 王维与孟浩然，杨荫深，上海：商务印书馆，1936 年。
2. 孟浩然诗说，萧继宗，台中：东海大学，1961 年 4 月，214 页；台北：台湾商务印书馆，1969 年 12 月；1985 年 6 月修订本。
3. 王维和孟浩然，王从仁，上海古籍出版社，1983 年 10 月，“中国古典文学基本知识丛书”，133 页。

4. 孟浩然年谱，刘文刚，北京：人民文学出版社，1995 年 10 月。智按：《中国历代年谱总录》，杨殿珣，书目文献出版社，1996 年 5 月，86 页，465 页。
5. 山水诗人：孟浩然，陈文道编著，武汉大学出版社，1996 年 5 月。
6. 孟浩然·王维，曲德来，春风文艺出版社，1999 年 1 月。
7. 王维孟浩然及其作品选，王从仁、葛杰，上海古籍出版社，1999 年。智按，即王从仁《王维和孟浩然》和葛杰《王维孟浩然诗选注》之合订本。
8. 孟浩然研究文集，主编：刘阳，执行主编：刘俊玠、房日晰，人民日报出版社，2001 年 6 月。
9. 孟浩然研究，王辉斌，甘肃人民出版社，2002 年 1 月。
10. 孟浩然论析，陈新璋，广东人民出版社，2004 年 10 月。
11. 孟浩然大辞典，王辉斌主编，黄山书社，2008 年 8 月。
12. 孟浩然研究论丛，王辉斌主编，黄山书社，2011 年 9 月。

六、索引文献

1. 孟浩然诗索引，青山宏校阅，中国学术考究会，日本汲古书院，1981 年 7 月。
2. 孟浩然诗歌索引（*A Concordance to the Poems of Meng Hao-jan*），柯罗尔（Paul W. Kroll）、乔伊斯（Joyce Wong Kroll），旧金山：汉学研究资料中心出版社（Chinese Materials Center Publications），1982 年。
3. 唐五代人物传记综合索引，傅璇琮、张忱石、许逸民编撰，中华书局，1982 年 4 月，198 页左。
4. 唐五代五十二种笔记小说人名索引 方积六、吴冬秀，中华书局，1992 年 7 月，134 页右。
5. 全唐诗索引 · 孟浩然卷，陈抗、林沧、张晓光、蔡文利，中华书局，1994 年 5 月。

七、学位论文

1. 孟浩然诗校注，张学波，台北：国立师范大学国文研究所硕士论文，1967 年 6 月。
2. 孟浩然集笺注，游信利，台北：国立政治大学中文研究所，1967 年 6 月。
3. 论王、孟诗风，李许群，台湾珠海大学中文研究所硕士论文，1975 年。
4. 孟浩然的隐居生活及其田园山水诗研究，梁美华，新加坡国立大学中文系荣誉学士论文，1984 年。
5. 孟浩然生平考略，屈光，河南师范大学硕士论文，1984 年，85 页，指导教师：高文。
6. 孟浩然山水田园诗新探，李浩，西北大学硕士论文，1987 年，43 页，附论文提要 主要参考文献：第 42 ~ 43 页，指导教师：安旗、梁超然。
7. 明王孟诗风，李许群，（香港）珠海书院中文研究所硕士论文，1987 年 5 月。
8. 王维孟浩然研究，朱新法，南京大学硕士论文，1988 年，57 页，指导教师：郭维森。

9. 论孟浩然山水田园诗的审美情境：兼及孟浩然诗歌与王维诗歌的比较，彭米卉，湘潭大学硕士论文，1989 年，指导教师：羊春秋。

10. 孟浩然诗研究，梁文福，新加坡国立大学中文系硕士论文，1991 年。

11. 孟浩然隐逸形象重探，林宏安，台湾清华大学中国文学研究所硕士论文，1992 年。

12. 孟浩然新论，马文敏，西北大学硕士论文，1999 年，指导教师：房日晰。

13. 孟浩然山水田园诗研究，张俊，安徽大学硕士论文，2003 年。

14. 孟浩然创作和思想研究，李荣，陕西师范大学硕士论文，2003 年。

15. 孟浩然诗与盛唐气象，孟祥光，新疆师范大学硕士论文，2006 年。

16. 孟浩然及其诗歌研究，李园，南京师范大学博士论文，2007 年。

17. 孟浩然近体诗句法研究，王彩云，重庆师范大学硕士论文，2007 年。

18. 孟浩然诗歌分类问题研究，王英霞，东北师范大学硕士论文，2008 年。

19. 从帕尔默文化语言学视角探析王维、孟浩然山水田园诗英译的意象再造，张爽，辽宁师范大学硕士论文，2008 年。

20. 孟浩然与魏晋风度，王丽娜，中央民族大学硕士论文，2008 年。

21. 蹉跎游子意 眷恋故人心——论孟浩然的荆襄情结与其诗歌创作，骆霞，中南民族大学硕士论文，2009 年。
22. 从《黄鹤楼送孟浩然之广陵》英译的关联解读看中国古诗英译的意境重塑，温旭，四川师范大学硕士论文，2009 年。
23. 孟浩然在宋元时期的接受，杨东莉，华东师范大学硕士论文，2010 年，指导教师：杨焄。
24. 框架理论下的隐喻翻译研究——以陶渊明、王维、孟浩然田园诗为例，陈娟，辽宁师范大学硕士论文，2010 年。
25. 襄阳与唐代诗歌，马喜瑞，河北师范大学硕士论文，2011 年，指导教师：曾智安。
26. 孟浩然田园诗歌英译中的相似性研究——以许渊冲 2000 年译本为例，杨晓琳，辽宁师范大学硕士论文，2012 年。
27. 论孟浩然及其诗歌在唐代的接受与传播，刘峰峰，漳州师范学院硕士论文，2012 年。
28. 王维孟浩然山水田园诗异同论，杨卫丽，山东大学硕士论文，2012 年。
29. 孟浩然近体诗意象研究，李静，河南师范大学硕士论文，2012 年。
30. 探究中国古诗词艺术歌曲《黄鹤楼送孟浩然之广陵》的演唱特点，吴婷婷，上海音乐学院硕士论文，2013 年。
31. 全国小型古代历史人物纪念馆的管理创新研究——以孟浩然纪念馆为例，王欣，上海大学硕士论文，2013 年。
32. 生态美学视野下的孟浩然山水田园诗研究，陈晓琳，广西师范大学硕士论文，2013 年。

33. 气：孟浩然及其诗歌研究，王艳萍，河北师范大学硕士论文，2013 年，指导教师：曾智安。

八、期刊论文

（一）大陆论文

1925 年

孟浩然评传，詹安泰，国立广东大学文科学院季刊第 1 期，1925 年；又收入其《古典文学论集》（广东人民出版社，1984 年 1 月）。

1926 年

平民诗人孟浩然，汪承经，学生文艺汇编，1926 年，第 3 卷第 1 期，597 –603 页；第 3 卷第 5 期，75 ~81 页。

1927 年

平民诗人孟浩然，曹梦鱼、紫罗兰，1927 年，第 2 卷第 11 期，1 ~3 页。

1935 年

孟浩然及其作品，刘钟明，云南旅平学会季刊，1935 年，第 2 卷第 1 期，88 ~99 页。

1937 年

题孟浩然画像，高鸿鹄，金陵大学砥柱文艺社社刊，1937 年。

1942 年

说孟，玄修，同声月刊 2：3，1942 –1943。

关于孟浩然踏雪寻梅（随笔），白峰，公教学生，1942

年，第2卷第3期。

诗的欣赏：一个小孩子的诗：春晓（孟浩然）（附图），宛儿，新儿童，1942年，第2卷 第4期，34页。

1946年

河岳诗人孟浩然，刘甲华，重庆：文史杂志6：1，1946年7月。

整理孟浩然传记之中心问题，李光璧，北平：新思潮月刊1：1，1946年8月，45~47页。

1948年

孟浩然，闻一多，原载《大国民报》，时间不详，又收入《闻一多全集》，开明书店，1948年；三联书店；《闻一多全集》第6册《唐诗编·上》，湖北人民出版社，1993年12月，50~55页，徐少舟整理。《唐诗杂论》，傅璇琮导读，上海古籍出版社，1998年1月。

1954

谈孟浩然的“隐逸”，陈贻焮，光明日报（1954年8月22日，文学遗产17期），又收入人民文学出版社编辑、出版《唐诗研究论文集》，1959年。

1957年

谈唐诗《过故人庄》《燕歌行》《白雪歌送武判官归京》，丁丕行，语文教学（1957年第2期）。

谈孟浩然的《过故人庄》，林庚，语文学习（1957年第2期，8~9页），又收入中华书局上海编辑所编辑、出版《古典文学作品解析》上辑；又收入其《唐诗综论》，人民文学出版社，1987年4月；又载《名作欣赏》2003年第5期。

孟浩然《过故人庄》浅释，李白风，语文教学通讯（高中版）（1957年2、3期）。

1959年

有没有选“春眠不觉晓”这首诗，路坎，光明日报1959年4月5日，文学遗产254期。

关于孟浩然及其《春眠》诗的争论：来稿综合报导 光明日报1959年6月28日。

唐诗小札（孟浩然《望洞庭湖赠张丞相》），刘逸生，羊城晚报（1959年12月20日），又收入其《唐诗小札》，广东人民出版社。

1961年

论孟浩然和他的诗，刘开扬，《唐诗论文集》中华书局，1961年；上海古籍出版社，1979年9月，26~35页。

1964年

孟浩然的生平和他的诗，王达津，南开大学学报1964年第3期，又收入其《唐诗丛考》，上海古籍出版社，1986年2月，90~111页。

1965年

孟浩然事迹考辨，陈贻焮，《文史》第四辑，中华书局，1965年6月，又收入其《唐诗论丛》，湖南人民出版社，1980年9月。

1966年

我对《春晓》一诗的认识，经盛鸿，光明日报1966年6月5日，文学遗产554期。

1978年

孟浩然行止考实：唐诗人行年考之一，谭优学，西南师院学报1978年第1期，又收入其《唐诗人行年考》，四川人民出版社，1981年。

1979 **年**

孟浩然，马之法，中学语文（武汉师院）1979年第3期。

“把酒话桑麻”，王毅，长江日报（1979年10月27日）（注：《过故人庄》）。

1980 **年**

孟浩然登石门山考，白墨，浪花（1980年第6期）。

“吾爱孟夫子”：盛唐诗人孟浩然简介，税良成，布谷鸟（1980年第7期）。

王维山水诗略论：兼谈王孟山水诗派的艺术风格，袁宏轩，山西师院学报（1980年第4期）。

《孟浩然诗选·后记》（节录），陈贻焮，文艺论丛（第10辑，1980年4月）。

略说孟浩然的《春晓》，吴奔星，光明日报（1980年10月5日）。

唐代诗人考略·孟浩然，傅璇琮，《文史》第八辑（1980年3月）。

关于孟浩然《春晓》来稿综述，编者，光明日报（1980年10月26日）。

1981 **年**

李白与孟浩然交游考，郁贤皓，唐代文学（西北大学学报丛刊）（第1期，1981年4月）275页，又收入其《李白丛考》陕西人民出版社，1982年10月；《天上谪仙人的秘密：李白考论集》，台湾商务印书馆，1996 年 6 月，123 页。

说孟浩然《过故人庄》，倪其心，文史知识 1981 年第 2 期 23 页。

论孟浩然的隐逸及其诗作，张子敬，大连师专学报（1981 年第 1 期）32 页。

孟浩然首次入京考，屈光，河南师大学报（1981 年第 3 期，86 ~ 90 页）。

越看越糊涂：读吴奔星先生的《略谈孟浩然的〈春晓〉》，余滨，黄冈师专学报（1981 年第 1 期）。

《春晓》赏析，胡升康，南昌晚报（1981 年 4 月 5 日）。

《春晓》好在哪里，振甫，中学语文教学（1981 年第 10 期）。

江潮滚滚入眼来：读孟浩然《与颜钱塘登樟亭望潮作》，张国举，吉林日报（1981 年 9 月 13 日）。

一首情景交融的忆友诗，刘树勋，中国青年报（1981 年 9 月 27 日）（注：《宿桐庐江寄广陵旧游》）。

诗名赢得满江湖，周笃文，湖北日报（1981 年 11 月 1 日）（注《望洞庭赠张丞相》）。

《〈唐写本唐人选唐诗〉提要》纠谬（《夜泊庐江闻故人在东林寺以诗寄之》《寄是正字》《与张折冲游耆阇寺》《梅道士水亭 亭金刚波若》《与黄侍御北津泛舟》《姚开府山池》《洞庭湖作》《奉和卢明府九日岘山宴马二使君崔员外张郎中》《寒食卧疾喜李少府见寻》），李云逸，宁夏大学学报（社会科学版）1981 年第 4 期，1981 年 12 月。

1982 年

“就菊花”是指饮菊花酒，康怀远，社会科学战线 1982 年第 1 期。

论王孟山水诗的艺术，丁成泉，华中师院学报 1982 年第 3 期。

孟浩然、王昌龄、裴耀卿随张九龄宴游诗及赠诗笺释，李玉宏，韶关师专学报 1982 年第 2 期。

关于《春晓》及其他，曾玲先，衡阳师专学报 1982 年 1 ~ 2 期合刊。

孟浩然和襄阳山水，刘树勋，艺丛 1982 年第 2 期 88 页。

孟浩然《听郑五愔弹琴》诗的两个问题，张效民、陈慈，文史知识 1982 年第 2 期。

关于孟浩然生平事迹的几个问题，陈铁民，《文史》第十五辑，中华书局，1982 年 9 月，又收入其《王维新论》，北京师范学院出版社，1990 年 9 月。

“吾爱孟夫子”（外二篇），肖文苑，随笔 20 期，1982 年。

1983 年

唐彦谦诗中的所谓孟浩然父子，曹汛，中华文史论丛，第 27 辑，上海古籍出版社，1983 年 3 月，160 页。

“羡鱼情”与羡渔情，乔占武，文科教学（1983 年第 1 期）。

孟浩然入京事迹考，孙维城，安徽师范大学学报 1983 年第 4 期，56 页。

孟浩然诗的风格特色，李育仁，武汉师院学报 1983 年第 4 期 63 页。

孟浩然的《过故人庄》，王吉明，陕西教育 1983 年第

1 期。

淡而有味，清而愈醇：读孟浩然《过故人庄》，高维垣，宁夏教育学院学刊 1983 年第 1 期 11 页。

《过故人庄》于长河编写，锦州师院分校学报 1983 年第 1 期。

淡墨浓情咏乡音：读孟浩然的《过故人庄》，祁念曾，宝鸡教育 1983 年第 2 期。

情寓于景 景为情设：《过故人庄》赏析，罗旭光，山西师院学报 1983 年第 2 期。

质而实绮，癯而实腴：孟浩然《过故人庄》赏析，魏恰、嗜文，教学与进修（镇江师专）1983 年第 3 期 72 页。

“故人”“田家”辨疑：《过故人庄》评价复议，郑沛德，语言文学 1983 年第 3 期。

《过故人庄》浅析，韩维禄，中学语文教学参考（陕西师大）1983 年第 5 期。

《过故人庄》浅析，龚学文，语文教学与研究（华中师院）1983 年第 6 期。

绚烂之极，归于平淡：谈孟浩然《过故人庄》，黄建宏，中学语文（武汉师院）1983 年第 6 期。

以意逆志，是为得之：孟浩然的《春晓》，王世德，广州文艺 1983 年第 3 期。

且论“八月湖水平”的“平”，文昌荣，语文园地 1983 年第 5 期。

孟浩然《宿建德江》赏析，顾伟列，语文教学之友（廊坊师专）1983 年第 8 期 22 页。

1984 年

古诗二首浅谈，徐绍仲，沈阳师范学院学报 1984 年第 1 期。

田园风味人诗情：孟浩然《过故人庄》简析，林作民，语文教学研究（台州）1984 年第 4 期。

熔宏伟、含蓄于一炉的艺术佳品：孟浩然《临洞庭赠张丞相》赏析，景仁，语文教学通讯 1984 年第 12 期。

“孟浩然遇唐明皇”事质疑兼论孟浩然的功名仕进思想，李景白，社会科学（甘肃兰州）1984 年第 1 期，78 ~ 82 页。

孟浩然二次入京考，屈光，洛阳师专学报（综合版）1984 年第 2 期。

论孟浩然的思想特征，李育仁，广西大学学报 1984 年第 2 期，1 ~ 6 页。

孟诗风格浅说，王从仁，上海广播电视文科月刊 1984 年第 8 期。

孟浩然“年四十游京师”考辨：兼与傅璇琮先生商榷，王从仁，上海师范学院学报 1984 年第 3 期，66 ~ 68 页。

论孟浩然的诗歌美学观，陶文鹏，文学评论 1984 年第 1 期 91 ~ 101 页，又收入其《唐宋诗美学与艺术论》，南开大学出版社，2003 年 5 月，24 ~ 57 页。

我家襄水曲：孟浩然的乡土诗，刘树勋，武汉春秋 1984 年第 5 期，56 ~ 57 页。

平中寓奇，淡而有味：孟浩然五律《过故人庄》赏析，王小军，滁州师专学报 1984 年第 2 期，64 ~ 65 页。

说孟浩然《宿建德江》诗，陈邦炎，艺谭 1984 年第 3 期，

112～114 页。

清言绝响，风韵独标：浅谈孟浩然诗的清美，初国卿，朝阳师专学报 1984 年第 3 期，26～31 页，又收入其《唐诗赏论》，305～318 页，辽宁人民出版社，1991 年 7 月。

清诗句句尽堪传：孟浩然《过故人庄》讲析，韦立，中文自修 1984 年第 4 期。

1985 年

论孟浩然山水诗的艺术特色，方剑，襄阳师专学报 1985 年第 1 期。

孟浩然《早寒江上有怀》赏析，崔文华，名作欣赏 1985 年第 1 期。

江清月近人：谈孟浩然《宿建德江》，葛德均、陆军，语文月刊（广州）1985 年第 3 期。

孟浩然三入长安考，孙维城，安庆师院学报 1985 年第 4 期，69～73 页。

孟浩然《临洞庭湖赠张丞相》写作时间及主旨新探，丁富国，许昌师专学报 1985 年第 4 期，104～105 页。

孟浩然“好乐忘名”辨，丁成泉，华中师院学报（1985 年第 4 期），74～76 页。

一曲清吟千古心：孟浩然《早春江上有怀》赏析，崔文华，名作欣赏（1985 年第 1 期），38～40 页。

身后是非谁管得，不觉前贤畏后生：文学史札记一则，晏炎吾，中国古典文学鉴赏（1985 年第 5 期）。

孟浩然《春晓》赏析，林兴宅，名作欣赏 1985 年第 5 期。

超脱、宁静的情趣：读孟浩然《春晓》，林兴宅，文学报

（1985．4．11）。

超脱、宁静的意趣：孟浩然《春晓》赏析，林兴宅，名作欣赏（1985．5 期），13～14 页。

1986 **年**

孟浩然集中之卢明府探考，王辉斌，湖北师院学报 1986 年第 3 期。

孟浩然生平续考，王达津，《唐诗丛考》，上海古籍出版社，1986 年 2 月，112～117 页。

孟浩然七绝漫议，陈作林，呼兰师专学报 1986 年第 3 期，55～60 页。

孟浩然交游中的几个问题，陶敏，《唐代文学论丛》第八辑，陕西人民出版社 1986 年 12 月，191－197 页；又收入其《唐代文学与文献论集》，中华书局 2010 年 4 月版。

孟浩然交游补考，李浩，西北大学学报 1986 年第 4 期，45～47 页。

一字之得，全篇生色：谈孟浩然《望洞庭湖赠张丞相》，程发义，语文园地 1986 年第 12 期。

李白与孟浩然的交游，刘武璋，收入《李白在安陆》，华中师大出版社，1986 年。

1987 **年**

孟浩然传校笺，陈铁民，收入傅璇琮主编《唐才子传校笺》第一册，中华书局，1987 年 5 月；2000 年 2 月。

王维与孟浩然山水田园诗之比较，李浩，西北大学学报 1987 年第 3 期，68～73 页。

王、孟诗歌之比较，贺新居，辽宁大学学报 1987 年第

1 期。

孟浩然四题，刘文刚，成都师专学报 1987 年第 1 期，39 ~42 页。

孟浩然生平蠡测，刘文刚，古籍整理与研究 1987 年第 1 期（总第二期）上海古籍出版社，84 ~91 页。

两唐书孟浩然传辨证，刘文刚，文史第二十八辑（中华书局，1987 年），229 ~238 页。

孟浩然佚诗新辑，刘文刚，四川大学学报 1987 年第 4 期，61 ~62 页。

清幽雅淡，平易自然：漫评孟浩然诗歌的艺术风格，李景白，河北师院学报 1987 年第 4 期，53 ~61 页。

孟浩然《过故人庄》赏析，覃冼尘，语文教学与研究 1987 年第 6 期。

孟浩然年谱略稿，李嘉言，《李嘉言古典文学论文集》，上海古籍出版社，1987 年 3 月，243 ~249 页。

李白与孟浩然交游考异，王辉斌，荆门大学学报 1987 年第 2 期。

孟浩然年谱（上），王辉斌，荆门大学学报 1987 年第 2 期。

1988 年

孟浩然年谱（下），王辉斌，荆门大学学报 1988 年第 1 期。

孟浩然入京新考，王辉斌，长沙水电师院学报 1988 年第 1 期，79 ~82 页。

孟浩然入京时间考辨，马丕环，河池师专学报 1988 年第

2 期。

孟浩然开元八年前后首次入京补考，屈光，辽宁师大学报 1988 年第 3 期，56 ~ 60 页。

孟浩然事迹新考，李浩，《唐代文学研究》第一辑，陕西人民出版社 1988 年 3 月，211 ~ 219 页。

孟浩然诗辨伪，房日晰，荆门大学学报 1988 年第 1 期，27 ~ 31 页。

《送张舍人往江东》作者考辨，房日晰，四川大学学报 1988 年第 1 期。

《唐写本唐人选唐诗》中的孟浩然诗，曹永东，天津师专学报 1988 年第 1 期。

傅注《孟浩然诗》商榷，曹永东，天津师大学报 1988 年第 2 期 90 ~ 91 页。

从孟浩然的诗看山水诗和田园诗的合流，关山，中国人民警官大学学报 1988 年第 1 期，6 ~ 66 页。

孟诗《登安阳城楼》之“安阳”应作“安养”考，邓光礼，华南师大学报 1988 年第 1 期。

孟浩然诗歌与盛唐气象，马之法，湖北作家论丛总 2 期，1988 年。

孟浩然的人品与诗品，王恩涛，社会科学辑刊 1988 年第 4 期，120 ~ 123 页。

试论孟浩然的审美理想，章尚正，绥化师专学报 1988 年第 4 期，26 ~ 30 页。

两位开一代山水诗风的先驱：谢灵运与孟浩然山水诗比较，章尚正，安徽大学学报 1988 年第 4 期，38 ~ 43 页。

孟浩然，滴泉，湖北作家论丛 1988 年总 2 期。

1989 年

李白崇尚孟浩然的缘由，房日晰，上海师范大学学报 1989 年第 1 期，24 ~25 页；又收入其《唐诗比较论》，陕西教育出版社，1992 年。

孟浩然诗评注（11 首），李怀福等，襄樊大学学报 1989 年第 1 期。

孟浩然诗歌艺术风格的再思考，李景白，西南师范大学学报 1989 年第 3 期，79 ~87 页。

谈孟浩然田园山水诗的“味”，程发义，语文学刊 1989 年第 4 期。

孟浩然王维诗风格琐谈，冀勤，文史知识 1989 年第 4 期，30 ~32 页。

近而能远、朴茂渊永：孟浩然《过故人庄》赏读，赵昌平，中文自修 1989 年第 1 期。

孟浩然、陈贻焮《论诗杂著》，北京大学出版社 1989 年 5 月，149 ~166 页。

王、孟诗歌差异论，朱起予，苏州大学学报 1989 年第 4 期。

王维、孟浩然诗地名考辩，李浩，西北大学学报 1989．4。

1990 年

也谈孟浩然的隐逸，李景白，河北师院学报 1990 年第 1 期，67 ~75 页。

清旷·清淡·清幽：论孟诗的基本风格及其运动过程，徐辉等，襄樊大学学报 1990 年第 1 期。

论孟浩然山水田园诗的自然特征，李明生、李浩，青海民族学院学报 1990 年第 1 期，74～80 页。

气蒸云梦泽：洞庭名句集萃，陶文鹏，古典文学知识 1990 年第 3 期。

孟浩然游天台山考，丁锡贤，东南文化 1990 年第 6 期，302～304，2 页。

王维、孟浩然齐名质疑：论王维为高孟一等的大诗人，赵玉桢，人文杂志（西安）1990 年第 5 期，107～113 页。

1991 年

《登岳阳楼》与《临洞庭湖赠张丞相》艺术上的异同，蒋灿威，语文辅导 1991 年第 4 期。

孟浩然行年新考，王波，湖北大学学报 1991 年第 6 期。

唐诗志疑录·孟浩然，赵昌平，中文自学指导 1991 年第 10 期。

唐代诗人札记：孟浩然·王维·李白·储光羲·杜甫，葛兆光，文学评论 1991 年第 4 期，36～43 页。

1992 年

王维孟浩然田园山水诗比较，房日晰，《唐诗比较论》，陕西教育出版社，1992 年。

论孟浩然诗歌的艺术风格，李军，渭南师专学报 1992 年第 4 期，18～23 页。

孟浩然与陶渊明，李华，北京师范学院学报 1992 年第 4 期，1～6，21 页。

论王维、孟浩然诗思想境界的差异，赵玉桢，苏州大学学报 1992 年第 2 期，53～58 页。

1993 年

孟浩然入京与下江东问题述评，王辉斌，荆门大学学报 1993 年第 2 期。

孟浩然隐逸趣尚论，朱起予，苏州大学学报 1993 年第 2 期，45～50 页。

孟浩然诗歌魅力探寻，柯素莉，江汉论坛 1993 年第 2 期，45～51 页。

孟浩然诗中的“是正字”，徐俊，文学遗产 1993 年第 2 期 95 页。

王维孟浩然山水诗的异与同，英烈、文生，辽宁师大学报 1993 年第 3 期，39～42 页。

王孟山水田园诗比较，傅正义，渝州大学学报 1993 年第 4 期。

孟浩然行踪辨异，陶新民，学术界 1993 年第 4 期 84～86 页。

论孟浩然（待续），（日）铃木修次、朱光宝译，天府新论 1993 年第 5 期，66～70 页。

形象生动，意蕴深藏：谈孟浩然《过故人庄》，郭翠凤，内蒙古电大学刊 1993 年第 1 期 55～56 页。

1994 年

相似的田园，不同的情感：陶渊明、孟浩然与王维三首田园诗的比较分析，王菊艳，（黑龙江）农垦师专学报（哈尔滨）1994 年第 2 期，29～31 页。

情真思远，语淡意幽：谈孟浩然《宿桐庐寄广陵旧游》诗，叶青，语文月刊 1994 年第 4 期。

淡极始知花更艳：孟浩然《春晓》主旨及美学价值新探，彭捷，学语文 1994 年第 5 期。

孟浩然诗歌艺术管蒯论，刘文刚，《唐代文学研究》第五辑，广西师范大学出版社，1994 年 10 月，82 ~ 96 页。

同中有异趣：王维孟浩然山水诗之我见，刘可守，名作欣赏 1994 年第 2 期，11 ~ 13 页。

1995 年

心理距离与情绪感受：孟浩然《春晓》诗赏析，王富仁，名作欣赏（太原）1995 年第 5 期，43 ~ 50 页；人大复印资料中国古代、近代文学研究 1996 年第 2 期。

孟浩然诗歌艺术论，刘文刚，唐代文学研究第 5 辑（1995 年）。

孟浩然生平研究综述，王辉斌，四川大学学报 1995 年第 1 期，74 ~ 81 页；人大复印资料中国古代、近代文学研究 1995 年第 8 期。

孟浩然入京与下江东问题辨说，王辉斌，青海民族学院学报 1995 年第 1 期，44 ~ 49，61 页。

孟浩然诗艺例说，刘华民，吴中学刊 1995 年第 1 期。

孟浩然、李白越中、天台之游探析，胡正武，台州师专学报（临海）1995 年第 1 期，47 ~ 51 页。

迷人的田野风光，醉人的泥土芳香：《过故人庄》、《游山西村》对读，周懋昌，文史知识 1995 年第 1 期。

说孟浩然的“还来就菊花”，陈增杰，唐都学刊 1995 年第 2 期，26 ~ 27 页，又收入其《唐诗志疑录》上海人民出版社，2007 年 12 月，人文社科新著丛书。

从诗作看孟浩然的隐居，黄才民，六安师专学报 1995 年第 2 期。

孟浩然传校笺补正，陶敏，收入傅璇琮主编《唐才子传校笺》第五册，中华书局，1995 年 11 月；2000 年 2 月。

1996 年

孟浩然《登安阳城楼》小考，易严，文献 1996 年第 3 期。

试论禅思与孟浩然诗歌意境，马燕，青海民族学院学报 1996 年第 4 期，90 ~ 94 页。

一样登楼，两股情怀：《临洞庭》与《登岳阳楼》之比较，蔡日新，语文月刊 1996 年第 4 期。

1997 年

孟浩然终身未仁的个人原因初探，肖兰英，荷泽师专学报 1997 年第 1 期。

浅论孟浩然诗歌情与景的辨证关系，张伟，辽宁大学学报 1997 年第 5 期，46 ~ 48 页。

论皮日休对孟浩然的学习，李福标，西北大学学报，1997 年第 4 期，91 ~ 93，98 页。

谈孟浩然《与诸子登岘山》诗，胡建第（新加坡），文史知识 1997 年第 8 期。

孟浩然《望洞庭湖赠张丞相》赏析，谭邦和，高等函授学报（哲学社会科学版）1997 年第 4 期，31 页。

孟浩然《夜归鹿门山歌》赏析，谭邦和，高等函授学报（哲学社会科学版）1997 年第 5 期。

1998 年

孟浩然《宿建德江》赏析，谭邦和，高等函授学报（哲学社会科学版）1998 年第 1 期。

王孟诗风的多重境界，阮忠，湖北民院学报 1998 年第 1 期。

孟浩然诗中的“卢明府”是谁?，陈耀东，文学遗产 1998 年第 2 期，93 ~94 页。

直彻心源的生命感动：王维孟浩然之比较论，王志清，南通教院学报 1998 年第 1 期

顿悟与超脱（论王维、孟浩然），萧诗斌，写作 1998 年第 10 期，16 ~17 页

山水同辉，风格迥异（论王维、孟浩然），李晓婉，上海大学学报社科版 1998 年第 2 期，34 ~39 页。

《临洞庭》写作时间辨，刘乃亮，石油大学学报社科版（东营）1998 年第 3 期，83 ~84 页。

王维、孟浩然山水田园诗之比较，黄昭寅，德州师专学报 1998 年第 3 期。

花开有异，竞自芬芳：陶渊明、孟浩然诗之比较，莫纯玉，右江民族师专学报，1998 年第 1 期。

谈王孟的佛诗，虞澄，吴中学刊社科版（常熟）1998 年第 4 期，1 ~6 页。

诗人孟浩然诗歌的艺术风格，柏朴，陕西师范大学学报 1998 年第 27 卷增刊 1998 年 12 月。

“吾爱孟夫子，风流天下闻”：李白推崇孟浩然原因探源，许志忠，内蒙古教育学院学报 1998 年第 5 期。

1999 年

孟浩然入蜀新考，王辉斌，襄樊学院学报 1999 年第 1 期，

76～80 页。

孟浩然结“忘形之交”考，王辉斌，襄樊学院学报 1999 年第 6 期，62～67 页。

浅谈孟浩然的隐逸及其诗歌的艺术特色，周凌云，江苏社会科学 1999 年第 2 期，148～152 页。

一样送别，情趣各异：李、孟两首绝句之比较，尹秋征，天中学刊 1999 年第 3 期。

春兰秋菊，各自芳香：谢灵运、孟浩然山水诗比较，李大敏，中学语文教学参考 1999 年第 6 期，58～59 页。

孟浩然《赴京途中遇雪》系年质疑，萧兰英，泰安师专学报 1999 年第 4 期，23～25 页。

同歌一曲送别情（论王维、孟浩然），李茜，黔东南民族师专学报（凯里）1999 年第 6 期，79～80 页。

论王维孟浩然山水田园诗的艺术成就和影响，唐丽娟，《思茅师范高等专科学校学报》1999 年第 3 期，61～64 页；又载《云南教育学院学报》1999 年第 4 期，66～69 页。

诗情画意，各具其妙：《田园乐》与《春晓》对读，李晓婉，语文月刊（广州）1999 年第 9 期，11～13 页。

“转喉触讳”辨：关于孟浩然和唐玄宗的一桩公案，金敏、周祖文，安徽史学 1999 年第 4 期，23～25 页。

杜甫与孟浩然，刘文刚，杜甫研究学刊 1999 年第 4 期，50～52 页。

论王孟诗派与高岑诗派诗学思想的共同性，陈允锋，洛阳师专学报 1999 年第 3 期，64～67 页。

《孟襄阳集》，汪涌豪、骆玉明主编《中国诗学》第 3 卷，东方出版中心，1999 年 4 月。

2000 年

孟浩然三游湖湘始末考，王辉斌，襄樊学院学报 2000 年第 1 期，84 ~ 88 页。

孟浩然越剡之旅考实，王辉斌，山西大学师院学报 2000 年第 3 期，70 ~ 74 页。

一种非大于是的孟浩然年谱：徐鹏《孟浩然作品系年》辨误，王辉斌，漳州师范学院 2000 年第 3 期。

孟浩然与袁瓘交游考略，王辉斌，乐山师院学报 2000 年第 4 期。

孟浩然“滞洛”探究，王辉斌，襄樊学院学报 2000 年第 6 期，82 ~ 86 页。

清音悠悠响非凡：浅论孟浩然诗的清美，刘朴芳，平原大学学报（新乡）2000 年第 1 期，66 ~ 67 页。

试论孟浩然其人其诗的“拙”，李翰，广西师大学报 2000 年第 3 期，50 ~ 54 页。

纯情一曲唱田园：孟浩然《过故人庄》赏析，韩帼英，河北大学成人教育学院学报 2000 年第 1 期。

20 世纪孟浩然研究，杜晓勤，《唐代文学研究》第八辑，广西师范大学出版社，2000 年 10 月，又收入其《隋唐五代文学研究》下，691 ~ 703 页，北京出版社，2001 年 12 月张燕瑾、吕薇芬主编“二十世纪中国文学研究”。

诗情画意 各擅芬芳：孟浩然、王维山水田园诗比较，夏敏，浙江海洋学院学报 2000 年第 1 期，53 ~ 54，81 页。

孟浩然《春晓》别解，鲍颖、曹康，苏州大学学报（哲学社会科学版）2000 年第 4 期。

2001 年

孟浩然与袁瓘交游考略，王辉斌，乐山师范学院学报 2001 年第 1 期，47 ~49，72 页。

孟浩然诗歌编年，王辉斌，山西大学师范学院学报 2001 年第 3 期，68 ~71 页。

孟浩然诗歌辨伪，王辉斌，襄樊学院学报 2001 年第 1 期，52 ~55 页。

孟浩然与李白交游索考，王辉斌，襄樊学院学报 2001 年第 3 期，88 ~92 页。

孟浩然交游补笺，王辉斌，襄樊学院学报 2001 年第 6 期，81 ~84 页。

台州恶溪与孟浩然来天台山路径新说，胡正武，苏州铁道师范学院学报 2001 年第 2 期，65 ~68 页。

李白与孟浩然初识交游新考论，吕华明，吉首大学学报（社会科学版）2001 年第 4 期，62 ~65，121 页。

孟浩然诗歌艺术特征新探，高恒文，天津师范大学学报：社科版 2001 年第 2 期，49 ~52，65 页。

谈王孟诗风的异同，陈清，语文学刊（呼和浩特）2001 年第 2 期，13 ~14 页。

王维、孟浩然异同论，葛景春，山西大学师范学院学报 2001 年第 4 期。

《望洞庭湖赠张丞相》诗考，费隐，中国典籍与文化 2001 年第 2 期，47 ~50 页。

语淡而味终不薄：谈孟浩然《过故人庄》的韵味，李世洪，成都教育学院学报 2001 年第 2 期，29 ~ 30 页。

也谈孟浩然的不仕 齐齐哈尔大学学报 2001 年第 2 期。

直彻心源的生命感动：王维、孟浩然山水诗之比较论，王志清，南京邮电学院学报 2001 年第 3 期，40 ~ 46 页。

孟浩然的审美追求及其在盛唐诗歌演进中的作用，李娟，南昌职业技术师范学院学报 2001 年第 4 期，8 ~ 13 页。

孟浩然和魏晋名士风流，黄芝栋，徐州师范大学学报（哲学社会科学版）2001 年第 3 期，107 ~ 109 页。

孟浩然研究论文索引，肖甲、房向莉，收入刘阳主编《孟浩然研究文集》，人民日报出版社，2001 年 6 月。

2002 年

孟浩然的仕隐情怀与魏晋文士情结，陈新璋，襄樊学院学报 2002 年第 1 期，84 ~ 88 页。

孟浩然的心态与诗境，文师华，襄樊学院学报 2002 年第 1 期，89 ~ 93 页。

全国首届孟浩然研究学术讨论会欢迎词，向显智（襄樊学院院长、教授），襄樊学院学报 2002 年第 1 期，94 页。

放彩于古城襄樊的学术之光：中国首届孟浩然学术讨论会纪要，王辉斌，襄樊学院学报 2002 年第 1 期，94 页。

孟浩然生平事迹考辨，王辉斌，山西大学学报（哲学社会科学版）2002 年第 1 期，41 ~ 44 页。

历代“孟王优劣”论述评，王辉斌，中国唐代文学学会第十一届年会暨唐代文学国际学术研讨会论文，重庆北碚 · 西南师范大学 2002 年 4 月 20 日 ~ 25 日。

“全国首届孟浩然学术讨论会”举行《文学遗产》2002 年

第 2 期，45 页。

孟浩然家居地考析，魏平柱，襄樊学院学报 2002 年第 3 期，77 ~ 80 页。

多元求是 创见迭出：评王辉斌教授《孟浩然研究》，赵海菱，襄樊学院学报 2002 年第 3 期，95 ~ 96 页。

孟浩然诗歌“清淡”风格的形成，宁松夫，襄樊学院学报 2002 年第 3 期，81 ~ 86 页。

孟浩然诗分类叙论，王辉斌，襄樊学院学报 2002 年第 6 期，86 ~ 92 页。

超脱宁静，淡处知浓：浅析孟浩然《春晓》美学意蕴，丁云，青海教育 2002 年第 9 期。

孟浩然“清诗句句尽堪传”，董连祥，昭乌达蒙族师专学报 2002 年第 1 期，32 ~ 38 页。

克罗卜史托克和他的自然诗：兼与孟浩然比较，刘润芳，外国文学评论 2002 年第 2 期，17 ~ 24 页。

论孟浩然的文化性格与诗艺结构，许总，人文杂志 2002 年第 6 期，81 ~ 86 页。

从王、孟诗交看二人性情之差异，王志清，贵州社会科学（贵阳）2002 年第 3 期。

孟浩然、王维山水田园诗比较，孙敏、刘尊明，文史知识 2002 年第 11 期，24 ~ 31 页。

简朴隐情韵，天然寓奥义：朗费罗与孟浩然自然景物诗比较，涂靖，湖南医科大学学报社科版（长沙）2002 年第 1 期，15 ~ 19 页。

孟浩然诗歌的艺术精神，高峰，古典文学知识（南京）

2002 年第 6 期。

论孟浩然山水田园诗之自然风格，薛惠芝，山东科技大学学报 社科版（泰安）2002 年第 3 期，98～99 页。

论孟浩然山水田园诗创作个性，邓立勋，求索（长沙）2002 年第 5 期，161～162 页。

孟浩然游浙诗说略，卢燕平，绍兴文理学院学报哲社版 2002 年第 4 期，53～56，62 页。

论孟浩然的涧南园情结，卢燕平，中南民族大学学报（人文社会科学版）2002 年 8 月，99～102 页。

孟浩然诗中的“张明府”即张愿说补证，李炯，四川师范大学学报 2002 年第 1 期，89 页。

田园与山水合流：论王维、孟浩然田园诗的突破，刘蔚，江苏社会科学 2002 年第 3 期。

陶渊明在唐代的地位及其与王维、孟浩然之关系，高建新，大连民族学院学报 2002 年第 4 期。

论孟浩然山水田园诗“清”的特征，吕双伟，广西师范大学学报（哲学社会科学版）2002 年研究生专辑，55～61 页。

浔阳襄阳二诗豪：陶渊明、孟浩然的人生追求与文学成就及其对后世的影响，王定璋，社会科学研究 2002 年第 6 期，149～152 页。

论孟浩然山水诗“诗中有画”，余传棚，《唐代文学研究》第九辑，172～177 页，广西师范大学出版社，2002 年 4 月。

孟浩然诗“韵高而才短”辨，韩樱，《唐代文学研究》第九辑，178～181 页，广西师范大学出版社，2002 年 4 月；又载 荆州师范学院学报 2002 年第 1 期，98～99 页。

2003 年

孟浩然入京考实，王辉斌，唐都学刊 2003 年第 1 期，24 ~27 页。

论孟浩然的五律艺术，王辉斌，湖北民族学院学报（哲学社会科学版）2003 年第 2 期。

孟浩然终生未仕原因初探，宁松夫，南昌大学学报（人文社会科学版）2003 年第 1 期，101 ~ 104，122 页。

孟浩然山水田园诗意象论析，宁松夫，襄樊学院学报 2003 年第 1 期，92 ~ 96 页。

简论孟浩然诗歌“字法”的艺术造诣，宁松夫，乐山师范学院学报 2003 年第 3 期。

孟浩然崇尚陶渊明的缘由，宁松夫，黄冈职业技术学院学报 2003 年第 3 期。

论儒道思想对孟浩然思想的影响，宁松夫，襄樊学院学报 2003 年第 3 期。

孟浩然求仕新论，宁松夫，湖北大学学报（哲学社会科学版）2003 年第 4 期。

孟浩然仕进思想新论，宁松夫，武汉大学学报（人文科学版）2003 年第 5 期。

孟浩然陶渊明仕进思想之比较，宁松夫，西南民族大学学报（人文社科版）2003 年第 8 期。

孟浩然隐逸思想定位论，宁松夫，江西社会科学 2003 年第 8 期。

试论佛教对孟浩然的影响，宁松夫，鄂州大学学报 2003 年第 3 期。

孟浩然王维隐逸思想比较，宁松夫，湖北民族学院学报（哲学社会科学版）2003 年第 3 期。

闻一多与“诗的孟浩然”，屈小强，文史杂志 2003 年第 6 期。

闻一多先生孟浩然研究述评，赵治中，许昌学院学报 2003 年第 1 期，79～81 页。

孟浩然、陶渊明异同论，赵治中，江西社会科学 2003 年第 8 期。

论孟浩然诗歌“清”的审美意蕴，张安祖，黑龙江社会科学 2003 年第 1 期，62～66 页。

林庚说孟浩然《过故人庄》，林庚，名作欣赏 2003 年第 5 期。

《黄鹤楼送孟浩然之广陵》和《赠汪伦》意境赏析，袁见奇，云南教育 2003 年第 13 期。

让人文之光闪耀——《黄鹤楼送孟浩然之广陵》教学片断实录及反思，郑百苗，云南教育 2003 年第 13 期。

平生重交结，为多山水乐——孟浩然的自我审视与人格追求，闵泽平，三峡大学学报（人文社会科学版）2003 年第 3 期。

李白与孟浩然中后期交游新考论，吕华明，吉首大学学报（社会科学版）2003 年第 1 期。

风雨春花落 惜春情不同：孟浩然《春晓》与李清照《如梦令》对读，耿光华，张家口师专学报 2003 年第 1 期。

解读的一种方式——孟浩然《春晓》审美分析，裴戈，贵州教育学院学报 2003 年第 3 期。

孟浩然的至境，庄晓明，名作欣赏 2003 年第 8 期。

李白《与韩荆州书》《赠孟浩然》著年考论，吕华明、张文德，南京工业大学学报（社会科学版）2003 年第 2 期。

试论孟浩然的“愁情”诗，张保宁，青海民族学院学报 2003 年第 3 期。

外面的世界——孟浩然《春晓》别解，李雁，语文建设 2003 年第 7 期。

略论孟浩然诗风的清与淡，房日晰，集美大学学报 2003 年第 3 期。

略论孟浩然诗风的清与淡，房日晰，渭南师范学院学报 2003 年第 4 期。

王维孟浩然山水诗较论，张映晖，襄樊职业技术学院学报 2003 年第 4 期。

孟浩然《春晓》主题臆说，李顺华，宜宾学院学报 2003 年第 4 期。

孟浩然《春晓》英译赏析，陈萍，黄石高等专科学校学报 2003 年第 5 期。

王维孟浩然送别诗浅析，严俊，乐山师范学院学报 2003 年第 7 期。

《孟浩然集》中两首诗作者辨析，陈才智，广西右江民族师专学报 2003 年第 5 期。

孟浩然诗歌隐逸情怀之文化背景追索，周建军，中国韵文学刊 2003 年第 2 期。

孟浩然生平中的几个问题——曹永东《孟浩然年谱》考辨，王辉斌，绵阳师范学院学报 2003 年第 1 期。

孟浩然、王维山水诗的比较，张梅，徐州教育学院学报2003年第4期。

2004年

唐诗个案研究中的力作——评王辉斌教授《孟浩然研究》，文师华，荆门职业技术学院学报2004年第1期。

孟浩然祖居地涧南园考略，陈家驹，襄樊学院学报2004年第1期。

孟浩然的性格与其人生悲剧的关系，蔡阿聪，中州学刊2004年第2期。

唐诗人孟浩然与宋词人张先比较及其文化意义，孙维城，文学评论2004年第3期。

从田园耕作到别业樵歌——论孟浩然对陶潜田园诗文化内涵的继承与衍变，张俊，阜阳师范学院学报（社会科学版）2004年第3期。

论孟浩然的五排艺术，王辉斌，绵阳师范学院学报2004年第3期。

孟浩然与襄樊，杜汉华、余海鹏，理论月刊2004年第6期。

孟浩然研究国际学术讨论会在襄樊举行，王辉斌，文学遗产2004年第4期。

论孟浩然隐逸思想的成因，宁松夫，襄樊学院学报2004年第4期。

王维、孟浩然“隐”“逸”之辨，尚永亮、王凤玲，江汉论坛2004年第8期。

品格狷洁诗清妙——试论孟浩然的个性品格及对其诗作的

影响，肖兰英，菏泽师范专科学校学报 2004 年第 3 期。

孟浩然诗水意象解密，王志清，山东师范大学学报（人文社会科学版）2004 年第 5 期。

王维与孟浩然隐逸的差异性，付兴林，唐都学刊 2004 年第 5 期。

论《唐贤三昧集》中的孟浩然诗，董运庭，北方论丛 2004 年第 6 期。

李白与孟浩然的山水诗，蒋志，绵阳师范学院学报 2004 年第 6 期。

清词句句尽堪传——略论孟浩然诗中的“清”，李尧，广东轻工职业技术学院学报 2004 年第 4 期。

简论孟浩然、王维的山水田园诗，黄士吉，大连民族学院学报 2004 年第 6 期。

2005 年

“弃”之稳否辨——《赠孟浩然》与《岁暮归南山》之比较讨论，王志清，名作欣赏 2005 年第 3 期。

王维与孟浩然诗歌艺术比较，刘文刚，西南民族大学学报（人文社科版）2005 年第 3 期。

孟浩然似曾三入长安，顾农，南京师范大学文学院学报 2005 年第 1 期。

孟浩然诗韵研究，武晔卿，河北理工学院学报（社会科学版）2005 年第 1 期。

孟浩然山水诗中“幽”与“雄”的意象创造论析，宁松夫，黄冈职业技术学院学报 2005 年第 1 期。

孟浩然“仕”与“隐”的矛盾心态探微，刘继波，连云港师范高等专科学校学报 2005 年第 1 期。

相遇于自然：华兹华斯与孟浩然的诗性追求，余艳娟，惠州学院学报（社会科学版）2005 年第 2 期。

孟浩然的等待——《宿叶师山房待丁公不至》诗赏析，高玮，古典文学知识 2005 年第 3 期。

孟浩然山水诗形象探骊，籍成山，潍坊学院学报 2005 年第 3 期。

试谈孟浩然的隐逸，渠红岩，徐州教育学院学报 2005 年第 2 期。

孟浩然：高山安可仰 徒此揖清芬，陈勤奋，地图 2005 年第 4 期。

试比较王维、孟浩然山水诗的“清”，翟海霞，湖南科技学院学报 2005 年第 9 期。

孟浩然入京与下江东问题辨说，黄薇，贵州社会科学 2005 年第 5 期。

清诗句句尽堪传——浅论孟浩然思想与诗风之关系，林晓霞，福建论坛（社科教育版）2005 年第 S1 期。

孟浩然壮逸诗简论，王朝源，西南民族大学学报（人文社科版）2005 年第 11 期。

孟浩然诗情的浓与淡——兼与王维比较，孙学堂，兰州大学学报 2005 年第 6 期。

孟浩然送别诗研究，许智银，襄樊学院学报 2005 年第 6 期。

孟浩然二题，赵平略，贵阳师范高等专科学校学报（社会科学版）2005 年第 4 期。

清幽之外的风格——论孟浩然诗歌雄壮的艺术风格，梁华杰，漯河职业技术学院学报（综合版）2005 年第 4 期。

评点视野下的孟浩然诗歌艺术——以刘辰翁评点孟浩然诗为例，宗瑞冰，殷都学刊 2005 年第 4 期。

许渊冲教授诗歌翻译中的美学追求——孟浩然的两首英译诗赏析，何善秀，华东交通大学学报 2005 年第 6 期。

2006 年

梦碎孟浩然，李国文，文学自由谈 2006 年第 1 期。

李白《黄鹤楼送孟浩然之广陵》新意，左汉林，宁夏大学学报（人文社会科学版）2006 年第 1 期。

孟浩然诗歌艺术说略，龚贤，写作 2006 年第 5 期。

襄阳与孟浩然的思想倾向，渠红岩，理论月刊 2006 年第 4 期。

半生辗转归田园 心静气闲乐山水——试比较王维、孟浩然山水田园诗的异同，曾玉玲，成都教育学院学报 2006 年第 4 期。

笼天地于笔端 抒豪情于江舟——李白《黄鹤楼送孟浩然之广陵》赏析，朱庆和，写作 2006 年第 10 期。

论孟浩然仕隐情怀和魏晋风流，张俊，滁州职业技术学院学报 2006 年第 2 期。

华兹华斯与孟浩然的诗歌境界比较，余艳娟，武汉理工大学学报（社会科学版）2006 年第 3 期。

孟浩然浙江山水诗综论，杨冬梅，齐鲁学刊 2006 年第 4 期。

暮归的诗学：孟浩然的诗艺习得与超越，查正贤，文学遗产 2006 年第 4 期。

静幽有禅趣之境 冲淡有壮逸之气——论王维、孟浩然山水诗意境之不同，张晓慧，中州大学学报 2006 年第 3 期。

孟浩然到底风流不风流，张世明、周刚，宿州教育学院学报 2006 年第 4 期。

挂席江湖与北望京洛——孟浩然的人生情怀和诗歌意境，王文凯，湖北大学成人教育学院学报 2006 年第 4 期。

清美的自然 流动的感情——浅谈孟浩然诗的风格特色，龚雯，陕西教育学院学报 2006 年第 3 期 。

论孟浩然诗中抒情的多元化，焦健，沧州师范专科学校学报 2006 年第 3 期。

从翻译美学来看孟浩然《春晓》的英译，邓丽娜，华中师范大学研究生学报 2006 年第 3 期。

王维、孟浩然山水诗的同中异趣，赵海选，船山学刊 2006 年第 4 期。

解读孟浩然的隐居，张安祖，北方论丛 2006 年第 6 期。

治世之音安以乐——论孟浩然诗中的盛唐气象，孟祥光，襄樊学院学报 2006 年第 6 期。

孟浩然人生的三个阶段和仕与隐的双重矛盾，罗效智，内蒙古电大学刊 2006 年第 12 期。

论孟浩然的“风流”，刘孝红，安康师专学报 2006 年第 6 期。

孟浩然——盛唐求仕热潮中的“多余人”，霍志军，西南交通大学学报（社会科学版）2006 年第 6 期 。

2007 年

孟浩然洞庭湖诗张丞相考，陈增杰，《唐诗志疑录》上海人民出版社，2007 年 12 月，人文社科新著丛书。

王维、孟浩然诗歌艺术比较，杨宁宁，科技信息 2007 年第 1 期。

孟浩然与张先创作风格中平淡特色比较，朱雯静，社科纵横 2007 年第 1 期。

始于蹈袭而终于超越——李白《黄鹤楼送孟浩然之广陵》重读，阮堂明，名作欣赏 2007 年第 3 期。

谈孟浩然隐逸不仕的内在原因，程芳，枣庄学院学报 2007 年第 1 期。

论王维与孟浩然山水田园诗的风格，刘筠，濮阳职业技术学院学报 2007 年第 1 期。

李商隐与孟浩然诗歌意象之比较，孟强，咸阳师范学院学报 2007 年第 1 期。

重谈孟浩然，邵明珍，求是学刊 2007 年第 2 期。

孟浩然的山水游历及其诗作，高建新，集宁师专学报 2007 年第 1 期。

孟浩然卒于“冶城”辨——与袁行霈先生商榷，陈新剑，襄樊职业技术学院学报 2007 年第 3 期。

论孟浩然诗的愁，孙超姣，北京航空航天大学学报（社会科学版）2007 年第 2 期。

试论孟浩然的仕与隐，柴菊修，淮南职业技术学院学报 2007 年第 2 期。

孟浩然的仕与隐——《历代襄阳名作家研究》系列论文之五，周圣弘，湖北广播电视大学学报 2007 年第 7 期。

孟浩然山水田园诗中的清真美，马莉英，九江学院学报 2007 年第 4 期。

孟浩然身份的定位，马莉英，湘南学院学报 2007 年第 4 期。

对孟浩然诗中体现的自然观的考察，金贤珠，新学术 2007 年第 4 期。

谈魏晋南北朝作家对孟浩然诗歌创作的影响，杨栩生、朱学召，乐山师范学院学报 2007 年第 9 期。

孟浩然诗作的思想内涵，万鸣炜，安徽工业大学学报（社会科学版）2007 年第 5 期。

李白与王维未交游原因探析——兼及孟浩然、李白、王维三人之比较，王辉斌，宁夏师范学院学报 2007 年第 5 期。

“画意”与“诗情”——王维、孟浩然诗歌比较，范冬冬，中共郑州市委党校学报 2007 年第 5 期。

诬陷明皇非“故意”律诗对仗是“陷阱”——孟浩然诵诗“诬陷”唐明皇之辨析，刘建龙，新闻爱好者（理论版）2007 年第 12 期。

矛盾造就诗人——透视孟浩然山水田园诗歌创作思维，唐淑芳，湖南社会科学 2007 年第 6 期。

孟浩然诗“冲淡中有壮逸之气”探微——以诗人情怀为核心，孙学堂，华侨大学学报（哲学社会科学版）2007 年第 4 期。

水：孟浩然诗歌的核心意象，田义勇，兰州学刊 2007 年第 12 期。

试论孟浩然的隐逸情结，袁红梅，洛阳师范学院学报 2007

年第6期。

2008年

论儒、释、道三教在孟浩然思想中的圆融统一，时花兰，柳州师专学报2008年第1期。

比较唐诗《黄鹤楼送孟浩然之广陵》的两个译文，鄢佳，安徽文学（下半月）2008年第2期。

谈孟浩然其人之“简傲”与其诗之“清”，王永青，沧桑2008年第1期。

孟浩然山水田园诗中的画意，马莉英，山西大同大学学报（社会科学版）2008年第1期。

从意中之象到意中之境——孟浩然《宿建德江》解读，谌兵，北京机械工业学院学报2008年第1期。

梦碎孟浩然，李国文，国学2008年第4期。

《河岳英灵集》中的孟浩然诗歌，蔡琳，安徽文学（下半月）2008年第4期。

孟浩然《春晓》英译赏析，邵娜，安徽文学（下半月）2008年第4期。

假隐士孟浩然——积极入世的肉身，蒋毅，才智2008年第9期。

试论孟浩然“隐鹿门山”说合理的文学史表述，赵建成，齐齐哈尔大学学报（哲学社会科学版）2008年第3期。

论孟浩然对陶渊明田园诗的继承与创新，马莉英，韶关学院学报2008年第5期。

遁归审美——孟浩然之隐逸及其文化意义，周相录，周口师范学院学报2008年第3期。

王维、孟浩然山水田园诗比较论，徐保成，唐山师范学院学报 2008 年第 3 期。

传世未必能用世：孟浩然与斯宾塞比较，张佐堂、方岩，世界文学评论 2008 年第 1 期。

从盛唐气象观孟浩然的出仕思想，孙亭，今日南国（理论创新版）2008 年第 6 期。

略论王维与孟浩然的隐逸，黄桂云，重庆广播电视大学学报 2008 年第 2 期。

没有必要为孟浩然回护——孟浩然“韵高而才短”评议，周相录，河南师范大学学报（哲学社会科学版）2008 年第 4 期。

李叔德先生《孟浩然新传》研讨笔谈，李定清，襄樊学院学报 2008 年第 7 期。

在历史与虚构之间——谈李叔德长篇新作《孟浩然新传》，李定清，襄樊学院学报 2008 年第 7 期。

二维的叙事结构 精致的叙事语言——李叔德先生的长篇小说《孟浩然新传》的结构与语言简析，吴红光，襄樊学院学报 2008 年第 7 期。

富有张力而和谐的历史叙事——评李叔德先生《孟浩然新传》，唐明生，襄樊学院学报 2008 年第 7 期。

复忆襄阳孟浩然 清诗句句尽堪传——评李叔德新作《孟浩然新传》，王海燕，襄樊学院学报 2008 年第 7 期。

儒家思想与孟浩然的入仕情结，孙延辉，重庆职业技术学院学报 2008 年第 4 期。

从译者的主体性分析孟浩然《春晓》的英译，姚俏梅，南昌大学学报（人文社会科学版）2008年第4期。

孟浩然《宿建德江》英译文的语篇功能分析，邬倩，四川理工学院学报（社会科学版）2008年第4期。

论王维的登览诗——兼与孟浩然登览诗比较，王辉斌，运城学院学报2008年第4期。

黄鹤楼送孟浩然之广陵，李白，法语学习2008年第5期。

浅析孟浩然《宿建德江》七个译本的叙述主体问题，张平，文学前沿2008年第2期。

《孟浩然大辞典》学术研讨会综述，高新伟，襄樊学院学报2008年第10期。

孟浩然《过故人庄》旨意鉴赏，周志艳，文学教育（上）2008年第10期。

中西山水诗歌比较谈——以孟浩然的《宿建德江》与华兹华斯的《咏水仙》为例，何毅，赤峰学院学报（汉文哲学社会科学版）2008年第10期。

重阳节里的风流吟唱——从《过故人庄》的菊看孟浩然的诗风与气度，范斌，名作欣赏2008年第21期。

从孟浩然送别诗看其与众诗人成为忘形之交的原因，张晓花，安徽文学（下半月）2008年第11期。

孟浩然：鹿门隐者的诗咏生涯，柏桦，西部广播电视2008年第11期。

论孟浩然诗歌之“清淡”，陈智，知识经济2008年第11期。

也谈孟浩然隐逸的原因，易秀娟，甘肃广播电视大学学报2008年第4期。

2009 年

孟浩然与韦应物山水田园诗比较，韦江，文学教育（上）2009 年第 1 期。

从孟浩然的一首诗看其诗歌特征，邓娟，安徽文学（下半月）2009 年第 1 期。

孟浩然《临洞庭》张丞相考证，王艳梅，湖北经济学院学报（人文社会科学版）2009 年第 2 期。

陶渊明孟浩然田园诗艺术论，王平，黑龙江教育学院学报 2009 年第 2 期。

清水出芙蓉 天然去雕饰——浅谈孟浩然诗歌的自然美，尤兢生，党史博采（理论）2009 年第 2 期。

孟浩然《宿建德江》赏析，明松庭，科教文汇（下旬刊）2009 年第 2 期。

《送孟浩然之广陵》，李白、黄建华，公民导刊 2009 年第 3 期。

浅谈孟浩然的诗歌艺术特色，李丽黎，大众文艺（理论）2009 年第 5 期。

孟浩然陶渊明田园诗审美视角之比较，宁松夫，襄樊学院学报 2009 年第 3 期。

诗歌翻译的“信、达、雅”——从《黄鹤楼送孟浩然之广陵》说起，杜敏，淄博师专学报 2009 年第 1 期。

《二十四诗品》之典雅、清奇及其与孟浩然诗风，张国庆，学术探索 2009 年第 2 期。

论孟浩然诗歌中情与景的关系，武光杰，湖北师范学院学报（哲学社会科学版）2009 年第 3 期。

《孟浩然诗集》版本比较研究及其评述，马春晖，长沙通信职业技术学院学报 2009 年第 2 期。

试析孟浩然诗中的“田家乐”，孟祥光，泰安教育学院学报岱宗学刊 2009 年第 2 期。

小议王维与孟浩然山水田园诗比较——诗人自我形象的隐与显，汪丽琴，安徽文学（下半月）2009 年第 7 期。

诗出同派 各有洞天——孟浩然、韦应物山水田园诗比较，杨彦冰，深圳职业技术学院学报 2009 年第 4 期。

孟浩然出世与入世的矛盾，张莹，文学教育（下）2009 年第 7 期。

论唐代诗人孟浩然的无奈之隐，李迎新，齐齐哈尔师范高等专科学校学报 2009 年第 4 期。

论孟浩然与佛教及其佛教诗——兼与王维的同类诗比较，王辉斌，江汉大学学报（人文科学版）2009 年第 4 期。

盛世之隐与孟浩然诗的独特“气象”，孟祥光，乌鲁木齐职业大学学报 2009 年第 3 期。

略谈孟浩然的游寺行踪及与僧人的过从，姚钰，文学教育（上）2009 年第 10 期。

唐诗英译的意象图式概念识解运作——以《送孟浩然之广陵》英译本为例，徐静，鞍山师范学院学报 2009 年第 5 期。

试析孟浩然诗中的“安乐”情怀，孟祥光，新疆大学学报（哲学？人文社会科学版）2009 年第 6 期。

2010 年

语势与取势：庞德《黄鹤楼送孟浩然之广陵》译诗研究，谢丹，西南科技大学学报（哲学社会科学版）2010 年第 1 期。

浅析孟浩然山水田园诗中的“淡”，李玉新，文学教育（下）2010年第2期。

聆听一个时代的悲欢——对长篇历史小说《孟浩然新传》的解读，袁仕萍，时代文学（双月上半月）2010年第1期。

诗歌语言“整饬”与“疏淡”的结合——从孟浩然近体诗的语言特点看近体诗歌语言研究的新视点，王彩云，广西大学学报（哲学社会科学版）2010年第1期。

一种山水，两样心境——王维孟浩然田园山水诗比较，江雄锋，理论观察2010年第1期。

关于苏轼对孟浩然诗歌的评价问题——析“韵高而才短”的长期误读，杨胜宽，西华大学学报（哲学社会科学版）2010年第1期。

李白诗《黄鹤楼送孟浩然之广陵》英译中的文化缺省，石永霞，信阳农业高等专科学校学报2010年第1期。

孟浩然诗歌中的人物探析，陈宗玲，文学教育（上）2010年第4期。

孟浩然笔下的襄阳“美”，傅强，文学教育（上）2010年第4期。

跨文化视域下的中国古诗词传播——以襄阳诗人孟浩然诗歌为例，杨铮，新闻前哨2010年第4期。

唐朝孟浩然等诗五首　绿色中国2010年第8期。

汉诗的英译与英“易”——从《黄鹤楼送孟浩然之广陵》看庞德对“中式美”的重塑，袁子越，黄山学院学报2010年第2期。

中国古典诗词翻译中的意境再现——评孟浩然《春晓》四

种英译，罗剑，高等函授学报（哲学社会科学版）2010 年第 4 期。

论孟浩然诗歌的语言艺术，刘文刚，西华大学学报（哲学社会科学版）2010 年第 2 期。

试论李白的归隐以及与王维、孟浩然归隐之比较，何日鹏、郑利娟，安徽文学（下半月）2010 年第 5 期。

陶渊明与孟浩然田园诗之比较，张俊萍，沧桑 2010 年第 6 期。

心向往之的山水——读孟浩然山水诗歌，张慧，安徽文学（下半月）2010 年第 7 期。

论王维与孟浩然山水田园诗的风格及其成因，潘文杰，赤峰学院学报（汉文哲学社会科学版）2010 年第 7 期。

“面试”毁了孟浩然，马行空，政府法制 2010 年第 23 期。

论殷璠、苏轼与闻一多关于孟浩然诗的评价，张安祖，文学遗产 2010 年第 5 期。

孟浩然研究论文综述——兼论近三十年孟浩然研究之重大突破，董庆晓，襄樊职业技术学院学报 2010 年第 5 期。

孟浩然涉佛诗中佛教词语诠释，唐明生，文学教育（上）2010 年第 10 期。

翻译理论和翻译目的对译作的影响——兼评《黄鹤楼送孟浩然之广陵》两种英译本，纪艳，海外英语 2010 年第 10 期。

孟浩然《宿建德江》英译文的语篇功能分析，黄懿玫，宜春学院学报 2010 年第 10 期。

孟浩然毁于“面试”　现代班组 2010 年第 11 期。

诗歌教学：把经典还原成一种感受——以《黄鹤楼送孟浩

然之广陵》例说诗歌感受性教学，章国新，中小学教师培训 2010 年第 11 期。

孟浩然七言诗艺术分析，由兴波，牡丹江大学学报 2010 年第 12 期。

2011 年

论孟浩然中庸人格精神，宁松夫，襄樊学院学报 2011 年第 1 期。

论王维孟浩然送别诗，杨俭，现代妇女（下旬）2011 年第 2 期。

也谈孟浩然诗的平淡，呼双虎，南昌教育学院学报 2011 年第 2 期。

试论山水田园诗人陶渊明、王维、孟浩然精神追求的异同，张杰，学理论 2011 年第 10 期。

王维，孟浩然诗歌的比较，吴娇，民营科技 2011 年第 4 期。

豪华落尽见真淳——论孟浩然山水田园诗清淡的艺术风格，宋秀红、陈曦，成功（教育）2011 年第 8 期。

王维、孟浩然诗歌创作上的相同之处，盛亚军，大众文艺 2011 年第 8 期。

布衣孟浩然在盛唐诗坛崛起的原因探析，孙杰，理论界 2011 年第 5 期。

孟浩然及其诗歌之“清”略议——荆楚诗人论列之一，孟修祥，长江大学学报（社会科学版）2011 年第 6 期。

论孟浩然山水隐逸诗的艺术特征，李成军，名作欣赏 2011 年第 21 期王维山水诗语言的特点——与孟浩然比较，葛力力、陈玉玲，江西科技师范学院学报 2011 年第 4 期。

孟浩然五言排律的用韵与《广韵》比较，朱慧芳、张佳，剑南文学（经典教苑）2011 年第 8 期。

论孟浩然诗歌中的道家情怀，程晨，北方文学（下半月）2011 年第 8 期。

想象的真实——孟浩然隐居鹿门山辨伪，周相录，河南师范大学学报（哲学社会科学版）2011 年第 5 期。

《孟浩然研究论丛》序，傅璇琮，阅江学刊 2011 年第 5 期。

孟浩然诗集的版本问题，吕正惠，阅江学刊 2011 年第 5 期。

海内外专家齐聚襄阳共话孟浩然——“2011 年孟浩然研究国际学术研讨会”在襄樊学院隆重召开　襄樊学院学报 2011 年第 10 期。

情意山水：试论孟浩然山水诗的特色之一，张双英，襄樊学院学报 2011 年第 10 期。

“2011 年孟浩然研究国际学术研讨会”综述，张震英，襄樊学院学报 2011 年第 10 期。

守拙闲居 追求闲和——孟浩然咏闲诗的文化解读，周尚义，武陵学刊 2011 年第 6 期。

“诗的孟浩然”，赵治中，丽水学院学报 2011 年第 6 期。

口语入诗 语淡味浓——解读孟浩然的几首七绝，赵云长，边疆经济与文化 2011 年第 12 期。

2012 年

论孟浩然诗歌“浓情淡写”的艺术特征——兼与王维比较，李园，名作欣赏2012年第2期。

“诗的孟浩然”与“孟浩然的诗”——简论盛唐人对孟浩然的认知及其意义，李睿、吴怀东，淮南师范学院学报2012年第1期。

从李白《赠孟浩然》看李白对孟浩然的认识，邝健行，吉林师范大学学报（人文社会科学版）2012年第1期。

2011年孟浩然研究国际学术研讨会综述，张震英，吉林师范大学学报（人文社会科学版）2012年第1期。

情意山水：试论孟浩然山水诗的特色之一，张双英，阅江学刊2012年第1期。

孟浩然研究的现在与将来，孟祥光、王辉斌，阅江学刊2012年第1期。

气象宏阔 情韵悠长——赏读李白《黄鹤楼送孟浩然之广陵》，殷书伦，科教文汇（中旬刊）2012年第2期。

《黄鹤楼送孟浩然之广陵》一诗英译的关联理论评析，吴力群，牡丹江师范学院学报（哲学社会科学版）2012年第1期。

灵动彰显生命的活力，恬静道出内心的淡然——浅谈李白和孟浩然诗中景物意象的不同意蕴，黄辉，群文天地2012年第7期。

也谈孟浩然诗之“韵高而才短”，吴春秋，当代教育理论与实践2012年第4期。

孟浩然对陶渊明的敬慕：从前期到后期的变化，下定雅弘，安徽大学学报（哲学社会科学版）2012年第3期。

在韩国传统时期孟浩然诗接受样相，李南钟，吉林师范大学学报（人文社会科学版）2012年第3期。

孟浩然对陶渊明的敬慕——从前期到后期的变化，下定雅弘，吉林师范大学学报（人文社会科学版）2012年第3期。

论孟浩然的诗歌美学观及其文化品相，石在中，湖南大学学报（社会科学版）2012年第3期。

孟浩然与襄阳山水，汪佩红、唐明生，文学教育（中）2012年第6期。

论孟浩然山水田园诗歌中的清淡美及其形成原因，唐欢欢，河北软件职业技术学院学报2012年第2期。

吾道自足——孟浩然诗歌的自得、自适之乐，李婷婷，北方文学（下半月）2012年第6期。

解读孟浩然《春晓》的隐喻，倪超，湖北职业技术学院学报2012年第2期。

论盛唐诗人孟浩然，张旗，科技信息2012年第23期。

孟浩然、王维山水诗的情感差异及其原因，葛力力，江西科技师范学院学报2012年第4期

解读孟浩然《春晓》的隐喻，倪超，广州广播电视大学学报2012年第4期。

孟浩然喝酒误前程，刘永锐，文史月刊2012年第10期。

孟浩然诗异文考辨——以《唐诗三百首》为中心，郭殿忱，湖北文理学院学报2012年第10期。

孟浩然“还来就菊花”的意旨，李明，赤峰学院学报（汉文哲学社会科学版）2012年第10期。

孟浩然《过故人庄》的两个层次，李明，大学教育2012

年第 11 期。

孟浩然《望洞庭湖赠张丞相》之“张丞相”新考，温志拔，湖北第二师范学院学报 2012 年第 11 期。

孟浩然及其诗，杨军，名作欣赏 2012 年第 34 期。

孟浩然诗歌中的佛学意趣，张培，湖州师范学院学报 2012 年第 6 期。

2013 年

从孟浩然诗中之隐士形象看其仕与隐之心态，许红星，现代语文（学术综合版）2013 年第 2 期。

古诗英译的系统功能语言学探索——以《黄鹤楼送孟浩然之广陵》为例，张林、桂鹤，皖西学院学报 2013 年第 1 期。

唐代诗人孟浩然的文学成就，闫丽、辛欣，兰台世界 2013 年第 6 期。

布衣诗人的精神家园——试谈孟浩然的襄阳诗和吴越诗，吴敏，名作欣赏 2013 年第 8 期。

古诗词翻译中的译者主体性——《黄鹤楼送孟浩然之广陵》译本比较分析，王伟，华中师范大学研究生学报 2013 年第 1 期。

孟浩然诗歌的语言艺术，杜雪萍，文学教育（下）2013 年第 3 期。

襄阳地域性对孟浩然及其诗歌的影响，范娟娟，湖南工程学院学报（社会科学版）2013 年第 1 期。

论孟浩然诗的“清淡”，任映艳，剑南文学（经典教苑）2013 年第 3 期。

孟浩然和李白入仕失败后的漫游诗比较，李嫣然，湖北文理学院学报 2013 年第 4 期。

从一则史料看孟浩然隐居不仕的原因，黄承元，语文教学通讯？D 刊（学术刊）2013 年第 5 期。

孟浩然：徘徊在隐居和出仕之间，朱孔雨，学理论 2013 年第 15 期。

李梦阳的孟诗解读视角——以评点《孟浩然诗集》为例，郝润华、王福元，首都师范大学学报（社会科学版）2013 年第 3 期。

论孟浩然的友道，邹巧燕，学理论 2013 年第 24 期。

《送孟浩然之广陵》（书法），李伸，人民公交 2013 年第 9 期。

一样碰壁 两样退却——论王维、孟浩然山水田园诗的不同，李敬，山东省农业管理干部学院学报 2013 年第 5 期。

李白杜甫咏襄阳诗歌论略——兼及李白杜甫二人对孟浩然的评价，高新伟，襄阳职业技术学院学报 2013 年第 5 期。

孟浩然诗歌的色彩艺术，张亭亭，湖北文理学院学报 2013 年第 10 期。

庞德创造性翻译观下的汉诗英译浅析——以《黄鹤楼送孟浩然之广陵》英译为例，杜佳航，英语广场（学术研究）2013 年第 11 期。

庞德创造性翻译观下的汉诗英译浅析——以《黄鹤楼送孟浩然之广陵》英译为例，杜佳航，英语广场（学术研究）2013 年第 11 期。

襄阳山水及文化对孟浩然隐逸的影响，景遐东、肖清心，湖北师范学院学报（哲学社会科学版）2013 年第 6 期。

诗歌翻译策略的“分”与“合”——以《黄鹤楼送孟浩然之广陵》的四个英译本为例，严汉津，重庆交通大学学报（社会科学版）2013年第6期。

参考文献：

1.《唐代文学研究年鉴 1983》中国唐代文学学会 编，西安：陕西人民出版社，1984年3月。
2.《唐代文学研究年鉴 1984》中国唐代文学学会 编，西安：陕西人民出版社，1985年6月。
3.《唐代文学研究年鉴 1985》中国唐代文学学会、陕西师范大学中文系 编，西安：陕西人民出版社，1987年2月。
4.《唐代文学研究年鉴 1986》中国唐代文学学会、陕西师范大学中文系 编，西安：陕西人民出版社，1987年9月。
5.《唐代文学研究年鉴 1987》中国唐代文学学会、陕西师范大中文系 编，西安：陕西师范大学出版社，1988年8月。
6.《唐代文学研究年鉴 1988》中国唐代文学学会、陕西师范大学中文系 编，西安：陕西师范大学出版社，1988年8月。
7.《唐代文学研究年鉴 1989、1990年合辑》中国唐代文学学会、陕西师范大学文学所、广西师范大学出版社 编，南宁：广西师范大学出版社，1991年9月。
8.《唐代文学研究年鉴 1991》中国唐代文学学会、陕西师范大学文学所、广西师范大学出版社 编，南宁：广西师范大学出版社，1992年8月。
9.《唐代文学研究年鉴 1992》中国唐代文学学会、陕西师范大学文研所、广西师范大学出版社 编，南宁：广西师范大学出版社，1993年11月。
10.《唐代文学研究年鉴 1993、1994年合辑》中国唐代文学学会、陕西师范大学文学所、广西师范大学出版社 编，南宁：广西师范大学出版社，1996年7月。
11.《唐代文学研究年鉴 1995、1996年合辑》中国唐代文学学会、广西师范大学中文系、广西师范大学出版社 编，南宁：广西师范大学出版社，1997年12月。
12.《唐代文学研究年鉴 1997》中国唐代文学学会、广西师范大学中文系、广西师

范大学出版社 编，南宁：广西师范大学出版社，1998 年 8 月。

13.《唐代文学研究年鉴 1998》中国唐代文学学会、广西师范大学中文系、广西师范大学出版社 编，南宁：广西师范大学出版社，1998 年 10 月。

14.《唐代文学研究年鉴 1999》中国唐代文学学会、广西师范大学中文系、广西师范大学出版社 编，南宁：广西师范大学出版社，2000 年 5 月。

15.《唐代文学研究年鉴 2000》中国唐代文学学会、广西师范大学中文系、广西师范大学出版社 编，南宁：广西师范大学出版社，2001 年 7 月。

16.《唐代文学研究年鉴 2001》中国唐代文学学会、广西师范大学中文系、广西师范大学出版社 编，南宁：广西师范大学出版社，2002 年 4 月。

17.《唐代文学研究年鉴 2002》中国唐代文学学会、广西师范大学中文系、广西师范大学出版社 编，南宁：广西师范大学出版社，2003 年 11 月。

18.《唐代文学研究年鉴 2003》中国唐代文学学会、广西师范大学中文系、广西师范大学出版社 编，南宁：广西师范大学出版社，2004 年 9 月。

19.《唐代文学研究年鉴 2004》中国唐代文学学会、广西师范大学中文系、广西师范大学出版社 编，南宁：广西师范大学出版社，2005 年 4 月。

20.《唐代文学研究年鉴 2005》中国唐代文学学会、广西师范大学中文系、广西师范大学出版社 编，南宁：广西师范大学出版社，2005 年 12 月。

21.《唐代文学研究年鉴 2006》中国唐代文学学会、广西师范大学中文系、广西师范大学出版社 编，南宁：广西师范大学出版社，2007 年 1 月。

22.《唐代文学研究年鉴 2007》中国唐代文学学会、广西师范大学中文系、广西师范大学出版社 编，南宁：广西师范大学出版社，2008 年 3 月。

23.《唐代文学研究年鉴 2008》中国唐代文学学会、广西师范大学中文系、广西师范大学出版社 编，南宁：广西师范大学出版社，2008 年 10 月。

24.《唐代文学研究年鉴 2009》中国唐代文学学会、广西师范大学中文系、广西师范大学出版社 编，南宁：广西师范大学出版社，2010 年 7 月。

25.《唐代文学研究年鉴 2010》中国唐代文学学会、广西师范大学中文系、广西师范大学出版社 编，南宁：广西师范大学出版社，2010 年 9 月。

26.《中国古典文学研究年鉴（1984）》刘世德（1932～）、徐公持（1940～）主编 尹恭弘（1945～）、石昌渝（1940～）、陈毓罴（1930～）等 编，上海：上海古籍出版社，1987 年 2 月。

27.《国学论文索引 初编》（清末至1928年7月）国立北平图书馆 王重民（1903~1975）编，北平：中华图书馆协会，1929年。
28.《国学论文索引 续编》（1928年至1930年）国立北平图书馆 徐绪昌　编，北平：中华图书馆协会，1931年。
29.《国学论文索引 初编续编合订本》台北：维新书局，1968年1月。
30.《国学论文索引 三编》（1928年至1933年）国立北平图书馆 刘修业（1910~1993）编，北平：中华图书馆协会，1934年；台北：维新书局，1968年1月。
31.《国学论文索引 四编》（1933年至1935年）国立北平图书馆 刘修业（1910~1993）编，北平：中华图书馆协会，1936年6月，“中华图书馆协会丛书”第二种；台北：维新书局，1968年1月。
32.《中国史学论文索引第一编》中国社会科学院历史研究所资料室、北京大学历史系合编，北京：中华书局，1980年11月，全二册。
33.《中国史学论文索引第二编》中国社会科学院历史研究所　编，北京：中华书局，1979年8月，全二册
34.《中国古典文学研究论文索引1949年10月至1962年12月》河北北京师范学院中文系资料室　编，北京：中华书局，1964年12月。
35.《中国古典文学研究论文索引1949年10月至1966年6月》河北北京师范学院中文系资料室、中国社会科学院文学研究所图书资料室　编，北京：中华书局，1979年11月。
36.《中国古典文学研究论文索引1966年7月至1979年12月》中国社会科学院文学研究所图书资料室　编，北京：中华书局，1982年5月。
37.《中国古典文学研究论文索引1980年1月至1981年12月》中国社会科学院文学研究所图书资料室　编，北京：中华书局，1985年10月。
38.《中国古典文学研究论文索引1982年1月至1983年12月》中国社会科学院文学研究所图书资料室　编，北京：中华书局，1988年9月。
39.《中国古典文学研究论文索引1984年1月至1985年12月》中国社会科学院文学研究所图书资料室　编，北京：中华书局，1995年7月。
40.《中国古代文学资料目录索引（1949—1979）》辽宁大学中文系古代文学研究生　编，沈阳：辽宁大学中文系，1980年自印本。
41.《1949—1980中国古典文学研究论文索引》中山大学中文系资料室　编，南

宁：广西人民出版社，1984年6月。

42.《全国报刊文学论文索引1977—1979》中国社会科学院文学研究所图书资料室编，北京：中国人民大学书报资料社，1982年自印本。

（二）港台论文

1. 孟浩然，彭国栋（台北），《中国文学史论集》（1），1958年4月。
2. 论孟浩然诗，劳思光（香港），《文学世界》25，1960年3月。
3. 盛唐诗家孟浩然，童山（台北），《中央日报》1960年4月2日。
4. 论王孟韦柳诗，杨心果（台北），《建设》8：11，1960年4月。
5. 孟浩然的评传及其诗，陈秀清，《国立艺术专科学校艺术学报》2，1967年6月。
6. 孟浩然诗研究，张健（台北），行政院国科会人文及社会科学研究报告，1967年。
7. 敦煌唐写本唐人选唐诗校记【伯二五六七】（《夜泊庐江闻故人在东林寺以诗寄之》《寄是正字》《与张折冲游耆阇寺》《梅道士水亭》《与黄侍御北津泛舟》《姚开府山门》《洞庭湖作》《奉和卢明府九日岘山宴马二使君崔员外张郎中》《寒食卧疾喜李少府见寻》），杨承祖，《南洋大学学报》1967年第1期。
8. 孟浩然与山，张健（台北），《大华晚报》1968年5月6日，又收入其《中国文学与思想散论》（台湾商务印书馆，1969）。
9. 孟浩然与水，张健（台北），《大华晚报》1968年5月20

日。

10. 孟浩然疑年录，游信利编，台北：政治大学中国文学研究所《中华学苑》创刊号，1968 年 1 月，又收入游信利《孟浩然集笺注》，台北：学生书局，1975 年 4 月。

11. 中唐自然派诗人——王维孟浩然诗的风格，甘秀露，《师大诗学集刊》1969 年。

12. 孟浩然诗欣赏，黄永武（台北），《自由青年》44：4，1970 年 10 月。

13. 孟浩然事迹系年，杨承祖编，《许世英先生六秩诞辰论文集》，1970 年 10 月；又收入《汉学论文集》，淡江文理学院出版，1970 年 12 月（？11 月，杨殿珣《中国历代年谱总录》，书目文献出版社，1996 年 5 月，86 页）。

14. 孟浩然对隐居生活的向往与写照，张健（台北），《中华日报》1971 年 12 月 15－17 日。

15. 从作品看孟浩然对政治的态度，张健（台北），《文艺月刊》41，1972 年 11 月。

16. 孟浩然的意识分析，李辰冬，收入其《文学研究新途径》，（台北）四德出版社，1972 年。

17. 歌咏自然的王维与孟浩然，李师郑（台北），《大华晚报》1973 年 3 月 12 日。

18. 唐诗新解：孟浩然《岁暮归南山》《宿建德江》，刘中龢（台北），《中国语文》34：1，1974 年 1 月。

19. 孟浩然的诗，菊韵（台北），《今日中国》36，1974 年 4 月。

20. 孟浩然的一首诗（春眠不觉晓），琴海矶（台中），《台湾日报》1975 年 9 月 21 日。

21. 说王孟韦柳，夏敬观，收入其《唐诗说》（台北）河洛图书出版社，1975 年 12 月。
22. 孟浩然的天才被历史浪潮埋没，林宗霖（香港），《艺文志》136，57 –59 页，1977 年 1 月。
23. 敦煌所见孟浩然诗十二首的价值，黄永武，收入其《敦煌的唐诗》，洪范书店，1977 年 5 月，87 –108 页；国立中兴大学文学院《文史学报》8，1978 年 6 月；参见徐俊《敦煌诗集残卷辑考》，中华书局，2000 年 6 月，48 –52 页。
24. 敦煌伯二五五五号卷子中二十七首今存唐诗的价值·孟浩然《闺情》，黄永武，收入其《敦煌的唐诗》，洪范书店，1977 年 5 月，198 –199 页。
25. 敦煌伯三六一九号卷子中四十一首唐诗的价值，黄永武，收入其《敦煌的唐诗》，洪范书店，1977 年 5 月，236 页。
26. 孟浩然与孟郊的咏僧学佛诗，张健，《中外文学》6：11，1978 年 4 月。
27. 孟浩然集中的伪诗，黄永武，《中国时报》1978 年 5 月 27 日，“诗词闲话”。
28. 孟浩然与王维的诗风——以用事观点论二家五律（上），简锦松（台北），《中外文学》8：1，1979 年 6 月。
29. 孟浩然与王维的诗风——以用事观点论二家五律（下），简锦松（台北），《中外文学》8：2，1979 年 7 月。
30. “把酒新桑麻”，王毅，《长江日报》1979 年 10 月 27 日。
31. 波撼岳阳城——谈两首咏洞庭湖的古典诗（上），洛夫

（台北），《中央日报》1979年11月4日。

32. 波撼岳阳城——谈两首咏洞庭湖的古典诗（下），洛夫（台北），《中央日报》1979年11月5日。
33. 孟、杜咏洞庭诗（上），毛一波（台北），《中央日报》1979年11月18日。
34. 孟、杜咏洞庭诗（下），毛一波（台北），《中央日报》1979年11月19日。
35. 读“波撼岳阳城”，刘健君（台北），《中央日报》1979年11月26日。
36. 也来谈两首咏洞庭湖的古典诗，何世伦（台北），《中央日报》1979年12月28日。
37. 王孟齐名，何以孟不及王?，简恩定，《中外文学》14：2，1985年7月。
38. 我说孟浩然诗，萧继宗（台北），《国文天地》7，1985年12月。
39. 王维孟浩然诗之境界美探究，潘丽珠，《中华文化复兴月刊》21：2，1988年2月。
40. 盛唐王孟诗派美学研究，潘丽珠（台北），《国立台湾师范大学国文研究所集刊》32，1988年6月。
41. 唐代诗人轶事考辨·孟浩然，罗联添，《唐代文学论集》台北：学生书局，1989年5月，下册，286－289页。

港台参考文献：

1. 罗联添、王国良《唐代文学论著集目》（增订再版），台北：学生书局，1984年11月。
2. 乐耕《10年来台湾唐代文学研究概说》，《唐代文学研究年鉴》1992，广西师范大学出版社，1993 年 11 月。

3. 王基伦《台湾地区唐代文学研究概况》（1992～1993），《唐代文学研究年鉴》1993、1994 年合辑，广西师范大学出版社，1996 年 7 月。

4. 冉泽《台湾地区唐五代文学博士硕士论文目录》（1990～1993），《唐代文学研究年鉴》1993、1994 年合辑，广西师范大学出版社，1996 年 7 月。

5. 潘吕其昌《台湾地区唐代文学研究概况（1993. 7～1994. 6）》，《唐代文学研究年鉴》1995、1996 年合辑，广西师范大学出版社，1997 年 12 月。

6. 萧丽华《台湾地区唐代文学研究概况（1994. 7～1995. 6）》，《唐代文学研究年鉴》1995、1996 年合辑，广西师范大学出版社，1997 年 12 月。

7. 冯艺超《台湾地区唐代学术研究概况（1995. 7～1996. 6）》，《唐代文学研究年鉴》1997，广西师范大学出版社，1998 年 8 月。

8. 王基伦、兵界勇《台湾地区唐代文学研究概况（1996～1997）》，《唐代文学研究年鉴》1999，广西师范大学出版社，2000 年 5 月。

9. 陈清俊《台湾地区唐代文学研究概况（1997～1998）》，《唐代文学研究年鉴》1999，广西师范大学出版社，2000 年 5 月。

10. 刘卫林《香港地区唐代文学研究概况（1999 年度）》，《唐代文学研究年鉴》2000，广西师范大学出版社，2001 年 7 月。

11. 陈成文《台湾地区唐代文学研究概况（1998～1999）》，《唐代文学研究年鉴》2000，广西师范大学出版社，2001 年 7 月。

12. 陈友冰《五十年来台湾唐代文学研究述论》，《唐代文学研究年鉴》2000，广西师范大学出版社，2001 年 7 月。

13. 王基伦《1999～2001 年度台湾地区唐代文学研究资料目录》，《唐代文学研究年鉴》2003，广西师范大学出版社，2004 年 9 月。

14. 刘燕萍《香港地区唐代文学研究概况（2002～2004）》，《唐代文学研究年鉴》2005，广西师范大学出版社，2005 年 12 月。

15. 刘燕萍《香港地区唐代文学研究概况（2005～2006）》，《唐代文学研究年鉴 2007》，广西师范大学出版社，（2008 年 3 月）。

16. 刘燕萍《香港地区唐代文学研究概况（2007～2009）》，《唐代文学研究年鉴 2010》，广西师范大学出版社，（2010 年 9 月）。

17. 杨文雄《台湾唐代文学研究著作目录索引·诗歌研究（1949～2000）》及《台

湾唐代文学研究论文目录索引·诗歌研究（1949～2000）》（收入傅璇琮、罗联添主编《唐代文学研究论著集成》第七、八卷，三秦出版社，2004年10月）。

18. 邝健行、吴淑钿编《香港中国古典文学研究论文目录1950—2000》，上海古籍出版社，2005年10月。

九、国外研究

（一）日文文献

1. 关于孟浩然《春晓》的训诂（孟浩然「春晓」の训読について），星川清孝，《解释（国语？国文）》（解释学会）1：1，1955年5月。

2. 浩然诗五言古一首，阙名，《铎》（东洋大学中国文化研究会）2，1957年7月，33－38页。

3. 孟浩然论——兼及与王昌龄、王维、李白的关联（孟浩然论一王昌龄？王维？李白との关连において一），铃木修次，《汉文学会会报》（东京教育大学汉文学会）24，1965年6月。

4. 关于孟浩然的诗（孟浩然の诗），青山宏，《汉学研究》（日本大学中国学会）复刊4（故濑能重卫先生追悼号），1966年3月。

5. 孟浩然论（孟浩然の生涯？孟浩然の诗风と、その影响），铃木修次，收入其《唐代诗人论》上卷（风出版，1973年4月）；《唐代诗人论》（一）（讲谈社学术文库，1979年3月）。〔译文〕论孟浩然（待续），朱光宝译，（成都）《天府新论》1993年第5期。

6. 孟浩然传，都留春雄，《唐代の诗人一その伝记》，小川环树编，大修馆书店，1975年11月。
7. 孟浩然心目中的陶渊明形象——最嘉陶徵君（孟浩然における陶渊明の像一最嘉陶徵君一），田口畅穗，《中国古典研究》（早稻田大学中国古典研究会）20，1975年1月（又见《大野实之助博士古稀纪念中国文学论集》，1975年）。
8. “授衣”的嗟叹——孟浩然《题长安主人壁》诗札记（「授衣」にこめた嵳叹一孟浩然「题长安主人壁」诗札记一），田口畅穗，《诗经研究》（日本诗经学会）3，1976年5月。
9. 皮日休的孟浩然评——围绕《郢州孟亭记》（皮日休の孟浩然评一「郢州孟亭记」をめぐって一），田口畅穗，《早稻田大学大学院文学研究科纪要》（别册）51：3，1976年3月。
10. 孟浩然事迹考——上京应试，谷口明夫，《中国中世文学研究》（广岛大学中国中世文学研究会）11 1976年9月。
11. 竹露滴清响——孟浩然札记（竹露滴清响一孟浩然覚书一），田口畅穗，《中国文学研究》（早稻田大学中国文学会）4，1978年12月。
12. 山林诗人孟浩然（山林诗人としての孟浩然），黑川洋一，《森三树三郎博士颂寿纪念东洋学论集》（朋友书店），1979年12月。
13. 关于孟浩然《望洞庭湖赠张丞相》（孟浩然「望洞庭湖、赠张丞相」诗について），黑川洋一，《樱美林大学中国文学论丛》7，1979年3月。

14. 论孟浩然，深泽一幸，《语言文化研究》（大阪大学语言文化部）7，1980 年。
15. 孟浩然的生涯，黑川洋一，《大阪大学教养部研究集录》（人文・社会科学）28，1980 年 2 月。
16. 无名氏藏书家的事——宋本《孟浩然诗集》始末（ある蔵书家のこと一宋本『孟浩然诗集』始末一），田口畅穗，《鹤见国文》（鹤见大学日本文学会）15，1980 年 10 月。
17. 孟浩然与“张丞相”，田口畅穗，《中国古典研究》（中国古典研究会）25，1980 年 10 月。
18. 孟浩然行年考，山本严，《宇都宫大学教育学部纪要》30：1，1980 年 12 月。
19. 论孟浩然诗（孟浩然诗について），深泽一幸，《言语文化研究》（大阪大学言语文化部）7，1981 年。
20. 关于孟浩然《过故人庄》——王孟田园诗考（孟浩然「过故人庄」诗をめぐって一王孟田园诗考一），田口畅穗，《鹤见大学纪要》（第 1 部 国语国文学编）18，1981 年 3 月。
21. 高士的世界一王维与孟浩然（高士の世界一王维と孟浩然），石川忠久，《国语教育》1：1，1981 年 8 月。
22. 孟浩然与卢象，山本岩，《宇都宫大学教育学部纪要》32：1，1982 年 12 月。
23. 孟浩然诗版本源流考，山本岩，《宇都宫大学教育学部纪要》33：1，1983 年 6 月。
24. 关于孟浩然〈送杜十四〉诗（孟浩然「送杜十四」诗をめぐって），田口畅穗，〈鹤见大学文学部论集〉（鹤见大

学创立二十周年纪念），1983 年 3 月。

25. 李白与孟浩然，冈村繁，《国语（高校通信辞书）》（东京书籍社）227，1983 年 3 月。
26. 孟浩然三十至四十岁时的行踪（孟浩然三十代の行旅），芳村弘道，《学林》（立命馆大学中国艺文研究会）第 1 号，1983 年 1 月。
27. “王孟韦柳”论考，赤井益久，《国学院大学大学院纪要》（文学研究科）14，1983 年 3 月。
28. 孟襄阳集编年诗注（上），黑川洋一，《大阪大学教养学部研究集录》（人文·社会科学）31，1983 年 1 月。
29. 孟襄阳集编年诗注（下），黑川洋一，《大阪大学教养学部研究集录》（人文·社会科学）32，1983 年 12 月。
30. 关于孟浩然诗作品集，田口畅穗，《鹤见大学纪要》（国语国文学编）20，1983 年 3 月。
31. 孟浩然集四卷，武田尚子，收入近藤光男著《四库全书総目提要唐诗集の研究》（研文出版，1984 年 10 月）。
32. 孟襄阳集编年诗注（续），黑川洋一，《大阪大学教养部研究集录》（人文·社会科学）33，1985 年 1 月。
33. 孟襄阳集编年诗注（续二），黑川洋一，《大阪大学教养部研究集录》（人文·社会科学）34，1985 年 12 月。
34. 孟襄阳集编年诗注（续三），黑川洋一，《大阪大学教养部研究集录》（人文·社会科学）35，1986 年 12 月。
35. 孟浩然传记考，黑川洋一，〈中国诗人论——冈村繁教授退官纪念论集〉（汲古书院），1986 年 10 月。
36. 关于李白〈黄鹤楼送孟浩然之广陵〉，中田伸一，《中国文化——研究与教育》（中国文化学会）46，1988 年。
37. 晚年的孟浩然（晚年の孟浩然），芳村弘道，《立命馆文学》（立命馆大学人文学会）第 511 号，1989 年 6 月。
38. 孟浩然〈过故人庄〉诗中“故人具鸡黍”的典故出处（孟浩然「过故人莊」诗をめぐって一「故人具鸡黍」の典拠一），田口畅穗，〈鹤见大学文学部论集〉（鹤见大学创立三十周年纪念），1993 年 3 月。
39. 孟浩然研究论著目录，川口喜治，《山口县立大学国际文化学部纪要》3，1994 年 3 月。
40. 孟浩然诗注作品对照表，川口喜治，《中国学志》（大阪市立大学）9，1994 年 12 月。
41. 孟浩然的山水诗（上），宫内保，《文教大学文学部纪要》9：1，1995 年 10 月。
42. 孟浩然的山水诗（下），宫内保，《文教大学文学部纪要》10：1，1996 年 10 月。
43. 孟浩然的越地之游（孟浩然の越游），田口畅穗，《新汉文教育》（日本汉文教育学会）25，1997 年 11 月。
44. 论孟浩然诗对都市的描写（孟浩然诗に描かれた都市について），川口喜治，《山口女子大国文》13（终刊号），1997 年 3 月。
45. 论孟浩然诗的自然描写（孟浩然诗における自然描写について）（上），川口喜治，《山口县立大学国际文化学部纪要》3，1997 年 3 月。
46. 论孟浩然诗的自然描写（孟浩然诗における自然描写について）（下），川口喜治，《山口县立大学国际文化学部纪要》4，1998年3月。

47. 孟浩然读书会简介，赤井益久，《中唐文学会报（1998年度)》1998年10月。

48. 孟浩然诗的自然表现，冈本慎弥，〈爱媛国文研究〉（爱媛大学）49，1999年12月。

49. 关于孟浩然〈疾愈过龙泉寺精舍呈易业二上人诗〉——"傍崖采蜂蜜"考，田口畅穗，〈村山吉广教授古稀纪念中国古典学论集〉（汲古书院)，2000年3月。

50. "王孟韦柳"评判（「王孟韦柳」评判一「王韦」から「韦柳」へ一)，赤井益久，收入《村山吉广教授古稀纪念中国古典学论集》（汲古书院，2000年3月)。

51. 论孟浩然《疾愈过龙骨寺精舍呈学业二上人》（孟浩然「疾愈过龙骨寺精舍呈学业二上人」诗をめぐって一「傍崖采蜂蜜」考一)，田口畅穗，收入《村山吉广教授古稀纪念中国古典学论集》（汲古书院，2000年3月)。

52. 关于孟浩然隐居鹿门山与南园的事迹（孟浩然の鹿门山?三园における隠遁の事迹について)，鲛岛奈绪巳，《九州中国学会报》（九州中国学会）38，2000年5月。

53. 李白〈黄鹤楼送孟浩然之广陵〉考——兼及其解释，渡部英喜，《盛冈大学纪要》19，2000年3月。

54. 孟浩然交游考 山本岩《宇都宫大学教育学部纪要》（第1部）51，2001年3月。

55. 清新婉约的世界——孟浩然〈春晓〉，向岛成美，《中国月刊》（大修馆书店）13：11，2002年10月。

56. 孟浩然研究论著目录（增补版)，川口喜治，《山口县立大学国际文化学部纪要》8，2002 年，79－94 页。是其《孟浩然研究论著目录》（《山口县立大学国际文化学部纪要》第 3 号，1994 年 3 月）之增补版，辑录 1905 年至 2001 年发表的关于孟浩然的研究论著，分注释、书志、传记、诗文类，诗文类又别为日文、中文、韩文和欧文。

57. 孟浩然与天台山——在灵山的高峰体验，加藤国安，《东洋古典学研究》（东洋古典学研究会）18，2004 年 10 月。

58. 孟浩然〈疾愈过龙泉寺精舍，呈易、业二上人〉赏析，田口畅穗，《日本学者论中国古典文学——村山吉广教授古稀纪念集》（巴蜀书社），2005 年 6 月。

59. 唐诗中所见曹植、曹丕诗的影响——以孟浩然、王昌龄、柳宗元、元稹为中心，上野裕人，《语文与教育》（鸣门教育大学国语教育学会）20，2006 年 8 月。

60. 孟浩然〈春晓〉——作为汉文教材的可能性，加藤敏，《千叶大学教育学部研究纪要》54，2006 年 2 月。

61. 孟浩然与月——〈宿建德江〉中的月亮在哪里照耀?，今村浩子，《札幌国语研究》（北海道教育大学札幌校国语国文学科）12，2007 年。

62. 对实际感受汉诗中宇宙观上课模式的一种尝试——指导学生学习李白〈黄鹤楼送孟浩然之广陵〉，北川久美子，《清心语文》（清心女子大学）9，2007 年 7 月。

日文参考文献：

1. 中国社会科学院文学研究所动态组编《日本的中国古代文学研究主要文献索引》（1970～1980，二，唐宋），《文学研究动态》1983 年第 6 期，总 108 期。

2. 周迅编《论古代中国：1965—1980 年日本文献目录》，书目文献出版社，1984

年 3 月。

3. 市川桃子《最近日本对唐代文学的研究》，《唐代文学研究年鉴 1989、1990 年合辑》，广西师范大学出版社，1991 年 9 月，第 425 ~ 429 页。

4. 赤井益久著、林慧君译《日本地区唐代文学研究活动报导（一九九三 ~ 一九九四年）》，收入台湾《中国唐代学会会刊》第五期，1994 年 10 月，第 113 ~ 121 页。

5. 鹿菲辑《日本中国诗学研究文献（1991 ~ 1992）》，《中国诗学》第四辑，第 222 页、225 页，南京大学出版社，1995 年 12 月。

6. 鹿菲辑《日本中国诗学研究文献（1993 ~ 1995）》，《中国诗学》第六辑，第 255 ~ 266 页，南京大学出版社，1999 年 12 月。

7. 鹿菲辑《日本中国诗学研究文献（1996 ~ 1998）》，《中国诗学》第七辑，第 270 ~ 280 页，人民文学出版社，2002 年 6 月。

8. 荣新江《唐研究新书目》，荣新江主编《唐研究》第 1 ~ 11 卷，北京大学出版社，1995 年 1 月 ~ 2005 年 12 月。

9. 气贺泽保规《2000 年日本隋唐史论著目录》，中国唐史学会网站，中国丝绸之旅国际互联网制作维护，http：//www. travel - silkroad. com/chinese/tangshi/ribentangshiyanjiu. htm（2006 年 5 月 20 日）。

10. 丸桥充拓著、傅江译《2001 年日本史学界关于隋唐史的研究》，《中国史研究动态》2003. 年第 9 期。

11. 大川裕子、村松弘一《2002 年日本周秦汉唐文化研究论著要目》，《周秦汉唐文化研究》第二辑，三秦出版社，2003 年 11 月。

12. 禹成旼《日本 2002 至 2003 年隋唐五代史论文索引》，收入《中国唐史学会会刊》第 23 期（杜文玉主编），2004 年 10 月。

13. 陈丽、陈翔、崔北京编《2003 年隋唐五代史论文索引》，杜文玉主编《中国唐史学会会刊》第 23 期，2004 年 10 月 http：//www. travel - silkroad. com/chinese/tangshi/2003index. htm。

14. 《中国文学研究文献要览 1945 ~ 1977（战后编）》石川梅次郎监修，吉田诚夫、高野由纪夫、樱田芳树编集，东京：日外アリシエーツ株式会社发行，纪伊国屋书店发卖，1979 年，20 世纪文献要览大系之九。收录时限：1945 年 8 月 ~ 1977 年 12 月。

15. 京都大学人文科学研究所《东洋史研究文献类目》昭和21年度~昭和31年度（1946~1962）。
16. 京都大学人文科学研究所《东洋学文献类目》1963年度~1986年度。
17. 京都大学中国文学会《中国文学报》1~20、34~39（1954~1965、1982~1988）。
18.《日本中国学会报》学界展望1~40（1949~1988）。

（二）韩文文献

1. 孟浩然研究，殷茂一，汉城大学硕士论文，1977年。
2. 孟襄阳研究，宋天镐，成均馆大学大学院，1981年11月。
3. 孟浩然研究，宋天镐，成均馆大学硕士学位论文，1982年2月。
4. 陈滜の盛唐的诗风——孟浩然？王维との关系及びそれを中心にして，柳晟俊，（韩国汉文学研究会）韩国汉文学研究6（渊民李家源博士停年退任纪念号），1982年12月。
5. 王、孟诗比较研究，宋天镐，《中语中文学》（韩国中语中文学会）5，1983年12月。
6. 孟浩然山水田园诗的源流，宋天镐，《中国文学研究》（成均馆韩国中国文学研究会）2，1984年12月。
7. 孟浩然诗研究，宋天镐，成均馆大学大学院博士学位论文，1985年11月。
8. 孟浩然研究，朴秉善，延世大学学位论文，1986年2月。
9. 孟浩然的交友诗，宋天镐，《中国文学研究》（成均大学馆）4，1986年12月。
10. 孟浩然思想考，朴秉善，《群山理论文集》14，1987年12月。
11. 孟浩然诗研究，宋天镐，成旧馆大学出版社，1988年1

月。〔翻訳〕孟浩然诗の研究，豊福健二（訳）豊福健二（発行者），日本，1994 年 12 月。

12. 孟浩然的游览诗，宋天镐，《明知大人文科学论丛》5，1988 年 1 月。

13. 孟浩然の自然诗に关する一考察一舟行诗を中心にして，朴美子，《中国语文学》（岭南中国语文学会）21，1993 年 6 月

14. 孟浩然诗研究，李南容，汉城大学博士论文，1996 年。

韩文参考文献：

1. 李章佑著，李文学译《韩国的唐代文学研究概况》，《唐代文学研究年鉴》1991，广西师范大学出版社，1992 年 8 月
2. 杨蔚编《韩国唐诗研究文献举要》，《中国诗学》第 2 辑，南京大学出版社，1994 年，第 158 ~ 186 页。
3. 金在乘《韩国近十年来唐代文学研究的情况》，《唐代文学研究》第五辑（中国唐代文学学会成立十周年国际学术讨论会暨第六届年会论文集 1992 年），广西师范大学出版社，1994 年 10 月，第 872 ~ 882 页。
4. 柳晟俊《1995 年以来韩国的唐代文学研究概况》，《中国唐代学会会刊》第 9 辑，1998 年 11 月。
5. 柳晟俊《韩国唐诗研究之回顾与展望》，《中国典籍与文化》1999 年第 3 期，又载《唐代文学研究年鉴》2000（广西师范大学出版社，2001 年 7 月），2003 年 9 月 9 日在中国社会科学院文学研究所古代室学术论坛所作学术报告《半世纪韩国唐诗研究之历程》即此文。
6. 柳晟俊《1950 年以来韩国唐诗研究之动向》，《唐代文学研究年鉴 2004》，广西师范大学出版社，2005 年 4 月。

（三）西文文献

（A）英文

1. *Biographies of Meng Hao－jan*（《孟浩然传》），Hans Her-

mann Frankel（傅汉思），加利福尼亚大学出版社，1952 年（25 页）；修订版：1961 年（28 页）。

2. The Theme of Autumn in the Poetry of Meng Hao – jan, Charles J. Alber (Department of East Asian Languages and Literatures, Indiana University), Tea Leaves l Winter, 1966 – 1967.

3. " The Poetry of Meng Hao – jan: Translation and Critical Introduction for the Western Reader" （《孟浩然的诗》），James Whipple Miller（米乐），Unpublished Ph. D. dissertation, Princeton University, 1972. 209p, DAI 34 (Aug. 1973).

4. The Quatrains of Meng Hao – jan, Paul W. Kroll（柯罗尔），*Monumenta Serica*（《华裔学志》）31, 1974 – 1975.

5. *Sunflower Splendor: The Standard collection of traditional Chinese verse in English translation*, Liu, Wu – chi 柳无忌 and Irving Yu – Cheng Lo 罗郁正（eds. ）, Indiana University Press, Bloomington, 1975.

6. *Chinese Literature*, *Volume*2: *Nature Poetry* tr. by Chang, H. C. Columbia University Press, New York, 1977.

7. " The High T'ang Poet Meng Hao – jan: Studies in Biography and Texture History" （《盛唐诗人孟浩然：传说与历史研究》），Daniel Bryant（白润德），Unpublished Ph, D. dissertation, University of British Columbia（不列颠哥伦比亚大学哲学博士学位论文），Vancouver, 1978.

8. Wang Shih – yuan's Preface to the Poems of Meng Hao – jan（《王士源的〈孟浩然诗集序〉》），Jurij L. Kroll（克罗尔），*Monumenta Serica*（《华裔学志》）34, 1979 – 1980, 349 –

369 页。

9. *The Great Age of Chinses Poetry*, *The High T'ang*（《盛唐诗》），Stephen Owen（宇文所安），Yale University Press，New Haven，1981.

10. *Meng Hao -jan*（《孟浩然》），Paul W. Kroll（柯罗尔），A Division of G. K. Hall and Co.，Boston，1981. 191p。纽约、波士顿：特怀恩世界作家丛书（*Twayne's World Authors Series*［*TWAS*］）。智按：著者专攻唐代文学，编辑《唐学报》。他指出，虽然公认孟浩然是唐代重要诗人，但只有少数孟诗播于人口，因此，本书旨在对诗人及其诗作做比较全面的介绍。其重点在写襄阳风光、旅游见闻、诗友往来、远离尘嚣、超然物外等内容。

〔书评〕：

1）Cass，Victoria *Chinese Literature*：*Essays*，*Articles*，*Reviews* Vol. V，1 -2 Ann Arbor 1983.

2）Dieny，J. -P. *T'oung Pao* Vol. LXIX，Livres 1 -3 Leiden，1983.

3）Feifel，Eugen *Monumenta Serica* Vol. XXXV Freiburg，1981 -1983.

4）Bryant，Daniel *Harvard Journal of Asiatic Studies* Vol. XLIV -2 Cambridge，1984.

11. *A Concordance to the Poems of Meng Hao -jan*（《孟浩然诗歌索引》），Paul W. Kroll（柯罗尔），Joyce Wong Kroll（乔伊斯·柯罗尔），Chinese Materials Center Publications（旧金山：汉学研究资料中心出版社），1982.

12. *The Indiana Companion to Traditional Chinese Literature*（《印第安纳中国古典文学研究指南》）. Vol. 1. Nienhauser, William H. Jr. ,（倪豪士）ed. Charles Hartman, associate editor for poetry; Y. W. Ma, associate editor for fiction; Stephen H. West, associate editor for drama. Bloomington: Indiana University Press, 1986.

13. Spiritual Realms of Meng Hao－jan and Meng Chiao, Yuk Wong, *Chinese Culture* I －2, 1990. 6.

(B) 德文

1. *La Chine a Travers les ages* 孟浩然等著 tr. by L. Wieger Hienhien 548, 1920.

2. üebersetzungen, Zach, Erwin von Deutsche Wacht, 1930. 11. 4。智按，其中有孟浩然诗28首翻译。

3. *Gedichte von Mong Hau Jan*, Richard Wilhelm, *Sinica* 5, 1930.

4. Beim Besuche des Taoistischen Klosters Ching－ssu schreibe ich diese Verse auf die Bergklause des Abtes 孟浩然著 tr. by E. von Zach. Deutsche Wacht14－4, 1931.

5. *Meng Hao－jan*, 691－740（《孟浩然》）, Sein Leben und religi? ses Denken nach Seinen Gedichten, Rust, Ambros Ingenbohl（卢斯特）, 55p. Abhandlung（Teildruck）, Zürich, 1960.

6. *Derseidene Faden Gedichteder Tang*（《丝线集：唐诗》）, Volker Klopsch（吕福克）, 法兰克福：Suhrkamp, 1991年。智按：选诗自初唐至晚唐，近八十家。李白、杜甫和王维入选最多，其他选五首以上者，尚有张九龄、孟浩然、王昌龄、刘长卿、岑参、韦应物等。书末跋语介绍诗史、诗体及译诗知识。

(C) **俄文**

1. 达格丹诺夫《中国中世纪文化中的孟浩然》，苏联莫斯科：1991年。智按，据蒋寅《二十世纪海外唐代文学研究一瞥》，《求索》2001年第5期；《中国古代、近代文学研究（人大复印报刊资料）》2002年第1期。

西文参考文献：

1. 入矢义高《欧美的中国古典诗歌研究》（肖何译），《国外社会科学》1981年第3期。
2. 尹慧珉《西方研究中国唐代文学论著索引（英文部分）》，《唐代文学研究年鉴》1983，陕西人民出版社，1984年3月，第413~422页。
3. 王丽娜《唐诗在世界各国的出版及影响》，《中国出版》1991年第3期、第4期。
4. 张弘《中国文学在英国》，广州：花城出版社，1992年。
5. 王丽娜《唐诗在国外》，《唐代文学研究年鉴》1992，广西师范大学出版社，1993年11月。
6. 陈弱水《最近五年来（1989~1993）唐代学术研究概况：欧美西文部分》，《中国唐代学会会刊》第四期（1993），第211~220页。
7. 倪豪士（William H. Nienhauser）《美国的中国旧体诗研究》"Studies of Traditional Chinese Poetry in the U. S. (Part I and Part II), 1962 – 1996," *Asian Culture Quarterly*, XXV. 4 (Winter 1997), pp. 27 – 65. *Chinese Culture* XL 1/2 (March and June 1999), pp. 1 – 24 and pp. 45 – 72.
8. 黄鸣奋《英语世界中国古典文学之传播》，学林出版社，1997年4月，第162~163页。
9. 钱林森、李滨《法国与俄苏的唐诗研究》，《唐代文学研究年鉴》1997，广西师范大学出版社，1998年8月。
10. 田晓菲《北美中国古典文学研究近况》，《中华读书报》2000年12月20日。

11. 夏康达、王晓平《二十世纪国外中国文学研究》，天津人民出版社，2000 年。

12. 奥利弗·克莱塞（Olive Classe）主编《英译文学百科全书》（*Encyclopedia of Literature Translation into English*）Philadelphia：Talyor & Francis Inc.，2000.

13. 王晓路《西方汉学界的中国文论研究》，成都：巴蜀书社，2003 年。

14. 王晓路《北美汉学界的中国文学思想研究》，成都：巴蜀书社，2008 年。

15. 江岚《唐诗西传史论——以唐诗在英美的传播为中心》，北京：学苑出版社，2009 年。

16. 顾伟列《20 世纪中国古代文学国外传播与研究》，上海：华东师范大学出版社，2011 年。

2011 年孟浩然研究国际学术研讨会综述

张震英

2011 年 10 月 21 至 24 日，由中国孟浩然研究会、襄阳市人民政府、襄樊学院主办，襄樊学院文学院承办，襄州鹿门山风景名胜区管委会协办的“2011 年孟浩然国际学术研讨会”在历史文化名城襄阳隆重召开。会议旨在挖掘与弘扬以孟浩然等文化名人为代表的悠久灿烂的襄阳历史文化，在新形势下重新梳理与定位文化襄阳的品位与内涵，在精神文化层面商讨与构建古城襄阳未来的发展道路。

本次会议得到襄阳市人民政府、襄樊学院的高度重视，作为襄阳恢复名称以来首个重大的国际学术会议，具有来宾阵容强大、学术水平高、组织严谨细密等诸多特色。

本次会议与会专家共 60 余名，分别来自中国大陆、台港澳地区和日本、韩国等国家，汇集了国内外孟浩然研究最有影响力与成就的诸多专家，规格之高，代表之广，前所未有。其中既有国内久负盛名的古典文学研究专家、原中国唐代文学学会会长傅璇琮先生、中国李白研究会会长薛天纬先生、中国杜甫研究会副会长葛景春先生、中国社会科学院文学所刘扬忠先生、《文学评论》编辑部常务副主编胡明先生、中国孟浩然研究会会长王辉斌先生、黑龙江大学教授张安祖先生、贵州大学教授房开江先生，也有来自国内著名的中青年学者北京大学钱志熙先生、中国传媒大学张晶先生、复旦大学邬国平先生、中国政法大学黄震云先生，还有诸如安徽大学吴怀东先生、安徽师范大学吴振华先生、湖北大学张震英先生、四川社会科学院王永波先生等在古代文学卓有成绩的青年后劲；既有来自香港、澳门、台湾地区的著名学者邝建行先生、施议对先生、吕正惠先生、张双英先生、简锦松先生、唐翼明先生，也有来自日本冈山大学的汉学家下定雅弘先生，来自韩国首尔大学专以孟浩然研究为博士论文的汉学家李南钟先生，更有从事孟浩然研究的年轻才俊如朱光立博士生后等，真可谓群贤毕至，少长咸集，高朋满座，胜友如云。

会议共收到学术论文60余篇，涉及孟浩然的思想内涵、孟浩然与襄阳的关系、孟浩然诗歌的艺术特色、孟浩然的交游、孟浩然的比较与接受研究、孟浩然集的版本研究等等，内容丰富，新见迭出。既有对传统的诸如孟浩然与襄阳的关系、孟浩然与李白的交谊等问题的新的发现与解读，也有对诸如孟浩然诗歌的玄言气象、孟浩然与佛教的关系、中兴四大诗人对孟浩然的接受等众多新问题新领域的开拓与挖掘。大会汇集了当今海内外从事孟浩然研究的一流专家，收录了当今孟浩然研究的最新成果，代表了当今孟浩然研究的最高水平。

作为在孟浩然故里举办的国际学术交流活动，本次会议具有组织精细、协调得力、学术讨论与实地考察相互印证，文化探索与文化建设紧密结合的特色。会议在组织了严谨规范的两场大会主题发言之外，还举行了六场气氛活跃的分组讨论，并安排了小组汇报及大会的学术总结，与会代表准备充分、认真投入，展现出良好的学术素养和交流探讨的激情，学术探讨每每延伸至席间举箸及会后闲行之间。研讨会会风极佳，没有逃会离会的现象发生，为当前学术会议所少见。本次会议的另一亮点为由傅璇琮先生作序的近七十万字的大会论文集——《孟浩然研究论丛》精装本，已先期由黄山书社正式出版发行，这在目前国内外的学术会议中非常少见，显示出主办者对此次会议的高度重视和积极态度。与会专家还实地考察了古隆中、米公祠、岘山、仲宣楼、习家池、孟浩然读书隐居地——鹿门山等襄阳名胜，对古城襄阳的文化发展及旅游景区建设等方面提出了众多良好的建议与对策。

本次研讨会共有大会开幕式、开幕式主题发言、分组讨论、闭幕式主题发言、小组汇报、大会学术总结和闭幕式等议程。开幕式由襄樊学院王为一副院长主持，襄樊学院院长李儒寿教授致欢迎词。襄阳市人民政府副市长黄德华女士，中国孟浩然研究会会长王辉斌教授，原中国唐代文学会会长傅璇琮先生以及台湾中山大学简锦松先生等分别代表襄阳市人民政府、中国孟浩然研究会、国内与会专家、港澳台地区及海外与会专家致辞。中国社科院刘扬忠先生、台湾淡江大学张双英先生、中国人民大学薛天纬先生、日本冈山大学下定雅弘先生分别作了开幕式主题发言。小组讨论分为两组，共进行了六场充分细致、气氛热烈的讨论。中国社会科学院胡明先生、澳门大学施议对先生、台湾清华大学吕正惠先生、台湾中山大学简锦松先生、韩国学者李南钟先生分别作了闭幕式主题发言。大会闭幕式由澳门大学教授施议对先生和中国孟浩然研究会副会长、湖北大学教授张震英先生主持，中国孟浩然研究会副会长、长江大学教授孟修祥先生作大会学术总结，最后由中国孟浩然研究会会长、襄樊学院教授王辉斌先生致闭幕辞。

根据会议论文以及大会发言、小组讨论的具体内容，现将本次会议研讨的主要内容摘其要点分为九个方面略作评述。

一、在孟浩然的思想内涵方面。除对孟浩然的隐逸思想及其表现的深度挖掘之外，本次会议在探讨孟浩然思想内涵的多元性、复杂性上有较大程度的开拓，其中以王辉斌先生的《论孟浩然与佛教及其佛教诗——兼与王维同类诗比较》和宁松夫先生的《试论孟浩然的中庸人格思想》最为突出。针对古今学者在孟浩然与佛教关系认识上的疏略，王辉斌先生通过“孟浩然与佛教的关系”、“孟浩然佛教诗的特点”、“孟浩然与王维佛教诗比较”三个方面的探讨，认为“在盛唐前期的诗人中，与佛教关系最为密切者，则推以写山水诗而为文学史家所称道的孟浩然。孟浩然的创作活动虽然主要在开元时期，但他在当时与佛教的殷密程度，不仅超过了张说、张九龄等‘京城派’文学家，也较后人称之为‘诗佛’的王维为甚。”并认为“若仅从对佛教诗的大力创作而言，孟浩然是可称上盛唐诗人中涉足这一‘文学领地’的第一人的”。王文同时总结了孟浩然佛教诗的类型与特色，并通过与王维佛教诗的比较指出孟浩然佛教诗歌的特质所在。中国传媒大学张晶先生也认为孟浩然本人受禅宗思想影响而在诗歌作品中表现出禅宗境界的痕迹，并指出不独大家普遍认可的王维，盛唐时期的著名诗人对禅宗均有一定程度的研习，具有一定的禅宗修养，在他们诗歌中也时时闪烁着禅的影子，在诗歌中表现出静谧空灵的境界。孟浩然不仅与禅僧交往甚多，而且经常栖息于禅寺僧房，与僧人讲论禅理，目前可见孟诗中涉及禅寺的作品约有二十余首，通过对诗歌的解读，均可看到孟浩然是精通禅理和深谙禅机的。王、张两位先生的观点极大地丰富了学界对孟浩然思想内涵的认识，为深刻理解孟浩然的诗歌作品提供了全新的视角，对于重新认识唐代佛教诗歌的成就与轨迹提供了新的支撑。宁松夫先生《试论孟浩然的中庸人格精神》一文认为孟浩然具有“终生寻求仕进而能固守合度的求仕手段”、“批评用人不公的社会现实而有通达人情的气度”、“有理想破灭的苦怨而能自我释解以保持心平气和”三方面合乎中庸之道的人格精神，弥补了以往对孟浩然思想中儒家精神内核方面认识的不足。在孟浩然思想的复杂性方面，漳州师范学院蔡阿聪先生提出孟浩然本人也具有一定的追求享乐的思想倾向，这集中表现在孟浩然反映求仙访道题裁的诗作中，这一类型的作品在孟诗中约有十余首，通过这类作品可以明确感知孟浩然思想方面感性自纵的倾向，而这种感性自纵的倾向对于孟浩然追求仕宦的失利有着直接的关联，特别是在其自我荐引的诗文中，孟表现出与同时代的李白、杜甫截然不同的风格，如李白往往对自己夸大其词、对引荐者赞誉过度，杜甫在屡屡描绘自己凄凉境遇以寻求帮助，孟浩然则更多表现得较为从容自然，无多曲颜媚骨，显示出令人景仰的人格魅力。此外，陈新璋先生的《孟浩然的仕隐情怀与魏晋文士情结》，周相录先生的《遁归审美——孟浩然之隐逸极其文化意义》，文师华先生的《孟浩然的心态与诗境》，霍志军先生的《孟浩然，盛唐求仕热潮中的“多余人”》等论文，从不同视角对孟浩然的隐逸思想与行为进行了深入并不乏新见的解读。

二、在孟浩然及其诗歌的评价方面，钱志熙先生《唐人论孟诗诠论》、张安祖先生《有关孟浩然评价的两个问题》最具特色。钱志熙先生在《唐人论孟诗诠论》一文中针对宋明两代人对孟浩然评价的偏颇，提出在文学批评史中对作家作品的评价不仅要看相隔较远的后人的论断，更要重视作家同时代人或时代相近人的观点，同时代与时代相近的评论者与作家处于相同或相近的文学风气之中，对该作家的创作情况的了解，往往非后世研究者所能及。由此出发，钱先生对以苏轼为代表的宋人的审美观念对孟浩然的评价提出质疑，并通过盛唐王士源《孟浩然诗集序》、殷璠的《河岳英灵集》以及晚唐皮日休的《郢州孟亭记》三篇对孟浩然的评价进行文本细读，指出孟浩然诗歌具有为唐人所重的“高旷清绝”的格调，以及孟“半遵雅调、全削凡体”在五言诗体制上的创新为唐人所认可的事实，以及获得“五言诗天下尽称其善”的地位的深层次原因，分析了唐人评论诗人时重视知人论事与具备整体思维方式的特点，揭示了孟浩然在唐代崇高的诗坛地位及其原因所在，钱文的论述不仅具有文学史方面的价值，在研究方法上也具有重要的启示意义。张安祖先生在《有关孟浩然评价的两个问题》中通过对孟浩然的“求真”“放性”思想个性的挖掘，剖析了其在行藏取舍中种种貌似矛盾的外在表现的内在原因，同时通过对孟浩然“韵高”“味淡”等诗歌艺术特色的精细解读指出古今学者对孟诗评价的偏颇所在，对于正确评价孟浩然的文学史地位以及艺术成就颇有启发。关于孟浩然的评价，还有崔际银先生的《孟浩然“风流天下闻”探因》，吴相洲先生的《读王士源〈孟浩然集序〉札记》等论文，也多从还原历史真实的角度出发，不同程度上纠正了以往文学史中对孟浩然评价的不足。

三、关于孟浩然与其他诗人的比较研究，成为本次会议引起普遍关注的话题。会议论文主要有黄震云先生的《“屈宋英声”和孟浩然的诗歌创作》，杨栩生、朱学召两先生的《孟浩然与魏晋南北朝作家》，王定璋先生的《浔阳襄阳二诗豪——陶渊明、孟浩然比较研究》，下定雅弘先生的《孟浩然对陶渊明的敬慕——从前期到后期的变化》，蒋志先生的《李白与孟浩然的山水诗》，葛景春先生的《王维孟浩然异同论》，吴振华先生、丁丽梨女士的《论王、孟差异及王、孟并称的文化意蕴》，高人雄女士的《孟浩然、杨万里山水诗自然情趣之比较》等。其中黄震云先生的《“屈宋英声”和孟浩然的诗歌创作》和高人雄女士的《孟浩然、杨万里山水诗自然情趣之比较》二文，突破了以往学界对孟浩然关注的视野，将孟浩然比较研究的跨度，上由陶谢延展至屈宋，下由李王延伸至南宋中兴诗人。黄文从“孟浩然对屈原的会心与精神慰藉”、“孟浩然的生存状态与楚辞世界”、“孟浩然诗歌与楚辞的文化意象”等方面挖掘出了孟浩然“悲诧”风格与楚辞的渊源。高文则以孟浩然与杨万里为唐宋两个时代山水田园诗歌的典范对二人进行全面的比较，分析其自然情趣的异同及其变化的原因，揭示了山水田园诗由唐向宋发展演变的轨迹。此类论文中与孟浩然进行比较研究的对象从战国末期的屈原、宋玉起，进而延伸至魏晋南北朝陶渊明、谢灵运等诸名家，从与孟浩然同时代的李白、王维，到宋代的杨万里，时间跨度由先秦到南宋，涉及十余位著名诗人，比较内容涉及诗歌创作、诗歌艺术、文化意蕴、审美情趣等方面，将孟浩然的研究置于漫长而久远的中国传统文化的长河中进行纵向比对，有助于全面地把握孟浩然的思想内涵以及深入地挖掘其诗歌的艺术特色，也有助于对其人其诗的文学价值进行准确定位。由以上研究也可见孟浩然诗歌不仅是其个性的自由展现，也是中国悠久的历史文化传统发展演变作用的必然结果。

四、关于孟浩然的传播与接受研究，也是本次会议的热点所在。主要论文有刘峰峰女士、蔡阿聪先生的《盛唐文人对孟浩然及其诗歌的接受与传播》，李睿女士、吴怀东先生的《“孟浩然的诗”与“诗的孟浩然”——论盛唐人对孟浩然的认知及其意义》，高新伟先生的《宋人对孟浩然诗歌的接受——兼及“孟浩然体”的提出》，朱光立先生的《我似骑驴孟浩然——论中兴四大家对孟浩然的接受》，沈文凡先生的《孟浩然诗歌明代接受文献小辑》，董运庭先生的《论〈唐贤三昧集〉中的孟浩然诗》，赵治中先生的《闻一多先生孟浩然研究述评》，薛天纬先生的《重读孟浩然》，李南钟先生的《在韩国传统时期孟浩然诗接受样相》等。其中高新伟先生的《宋人对孟浩然诗歌的接受——兼及“孟浩然体”的提出》一文全面梳理了宋代自王安石、苏轼、黄庭坚、陈师道、周紫芝、吕本中、吴可、刘辰翁、严羽等诗人及评论家对孟浩然的接受与评论，进而指出“纵观宋人对孟浩然诗歌认识接受过程，可以看出其中既有肯定，又有否定；既有从字句技法方面切入，又有从内容风格方面入手，最终赞许孟诗雅洁清淡风格的观点占了上风，严羽‘孟浩然体’和刘辰翁批点孟浩然诗集体现了宋人对孟诗的高度认可与充分接受”。对于宋人对孟浩然接受过程的准确把握，不仅对宋诗研究，还是对孟浩然研究都有着重要的意义。韩国学者李南钟先生《在韩国传统时期孟浩然诗接受样相》一文，对孟浩然诗歌传入高丽的时间、在历代的传承概况以及对朝鲜山水田园诗歌创作的影响、孟浩然在韩国文学史中的地位等问题进行了详细的介绍，提供了关于孟浩然在韩国研究的状况，开拓了孟浩然研究的领域与视野，进一步说明了孟浩然不仅是属于襄阳的，属于中国的，也是属于世界的。总之，此类论文既有盛唐时期文人对孟浩然的认知，也有南北宋对孟浩然的接受，既有明清两代对孟浩然接受文献的梳理及探讨，也有现代学者对孟浩然研究成果的再反思，更有韩国学者对孟浩然在韩国传统时期的接受情况的介绍，研究跨越古今，兼及中外。由以上研究可见孟浩然在中国文学史中重要的地位和广泛的影响所在。

五、关于分析孟浩然诗歌总体风格特色的论文。既包括对传统观念诸如“清”“淡”“韵高”等孟诗特色的深入解读，如房日晰先生的《孟浩然诗歌的清与淡》、孟修祥先生的《孟浩然及其诗歌之“清”略议》、杨胜宽先生的《孟浩然诗“韵高”论略》，也包括对孟诗总体风貌的把握，如孟祥光先生的《孟浩然诗中盛唐气象之“变奏”及其成因》、萧晓阳先生的

《孟浩然诗歌的玄言气象》。其中萧晓阳先生的论文以“玄言气象”解读孟诗，较为详细地分析了孟诗以议论入诗之理趣、以静境写心之情趣、以妙悟为宗之归趣等玄言内涵，并认为孟“诗中的玄言之思以议论、画境与妙悟为表现形式开辟了唐代诗歌的新气象，对中国诗歌的发展产生了深远的影响”。该文颇具新意，为探究孟诗的内涵提供了新的思路。

六、关于对孟浩然山水田园诗的宏观及微观方面探讨。论文包括张震英先生的《论唐诗山水田园审美主题的嬗变历程——兼及王、孟山水田园诗对后世的影响》，柯素莉女士的《孟浩然诗歌的自然旨趣——兼论中国山水田园诗的自然精神》，田劲松女士的《孟浩然襄阳山水风物诗综论》，邓立勋先生的《论孟浩然山水诗田园诗的创作个性》，高建新先生的《孟浩然山水游历及其创作》等。其中张震英教授的论文从宏观的角度探讨了以王维、孟浩然为代表的唐代山水田园诗歌审美主题的发展嬗变历程，认为“如果说王、孟所代表的是盛唐时期山水田园诗歌的风范，那么钱、郎、韦、柳则代表了中唐山水田园诗歌的审美理想。山水田园诗歌的创作至此，虽然已取得了极高的成就，但山水田园诗歌的表现传统却并未就此而停歇。在中晚唐之交，姚合、贾岛及其追随者以自己的方式续写了山水田园审美主题的表现传统”。论文将山水田园审美主题的认识从陶谢王孟推演开来，极大地丰富了对山水田园审美主题的理解与认识。

七、关于孟浩然诗歌题材与体裁方面的讨论。论文包括周尚义先生的《孟浩然咏闲诗论略》，由兴波先生的《孟浩然七言诗艺术分析》。其中由兴波先生的论文对孟浩然现存的 23 首七言诗为样本进行了研究，分析了孟七言是的总体风格、抒情写景的内在逻辑顺序及丰富多样的写作技巧，同时指出孟七言诗的不足，对于全面认识孟浩然诗歌的艺术风格有一定的价值。小组讨论中也涉及关于孟浩然诗歌所用体裁的确认问题，台湾中山大学简锦松先生、台湾清华大学吕正惠先生、北京大学钱志熙先生、中国人民大学薛天纬先生、复旦大学邬国平先生展开了热烈的讨论，对这一目前学界尚未达成共识的问题从文体的渊源、诗体的演变、自身的创新、后世的变迁、诗歌与音乐的关系等诸多角度进行了深入细致的剖析，对于更加清晰地认识孟浩然五言诗的特点，孟浩然在诗体变革中的贡献以及诗体发展中的地位提供了有益的帮助，将对孟浩然诗体形式的认识推向了一个新的层面。

八、关于对孟浩然的生平、交游、行迹、性格及作品等的微观考证。包括陈冠明先生的《孟浩然画像考述》，萧兰英女士的《孟浩然“应进士”质疑》，范子烨先生的《〈题终南翠微寺空上人房〉诗“苏门啸”解》，阮堂明先生的《〈李白黄鹤楼送孟浩然之广陵〉新释》，陈才智先生的《孟浩然两首诗的作者考辨》，孙愫婷女士的《孟浩然、王维长安留别、送行诗考述系年》，邝建行先生的《从李白〈赠孟浩然〉看李白对孟浩然的认识和了解》，吕正惠先生的《孟浩然诗集版本问题》等论文。考证是研究的基础，与宏观整体研究相呼应，本次论文对于孟浩然生平、交游、行迹、事迹、创作、版本等方面均有细致入微地考辨文章，显示出严谨的风格和求实的态度。其中台湾学者吕正惠先生的论文针对当今学者整理孟浩然集时选择底本时存在的问题，通过对现存两大体系的孟浩然诗集版本的比对，认为丛刊本所收作品最为完备，其异文往往优于宋蜀刻本，所以“衡量种种得失，校订孟浩然集，似仍应选择丛刊本为底本”，对以后进一步完善孟浩然诗集提供了可信的文献依据。

九、从诗歌理论方面探究孟浩然的诗歌。包括施议对先生的《故乡与他乡——关于二元对立定律及其在唐诗解读中的运用》，侯雅文女士的《李梦阳参评孟浩然诗集及对刘辰翁批点的承变》，胡小林女士的《欲离却即——论王士祯对贴浩然诗的理论超越与创作认同》等论文。其中施议对先生介绍了自己利用西方结构主义中二元对立定律对王昌龄、王维、孟浩然、杜甫等盛唐著名诗人的诗歌进行分析理解的心得，施先生首先指出诸如“知人论事、以意逆志”、“入乎其内、出乎其外”、“情与景、境与理”等传统文学批评方法的抽象、含混、随意、片面等缺陷，以及传统的文学批评普遍具有只可意会不可言传的不足，通过对二元对立定律的引入，对文学作品中普遍存在的“故乡与他乡”、“瞬间与永恒”、“诗歌与哲学”等话题的尝试，旨在探索一条较为客观、理性的批评方法，进而使文学批评达到从可意会到能言传的效果。施先生针对文学批评的困境采取拿来主义的方法对唐诗及其相关主题进行全新的解读，对于丰富文学理论研究方法和重新认识唐诗的内涵及魅力均具有重大的启示意义。

（作者为湖北大学文学院教授博士生导师）

附　录

王辉斌学术研讨会综述

赵　舒

2014 年 12 月 1 ~ 3 日，由湖北文理学院主办、湖北文理学院文学院承办的王辉斌学术研讨会在湖北襄阳隆重举行。王辉斌现为湖北文理学院教授，省级精品视频公开课负责人。中国古代文学研究专家，当代中国将文学史研究打通关的第一人。先后兼职武汉大学等多所高校的硕士生导师、博士生导师、研究员、教授等。并任中国孟浩然研究会会长，中国李白研究会、中国杜甫研究会常务理事。王辉斌教授成果丰硕，影响广泛。已出版《商周逸诗辑考》、《先唐诗人考论》、《孟浩然研究》、《王维新考论》、《李白研究新探》、《杜甫研究新探》、《唐代诗人探赜》、《唐宋词史论稿》、《宋金元诗通论》、《四大奇书探究》、《唐后乐府诗史》等20多种独撰著作，并在《民族文学研究》、《文学遗产》、《学术论坛》等全国160多种刊物上发表论文近400篇，其中属于CSSCI、全国中文核心期刊者近100篇，并有近30篇为《中国社会科学文摘》、《新华文摘》、《高等学校文科学报文摘》、中国人民大学书报资料中心《中国古代、近代文学研究》等全文转载或转摘。其古代文学论文的高被引指数分别排位全国第一（2008）、全国第二（2007），1978～2000年唐代文学研究成果量排位全国第二。多次应邀到韩国、香港、台湾等国家与地区的高校参加国际学术会议。主持并完成国家社科基金项目、教育部项目、湖北省人文社科项目等多项。

来自中国社会科学院、北京大学、中国人民大学、南开大学、武汉大学、湘潭大学、华中师范大学、湖北文理学院，以及韩国首尔大学、澳门大学等近40所高校、科研机构的50多位学者参加了此次会议。中国韵文学会、中国李白研究会、中国孟浩然研究会，以及清华大学的傅璇琮先生、中国社会科学院的范子烨先生、山东大学的张忠纲先生、香港城市大学的刘卫林先生、厦门大学的吴在庆先生、北京师范大学的康震先生、台湾中山大学的锦简松先生、吉林大学的沈文凡先生等，先后向大会发来了贺电、贺信。闽南师范大学的林继中先生、湘潭大学的蒋长栋先生等，向大会寄赠了祝贺的书法作品。大会共收到论文37篇。

大会开幕式由湖北文理学院文学院李定清院长主持。湖北文理学院党委副书记王化凯教授向大会致欢迎辞，副校长丁世学教授对王辉斌教授的学术经历与学术成就进行了介绍。中国人民大学的薛天纬先生、南京师范大学的钟振振先生、澳门大学的施议对先生，先后代表与会学者发表了热情洋溢的讲话。开幕式后，与会学者围绕王辉斌教授的学术成就、学术思想、研究方法、治学精神等相关问题，进行了深入认真的研讨。会场气氛热烈，讨论深刻而实在。会议研讨的内容，要而言之，主要集中在以下三个方面：

第一，综合讨论王辉斌教授的学术成就与治学特色。薛天纬先生认为，“王辉斌教授三十多年来的学术研究，具有非常鲜明的个人特色”。他并用“通、富、新、勤”四个字概括其研究特色：所谓“通”，是指王辉斌教授在纵向上“由商周而明清，上下三千年，逐路探索，一路打通关”，在横向上“研究既有文献学的，也有文艺学的”，这“正是程千帆先生当年所概括的古代文学研究的两条途径、两个领域”，王辉斌教授在这方面做得很到位。“富”是指王辉斌教授研究成果丰富。薛先生指出，在从1986年到2012年间的26年中，王辉斌教授已经出版学术著作21部，发表论文347篇，总数达800万字。而且，王教授尚有众多成果未曾公开发表，如《唐代方言汇释》等。所谓“新”，是指王辉斌教授的学术研究富于创新，并以《李白研究新探》一书为例，举出王教授在李白家世、从璘的是非曲直、《蜀道难》主题等众多方面的研究，是“足成一家之言”的“独到的学术见解”。而所谓“勤”，则是指王教授“从事学术研究的勤奋与刻苦”。湘潭大学蒋长栋先生认为，王辉斌教授的学术创新对广大古代文学研究者，尤其是青年一代来说，深有启发，要做到学术研究上的成功，应如王辉斌教授一样与四个“必须”相关联，即“必须具有为实现远大理想而自强不息的气骨”，“必须具备不为名利所惑而坚定不移走学术正道的品德”，“必须博览群书而具备通观全局、连贯思维的宏观学术眼光”，“必须对研究对象具有敏锐感知、准确分析判断乃至确切考证的微观研究能力”。

将文学史研究“打通关”，是王辉斌教授治学的重要特点。黑龙江大学张安祖先生指出：“他的‘打通关’其实并不仅仅局限于对纵向的‘文学单元’打通”，更体现在各种文体、各个学科之间的打通关，而在具体的“单元文学”的局部范围内也同样“打通关”。因此，“‘打通关’贯穿了王辉斌教授古代文学研究的整体与局部”。西北民族大学高人雄先生以《立马吴山第一峰——王辉斌教授学术研究给我的深刻印象》为题发言指出，2012 年《商周逸诗辑考》出版之后，“王教授终于成就了他的文学史打通关的研撰计划，终于自己为自己交出了一份‘打通关’的完美答卷”。他“对文学史研究的打通关，则属于另一种形式的‘立马吴山第一峰’，其所显示的，是他敢为人先的学术气概与学术精神”。高先生并结合王辉斌教授研究领域的几个重要面向，如李白研究、孟浩然研究、杜甫研究等，均进行了阐发与感悟，真诚而又深刻。安徽师范大学吴振华先生以“王辉斌研究模式”对王教授的治学特点进行了概括，认为“打通关”研究模式具有“点面结合，专博并重，考论双擅”的要义。具体而言，“点”与“专”是指王教授从李白研究而涉及对初、盛、中、晚四唐诗人的全方位研究，“面”与“博”是就其“文学史研究打通关”而言，前者以考为主，后者擅长于论，二美并具。韩国首尔大学的李南钟先生以《一位勤奋从事学术研究的真正学者》为题，就王辉斌教授近40年来所取得的学术成就进行了简要述评，认为王辉斌教授是中国学界研究古代文学的一位真正学者。南京师范大学的钟振振先生则以“王辉斌现象”作为其发言主旨，对王辉斌教授的学术成就与治学方法、敢为人先的学术精神等，分别从“潜心坐冷板凳”等五个方面进行了阐述，认为王辉斌教授是“在小学校做出了大学问”的一个成功范例。澳门大学的施议对先生将王辉斌教授的文学史研究“打通关”与香港著名学者饶宗颐先生之研究进行了对比，认为饶先生的研究较王教授的研究时间更长，研究范围更为广博，但王教授的研究较饶先生的研究则更具有系统性。

湖北文理学院雷礼锡先生则从“还原历史真实的考据”、“融通想象与真实的考据”、“考论交互的文学史阐释”等方面，对王辉斌教授之于古代文学的阐释方式与特点进行了评述。作为美学学者，雷先生特别注意到王辉斌教授“强调借助文学考据，以‘曲探心迹’”，并指出王辉斌教授在进行作品阐释时，特别注意考据，考据研究为作品的想象意蕴寻求历史的现实依据，“也为针对诗作的审美理解找到了真实性的保障”。吉首大学吕华明先生结合与王辉斌教授的交谊将其研究历程分为三个阶段，并对每个阶段的学术境界做出了评价。他特别提到自己编著《李太白年谱补正》过程中与王先生的交流，盛赞王辉斌先生的学术胸襟与品格。武汉大学汪超博士在发言中，也对王辉斌教授的治学精神表示钦佩，认为他开阔宏大的学术格局、敢于商榷的求真态度、提点后进的学术品格，都是值得学术入门者认真学习的。

作为同事，湖北文理学院的高新伟先生对王辉斌教授的道德文章更加熟悉。他以较大的篇幅，从学术视野、学术成果、学术影响、学术理念、研究方法、学术风格等六大方面对王教授的学术研究成就与特色进行了全方位、立体式的述评与介绍。湖北文理学院的吕来好博士也以《博通古今成一家》为题，对王辉斌教授的治学特点发表了充满激情的感言。

第二，结合王辉斌教授的某一研究侧面探讨其研究特点。北京大学杜晓勤先生《最喜狂澜收笔底，于今寰宇诵华章——我对王辉斌先生唐代文学研究方法和成果的认识》一文，集王辉斌教授有关李杜的诗句为题，专论王教授在唐代文学研究方面所取得的成就。杜晓勤先生指出，王辉斌教授在李白研究经验基础上提出的“作家研究年谱为先，作品研究编年为先”法则，考论结合，“考据、义理、辞章”先后有序，相得益彰，研究范围由李白而推广到全唐作家，由点到面，新见迭出。而其之所以能如此，是“读书得间，推陈出新”的结果所致，并以所编著的《二十世纪中国文学研究·隋唐五代卷》一书进行统计，称全书共有28次引用了王辉斌教授的成果，引述频次居该书前列。最后，他也对王教授的“打通关”精神和道德文章表达敬佩之意。河南省社科院的葛景春先生以《从李杜研究略窥王辉斌先生的治学之道》为题进行发言，同样对王辉斌教授所遵从的“作家研究年谱为先，作品研究编年为先”的治学原则称赞有加，并结合王辉斌教授在李杜研究中所取得的实绩，将其归纳为“逆向研究方法”等几个方面进行了探讨。葛先生也认为王教授打通关的成绩受人瞩目，称他新近完成的

《唐后乐府诗史》、《中国乐府诗批评史》与其对李杜研究的关系紧密，必将会引起学界重视。吴振华先生还提交了《论王辉斌先生的李白研究》一文，专门讨论王教授35年来不曾间歇的李白研究，认为王辉斌教授关于“李白祖父为越王李贞幼子”、“李白到了夜郎贬所并度过了两个春天”、“李白天宝十二载曾回到故乡峨眉”等之论断，“都是发前人所未发，结论新颖，也很有说服力”。吴文同时以“敢于辩论的无畏精神”称颂了王教授的治学求真精神，并说李白研究中反响强烈的“龙山”论辩就是其最具典范性的一例。上海师范大学李定广先生则以王维研究为中心，积极肯定了王辉斌教授的研究贡献。他指出，当“学界对王维及其相关问题的研究，主要集中于其山水田园诗之上”时，王辉斌教授“不挤熟路，勇于拓展王维研究新领域”，在考索王维生平的基础上，结合唐代制度，分析王维的思想，研究王维的乐府诗、佛教诗、登览诗和边塞诗，让人耳目一新，并将王维研究置于整个唐代诗歌史的背景下予以审视。而王辉斌教授“纠谬补阙”的研究也“最能展现其王维研究的突出价值和贡献”。在总结王辉斌教授对王维研究的贡献之后，李定广先生认为王教授有明确的研究方法，有深厚的功底，特别重视文本细读和交叉学科知识的互证，因而是值得认真学习的。

如果说唐代文学研究是王辉斌教授学术研究的“根据地”，故而论者多有注意，那么他的“打通关”成果却仍然是学者们关注的对象。吉林大学沈文凡先生等对王辉斌教授商周逸诗辑考的开拓意义颇多肯定，他指出“除了出土文物中的逸诗外，现所存见之各类商周逸诗，已基本上为其（笔者按：即《商周逸诗辑考》）所囊括”。他评价《商周逸诗辑考》“既是对于多年来较为缺失的商周逸诗研究的重大贡献，亦是商周诗歌研究的一项优秀成果，更是成为了近年来古籍整理尤其是辑佚学中的一道耀眼的风景线。而王辉斌先生严谨的治学态度和科学的研究方法，以及精审详实的考证等，亦皆寓其中”。中国社会科学院郑永晓先生细致梳理宋金元诗坛宗唐、学唐、变唐之风，结合王辉斌教授的宋金元诗歌研究探讨了宋金元三代重要的“宗唐”、“变唐”现象。他认为“抓住宗唐与变唐不仅是分析宋金元三朝诗风嬗变的关键，也是分析明清以迄近代诗风发展的钥匙”，王辉斌教授的《宋金元诗通论》“博观而约取，厚积而薄发，开径独行，新见迭出”。聊城大学苗菁先生则高度评价王辉斌教授对唐代以后的乐府诗之研究。他指出，受前人影响，学界长期以来很少有人涉及唐后乐府诗的研究，所以，王辉斌教授的《唐后乐府诗史》将目光投向唐后，对唐后产生的可以归于“乐府诗”范畴的诗歌进行系统研究是一种突破，“会将人们引领到一个更加广阔的学术研究天地”。王辉斌教授的唐后乐府诗研究尝试对其范畴和分类进行初步划分和界定，为后来人提供了“重要的启示、借鉴和依据”，而他对唐后乐府诗发展规律性特点的总结也是具有重要的价值和意义的。

第三，针对王辉斌教授的具体专著展开评论。王教授已经出版的专著有20余种，会议论文集（内印本）收录了16篇书评，分别涉及了《商周逸诗辑考》、《孟浩然研究》、《王维新考论》、《李白研究新》、《杜甫研究新探》、《唐代文学探论》、《唐代诗人探赜》、《唐代诗人婚姻研究》、《唐宋词史论稿》、

《宋金元诗通论》、《唐后乐府诗史》等专书，而这些专书皆为王辉斌教授的代表作。傅璇琮先生因病未能出席研讨会，但他有两篇书评被收录在论文集中。《王辉斌〈商周逸诗辑考〉的学术启示》一文，认为《商周逸诗辑考》的出版，“为全面认识与了解先秦诗歌的创作活动、流变规律、发展概貌等，提供了一份极具文献学价值的‘古逸’读本”。傅先生还指出，该书辑录的逸诗数量，“乃为自宋以降历代逸诗成果的数倍”，“对中国诗歌史、先秦文学史等之重新编写，对有关文学史现象的重新阐释等，都具有不可低估的参考价值与作用”。傅先生对《唐后乐府诗史》同样高度肯定，认为随着该书的出版，“对唐后乐府诗的研究，必将会成为古代文学界的一个新的学术增长点”。南开大学卢燕新先生首先向与会学者介绍了傅璇琮先生的近况，随后发表了《读王辉斌先生〈孟浩然研究〉》的书评。文章结合《孟浩然研究》中的相关实例总结了王教授于该书所关注的研究问题之三个特点与对待材料的三个特点。

此外，江苏大学李金坤先生认为王辉斌教授《李白研究新探》具有三大鲜明特色，“即：一、李白学之全面性；二、考据学之严谨性；三、思维学之创新性”。四川师范大学的王红霞先生也就《李白研究新探》进行了评价。西华大学潘殊闲先生认为《杜甫研究新探》的问题意识和思辨色彩、独特的视角和敏锐的观点、作者勤苦的耕耘精神，都让他印象深刻。陕西师范大学刘锋焘先生在论及《唐宋词史论稿》一书时，以“挑战旧说，颠覆传统而新见迭出”等为题，对该书进行了具体评价，认为其“成功地突破了传统文学史的叙述和书写模式”。福州大学梁桂芳先生认为“《唐代诗人婚姻研究》，既是一部张扬个性的学术专著，更是唐代文学研究领域的具有开拓性质的著述，其视角独特、材料丰赡、论证缜密、新见迭出，为研究者提供了新的研究思路和可资借鉴的成果，并将推动相关研究进一步发展。”陕西师范大学魏景波先生认为《唐代诗人探赜》“呈现出整体综合研究的博大气象”，其学术特色主要表现在“扎实的材料基础”、“清晰的学术史视野”、“敏锐的问题意识”三个方面。

进行大会发言的还有陈才智（中国社会科学院）、周相录（河南师范大学）、张固也（华中师范大学）、孙尚勇（西北大学）、金昌涣（韩国首尔大学）、赵国华（黄山书社）、邹大清（湖北师范学院）等先生。在整个研讨会期间，“严谨敏锐”、“勤奋扎实”、“新见迭出”、“颇有启发意义”等相关赞誉不绝于耳，学者们对王辉斌教授近40年的学术生涯评价甚高，祝福良多。并有学者认为，湖北文理学院对王辉斌学术研讨会的召开，不仅是对王辉斌教授学术成就、学术奉献精神的一种充分肯定，而且其创办研究会的模式也是足资学界借鉴的。研讨结束后，王辉斌教授及湖北文理学院的相关领导均发表了致谢之辞。

2014年12月11日初稿

2014年12月15日修改定稿

（作者为中南财经政法大学武汉学院教师，文学博士）

中国孟浩然研究会第四届理事会名单

顾问

傅璇琮（清华大学教授）
王启兴（武汉大学教授）
薛天纬（中国人民大学教授）

会长

王辉斌（湖北文理学院教授）

副会长

张安祖（黑龙江大学教授）
沈文凡（吉林大学教授）
杜晓勤（北京大学教授）
张震英（广西民族大学教授）
卢燕新（南开大学教授）

秘书长

高新伟（湖北文理学院副教授）

副秘书长

范子烨（中国社会科学院文学所研究员）

理事

（以上所列正秘书长、副秘书长、副会长均为理事，以下不另列其姓名）

阮堂明（苏州科技学院教授）
陈才智（中国社会科学院研究员）
黄振云（中国政法大学教授）
高人雄（西北民族大学教授）
崔际银（天津财经大学教授）
渠红岩（南京信息工程大学副教授）
萧晓阳（中南民族大学教授）
景遐东（湖北师范学院教授）
吴振华（安徽师范大学教授）
孟祥光（上海大学博士后）
李　园（南京师范大学副教授）
朱光立（南京政治学院副教授）
王红霞（四川师范大学教授）
蔡阿聪（闽南师范大学副教授）
李定广（上海师范大学教授）
李振中（商丘师范学院副教授）

附：关于“中国孟浩然研究会第四届理事会名单”的几点说明

一、本届理事会成员名单，由学会秘书处根据相关任职条件提名，然后由会长王辉斌教授利用到苏州开唐代文学会的机会带至苏州，与上一届理事会成员沈文凡、吴振华、陈才智、崔际银、高人雄等理事共同商定并最终确定。

二、本届理事会的最大特点，是注重成员的年轻化与专业化，在此基础上，新增加了杜晓勤、卢燕新两位副会长，李定广、王红霞、李园、蔡阿聪、李振中、朱光立等六位理事，这八人不仅均获古代文学专业博士学位，而且有的还是博士生导师，如杜晓勤、李定广两位即为其例。

三、自本届理事会起，会长王辉斌教授不再兼任学会秘书长，替任者为上一届副秘书长高新伟，并增补范子烨为副秘书长。

四、新一届理事会规定，今后凡未参加学会召开的一次学术会议，也不曾提交论文者，不能选举与增补为理事；凡缺席两次会议且未能提交论文者，作自动退出理事会处理。

中国孟浩然研究会秘书处

2014年10月22日

编后记

2015 年 4 月 17 ~ 20 日，中国孟浩然研究会与湖北文理学院文学院将共同在湖北文理学院召开“2015 年孟浩然研究国际学术研讨会”，收入本辑《孟浩然研究论丛》的 37 篇论文，即为本次会议所准备的一份珍贵礼物。这份珍贵礼物，其实也是本次大会所取得的的一项重要成果。

于会议召开之前出版大会论文集，这在中国孟浩然研究会来说，已经成为了一种传统，如召开于2011 年 10 月 21 ~ 24 日的“2011 年孟浩然研究国际学术研究会”的论文集之出版，即是如此。而按照中国孟浩然研究会的惯例，无论是召开一次国际性的孟浩然学术会议，抑或是召开一次全国性的孟浩然学术会议，乃至一次高层次的孟浩然文化论坛等，其中都包含着中国孟浩然研究会的一次年会，所以，“2015 年孟浩然研究国际学术研讨会”的召开，即表明中国孟浩然研究会第四届年会也同时召开。

本次论文集与上一次相比，又呈现出了一个新的特点，即在中国孟浩然研究会会长王辉斌先生的倡议下，包括王辉斌先生在内的5位与会者，每人都向大会提交了两篇论文，其中，既有近年来在唐代文学研究界甚为活跃的吴振华教授，全国高校第一个以孟浩然研究为博士论文的李园博士，也有如高新伟、李振中副教授这样的研孟的才俊。相信在这5位与会者的带动下，今后的孟浩然研究成果将会更加丰硕，更加厚重。同时，本次论文集与上次论文集一样，也收录了少许研究者的研孟习作，其中既与其导师合作的，也有属于自己独力完全的，后者如窦鑫《孟浩然“才高而韵短”辨》一文，即为其例。之所以如此，是因为《孟浩然研究论丛》作为中国孟浩然研究会的会刊，有责任对这些青年学子提供一个让其一展身手的平台。

又，由湖北文理学院主办、湖北文理学院承办的“王辉斌学术研讨会”于2014年12月1～3日在湖北襄阳隆重举行，而王辉斌教授又是中国孟浩然研究会的第二任会长，会刊《孟浩然研究论丛》的主编，所以，本期《孟浩然研究论丛》特以“附录”的形式，刊载了赵舒博士所撰写的《王辉斌学术研讨会综述》一文，以表示对王辉斌教授的祝贺！

本辑《孟浩然研究论丛》的出版，在经费上得到了湖北文理学院文学院的大力支持，在此特致感谢。

编　者

2014年11月30日

图书在版编目(CIP)数据

孟浩然研究论丛.2/ 王辉斌主编;中国孟浩然研究会,湖北文理学院文学院主办.—合肥:黄山书社,2015.4
ISBN 978-7-5461-5003-1

Ⅰ.①孟… Ⅱ.①王… ②中… ③湖… Ⅲ.①孟浩然(689~740)—人物研究—文集 Ⅳ.①K825.6-53

中国版本图书馆 CIP 数据核字(2015)第 066888 号

出品人 任耕耘
责任编辑 石 松 江 汇
封面设计 石 晓
出版发行 时代出版传媒股份有限公司(http://www.press-mart.com)
黄山书社(http://www.hsbook.cn/index.asp)
地址邮编 合肥市翡翠路 1118 号出版传媒广场 7 层 230071
印 制 合肥锐达印务有限责任公司
版 次 2015 年 3 月第 1 版
印 次 2015 年 3 月第 1 次印刷
开 本 880×1230 1/32
字 数 660 千字
印 张 18
书 号 ISBN 978-7-5461-5003-1
定 价 80.00 元

服务热线 0551-63533706
销售热线 0551-63533761
官方直营书店(http://hsssbook.taobao.com)

版权所有 侵权必究
凡本社图书出现印装质量问题,请与印制科联系。
联系电话 0551-63533725